Orlamünder/Mascolus
Computergrafik und OpenGL

Dieter Orlamünder
Wilfried Mascolus

Computergrafik und OpenGL

Eine systematische Einführung

mit 138 Bildern und 26 Übungen

Fachbuchverlag Leipzig
im Carl Hanser Verlag

Prof. Dr. Dieter Orlamünder
Dr. Wilfried Mascolus
Technische Universität Dresden, Institut für Software- und Multimediatechnik

Bibliografische Information Der Deutschen Bibliothek
Die Deutsche Bibliothek verzeichnet diese Publikation in der Deutschen Nationalbibliografie; detaillierte bibliografische Daten sind im Internet über <http://dnb.ddb.de> abrufbar.

ISBN 3-446-22837-3

Fachbuchverlag Leipzig
im Carl Hanser Verlag

Internet: http://www.fachbuch-leipzig.hanser.de

Lektorat: Dipl.-Ing. Erika Hotho
Herstellung: Dipl.-Ing. Franziska Kaufmann
Satz: druckhaus Köthen GmbH
Druck und Bindung: Druckhaus „Thomas Müntzer“ GmbH, Bad Langensalza
Printed in Germany

Vorwort

Die Computergrafik hat in letzter Zeit, bedingt durch eine enorme Entwicklung der Informationstechnik und angeregt durch die höhere Erwartungshaltung der Anwender, als wesentlicher Bereich der Informatik an Bedeutung gewonnen. Besonders durch komplexe grafische Software, aber auch schon durch den Umgang mit den grafischen Nutzeroberflächen der Betriebssysteme und des WWW (World Wide Web) sowie vielerlei grafikorientierter Software, wie Spielprogramme oder Software zur Bildbearbeitung, kommt fast jeder mit der Computergrafik in Kontakt. In diesem Buch stellt sich aber weniger die Frage nach dem Umgang mit fertiger Grafiksoftware. Vielmehr soll dem Aspekt der Entwicklung solcher Software einschließlich der theoretischen Grundlagen größte Aufmerksamkeit zukommen. Es wird die Frage beantwortet, wie es eigentlich möglich ist, dass scheinbar problemlos bunte Gegenstände, Figuren und Bilder auf dem Bildschirm erscheinen und sich dort bewegen.

Es gibt international ein großes Angebot an Literatur zur Computergrafik. Dort wird diese aber zum Teil sehr abstrakt oder theoretisch dargestellt. In diesem Buch soll deshalb neben der Vorstellung einer Auswahl der wichtigsten und bewährten grafischen Algorithmen auch gezeigt werden, wie diese mit einer modernen Programmiersprache und der aktuellen Grafikschnittstelle OpenGL (Open Graphics Library) effektiv umgesetzt und die Wirkungsweise der vorgestellten Algorithmen sichtbar wird.

Das Buch wendet sich an interessierte Schüler, Studierende der Natur- und Ingenieurwissenschaften sowie der Informatik, aber auch an weitere Interessenten, die den Kontakt zur Computergrafik suchen oder sich mit deren Problemen auseinander setzen wollen bzw. müssen und Interesse an der individuellen Programmierung grafischer Anwendungen haben.

Im Mittelpunkt dieses Buches steht die Bibliothek OpenGL zur grafischen Programmierung. Bereits 1992 wurde diese von einem Gremium bedeutender Hardware- und Softwarehersteller aus der grafischen Programmierschnittstelle GL (Graphics Library) der Firma Silicon Graphics entwickelt und plattformübergreifend freigegeben. Gegenwärtig ist OpenGL der wichtigste Standard zur Grafikprogrammierung und wird zusätzlich interessant, weil die bedeutendsten Grafikkarten wesentliche Funktionalitäten von OpenGL in der Hardware enthalten und dadurch schon erstaunliche Grafikleistungen auf normalen PCs möglich sind.

Eng mit der Grafikschnittstelle sind natürlich das Betriebssystem und die Programmiersprache verbunden, über die die eigentlichen Grafikfähigkeiten auch sichtbar werden. OpenGL ist nicht nur unabhängig von der Hard- und Systemsoftware, sondern auch von der zu benutzenden Programmiersprache. Während im Bereich der professionellen Softwareentwicklung als Programmiersprache C++ dominiert, bietet sich für den Lernenden, den an der Programmierung interessierten Fachleuten aus den unterschiedlichsten Gebieten, aber auch den Informatikern die Software-Entwicklungsumgebung Delphi mit der Programmiersprache Object Pascal an. Dort kommt man mit einem sehr sinnvollen und nutzerfreundlichen Konzept der grafischen Unterstützung bei der Programmierung der

Nutzeroberfläche und einer einfachen Interrupt-Behandlung in Kontakt. Durch die Bereitstellung und Nutzung eines Prototyps für OpenGL-Projekte in diesem Buch kann man sich fast ausschließlich auf die Programmierung grafischer Anwendungen mit OpenGL orientieren.

Die Autoren hoffen, mit diesem auf langjähriger Lehrtätigkeit basierenden Buch Interessenten eine angemessene Unterstützung bei der Programmierung grafischer Anwendungen zu bieten und wünschen bei der praktischen Arbeit gute Ideen und viel Erfolg. Sie bitten gleichzeitig um Nachsicht, wenn ihnen trotz größter Aufmerksamkeit Fehler entgangen sind.

Abschließend möchten sich beide Autoren beim Fachbuchverlag Leipzig für die Förderung der Buchidee bedanken. Unsere ganz besondere Anerkennung gilt der Lektorin des Verlags Frau Erika Hotho für ihre konstruktive Hilfe und die sehr angenehme Zusammenarbeit.

Dieter Orlamünder
Wilfried Mascolus

Inhaltsverzeichnis

1 Einführung

Dieses Buch enthält wichtige Verfahren und Algorithmen der Computergrafik einschließlich ihrer praktischen Nutzung mit der Grafikbibliothek OpenGL. Die getroffene Auswahl orientiert sich deshalb vorrangig am Funktionsumfang von OpenGL und den Zusatzbibliotheken GLU (Graphics Library Utility), GLUT (Graphics Library Utility Tools) und WGL (Windows Graphics Library). Dabei genügt die Funktionalität der Version 1.2 vollständig, natürlich sind auch neuere Versionen voll nutzbar. OpenGL hat eine herausragende Bedeutung, weil es den gegenwärtig einzigen universellen Grafikstandard verkörpert. OpenGL ist unabhängig von speziellen Programmiersprachen definiert und kann außerdem unter den gängigen Betriebssystemen wie Windows und Linux arbeiten. Von besonderer Bedeutung für OpenGL ist auch die Tatsache, dass alle modernen Grafikkarten OpenGL-Fähigkeiten besitzen. Dadurch können viele zeitkritische Grafikberechnungen auf deren Hardware ausgeführt werden und die grafische Performance der eingesetzten Computersysteme steigt beträchtlich.

Unter diesem Blickwinkel wird die Entscheidung, Delphi mit Object Pascal unter dem Betriebssystem Windows als Entwicklungsumgebung für alle Beispiel- und Übungsprojekte einzusetzen, verständlich. Für den Lernenden ist gerade diese Programmierumgebung zu empfehlen. Es dürfte jedem Interessierten gelingen, in kurzer Zeit lauffähige Programme mit einer ordentlichen Windows-Oberfläche zu erzeugen. Für Einsteiger sei an dieser Stelle das im gleichen Verlag erschienene Buch „Software-Entwicklung mit Delphi“ [OrLiHu02] empfohlen. Zur Entwicklung aller Projekte dieses Buches wurde die im www frei verfügbare Version Delphi 7 eingesetzt. Höhere Versionen werden hier nicht benötigt, können aber natürlich ebenfalls genutzt werden.

Da Delphi mit seinem Angebot an Komponenten für die Gestaltung einer flexiblen Nutzeroberfläche komfortable und umfangreiche Optionen bietet, die Orientierung des Buches aber auf die Programmierung mit OpenGL gerichtet ist, wurde ein entsprechender Prototyp bereitgestellt. Dieser ist unter der unten angegebenen Webadresse im Verzeichnis OPENGLPROJEKT enthalten. Für den nicht so versierten Nutzer von Delphi steht damit ein komfortables Werkzeug zur Verfügung, mit dem sehr schnell Anwendungen der Computergrafik programmiert und getestet werden können. Natürlich lassen sich weitere Komponenten zu diesem Prototyp hinzufügen oder aus diesem entfernen.

An dieser Stelle soll ein kleiner Wegweiser den Einstieg in das Buch erleichtern. Die Kapitel sind so aufgebaut, dass die vorzustellenden Algorithmen erläutert und wenn nötig auch mathematisch hergeleitet werden. Zahlreiche Beispiele sollen das Verstehen erleichtern. Häufig werden dazu direkt interessierende Programmauszüge in den Text eingefügt und gleichzeitig wird auf die dazu gehörenden Projekte verwiesen. Übungsaufgaben ergänzen die Kapitel und sollen den Interessierten zu eigenen Arbeiten anregen. Jedes Kapitel enthält vor den Übungen die Beschreibung der OpenGL-Routinen mit ihren Parametern.

Nach dieser Einführung wird im Kapitel 2 die grafische Bibliothek OpenGL mit ihren Hauptkonzepten und Entwurfszielen, ihrer Architektur und den Funktionen vorgestellt.

Gleichzeitig erfolgt mit dem Projekt OPENGLMINIPROJEKT ein erster Einstieg in die Programmierung mit OpenGL unter Delphi und es wird der Prototyp OPENGLPROJEKT mit mehr Komfort für die Entwicklung der folgenden OpenGL-Projekte vorgestellt. Danach folgt Kapitel 3 mit den wichtigsten Rastergrafik-Algorithmen. Stellvertretend sollen hier das Rastern von Linien und Flächen, das Clipping, die Farbmodelle und das Antialiasing genannt werden. Kapitel 4 enthält gängige Modellierungsverfahren, insbesondere Freiformkurven und -flächen, die Körpermodellierung und weitere spezielle Modelle. Kapitel 5 beschreibt den umfangreichen Komplex der Transformationen und Projektionen. Kapitel 6 befasst sich mit Sichtbarkeitsalgorithmen, insbesondere mit dem heute dominierenden z-Buffer-Algorithmus. Im Kapitel 7 werden die wichtigsten Beleuchtungsmodelle und -algorithmen sowie das Shading vorgestellt. Das umfasst die Lichtquellen- und Oberflächenmodelle, die lokalen und globalen Beleuchtungsmodelle, Nebel und den Einfluss des Abstandes einer Lichtquelle vom Objekt. Kapitel 8 befasst sich mit den Texturen. Dabei werden die unterschiedlichen Arten vorgestellt, das Mapping von Texturen auf Oberflächen behandelt und das Antialiasing von Texturen betrachtet. Im Kapitel 9 werden Möglichkeiten zur Erzeugung bzw. Verarbeitung von Transparenz und Blending vorgestellt, ehe im abschließenden Kapitel 10 das Problem Interaktion mit OpenGL im Mittelpunkt steht.

Ergänzend zu den in den Kapiteln angegebenen Programmfragmenten werden die vollständigen Beispiel- und Übungsprojekte im WWW in den Verzeichnissen BEISPIELE und UEBUNGEN bereitgestellt. Damit kann man sich besser in die vorgestellten Verfahren und Algorithmen einarbeiten. Sie können zugleich als Grundlage für eigene Grafikprogramme oder für Weiterentwicklungen dienen.

Das zu diesem Buch gehörende Webangebot enthält insgesamt

- Beispielprojekte im Verzeichnis BEISPIELE,
- Lösungen der Übungsprojekte im Verzeichnis UEBUNGEN,
- für die Entwicklung der Projekte benötigte Software im Verzeichnis OPENGL,
- Prototyp für eigene OpenGL-Projekte im Verzeichnis OPENGLPROJEKT,
- alle Bilder des Buches im Verzeichnis BILDER.

Die URL des Webangebotes lautet

http://www.inf.tu-dresden.de/ST2/cg/OpenGL-Programme/

2 Grafische Bibliothek OpenGL

2.1 Konzepte und Entwurfsziele

OpenGL (Open Graphics Library) ist eine Softwareschnittstelle (Interface) zu grafikfähiger Hardware. Die Entwicklung von OpenGL wird durch ein *Architecture Review Board* (ARB) gesteuert und überwacht. Diesem Gremium gehören die bedeutenden Hard- und Softwarehersteller Silicon Graphics, IBM, Hewlett Packard, SUN und Microsoft sowie weitere an. Standardliteratur zu OpenGL sind [KemFra00] und [WoNeDa00]. Zweck von OpenGL ist die Unterstützung der Darstellung von zwei- und dreidimensionalen grafischen Objekten mittels eines oder mehrerer Bildspeicher und anwendungsspezifisch weiterer spezieller Speicher. Die grafischen Objekte werden entweder durch Raumpunkte (Vertices) beschrieben oder sie bestehen aus digitalisierten Bildern (Images, Bitmaps, Pixelmaps) in Form rechteckiger Pixelfelder. Das Interface enthält zu diesem Zweck einen umfangreichen Satz Prozeduren, Funktionen und Statusinformationen. Neben der Standardbibliothek OpenGL mit den wgl-Routinen gibt es die den Funktionsumfang bzw. den Nutzungskomfort erweiternden Bibliotheken GLU (Graphics Library Utility) und GLUT (Graphics Library Utility Tools).

OpenGL basiert auf den anschließend näher beschriebenen Konzepten

- Sprachunabhängigkeit,
- Hardwareorientierung,
- einbettendes Windows-System,
- Client-Server-Architektur und Netzwerkfähigkeit,
- Zustandsautomat.

Sprachunabhängigkeit heißt, OpenGL definiert seine grafische Funktionalität unabhängig von einer existierenden Programmiersprache. Das erfordert aber andererseits, dass für jede reale Sprache eine spezielle Einbindung erfolgen muss. So gibt es beispielsweise für Object Pascal oder Visual C++ zu diesem Zweck die speziellen Bibliotheken opengl32.dll und opengl32.lib.

Hardwareorientierung ist im Wesentlichen einerseits dadurch charakterisiert, dass OpenGL hohe Anforderung bezüglich verschiedener Buffer (Speicherblöcke) stellt. Im Grenzfall sind das bis zu vier *Frame Buffer* (Bildspeicher) für die Bilddarstellung, der *Depth Buffer* (Tiefenspeicher) für Sichtbarkeitsentscheidungen, der *Stencil Buffer* (Maskenspeicher) für die Maskierung von Speicherbereichen, der *Accumulation Buffer* (Akkumulationsspeicher)",4> für den akkumulativen Bildaufbau und zusätzlicher *Auxiliary Buffer* (Hilfsspeicher) für Spezialaufgaben. Als Mindestanforderung müssen für jede OpenGL-Implementierung ein Bildspeicher sowie der Depth, Stencil und Accumulation Buffer im Echtfarbmodus vorhanden sein. Ein Großteil dieser Anforderungen wird heute durch Grafikkarten unterstützt bzw. übernommen. Zur Hardwareorientierung zählen andererseits auch die vielen so genannten Fragmentoperationen. Fragmente sind Pixeldaten, bestehend aus deren Adresse, Farbe, Tiefe und den zugeordneten Texturkoordinaten. Diese durchlaufen im Modell des OpenGL-Automaten verschiedene Stationen, an denen statusgesteuert bestimmte einfache Operationen durchgeführt werden. Diese Abfolge von Tests und Berechnungen kann gut und effizient in Hardware umgesetzt werden.

Einbettendes Windows-System ist das Synonym dafür, dass im Gegensatz zu anderen grafischen Schnittstellen für OpenGL der Ansatz verfolgt wird, unabhängig vom Betriebssystem bzw. einer umgebenden grafischen Benutzeroberfläche zu bleiben. Dies führt dazu, dass für jedes umgebende System zumindest eine Minimalanpassung in Form einer gesonderten Bibliothek notwendig ist. Beispielsweise wird für die Benutzung unter Windows die Bibliothek WGL (Windows Graphics Library) benötigt, die jedoch inzwischen integraler Bestandteil von OpenGL ist. Durch diese Entscheidung gewinnt OpenGL an Portabilität. Allerdings muss ein solches umgebendes System existieren, um bestimmte Aufgaben, wie beispielsweise Eingaben mit der Maus oder Tastatur, zu übernehmen. Das Fenstersystem von Windows verbindet seinen *Gerätekontext* (Device Context, DC) mit dem für OpenGL erforderlichen so genannten *Darstellungs- oder Renderkontext* (Rendering Context, RC). Das hat folgende Konsequenzen:

- Das Fenstersystem erzeugt die korrekte Verbindung seines Gerätekontexts DC mit dem Renderkontext RC von OpenGL (*Server*) und seiner Anwendung (*Client*).
- Das Fenstersystem stellt die benötigten Buffer, also mindestens einen Bildspeicher, den Depth Buffer, den Stencil Buffer und den Accumulation Buffer, bereit und organisiert die Darstellung des Inhaltes der Bildspeicher auf dem Bildschirm.
- Das Fenstersystem übernimmt die Verarbeitung von Eingaben, da OpenGL dafür keine Möglichkeit besitzt.

Client-Server-Architektur und Netzwerkfähigkeit charakterisiert ein Konzept, welches darauf basiert, dass die Anwendung, der Kunde (Client), seine Befehle an OpenGL, den Bediener (Server), sendet, der diese Befehle interpretiert und ausführt. Dabei müssen Client und Server nicht auf einem Rechner arbeiten, sondern können über ein Netzwerk miteinander kommunizieren. Die Verbindung zwischen der Anwendung und OpenGL wird dabei durch das Fenstersystem organisiert. Außerdem kann ein OpenGL-Server durchaus mehrere Kunden bedienen. Voraussetzung für die Funktionsfähigkeit dieses Konzeptes ist aber auch, dass Befehle exakt in der Reihenfolge ihres Aufrufes abgearbeitet werden, selbst wenn es Verzögerungen in deren Ausführung geben kann. Das bedeutet insbesondere, dass Statusabfragen konsistent den tatsächlichen Status von OpenGL nach Ausführung aller zeitlich vorher liegenden Befehle zurückgeben und dass grafische Primitive vollständig dargestellt werden, bevor weitere Aufrufe ausgeführt werden.

Ein *Zustandsautomat* ist ein Modell der Informationsverarbeitung, das auf einem internen Zustand des Systems basiert. Er interpretiert Eingaben, verändert dann den internen Zustand entsprechend und erzeugt Ausgaben. Auf OpenGL bezogen bedeutet das, Eingaben werden abhängig vom aktuellen Zustand in den Bildspeicher geschrieben und damit ausgegeben. Der interne Zustand des OpenGL-Automaten wird auch als Status bezeichnet und bestimmt den Modus der Darstellung. Er kann durch weitere Befehle ohne direkte Auswirkung auf die Ausgabe verändert werden. Der *OpenGL-Zustand* besteht aus einer Vielzahl von Variablen in speziellen Funktionsgruppen. Er enthält unter anderem implementationsabhängige Größen, wie die Tiefe des Bildspeichers in Bit, aktuelle Attributwerte, wie die voreingestellte Farbe, sowie Angaben zum Darstellungsmodus, die beispielsweise Transformationen, Beleuchtung oder das Antialiasing steuern. Alle im

OpenGL-Zustand enthaltenen Statusvariablen können unabhängig voneinander eingestellt werden. Um einen Status oder Teile des Status zu sichern bzw. wiederherzustellen, gibt es Stapel (Stack-Speicher), auf die der Status selektiv abgelegt und von dort wieder geholt werden kann. Das ermöglicht bei Bedarf gleiche Situationen zu reproduzieren.

Zusammenfassend kann festgestellt werden, dass OpenGL als Softwareschnittstelle primär unabhängig von der verwendeten Hardware ist. Dadurch lassen sich Anwendungen relativ leicht auf andere Hardwareplattformen portieren. Auf der anderen Seite sollen aber Grafikkarten genutzt werden können, um die Darstellung zu beschleunigen. Insofern wird jede OpenGL-Implementierung auf vorhandene grafische Hardware zurückgreifen.

2.2 Modell und Architektur

Die Bilderzeugung mit OpenGL erfordert eine Reihe von aufeinander abgestimmten Operationen, beginnend bei der mathematischen Beschreibung der darzustellenden grafischen Objekte bis hin zu ihrer Ausgabe auf dem Bildschirm. Die dazu erforderlichen Schrittfolgen werden als *Bildgenerierungs-*, *Darstellungs-* oder auch als *Rendering-Pipeline* bezeichnet, Bild 2.1.

OpenGL-Primitive, also elementare grafische Objekte wie Linien oder Dreiecke, werden durch *Eckpunkte* (Vertices) beschrieben, die bis zu ihrer Visualisierung, also der Ausgabe auf dem Bildschirm, die Rendering-Pipeline durchlaufen. Dabei werden bestimmte Operationen mit ihnen vorgenommen. So können *Darstellungslisten* (Display Lists) mit gespeicherten grafischen Informationen oder in bestimmten Fällen *Evaluatoren* (Berechner) wahlweise genutzt werden, bevor Transformationen, Projektionen, Beleuchtungsberechnungen und *Clipping* durchgeführt werden. Danach erfolgt die Rasterung, die die vorhandenen Informationen in Fragmente umwandelt. Diese werden nach Durchlaufen der Fragment-Operationen, Bild 2.2, in den Bildspeicher (Frame Buffer) geschrieben, über den die Ausgabe auf dem Bildschirm organisiert wird. Wie der Rendering-Pipeline zu entnehmen ist, können vor der Rasterisierung auch Image-Daten direkt oder aus Darstellungslisten eingefügt werden. Das ist vor allem bei Texturen von Bedeutung.

Wie bereits weiter vorn definiert, sind Fragmente erweiterte Pixel-Daten, bestehend nicht nur aus deren Position und Farbe, sondern zusätzlich aus der Tiefeninformation und den zugeordneten Texturkoordinaten. Diese *Fragmente* durchlaufen nun eine Reihe von Fragment-Operationen, die eine Vielzahl von Manipulationen, gesteuert durch Statusangaben, an diesen Fragmenten zulassen oder diese unverändert weitergeben.

Anschließend werden die *Fragment-Operationen* kurz vorgestellt, ihre Anwendung erfolgt in den zahlreichen Beispielen dieses Buches.

Der *Scissor-Test* erlaubt das Clipping an definierten Rechtecken, die normalerweise kleiner als die Darstellungsfläche des Bildschirms sind.

Der *Alpha-Test* ist nur im heute üblichen RGBA-Modus zugelassen. Der Alpha-Wert des Fragments wird über eine wählbare Vergleichsfunktion mit einem Referenzwert verglichen und nur nach Bestehen dieses Testes weitergegeben. Typische Anwendungen sind die Erzeugung transparenter grafischer Objekte oder von speziellen Texturen.

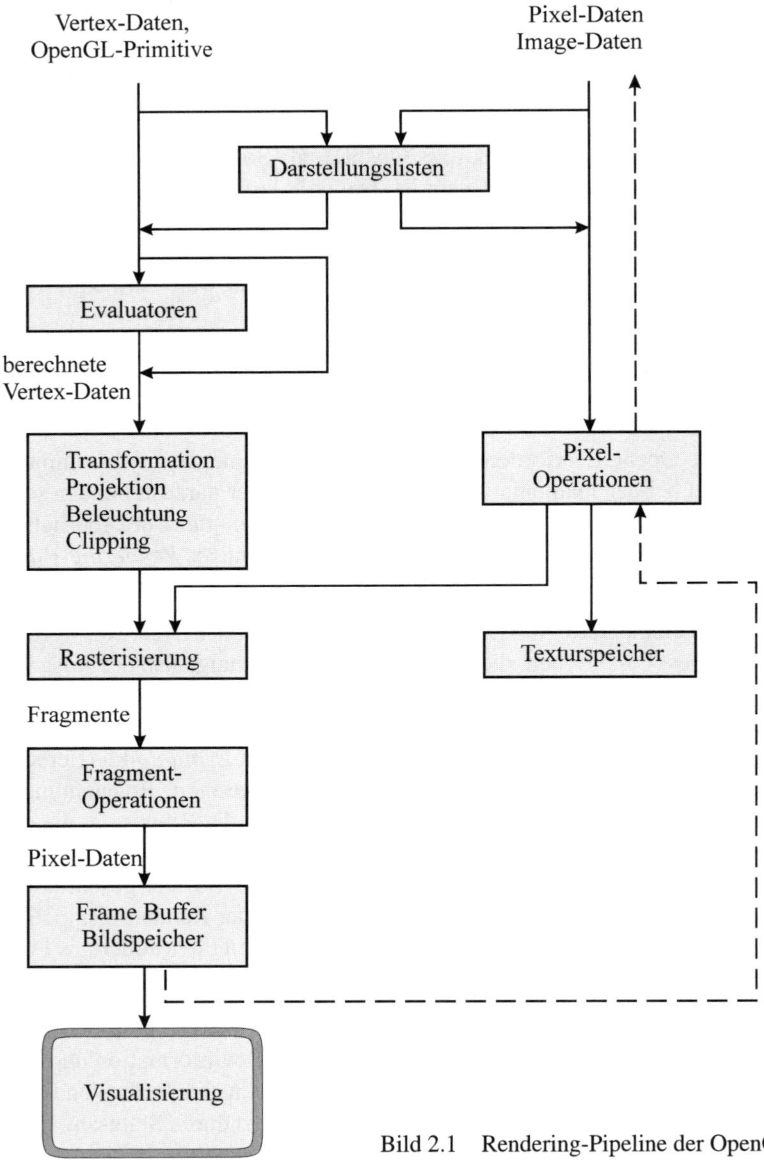

Bild 2.1 Rendering-Pipeline der OpenGL

Der *Stencil-Test* berücksichtigt nicht nur Fragmentdaten, sondern auch Daten des Stencil Buffer, die nach der Operation selbst verändert werden. Ein typischer Anwendungsfall ist das Maskieren bestimmter Bereiche des Bildspeichers zur Steuerung der Ausgabe einer Szene auf den Bildschirm.

Der *Depth-Test*, üblicherweise *z*-Buffer-Test genannt, steuert die Sichtbarkeit ankommender Fragmente durch eine wählbare Vergleichsfunktion.

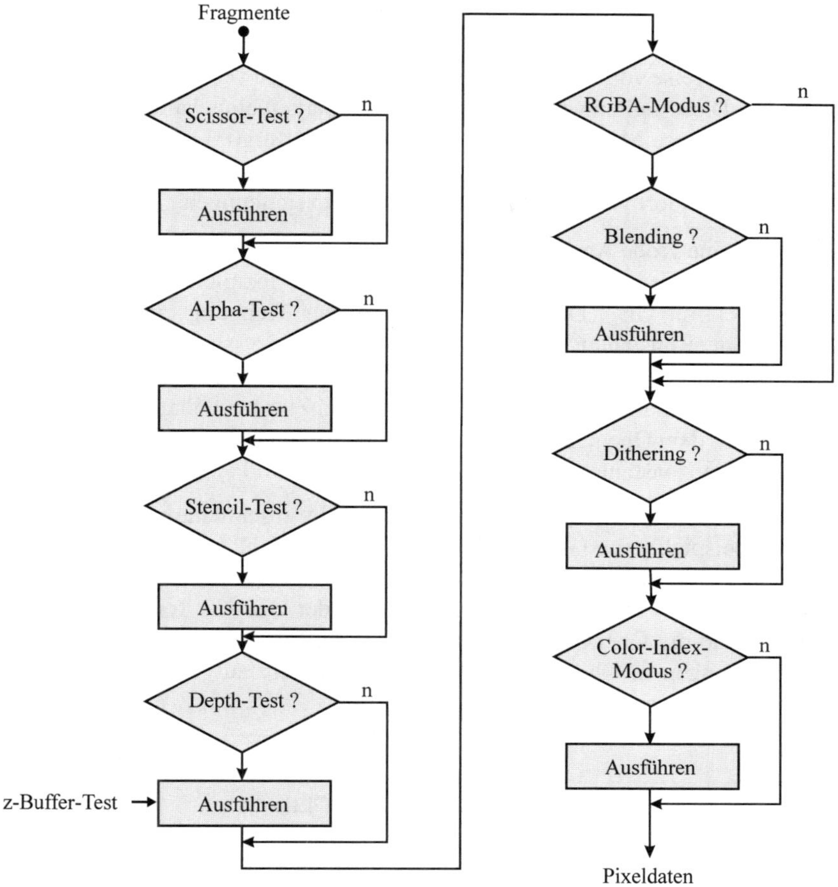

Bild 2.2 Fragment-Operationen der OpenGL

Der *RGBA-Test* wird stets ausgeführt, da nur im RGBA-Modus das Blending, also das Mischen von Farben, zugelassen ist. Blending selbst dient zum Mischen der Fragment- und der Bildspeicherfarbe. Typische Anwendungsfälle sind das Antialiasing und das Überblenden zweier Bilder.

Dithering ist noch ein Relikt aus der Zeit, die noch keinen Echtfarbmodus (~ 16.7 Millionen Farben) zuließ. Es sollte dazu dienen, auch mit wenigen Farben durch gezielte Verteilung derselben möglichst kontinuierliche Farbverläufe zu erzeugen.

Der Color-Index-Modus basiert auf der Voraussetzung, durch geeignete Farbtabellen den Speicherbedarf zu verringern, was besonders bei der Übertragung in Netzen von Bedeutung ist. Er wird heute in OpenGL selbst nur noch in Sonderfällen angewendet.

2.3 Konventionen, Konstanten, Typen, Routinen

Bezüglich der Schreibweise von Konstanten, Typen und Routinen verwendet OpenGL eigene Konventionen. Diese sollten wegen der besseren Lesbarkeit eingehalten werden. Sie sind im OpenGL Reference Manual [KemFra00], [Clau97], [Burg03] angegeben. Da im vorliegenden Buch Object Pascal als Wirtssprache verwendet wird, beziehen sich die folgenden Angaben auf die dort verwendeten Begriffe und Bezeichnungen.

OpenGL verwendet eine große Anzahl *symbolischer Konstanten*, die durch ihre Namensgebung schon auf die Bedeutung hinweisen. Diese werden prinzipiell großgeschrieben und beginnen immer mit GL_. Der Unterstrich dient zur Trennung einzelner Wortbestandteile. Es gibt Konstanten unterschiedlichen Typs. So sind die Konstanten GL_TRUE und GL_FALSE vom Typ GLboolean, während GL_FRONT und GL_BACK vom Aufzählungstyp GLenum sind. Welche Konstanten im Zusammenhang mit welchen Routinen auftreten, ist dem OpenGL Reference Manual zu entnehmen. Die im vorliegenden Buch verwendeten Konstanten werden jeweils am konkreten Fall erläutert.

Von OpenGL definierte *Datentypen* beginnen mit GL und werden dann mit Kleinbuchstaben fortgesetzt, beispielsweise GLfloat für eine Gleitpunkt-Zahl. Sie führt gleichzeitig zu größerer Kompatibilität zwischen verschiedenen Prozessorplattformen, also zu besserer Portabilität. Damit ist auch die Rechengenauigkeit der OpenGL festgelegt. In der folgenden Tabelle sind die OpenGL-Datentypen mit ihren Bezeichnungen, dem Inhalt, typischen Entsprechungen in Object Pascal und ihren Kürzeln aufgeführt, die für die noch folgenden Routinen von Bedeutung sind.

Datentyp	Object Pascal	OpenGL	Kürzel
32-Bit-Gleitpunkt-Zahlen	float	GLfloat GLclampf	f
64-Bit-Gleitpunkt-Zahlen	double	GLdouble Glclampd	d
8-Bit-Integer-Zahlen mit Vorzeichen	shortint	GLbyte	b
8-Bit-Integer-Zahlen ohne Vorzeichen	byte	GLubyte GLboolean	ub
16-Bit-Integer-Zahlen mit Vorzeichen	short	GLshort	s
16-Bit-Integer-Zahlen ohne Vorzeichen	word	GLushort	us
32-Bit-Integer-Zahlen mit Vorzeichen	integer	GLint GLsizei	i
32-Bit-Integer-Zahlen ohne Vorzeichen	cardinal	GLuint GLenum GLbitfield	ui

Bis auf zwei Ausnahmen dürften die Datentypen bekannt sein. Neu sind GLclampf und GLclampd. Diese werden für Gleitpunkt-Parameter und -Variablen verwendet, die vor der eigentlichen Auswertung innerhalb eines OpenGL-Aufrufes auf die Wertebereiche 0 bis 1 begrenzt (to clamp) werden.

Routinen (Befehle, Anweisungen, Prozeduren, Funktionen) beginnen bei OpenGL immer mit den Kleinbuchstaben gl. Um diese von denen der anderen Bibliotheken, wie GLU, GLUT oder WGL, unterscheidbar zu machen, haben Letztere die Befehlsanfänge glu, glut oder wgl.

- glLineWidth(..) Aufruf einer OpenGL-Routine,
- gluSphere(..) Aufruf einer GLU-Routine,
- glutSolidCone(..) Aufruf einer GLUT-Routine,
- wglCreateContext(..) Aufruf einer WGL-Routine.

Die meisten OpenGL-Aufrufe können in mehreren Varianten genutzt werden: Zum einen können die Datentypen der Eingabeparameter unterschiedlich gewählt werden und zum anderen kann oftmals zwischen einer nicht vektoriellen und einer vektoriellen Form unterschieden werden. Um alle Varianten in einer kompakten Form zu notieren, werden die folgenden Konventionen eingeführt:

- Der Typ der Eingabeparameter wird durch Anhängen des in der obigen Tabelle genannten Kürzels an den Befehlsnamen angegeben.
- Die vektorielle Form wird zusätzlich mit einem *v* gekennzeichnet.

Am Beispiel der Definition eines Vertex (Eckpunkt) mit einer unterschiedlichen Anzahl von Komponenten des Typs GLfloat sollen die verschiedenen Varianten vorgestellt werden. Die nicht vektorielle Form lautet für einen Vertex mit 2, 3 oder 4 Komponenten vom Typ GLfloat

> ***procedure*** glVertex2f(x, y: GLfloat);
> ***procedure*** glVertex3f(x, y, z: GLfloat);
> ***procedure*** glVertex4f(x, y, z, w: GLfloat);

und in der vektoriellen Form

> ***procedure*** glVertex2fv(param: PGLfloat);
> ***procedure*** glVertex3fv(param: PGLfloat);
> ***procedure*** glVertex4fv(param: PGLfloat);

Hier bedeutet PGLfloat einen Zeiger auf einen Vektor vom Typ GLfloat mit 2, 3 oder 4 Komponenten. Welcher Aufruf benutzt wird, hängt von den geforderten Bedingungen ab oder wird durch den Nutzer gewählt. Würde es sich um Größen des Typs GLdouble handeln, so wäre statt des Kürzels f (für GLfloat) d (für GLdouble) anzugeben usw. In diesem Buch wird vorwiegend mit dem Typ GLfloat gearbeitet.

2.4 OpenGL und Windows

Während Windows-Anwendungen über den *Device Context* DC ihre grafischen Informationen, wie Linien, Buchstaben oder Bitmaps an das Windows-Fenster schicken, benötigt OpenGL einen zusätzlichen Kontext, den *Rendering Context* RC. DC und RC verbinden demnach im übertragenen Sinne die OpenGL-Welt mit der Windows-Welt, mit anderen Worten, ein RC steht immer in Beziehung zu einem DC. Microsoft hat sein Betriebssystem mit einigen Windows-Routinen ausgestattet, die genau diese Aufgabe ganz speziell für OpenGL unterstützen. Hierzu existieren die bereits angesprochenen wgl-Routinen, die die nötige Unterstützung bieten, die Beziehung zwischen RC und DC herzustellen. Die wichtigsten dieser wgl-Routinen sind kurz zusammengefasst.

wgl-Routine	Beschreibung
function wglCreateContext(**DC**: HDC): HGLRC;	Erzeugung eines Rendering Context RC.
function wglMakeCurrent(**DC**: HDC; **RC**: HGLRC): GLboolean;	Verbinden des definierten Rendering Contexts RC mit dem Device Context DC.
function wglGetCurrentContext: HGLRC;	Ermittlung des gerade gültigen Rendering Context RC.
function wglGetCurrentDC: HDC;	Ermittlung des Device Context DC, der in Beziehung zum Rendering Context RC der OpenGL-Anwendung steht.
function wglDeleteContext(**RC**: HGLRC): GLboolean;	Löschen des spezifizierten Rendering Context RC.

HDC und HGLRC sind in Windows definierte spezielle Typen.

Bevor die wglCreateContext-Routine ausgeführt werden kann, müssen bei der Initialisierung gewisse Eigenschaften des DC angepasst werden. Diese werden mittels einer speziellen PIXELFORMATDESCRIPTOR-Struktur OpenGL-spezifisch ausgelegt. Die zu diesem Zeitpunkt vorhandene PIXELFORMATDESCRIPTOR-Struktur besitzt nur Initialisierungswerte, die für normale Windows-Fenster sinnvoll sind. Hier werden aber spezifische Angaben für ein OpenGL-konformes Fenster benötigt. Die PIXELFORMATDESCRIPTOR-Struktur hat spezielle Komponenten, von denen anschließend einige mit ihrem Typ und der Bedeutung genannt sind.

Es würde den Rahmen dieses Buches sprengen, die Bedeutung jedes einzelnen Elements der Struktur des PIXELFORMATDESCRIPTOR vollständig aufzuführen. Deshalb wurden nur ein paar für OpenGL wichtige Elemente genannt. Diese werden als Parameter in der Routine CreateRenderingContext(..) gesetzt.

Die in diesem Buch verwendete Unit OpenGL12 ist im WWW unter der Adresse **http//www.soft.gems.net/Graphics.php** verfügbar. Dort befinden sich weitere interessante Informationen zum Problemkreis OpenGL und Delphi. In OpenGL12 selbst wurden die für die Nutzung von OpenGL unter Delphi mit Windows erforderlichen und anschließend angegebenen Routinen definiert und implementiert.

- Initialisieren von OpenGL

    function InitOpenGL: ***Boolean***;

Kurzbeschreibung
InitOpenGL lädt alle benötigten Dateien OpenGL32.dll und GLU32.dll sowie die Adressen der Standardroutinen. Ist OpenGL bereits initialisiert, so hat der Aufruf keine Wirkung.

Name	Typ	Beschreibung
nSize	word	Größe der Struktur in Byte
nVersion	word	Versionsnummer
dwFlags	dword	Kennzeichen, PFD_DRAW_TO_WNDOW | PFD_SUPPORT_OPENGL | PFD_DOUBLEBUFFER
iPixelType	byte	Farbmodus, PFD_TYPE_RGBA | PFD_TYPE_COLORINDEX
cColorBits : :	byte	Summe der Anzahl der Bits pro Farbe (24 Bit)
cAccumBits :	byte	Anzahl der Bits pro Pixel im Accumulation Buffer
cDephtBits	byte	Anzahl der Bits für den Depth Buffer (32 Bit)
cStencilBits	byte	Anzahl der Bits pro Pixel im Stencil Buffer
cAuxBuffers	byte	Anzahl der Auxilary Buffer
iLayerType :	byte	Identifikator für die Ausgabeebenen, hier 0
Palette	HPALETTE	Handle auf die erzeugte Palette

- Schließen von OpenGL

  procedure CloseOpenGL;

Kurzbeschreibung

CloseOpenGL gibt alle benötigten *.dll-Dateien frei und setzt die Adressen der Standardroutinen auf nil (not in list).

- Erzeugen des Rendering Context RC

  function CreateRenderingContext(**DC**: HDC; **Options**: TRCOptions;
  ColorBits, **StencilBits**, **AccumBits**, **AuxBuffers**: ***integer***;
  Layer: ***integer***; ***var*** **Palette**: HPALETTE): HGLRC;

Parameter

DC Device Context DC, für den der Rendering Context RC erzeugt wird.
Options Optionen für den RC, welche durch die Anwendung genutzt werden sollen, opDoubleBuffered (PFD_DOUBLEBUFFER).
ColorBits Farbtiefe für den Device Context, für True-Color-Modus 24 Bit.
StencilBits Geforderte Größe des Stencil Buffer in Bit.
AccumBits Geforderte Größe des Accumulation Buffer in Bit.
AuxBuffers Geforderte Anzahl von Auxiliary Buffers.
Layer Identifikator für die Ausgabeebenen, hier Hauptebene mit Layer=0.
Palette Handle auf die in der Funktion erzeugte Palette vom Typ HPALETTE.

Kurzbeschreibung
CreateRenderingContext(..) aktiviert das Pixel-Format in der Struktur PIXELFORMAT-DESCRIPTOR und erzeugt abhängig von den angegebenen Parametern einen Rendering Context RC. Die für die Nutzung von OpenGL erforderlichen Optionen PFD_DRAW_TO_WINDOW und PFD_SUPPORT OPENGL sind in der Funktion CreateRenderingContext(..) bereits gesetzt, so dass nur noch entschieden werden muss, ob im Double-Buffering-Modus gearbeitet werden soll. Da Animationen, also die Bewegungen von Objekten, Farbänderungen usw., üblich sind, lautet der normale Aufruf RC:=CreateRenderingContext(DC,[opDoubleBuffered],32,0,0,0,0,Palette). Würde man stattdessen RC:=CreateRenderingContext(DC,[],32,0,0,0,0,Palette) benutzen, so würde das zu einem Flackern des Bildes führen. Der Parameter **Palette** wird in diesem Buch nicht benutzt.

- Aktivieren des Rendering Context RC
  procedure ActivateRenderingContext(**DC**: HDC; **RC**: HGLRC);

Kurzbeschreibung
ActivateRenderingContext(..) verbindet den DC mit dem erzeugten RC und aktiviert diese für die Ausgabe von grafischen Informationen.

- Deaktivieren des Rendering Context RC
  procedure DeactivateRenderingContext;

Kurzbeschreibung
Gegenstück zu ActivateRenderingContext, DC und RC werden entkoppelt.

- Löschen des Rendering Context RC
  procedure DestroyRenderingContext(RC HGLRC);

Kurzbeschreibung
Der RC wird gelöscht.

Anschließend wird die Minimalvariante eines Projektes für die Nutzung von OpenGL in der Entwicklungsumgebung Delphi mit der Programmiersprache Object Pascal vorgestellt. Die uses-Anweisung enthält dazu neben den für Delphi üblichen die Units OpenGL12 und GLUT. In der ersten befinden sich die Routinen zur Arbeit mit OpenGL, in der zweiten die hier genutzte Routine glutWireSphere(..) zum Zeichnen einer Kugel als Drahtmodell. Da weitestgehend die Standardeinstellungen verwendet wurden, erscheint eine weiße Drahtkugel auf schwarzem Hintergrund, siehe Bild 2.3. Die hier vorab schon genutzten OpenGL-Routinen glViewport(..), gluPerspective(..) und gluLookAt(..) legen die Größe und Position des Ausgabebereichs auf dem Bildschirm in Pixeln, die Perspektivprojektion und die Betrachterposition fest. Diese Transformationen und Projektionen werden im Kapitel 5 ausführlich behandelt.

```
unit OpenGLMiniProjekt_U;

interface

uses
  Windows, Messages, SysUtils, Classes, Graphics, Controls, Forms,
  Dialogs, ExtCtrls, StdCtrls, Spin, Menus, OpenGL12, GlUT;
```

```
type
  TForm1 = class(TForm)
    procedure FormCreate(Sender: TObject);
    procedure FormDestroy(Sender: TObject);
    procedure FormPaint(Sender: TObject);
  private
    { Private-Deklarationen }
    RC : HGLRC;
    DC : HDC;
    procedure GrafikObjekte;
  public
    { Public-Deklarationen }
  end;

var
  Form1: TForm1;

implementation

{$R *.dfm}

var Palette: HPALETTE;

(********************************************************************
* TForm1.FormCreate: Öffnen von OpenGL und Erzeugung des             *
*                    Renderkontextes RC                              *
********************************************************************)
procedure TForm1.FormCreate(Sender: TObject);
begin
  InitOpenGL;
  DC:=GetDC(Handle);
  RC:=CreateRenderingContext(DC,[opDoubleBuffered],
                             32,0,0,0,0,Palette);
  wglMakeCurrent(DC,RC);
end {TForm1.FormCreate};

(********************************************************************
* TForm1.FormDestroy: Zurücksetzen des Renderkontextes RC            *
********************************************************************)
procedure TForm1.FormDestroy(Sender: TObject);
begin DestroyRenderingContext(RC); end {TForm1.FormDestroy};

(********************************************************************
* TForm1.FormPaint: Einstellen bestimmter Werte und Aufruf der       *
*      Ereignisbehandlungsroutine GrafikObjekte                      *
********************************************************************)
procedure TForm1.FormPaint(Sender: TObject);
begin

  // Löschen des Hintergrundes auf die vordefinierte Farbe Schwarz
  glClear(GL_COLOR_BUFFER_BIT);

  // Setzen des Ausgabefensters auf dem Bildschirm
  glViewport(0,0,400,400);
```

```
  // Setzen der Perspektivprojektion und der Augpunkttransformation
  glMatrixMode(GL_PROJECTION); // gültiger Matrixstapel
  glLoadIdentity();            // Einheitsmatrix laden
  gluPerspective(45,           // Öffnungswinkel
                 1,            // Verhältnis Breite zu Höhe
                 1,            // vordere z-Clipping-Grenze
                 30);          // hintere z-Clipping-Grenze
  glMatrixMode(GL_MODELVIEW);  // gültiger Matrixstapel
  glLoadIdentity();            // Einheitsmatrix laden
  gluLookAt(5,0,20,            // Augpunkt (eye)
            0,0,0,             // Blickpunkt (center)
            0,1,0);            // Aufwärtsvektor (up)

  // Aufruf der Ereignisbehandlungsroutine,
  // die die Ausgabebefehle für die Grafikobjekte enthält.
  GrafikObjekte;

  SwapBuffers(DC);
end {TForm1.FormPaint};

(*********************************************************************
* TForm1.GrafikObjekte: Enthält die Definition der auszugebenden     *
*     Grafikobjekte einschließlich ihrer Attribute.                   *
*********************************************************************)
procedure TForm1.GrafikObjekte;
begin

// Ausgabe einer Kugel als Drahtmodell
glutWireSphere(5,20,20);

end {TForm1.GrafikObjekte};

end.
```

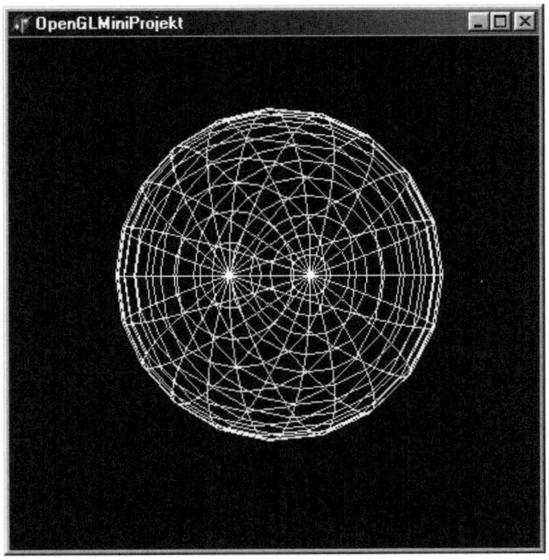

Bild 2.3
Projekt OPENGLMINIPROJEKT

Diese Unit bildet den Rahmen für die Nutzung von OpenGL. Sie ist so angelegt, dass in der Ereignisbehandlungsroutine TForm1.Formpaint(..) die Angaben für den Ausgabebereich auf dem Bildschirm, die Perspektivprojektion und den Betrachterstandpunkt definiert werden und danach die Ereignisbehandlungsroutine TForm1.Grafikobjekte(..) aufgerufen wird. In dieser sind die grafischen Ausgaben, hier die Kugel als Drahtmodell, festgelegt. Natürlich ist das für die Erzeugung anspruchsvollerer grafischer Darstellungen mit Beleuchtung, Transformationen, Projektionen und Texturen nicht ausreichend.

Um die Projektentwicklung mit OpenGL zu unterstützen, wird eine spezielle Entwicklungsoberfläche als *Prototyp* angeboten, die den Nutzer von vielen Tätigkeiten befreit, die im engeren Sinne nichts mit der Anwendung von OpenGL zu tun haben, aber für eine schnelle Entwicklung grafischer Anwendungen von Nutzen sein können. Im Bild 2.4 ist diese spezielle Oberfläche für die Bildschirmauflösung von 1024×768 Pixeln dargestellt. Anschließend werden für einen ersten Überblick Fragmente des Projektes OPENGLPROJEKT gezeigt. Der vollständige Quelltext kann dem Projekt selbst entnommen werden.

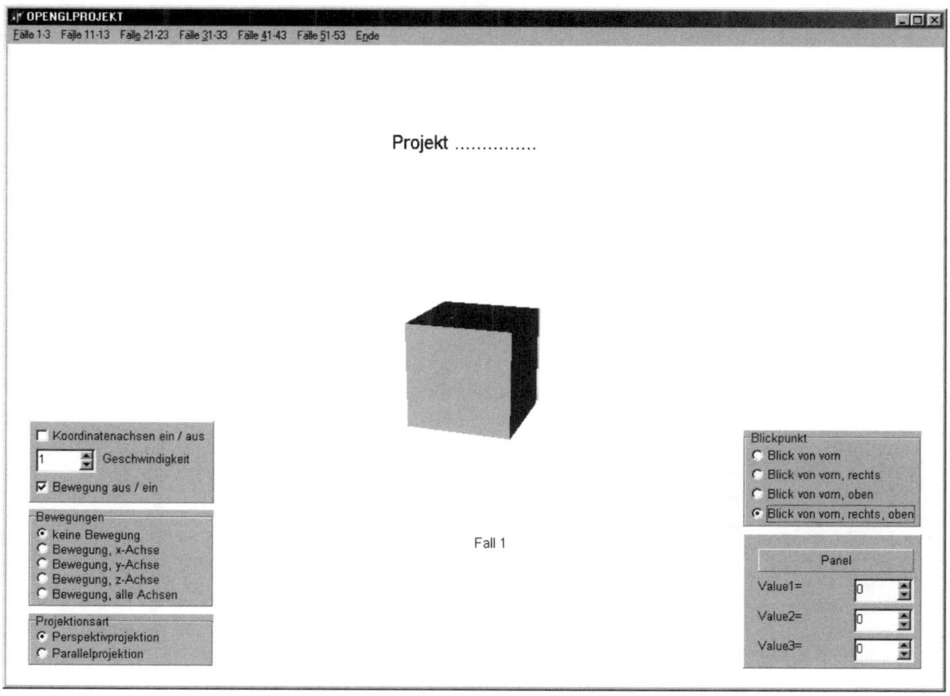

Bild 2.4 Oberfläche von OPENGLPROJEKT für die Unterstützung der flexiblen OpenGL-Nutzung

Programmfragment des Projektes OPENGLPROJEKT:

```
unit OPENGLPROJEKT_U;

interface
```

```
uses
  Windows, Messages, SysUtils, Classes, Graphics, Controls, Forms,
  Dialogs, ExtCtrls, StdCtrls, Spin, Menus, OpenGL12, GLUT,
  GLToolsDelphi;
       :

implementation

{$R *.dfm}

uses Math;

var  Control:                        boolean=true;
     Perspektive:                    boolean=true;
     Bewegung:                       boolean=false;
     Koordinaten:                    boolean=false;
     Fall:                           GLbyte;
     Value1,Value2,Value3,Step:      GLint;
     Viewport:                       array [0..3] of GLint;
     links,rechts,unten,oben,vorn,hinten:                  GLdouble;
     FONT_ARIAL_15, FONT_ARIAL_20, FONT_3D:                GLint;
     MoveValue,xMove,yMove,zMove,xAuge,yAuge,zAuge: GLfloat;
     Palette: HPalette;

     LichtPosition: array [0..3] of GLfloat=(-10,10,30,1);
     LichtRichtung: array [0..3] of GLfloat=(-10,10,30,0);

     Rot:        array [0..3] of GLfloat=(1  ,   0,   0, 1);
     Rot50:      array [0..3] of GLfloat=(0.5,   0,   0, 1);
     Gruen:      array [0..3] of GLfloat=(0  ,   1,   0, 1);
     Gruen50:    array [0..3] of GLfloat=(0  ,0.5,   0, 1);
     Blau:       array [0..3] of GLfloat=(0  ,   0,   1, 1);
     Blau50:     array [0..3] of GLfloat=(0  ,   0,0.5, 1);
     Cyan:       array [0..3] of GLfloat=(  0,   1,   1, 1);
     Cyan50:     array [0..3] of GLfloat=(  0,0.5,0.5, 1);
     Magenta:    array [0..3] of GLfloat=(  1,   0,   1, 1);
     Magenta50: array [0..3] of GLfloat=(0.5,   0,0.5, 1);
     Gelb:       array [0..3] of GLfloat=(  1,   1,   0, 1);
     Gelb50:     array [0..3] of GLfloat=(0.5,0.5,   0, 1);
     Weiss:      array [0..3] of GLfloat=(  1,   1,   1, 1);
     Grau:       array [0..3] of GLfloat=(0.5,0.5,0.5, 1);
     Schwarz:    array [0..3] of GLfloat=(  0,   0,   0, 1);

(*********************************************************************
* TForm1.FormCreate: Öffnen von OpenGL und Erzeugung des             *
* Renderkontextes RC                                                  *
*********************************************************************)
procedure TForm1.FormCreate(Sender: TObject);
begin
  InitOpenGL;
  DC:=GetDC(Handle);
  RC:=CreateRenderingContext(DC, [opDoubleBuffered],
                             32,0,0,0,0,Palette);
  wglMakeCurrent(DC,RC);
```

```
  FONT_ARIAL_15:=glGenLists(256);
  CreateText2D(DC,FONT_ARIAL_15,'Arial',15);
  FONT_ARIAL_20:=glGenLists(256);
  CreateText2D(DC,FONT_ARIAL_20,'Arial',20);
  FONT_3D:=glGenLists(256);
  CreateText3D(DC,FONT_3D,'Arial',0.2);

  MoveValue:=0; xMove:=0; yMove:=0; zMove:=0;
  xAuge:=0; yAuge:=0; zAuge:=30;

  glEnable(GL_DEPTH_TEST);
  glEnable(GL_LIGHT0);
  glEnable(GL_LIGHTING);

  glLightfv(GL_LIGHT1,GL_AMBIENT,@Weiss);
  glLightfv(GL_LIGHT1,GL_DIFFUSE,@Weiss);
  glLightfv(GL_LIGHT1,GL_Specular,@Weiss);
  glLightfv(GL_LIGHT1,GL_POSITION,@LichtPosition);

  glLightfv(GL_LIGHT2,GL_AMBIENT,@Weiss);
  glLightfv(GL_LIGHT2,GL_DIFFUSE,@Weiss);
  glLightfv(GL_LIGHT2,GL_Specular,@Weiss);
  glLightfv(GL_LIGHT2,GL_POSITION,@LichtRichtung);

  glLightModelf(GL_LIGHT_MODEL_TWO_SIDE,1);

end {TForm1.FormCreate};
(*******************************************************************
* TForm1.FormDestroy: Zurücksetzen des Renderkontextes RC          *
*******************************************************************)
procedure TForm1.FormDestroy(Sender: TObject);
begin DestroyRenderingContext(RC); end {TForm1.FormDestroy};

(*******************************************************************
* TForm1.FormPaint: Einstellen bestimmter Werte und Aufruf der     *
*     Ereignisbehandlungsroutine GrafikObjekte                     *
*******************************************************************)
procedure TForm1.FormPaint(Sender: TObject);
begin
  glClearColor(1,1,0.9,1);
  glClear(GL_COLOR_BUFFER_BIT or GL_DEPTH_BUFFER_BIT);

  glViewport(0,0,ClientWidth,ClientHeight);
  glGetIntegerv(GL_VIEWPORT,@viewport);

  glMatrixMode(GL_PROJECTION);
  glLoadIdentity;
  if Perspektive
  then gluPerspective(50,viewport[2]/viewport[3],1,100)
  else begin
        links:=-20;                             rechts:=-links;
        unten:=links*ClientHeight/ClientWidth; oben:=-unten;
        vorn:=1;                                hinten:=100;
        glOrtho(links,rechts,unten,oben,vorn,hinten);
      end;
```

```
  glMatrixMode(GL_MODELVIEW);
  glLoadIdentity;
  gluLookAt(xAuge,yAuge,zAuge,0,0,0,0,1,0);
  if Koordinaten then Koordinatenachsen(5,5,5,2);
  glEnable(GL_AUTO_NORMAL);
  glEnable(GL_Normalize);
  Step:=SpinEdit1.Value;
  Value1:=Wert1.Value;
  Value2:=Wert2.Value;
  Value3:=Wert3.Value;

  GrafikObjekte;

  SwapBuffers(DC);
end{TForm1.FormPaint};


(*****************************************************************
* TForm1.Timer1Timer: Die Behandlungsroutine ermöglicht es,       *
*     in bestimmten Zeitabständen eine Aktion                     *
*     auszuführen. Die Eigenschaft Interval legt                  *
*     diese Abstände fest                                         *
*****************************************************************)
procedure TForm1.Timer1Timer(Sender: TObject);
begin
  Timer1.Interval:=100;
  if Control and Bewegung then MoveValue:=round(MoveValue+Step);
  if abs(MoveValue)>1e10 then MoveValue:=0;
  Paint;
end{TForm1.Timer1Timer};


(*****************************************************************
* TForm1.GrafikObjekte: Enthält die Definition der Grafikobjekte  *
*     einschließlich ihrer Attribute                              *
*****************************************************************)
procedure TForm1.GrafikObjekte;
begin
  glColor4f(0,0,0,1);
  OutText2D(DC,FONT_ARIAL_20,-4,10,'Projekt ...............');
  case Fall of
  1: begin
       OutText2D(DC,FONT_ARIAL_15,0,-10,'Fall 1');
       glRotatef(MoveValue,xMove,yMove,zMove);
       glutSolidCube(5+0.1*Value1);
     end;
  2: begin
       OutText2D(DC,FONT_ARIAL_15,0,-10,'Fall 2');
       glDisable(GL_LIGHT0);
       glEnable(GL_LIGHT1);
       glMaterialfv(GL_FRONT_AND_BACK,GL_DIFFUSE,@Schwarz);
       glMaterialfv(GL_FRONT_AND_BACK,GL_SPECULAR,@Grau);
       glMaterialf(GL_FRONT_AND_BACK,GL_SHININESS,128);
       glTranslatef(-5,0,0);
       glScalef(4,5,1);
```

```
        glRotatef(MoveValue,xMove,yMove,zMove);
        OutText3D(DC,FONT_3D,'OpenGL');
      end;
        :
    end{case};
  end{TForm1.GrafikObjekte};
    :
  end.
```

Von dem Prototyp OPENGLPROJEKT ist nur der hier interessierende Implementation-Teil angegeben. Die Bestandteile werden anschließend kurz beschrieben.

- Die Standard-Unit Math von Delphi wurde prophylaktisch eingefügt, da oft dort definierte mathematische Operationen benötigt werden.
- Der Deklarationsteil enthält später benötigte globale Variablen, von denen ein Teil mit Anfangswerten belegt wird. Das betrifft beispielsweise die Position einer Punktlichtquelle, die Lichtrichtung einer Lichtquelle mit parallelen Strahlen und die Definition von Farben.
- In der Ereignisbehandlungsroutine TForm1.FormCreate(..) werden die Vorbereitungsarbeiten für die Nutzung von OpenGL durchgeführt, die Ausgabe von Text vorbereitet und globale Variablen für die Steuerung von Bewegungen und die Positionierung des Betrachterstandpunktes mit Anfangswerten versehen. Außerdem werden die Beleuchtung mit glEnable(GL_LIGHTING), die Standardlichtquelle mit glEnable(GL_ LIGHT0) und der Tiefentest mit glEnable(GL_DEPTH_TEST) aktiviert, ehe die Lichtquellen GL_LIGHT1 und GL_LIGHT2 für Positionslicht und Richtungslicht definiert werden.
- Die Ereignisbehandlungsroutine TForm1.FormPaint(. .) löscht den Hintergrund auf ein helles Gelb sowie den Tiefenpuffer auf den Standardwert 1. Durch glViewport(. .) wird mit den gewählten Parametern der gesamte noch verfügbare Bereich des Bildschirms bereitgestellt. Danach werden durch die logische Variable Perspektive gesteuert, die Perspektiv- oder Parallelprojektion aktiviert. Der Wert des Schalters Perspektive wird in der linken unteren Schaltfläche, Bild 2.4, eingestellt. In der rechten oberen Schaltfläche kann die Sicht auf die Szene, hier ein Würfel, aus vier verschiedenen Positionen gewählt werden. Die Steuerung erfolgt dabei durch die Routine gluLookAt(. .), deren Parameter entsprechend verändert werden. Im Schaltfeld rechts unten können die Werte Value1 bis Value3 verändert und für verschiedene Aufgaben verwendet werden. Im linken mittleren Schaltfeld können Bewegungen, wie beispielsweise die Rotation um verschiedene Achsen, ausgelöst werden. Im linken oberen Schaltfeld ist es schließlich möglich, die Bewegung an einer gewünschten Position zu stoppen bzw. wieder einzuschalten, die Bewegungsgeschwindigkeit zu ändern und das Bezugskoordinatensystem ein- bzw. auszublenden.
- In der Ereignisbehandlungsroutine TForm1.GrafikObjekte(..) werden die Szenen aufgebaut, abhängig von dem durch Anklicken gewünschten Fall.
  Im vorliegenden Fall wird beim Klicken auf Beispiel 1 ein in der Unit GLUT definierter Würfel mit der Kantenlänge (5+0.1*Value1) als Flächenmodell ausgegeben. Das erfolgt durch die Anweisungen

```
glRotatef(MoveValue,xMove,yMove,zMove);
glutSolidCube(5+0.1*Value1);
```

Diesen kann man durch Betätigen der entsprechenden Schalter rotieren, vergrößern oder verkleinern lassen.

Wird Beispiel 2 angeklickt, so wird der Text OpenGL in dreidimensionaler Form ausgegeben. Im Gegensatz zum vorhergehenden Fall wird jetzt nicht mit dem Standardlicht GL_LIGHT0, sondern mit dem definierten Positionslicht GL_LIGHT1 gearbeitet. Der Text wird schwarz und glänzend definiert, in seiner Position in negativer x-Richtung verschoben und in x-Richtung mit 4, in y-Richtung mit 5 skaliert. Der Text kann um die Achsen x, y oder z oder aber um alle drei Achsen rotiert werden. Das erfolgt durch die Anweisungen

```
glDisable(GL_LIGHT0);
glEnable(GL_LIGHT1);
glMaterialfv(GL_FRONT_AND_BACK,GL_DIFFUSE,@Schwarz);
glMaterialfv(GL_FRONT_AND_BACK,GL_SPECULAR,@Grau);
glMaterialf(GL_FRONT_AND_BACK,GL_SHININESS,128);
glTranslatef(-5,0,0);
glScalef(4,5,1);
glRotatef(MoveValue,xMove,yMove,zMove);
OutText3D(DC,FONT_3D,'OpenGL');
```

Eine Position des rotierten Textes ist im Bild 2.5 dargestellt.

Bild 2.5 Dreidimensionaler Text

- Gegenüber dem Projekt OPENGLMINIPROJEKT ist als neue Komponente die Ereignisbehandlungsroutine TForm1.Timer1Timer(. .) hinzugekommen. Diese löst in wählbaren Abständen ein Ereignis aus, welches zur Ausführung der angegebenen Operationen führt. Im vorliegenden Fall wird unter bestimmten Bedingungen der Wert der globalen Variablen MoveValue mit der Schrittweite Step geändert und danach die Ereignisbehandlungsroutine TForm1.FormPaint(. .) zur Abarbeitung aufgerufen. Dadurch können Animationen realisiert werden.
- Die Menüleiste kann dazu benutzt werden, abhängig von dem gewünschten Fall die in der case-Anweisung programmierten grafischen Szenen sichtbar zu machen. Um die Ausgabe von Text zu vereinfachen, sind bereits entsprechende Anweisungen eingefügt.

2.5 Spezielle Inhalte der Unit GLToolsDelphi

Die Unit GLToolsDelphi gehört zu diesem Buch und enthält eine Reihe vordefinierter Grafikobjekte oder Hilfsmittel zu deren Erzeugung. Diese werden in den folgenden Beispielen vielfach genutzt, wie etwa die Kirche mit zwei Türmen als Beispiel für ein umfangreicheres Projekt. Auch das Dreiecksnetz findet zur Darstellung vielfältiger Flächen und Körper wiederholt Anwendung. Zusätzlich wurden Routinen für die Ausgabe von 2D- und 3D-Text sowie für die Nutzung von bmp- und jpg-Dateien als Texturen bereitgestellt.

- Generieren von 2D-Text

    procedure CreateText2D(**DC**: HDC; **ListBase**: GLint; **Schrift**: PChar;
    Size: GLint);

Parameter

DC	Aktueller Device Context
ListBase	Beginn der Displaylisten für die Schrifterzeugung
Schrift	Font der zu definierenden Schrift
Size	Schriftgröße

Kurzbeschreibung

Es wird eine Anzahl von Listen, beginnend ab **ListBase**, für den durch **Schrift** definierten Font mit der Höhe **Size** erzeugt. Die Generierung von 2D-Text mit dem True Color Font 'Arial' und der Größe 20 würde lauten:

```
FONT_ARIAL_20:=glGenLists(256);
CreateText2D(DC, FONT_ARIAL_20, 'Arial', 20);
```

- Ausgabe von 2D-Text

    procedure OutText2D(**DC**: HDC; **ListBase**: GLint; **x, y**: GLdouble;
    AusgabeText: PChar);

Parameter

DC	Aktueller Device Context
ListBase	Beginn der Displaylisten für die Schrifterzeugung
x, y	Anfangsposition für die Textausgabe in Weltkoordinaten
Ausgabetext	Auszugebender Text

Kurzbeschreibung

Die Ausgabe der in **AusgabeText** angegebenen Zeichenfolge ab der Position **x, y** erfolgt entsprechend der ab **ListBase** erzeugten Schrift. Der Text 'OpenGL' mit der oben generierten Schrift hätte dann die Form

```
OutText2D(DC, FONT_ARIAL_20 ,-4 ,10 ,'OpenGL');
```

- Generieren von 3D-Text

    procedure CreateText3D(**DC**:HDC; **ListBase**:GLint; **Schrift** PChar;
    Tiefe:GLfloat);

Parameter

DC	Aktueller Device Context

ListBase	Beginn der Displaylisten für die Schrifterzeugung
Schrift	Font der zu definierenden Schrift
Tiefe	Schrifttiefe

Kurzbeschreibung
Es wird eine Anzahl von Listen, beginnend ab **ListBase**, für den durch **Schrift** definierten Font mit der Schrifttiefe **Tiefe** erzeugt.

- Ausgabe von 3D-Text
  procedure OutText3D(**DC**: HDC; **ListBase**: GLint; **AusgabeText**: PChar);

Parameter

DC	Aktueller Device Context
ListBase	Beginn der Displaylisten für die Schrifterzeugung
Ausgabetext	Auszugebender Text

Kurzbeschreibung
Die Ausgabe der in **AusgabeText** angegebenen Zeichenkette ab der Position 0, 0 erfolgt entsprechend der in **ListBase** erzeugten Schrift. Der Text wird in einer standardisierten Größe ausgegeben. Bei Bedarf muss er durch Skalierung angepasst werden.

- Generieren einer 2D-Textur aus einer bmp-Bitmap
  procedure CreateImageBMP(**BitmapName**: ***string***;
  var **ImageWidth**, **ImageHeight**: GLint;
  var **PBMP**: ***pointer***);

Parameter

BitmapName	Name der bmp-Bitmap
ImageWidth, **ImageHeight**	Breite und Höhe der Textur
PBMP	Zeiger auf die erzeugte Textur

Kurzbeschreibung
Aus der bmp-Datei **BitmapName** wird eine Textur erzeugt. Die Breite **ImageWidth,** die Höhe **ImageHeight** und der auf diese Textur verweisende Zeiger **PBMP** werden zurückgegeben.

- Generieren einer 2D-Textur aus einer jpg-Bitmap
  procedure CreateImageJPG(**BitmapName**: ***string***;
  var **ImageWidth**, **ImageHeight**: GLint;
  var **PJPG**: ***pointer***);

Parameter

BitmapName	Name der jpg-Bitmap
ImageWidth, **ImageHeight**	Breite und Höhe der Textur
PJPG	Zeiger auf die erzeugte Textur

Kurzbeschreibung
Aus der jpg-Datei **BitmapName** wird eine Textur erzeugt. Die Breite **ImageWidth,** die Höhe **ImageHeight** und der auf diese Textur verweisende Zeiger **PJPG** werden zurückgegeben.

- Bereitstellung eines Dreiecknetzes

  procedure Dreiecksnetz(**ns, nt:** GLuint; **Param:** *array of* GLfloat; **Surface:** TSurface);

Parameter

ns, nt	Anzahl der Schritte in s- und t-Richtung
Param	Parametervektor für die Wertübergabe an die Prozedur Surface
Surface	Prozedur vom Typ TSurface, die die auszugebenden x-, y- und z-Werte berechnet

Kurzbeschreibung

Die im Parameter **Surface** vom Typ

TSurface=*procedure*(**s, t:** GLfloat; **Param:** *array of* GLfloat; *var* **x, y, z:** GLfloat);

übergebene Prozedur bestimmt, wie aus den Parametern **s** und **t**, die jeweils in den Grenzen $0 \leq s,\ t \leq 1$ liegen, und den durch den Vektor **Param** übergebenen Werten die x-, y- und z-Koordinaten der darzustellenden Fläche berechnet werden. Gleichzeitig werden die für die Beleuchtungsberechnung erforderlichen Normalen bestimmt. Die erste Anwendung der Prozedur Dreiecksnetz(..) befindet sich im Beispiel 4.15.

- Darstellung eines Kirchenmodells

  procedure Kirche(**Art**: GLenum);

Parameter

Art	Polygonmodus, GL_LINE_LOOP | GL_POLYGON

Kurzbeschreibung

Die Kirche wird entweder als Draht- oder als Flächenmodell ausgegeben. Größen- und Positionsanpassungen sind durch Transformationen zu erzeugen.

- Darstellung des Koordinatensystems

  procedure Koordinatenachsen(**x**, **y**, **z**, **width**: GLfloat);

Parameter

x, y, z,	Länge der Koordinatenachsen in den drei angegebenen Richtungen
width	Dicke der Koordinatenachsen

Kurzbeschreibung

Das Koordinatensystem wird entsprechend den aktuellen Transformationen und der Projektion angezeigt. Die x-, y- und z-Achsen werden in den Farben Rot, Grün und Blau dargestellt.

2.6 Erfragefunktionen

Der große Funktionsumfang von OpenGL macht es in vielen Fällen erforderlich, bestimmte Fähigkeiten, eingestellte Zustände oder Parameter abzufragen. Zu diesem Zweck gibt es verschiedene Routinen, die diese Abfragen gestatten.

Die glGet*(..)-Routinen erlauben die Abfrage von Zuständen und Fähigkeiten der aktuellen OpenGL-Implementierung. Die logischen Routinen glIsEnabled(..) liefern die Ergebnisse GL_TRUE bzw. GL_FALSE, je nachdem, ob der angegebene Parameter aktiviert ist oder nicht. glIsEnabled(GL_LIGHTING) würde beispielsweise das Ergebnis GL_TRUE liefern, wenn im Programm mit glEnable(GL_LIGHTING) die Beleuchtungsrechnung aktiviert wurde. Es ist im Rahmen dieses Buches nicht möglich, alle Anwendungsmöglichkeiten zu nennen. Das folgende Programmfragment zeigt einige Möglichkeiten. Der vollständige Quelltext befindet sich im Projekt ERFRAGEFUNKTIONEN, siehe auch Bild 2.6.

```
case Fall of
1: begin
      Vendor:=glGetString(GL_VENDOR);
      Renderer:=glGetString(GL_RENDERER);
      Version:=glGetString(GL_VERSION);
      Extensions:=glGetString(GL_Extensions);
      OutText2D(DC,FONT_ARIAL_20,-15,10,
      'Hersteller, Renderer, Version, Extensions');
      OutText2D(DC,FONT_ARIAL_15,-15, 8, 'Vendor:');
      OutText2D(DC,FONT_ARIAL_15, -5, 8, Vendor);
      OutText2D(DC,FONT_ARIAL_15,-15, 7, 'Renderer:');
      OutText2D(DC,FONT_ARIAL_15, -5, 7, Renderer);
      OutText2D(DC,FONT_ARIAL_15,-15, 6, 'Version:');
      OutText2D(DC,FONT_ARIAL_15, -5, 6, Version);
      OutText2D(DC,FONT_ARIAL_15,-15, 5, 'Extensions:');
      OutText2D(DC,FONT_ARIAL_15, -5, 5, Extensions);
    end;
      :
21: begin
      glGetFloatv(GL_LINE_WIDTH_RANGE,@LineRange);
      glGetFloatv(GL_LINE_WIDTH_GRANULARITY,@LineGranularity);
      glGetIntegerv(GL_MAX_LIGHTS,@MaxLicht);
      glGetIntegerv(GL_MAX_MODELVIEW_STACK_DEPTH,@MaxModelView);
      glGetIntegerv(GL_MAX_PROJECTION_STACK_DEPTH,@MaxProjection);
      glGetIntegerv(GL_AUX_BUFFERS,@AuxBuffer);
      OutText2D(DC,FONT_ARIAL_20,-15,10, Verschiedene Daten');
      OutText2D(DC,FONT_ARIAL_15,-15, 8,
               'Kleinste und gr-Ôte Linienbreite');
      OutText2D(DC,FONT_ARIAL_15,  0, 8,
               PChar(FloatToStr(LineRange[0])+'   '+
               FloatToStr(LineRange[1])));
      OutText2D(DC,FONT_ARIAL_15,-15, 7,
               'Granularitðt von Linienbreiten');
      OutText2D(DC,FONT_ARIAL_15,  0, 7,
               PChar(FloatToStr(LineGranularity)));
      OutText2D(DC,FONT_ARIAL_15,-15, 5,
               'Maximale Anzahl von Lichtquellen');
      OutText2D(DC,FONT_ARIAL_15,  0, 5,
               PChar(IntToStr(MaxLicht)));
      OutText2D(DC,FONT_ARIAL_15,-15, 3,
               'Maximale Tiefe des MODELVIEW-Stacks');
      OutText2D(DC,FONT_ARIAL_15,  0, 3,
               PChar(IntToStr(MaxModelView)));
```

```
        OutText2D(DC,FONT_ARIAL_15,-15, 2,
                 'Maximale Tiefe des PROJECTION-Stacks');
        OutText2D(DC,FONT_ARIAL_15,  0, 2,
                 PChar(IntToStr(MaxProjection)));
        OutText2D(DC,FONT_ARIAL_15,-15, 0,
                 'Anzahl der Hilfspuffer (Auxilary Buffer)');
        OutText2D(DC,FONT_ARIAL_15,  0, 0,
                 PChar(IntToStr(AuxBuffer)));
    end;
end;
```
■

Verschiedene Daten

Kleinste und größte Linienbreite	0,5 10
Granularität von Linienbreiten	0,125
Maximale Anzahl von Lichtquellen	8
Maximale Tiefe des MODELVIEW-Stacks	32
Maximale Tiefe des PROJECTION-Stacks	10
Anzahl der Hilfspuffer (Auxilary Buffer)	0

Bild 2.6 Ergebnis von Erfragefunktionen

2.7 Übungen

Projekt UEBUNG21:

Das Projekt OPENGLPROJEKT ist so zu modifizieren, dass abhängig davon, ob der Wert Value2 gerade oder ungerade ist, der Würfel als Flächen- oder als Drahtmodell dargestellt wird.
Flächenmodell: glutSolidCube(h);
Drahtmodell: glutWireCube(h);
Erfolgt die Darstellung als Drahtmodell, so ist gleichzeitig durch glDisable (GL_LIGHTING) das Licht auszuschalten.

Projekt UEBUNG22:

Das Projekt OPENGLPROJEKT ist so zu modifizieren, dass der Öffnungswinkel in der Routine gluPerspective(..) bei der Perspektivprojektion durch Value2 und der Betrachterabstand zAuge in der Routine gluLookAt(. .) mit Value3 geändert werden können.

3 Rastergrafik-Algorithmen

Zu den grundlegenden Algorithmen der Computergrafik gehören das *Rastern* von Punkten, Linien und Polygonen, das Clipping von grafischen Objekten, die Darstellung und Verarbeitung von *Farbe* und schließlich das *Antialiasing*. Die folgenden Abschnitte enthalten dazu theoretische Grundlagen und deren Umsetzung durch OpenGL-Routinen, dargestellt an Beispielen, deren praktische Umsetzung der Quelltext des Projektes RASTERGRAFIK enthält.

3.1 Rastern von Punkten, Linien, Kurven und Polygonen

Mit der Entwicklung von Rasterbildschirmen Anfang der Siebzigerjahre wurde es möglich, gefüllte Flächen darzustellen und damit realitätsnahe Bilder zu erzeugen. Ein Rasterbildschirm speichert die *grafischen Primitive* (Punkte, Linien, Polygone, Zeichen) in einem *Bildspeicher* (Frame Buffer, Color Buffer) als die diese Primitive beschreibenden Folgen von *Bildpunkten* (Pixel, Picture Element). Der Display-Prozessor empfängt und interpretiert Folgen von grafischen Ausgabeanweisungen. Der Bildspeicher befindet sich heute meist auf der Grafikkarte. Dieses Teilsystem wird oft Video-Controller genannt und erzeugt das eigentliche Bild auf dem Bildschirm, Bild 3.1.

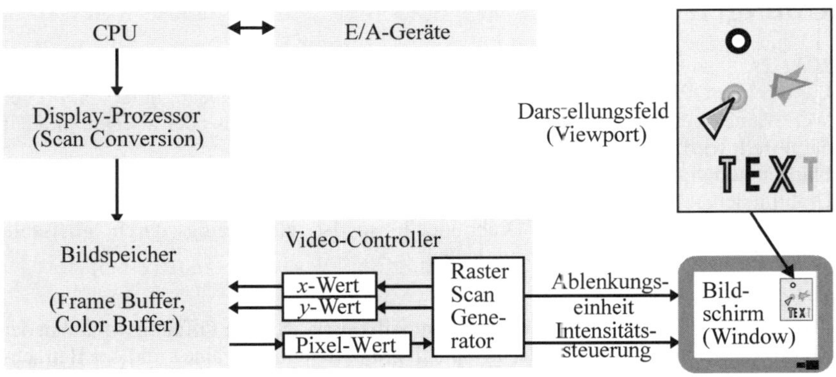

Bild 3.1 Rastergrafiksystem (Raster Scan System)

Da Rasterbildschirme durch ansteuerbare Pixel gerastert sind, lassen sie nur diskrete Darstellungen zu. Übliche Rasterungen von Bildschirmen sind 640×480, 800×600, 1024×768 oder 1280×1024 Pixel. In jedem Fall haben diese Pixel eine endliche Größe und damit einen endlichen Abstand von $0.23 \ldots 0.32$ mm zueinander. Die Darstellung grafischer Primitive ist deshalb nur approximiert möglich. Kontinuierliche Linien, Kurven und Flächen müssen daher durch geeignete Algorithmen in Pixel-Folgen umgerechnet werden. Diese Diskretisierung wird Rasterkonvertierung, Rastern, Rasterisierung,

Rasterung oder Scan Conversion genannt. Bilder werden in der Computergrafik durch Festlegung der Position der einzelnen Pixel (Pixel-Koordinaten) sowie deren Farbe und Intensität erzeugt. Die Farbe ihrerseits wird mit den drei Grundfarben Rot, Grün und Blau (*RGB-Farbmodell*) durch additive Farbmischung bestimmt. Man kann sich den Bildschirm auch als ein Netz oder eine Matrix von Pixeln vorstellen (Pixel-Matrix), die üblicherweise von links nach rechts (x-Achse) und von oben nach unten (y-Achse) durchnummeriert sind. Die Anfangswerte der Koordinaten sind 0. Die Pixel-Matrix wird im Bildspeicher, Bild 3.1, angelegt und enthält implizit die Positionen der Pixel sowie die zugehörigen Farben und Intensitäten. Für die Farben werden üblicherweise 32 Bit Speicherplatz bereitgestellt. Man bezeichnet die Verfügbarkeit von 32 Bit je Pixel auch als *Echtfarbsystem* (True Color System). Je 8 Bit werden für jede der Grundfarben Rot, Grün und Blau genutzt und 8 Bit für den *Blendingfaktor* α. Dieser wird für spezielle Farbberechnungen, wie beispielsweise bei der *Transparenz* oder dem Antialiasing, benötigt. Mit den 24 Bit für die Farben können $2^{24} = 16\,777\,216$ Farben erzeugt werden.

Die Hauptvorteile von Rastergrafik im Vergleich zur früher genutzten Vektorgrafik sind geringere Kosten und die Möglichkeit, mit Farbe oder einem Muster gefüllte Bereiche darzustellen. Dies ist entscheidend für realitätsnahe Abbildungen dreidimensionaler Objekte. Der größte Nachteil von Rastersystemen gegenüber Vektorsystemen liegt jedoch in der diskreten Darstellung durch Pixel. Zum einen werden Grafikprimitive wie Linien und Polygone durch ihre Eckpunkte (Vertices) beschrieben und müssen durch Rastern in einzelne Pixel bestimmter Farbe im Frame Buffer umgewandelt werden. Der dafür auch verwendete Begriff Scan Conversion leitet sich von der Tatsache ab, dass im vektororientierten Modus die Koordinaten der Endpunkte oder Knoten angegeben werden. Das System muss diese Informationen für rasterorientierte Displays in Pixel konvertieren. Ein anderer Nachteil von Rastersystemen liegt in der Natur des Rasters selbst begründet. Während ein Vektorsystem durchgehende glatte Linien und sogar Kurven von praktisch jedem Punkt auf der Oberfläche des Vektordisplays zu jedem anderen zeichnet, kann das Rastersystem mathematisch glatte Linien, Polygone und die Grenzen gekrümmter Primitive wie Kreise oder Zeichen nur durch Annäherung mit Pixeln auf dem Rastergitter zeichnen. Das ist der Grund für das bekannte Problem der Zacken oder Treppenstufen (Jaggies). Dieser Effekt wird *Aliasing* genannt. Aliasing tritt auf, wenn eine Funktion einer kontinuierlichen Variablen mit starken Intensitätsschwankungen durch diskrete Werte angenähert wird. Die Computergrafik bietet Techniken zum Antialiasing an. Diese benutzen für benachbarte Pixel an den Kanten von grafischen Primitiven Abstufungen unterschiedlicher Intensität, anstatt die Pixel nur auf ihren maximalen oder minimalen Farbwert zu setzen. Anschließend werden zunächst Algorithmen für das Rastern von Punkten, Linien und Polygonen ohne *Antialiasing* vorgestellt. Die Nutzung der Antialiasing-Methoden für deren verbesserte Darstellung erfolgt im Abschnitt 3.4.

3.1.1 Rastern von Punkten

Der kleinste auf dem Rasterdisplay darstellbare Punkt ist das Pixel mit seiner gewählten Farbe und Intensität. Die Pixel-Koordinaten werden durch Rundung der transformierten kartesischen Koordinaten ermittelt. Die Punktgröße kann festgelegt werden, wobei auch diese auf den nächsten ganzen Wert gerundet wird. Eine definierte Punktgröße n setzt $n \times n$ Pixel in quadratischer Anordnung.

3.1.2 Rastern von Linien und Kurven

Rastern von Linien bedeutet die Berechnung derjenigen Pixel-Koordinaten, die einer theoretisch unendlich dünnen idealen Linie am nächsten liegen. Praktisch ist jedoch die kleinste physikalische Linienbreite durch die Pixel-Größe bestimmt. Der dazu erforderliche Algorithmus soll schnell und unabhängig von der Erzeugungsrichtung die gleiche Linie generieren. Dafür wurden die verschiedenen Verfahren *inkrementeller, Bresenham-, Midpoint-Line- und struktureller Algorithmus* entwickelt. Wegen seiner Bedeutung wird hier der Bresenham-Algorithmus [Bres65] in der angepassten Form des Midpoint-Line-Algorithmus angegeben, da dieser in etwas modifizierter Art auch durch OpenGL verwendet wird. Charakterisiert ist der Bresenham-Algorithmus durch die Nutzung nur ganzzahliger Größen, die Addition und die Multiplikation mit 2, die ihrerseits effektiv durch eine Shift-Operation ausgeführt werden kann.

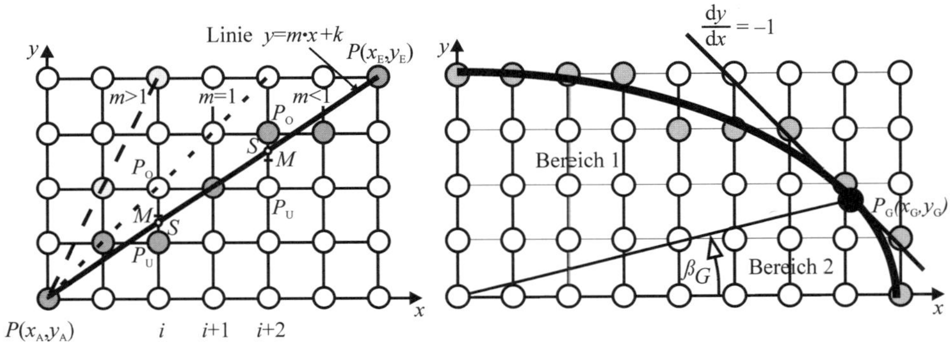

Bild 3.2 Prinzip des Midpoint-Algorithmus

Der Midpoint-Line-Algorithmus (Mittenpunkt-Linien-Algorithmus), Bild 3.2 links, ist eine spezielle Anwendung des erstmals von Pitteway [Pitt67] vorgestellten allgemeinen Midpoint-Algorithmus. Die Ableitung des Midpoint-Line-Algorithmus erfolgt am Beispiel einer im ersten Oktanten liegenden Linie. Für diese gilt

$$y = m \cdot x + k \quad mit \quad 0 \leq m \leq 1 \tag{3.1}$$

In anderen Oktanten liegende Linien oder Liniensegmente können daraus durch Spiegelungen an den Koordinatenachsen oder den Diagonalen erzeugt werden. Entsprechend Bild 3.2 wird beim Midpoint-Line-Algorithmus festgestellt, ob der Schnittpunkt S der Geraden mit der Gitterlinie x_i oberhalb oder unterhalb des zugehörigen Mittenpunktes $M = (P_o + P_u)/2$ liegt. Liegt S unterhalb von oder auf M, so wird P_u ausgewählt, sonst P_o. Die getroffene Zuordnung bei Gleichheit ist beliebig, muss dann aber beibehalten werden. Für den Midpoint-Line-Algorithmus ist nun ein Entscheidungskriterium zu finden, welches effizient die Lage des Mittenpunktes M bezüglich der Linie nach Gleichung (3.1) bestimmt. Dazu eignet sich auch im Hinblick auf andere Funktionen die implizite Darstellung. Für die Linie lautet diese allgemein

$$F(x,y) = a \cdot x + b \cdot y + c \tag{3.2}$$

und mit den Beziehungen $\Delta x = x_E - x_A$, $\Delta y = y_E - y_A$, $m = \Delta y / \Delta x$ geht Gleichung (3.1) in die Form $\Delta x \cdot y = \Delta y \cdot x + \Delta x \cdot k$ über. Daraus ergibt sich schließlich

$$F(x, y) = \Delta y \cdot x - \Delta x \cdot y + \Delta x \cdot k$$

Damit sind die Koeffizienten von Gleichung (3.2) bestimmt durch die Werte $a = \Delta y$, $b = -\Delta x$ und $c = \Delta x \cdot k$.

Das Entscheidungskriterium bezüglich der Lage von M lautet

$$\begin{aligned} &F(x_M, y_M) > 0 \rightarrow M \text{ liegt unter der Geraden, } P_o \text{ setzen} \\ &F(x_M, y_M) = 0 \rightarrow M \text{ liegt auf der Geraden, } P_u \text{ (oder } P_o\text{) setzen} \\ &F(x_M, y_M) < 0 \rightarrow M \text{ liegt über der Geraden, } P_u \text{ setzen} \end{aligned} \tag{3.3}$$

x_M und y_M sind die Koordinaten des betrachteten Mittenpunktes $M(x_M, y_M)$. Für die folgenden Ableitungen wird als Testwert

$$T = 2 \cdot F(x, y) = 2 \cdot \Delta y \cdot x - 2 \cdot \Delta x \cdot y + 2 \cdot \Delta x \cdot k \tag{3.4}$$

gewählt. Mit dieser speziellen Wahl ergibt sich unmittelbar der *Bresenham-Algorithmus* für die Linie mit der Steigung $0 \leq m \leq 1$.

Ausgehend von einem bereits bekannten Pixel $P(x_i, y_i)$, beispielsweise am Linienanfang, wird der als T_{alt} bezeichnete Testwert an der Stelle $x_i + 1$ berechnet. Hier hat M die Ordinate $y_i + 1/2$.

$$\begin{aligned} T_{alt} &= 2 \cdot F(x_i + 1, y_i + 1/2) \\ T_{alt} &= 2 \cdot \Delta y \cdot (x_i + 1) - 2 \cdot \Delta x \cdot (y_i + 1/2) + 2 \cdot \Delta x \cdot k \\ T_{alt} &= \Delta y \cdot (2 \cdot x_i + 2) - \Delta x \cdot (2 \cdot y_i + 1) + 2 \cdot \Delta x \cdot k \end{aligned} \tag{3.5}$$

T_{alt} gibt an, auf welcher Seite der Geraden der Mittenpunkt M liegt und bestimmt damit, ob P_u oder P_o zu setzen sind. Nach Gleichung (3.3) gilt

$$\begin{aligned} &\textit{Fall 1:} \quad T_{alt} > 0,\ P_o = P(x_i + 1, y_i + 1) \text{ setzen} \\ &\textit{Fall 2:} \quad T_{alt} \leq 0,\ P_u = P(x_i + 1, y_i) \text{ setzen.} \end{aligned} \tag{3.6}$$

Der neue Testwert T_{neu} ist nun davon abhängig, ob P_o (Fall 1) oder P_u (Fall 2) gesetzt wurde.

Fall 1: P_o gesetzt

$$\begin{aligned} T_{neu} &= 2 \cdot F(x_i + 2, y_i + 3/2) = 2 \cdot \Delta y \cdot (x_i + 2) - 2 \cdot \Delta x \cdot (y_i + 3/2) + 2 \cdot \Delta x \cdot k \\ T_{neu} &= T_{alt} + 2 \cdot (\Delta y - \Delta x) = T_{alt} + \Delta P_o \end{aligned} \tag{3.7}$$

Fall 2: P_u gesetzt

$$\begin{aligned} T_{neu} &= 2 \cdot F(x_i + 2, y_i + 1/2) = 2 \cdot \Delta y \cdot (x_i + 2) - 2 \cdot \Delta x \cdot (y_i + 1/2) + 2 \cdot \Delta x \cdot k \\ T_{neu} &= T_{alt} + 2 \cdot \Delta y = T_{alt} + \Delta P_u \end{aligned}$$

Wie aus Gleichung (3.7) hervorgeht, ist der Midpoint-Line-Algorithmus ein inkrementelles Verfahren und setzt damit einen *Startwert* für T_{alt} voraus. Dieser kann aus den Bedingungen am Anfangspunkt $P(x_A, y_A)$ berechnet werden. Nach Gleichung (3.5) gilt zunächst

$$\begin{aligned} T_{alt} &= 2 \cdot F(x_A + 1, y_A + 1/2) = 2 \cdot \Delta y \cdot (x_A + 1) - 2 \cdot \Delta x \cdot (y_A + 1/2) + 2 \cdot \Delta x \cdot k \\ T_{alt} &= 2 \cdot (\Delta y \cdot x_A - \Delta x \cdot y_A + \Delta x \cdot k) + 2 \cdot \Delta y - \Delta x \end{aligned}$$

Der in Klammern stehende Ausdruck hat den Wert Null, da $P(x_A, y_A)$ auf der Linie liegt. Der Startwert ergibt sich damit zu

$$T_{alt\ Start} = 2 \cdot \Delta y - \Delta x \tag{3.8}$$

Ausgehend vom Startwert $T_{alt\ Start}$ nach Gleichung (3.8) wählt der Midpoint-Line-Algorithmus also nach jedem Schritt in x-Richtung das darzustellende Pixel P_o (Fall 1) oder P_u (Fall 2) aus. Abhängig davon wird der Testwert T_{neu} durch Addition von ΔP_o bzw. ΔP_u zu T_{alt} berechnet. Für den nächsten Schritt wird dann T_{neu} wieder zum Testwert T_{alt}.

Für höhere Ansprüche müssen durch Attribute Erweiterungen bezüglich der *Linienbreite*, des *Linientyps* und der Form der *Linienenden*, abgeschrägt (Bevel Join), abgerundet (Round Join), Gehrung (Miter Join), erfolgen. Außerdem muss gleiche Helligkeit bei unterschiedlicher Steigung gewährleistet sein, da hier die Pixel unterschiedlichen Abstand zueinander haben und damit eine schräge Linie dunkler erscheint als eine horizontale oder vertikale. Werden Linienzüge gezeichnet, so muss außerdem sichergestellt sein, dass das letzte Pixel des vorhergehenden Liniensegments nicht ausgegeben wird, da sonst unter bestimmten Bedingungen unerwünschte Effekte auftreten können.

Für eine Linie mit dem Anfangspunkt $P_A(0, 0)$ und dem Endpunkt P_E (10, 3) ergeben sich mit dem Bresenham-Algorithmus die Koordinaten der zu setzenden Pixel wie folgt:

x	0	1	2	3	4	5	6	7	8	9	10
y	0	0	1	1	1	1	2	2	2	3	3
T_{alt}	–4	2	–12	–6	0	6	–8	–2	4	–10	–4

Die Prozedur für den Bresenham-Algorithmus hat das folgende prinzipielle Aussehen.

```
procedure Bresenham(XA,YA,XE,YE: integer);
   var DX,DY,Y,X,Test,DPu,DPo: integer;
begin
   DX:=XE-XA; DY:=YE-YA; X:=XA; Y:=YA;
   DPu:=2*DY; DPo:=2*(DY-DX);
   Test:=2*DY-DX;
   while X<=XE do
   begin
// hier muss die Ausgabe des Pixels P(x,y) erfolgen
      X:=X+1;
      if Test<=0 then Test:=Test+DPu
                 else begin Y:=Y+1; Test:=Test+DPo end;
   end
end {Bresenham};
```

Der *Midpoint-Algorithmus* eignet sich auch zum Generieren von Kurven. Am Beispiel der Ellipse, Bild 3.2 rechts, soll das gezeigt werden, obwohl in OpenGL Kurven aus Linienzügen aufgebaut werden. Beispiel 3.2 zeigt diese Vorgehensweise für Zykloiden. Die Generierung des Midpoint-Ellipse-Algorithmus erfolgt analog zur Linie mit dem Midpoint-Algorithmus.

Aus der bekannten Gleichung $\left(\frac{x}{a}\right)^2 + \left(\frac{y}{b}\right)^2 = 1$ erhält man durch Umformung die benötigte implizite Form $F(x,y) = b^2 \cdot x^2 + a^2 \cdot y^2 - a^2 \cdot b^2$ mit den Beziehungen

$F(x_M, y_M) > 0 \rightarrow M(x_M, y_M)$ außerhalb der Ellipse, P_u setzen

$F(x_M, y_M) = 0 \rightarrow M(x_M, y_M)$ auf der Ellipse, P_u oder P_o setzen

$F(x_M, y_M) < 0 \rightarrow M(x_M, y_M)$ innerhalb der Ellipse, P_o setzen

Die Ellipse in Hauptachsenlage besitzt eine *4-Punkte-Symmetrie*. Ist beispielsweise $P(x,y)$ ein Punkt der Ellipse, so sind es auch die Punkte $P(-x, y)$, $P(x, -y)$ und $P(-x, -y)$. Daraus folgt, dass die Rasterpunkte nur für einen Quadranten berechnet werden müssen. Da die Ellipse hier sowohl sanfte als auch starke Neigung besitzt, sind zwei Bereiche zu untersuchen.

Bereich 1, schwache Neigung: $0 \leq x \leq x_G \rightarrow x$ ist die treibende Achse

Bereich 2, starke Neigung: $0 \leq y \leq y_G \rightarrow y$ ist die treibende Achse

Zur Bestimmung von (x_G, y_G) nutzt man zweckmäßig die Parameterdarstellung der Ellipse.

$$x = a \cdot \cos\beta \qquad dx = -a \cdot \sin\beta \cdot d\beta$$

$$y = b \cdot \sin\beta \qquad dy = b \cdot \cos\beta \cdot d\beta$$

Aus der Bedingung für den Grenzpunkt $P_G\ (x_G, y_G)$

$$(dy/dx)_G = -1 \quad \text{erhält man} \quad \tan\beta_G = b/a$$

und nach Nutzung der Additionstheoreme

$$\sin\beta = \frac{\tan\beta}{\sqrt{1+\tan^2\beta}} \quad \text{und} \quad \cos\beta = \frac{1}{\sqrt{1+\tan^2\beta}}$$

schließlich

$$x_G = \frac{a^2}{\sqrt{a^2+b^2}} \quad \text{und} \quad y_G = \frac{b^2}{\sqrt{a^2+b^2}}$$

Der Midpoint-Ellipse-Algorithmus lautet:

Bereich 1, schwache Neigung: $0 \leq x \leq x_G$

Ausgehend von einem bereits gefundenen Punkt gilt $T_{alt} = F(x_i + 1, y_i - 1/2)$

Fall 1: $T_{alt} \leq 0 \Rightarrow M$ liegt innerhalb oder auf der Ellipse, P_o auswählen

$T_{neu} = F(x_i + 2, y_i - 1/2)$ oder

$T_{neu} = T_{alt} + b^2 \cdot (2 \cdot x_i + 3) = T_{alt} + \Delta P_o$

Fall 2: $T_{alt} > 0 \Rightarrow M$ liegt außerhalb der Ellipse, P_u auswählen

$T_{neu} = F(x_i + 2, y_i - 3/2)$ oder

$T_{neu} = T_{alt} + b^2 \cdot (2 \cdot x_i + 3) + a^2 \cdot (-2 \cdot y_i + 2) = T_{alt} + \Delta P_u$

Startwert für T_{alt}: Da der Punkt $P(0, b)$ auf der Ellipse liegt, gilt:

$T_{alt\ Start} = F(1, b - 1/2) = b^2 - a^2 \cdot (b - 1/4)$

Bereich 2, starke Neigung: $0 \leq y \leq y_G$
(Die Vorgehensweise entspricht prinzipiell der des Bereichs 1)

Ausgehend von einem bereits gefundenen Punkt gilt $T_{alt} = \mathrm{F}(x_i - 1/2, y_i + 1)$

Fall 1: $T_{alt} \leq 0 \Rightarrow M$ liegt innerhalb oder auf der Ellipse, P_o auswählen

$T_{neu} = F(x_i - 1/2, y_i + 2)$ oder

$T_{neu} = T_{alt} + a^2 \cdot (2 \cdot y_i + 3) = T_{alt} + \Delta P_o$

Fall 2: $T_{alt} > 0 \Rightarrow M$ liegt außerhalb der Ellipse, P_u auswählen

$T_{neu} = F(x_i - 3/2, y_i + 2)$ oder

$T_{neu} = T_{alt} + a^2 \cdot (2 \cdot y_i + 3) + b^2 \cdot (-2 \cdot x_i + 2) = T_{alt} + \Delta P_u$

Startwert für T_{alt}: Da der Punkt $P(a,0)$ auf der Ellipse liegt, gilt:

$T_{alt\ Start} = F(a - 1/2, 1) = a^2 - b^2 \cdot (a - 1/4)$

OpenGL stellt für das Zeichnen von Punkten, Linien und Linienzügen sowie für Attribute, wie Punktgrößen, Linienbreite und -typ, Routinen bereit, Abschnitt 3.1.4. Diese werden in den folgenden beiden Beispielen verwendet.

Beispiel 3.1:

Zeichnen von Punkten der Größen 1 bis 9 an den Positionen $\vec{P}(-4, 8)$ bis $\vec{P}(4, 8)$ sowie einer Voll-, einer gepunkteten und einer gestrichelten Linie mit der Breite 2. Die Volllinie soll die Anfangs- und Endpunkte $\vec{P}_A(-4, -3)$ nach $\vec{P}_E(-2, 5)$ besitzen. Die anderen beiden Linien sollen jeweils um den Wert 3 in x-Richtung verschoben sein.

```
    :
for i:=1 to 9 do
begin
  glPointSize(i);
  glBegin(GL_POINTS); glVertex2f(i-5,8); glEnd;
end;
glLineWidth(2);
glBegin(GL_LINES); glVertex2f(-4,-3); glVertex2f(-2,5); glEnd;
glEnable(GL_LINE_STIPPLE);
glLineStipple(1, $3333);
glBegin(GL_LINES); glVertex2f(-1,-3); glVertex2f( 1,5); glEnd;
glLineStipple(1, $00FF);
glBegin(GL_LINES); glVertex2f( 2,-3); glVertex2f( 4,5); glEnd;
glDisable(GL_LINE_STIPPLE);
```

Der vollständige Quelltext befindet sich im Projekt RASTERGRAFIK.

■

Beispiel 3.2:

Darstellung einer Zykloide. Eine Zykloide entsteht, wenn ein Kreis auf einer Linie rollt und die Bahn eines mit dem Kreis verbundenen Punktes aufgezeichnet wird. Der Algorithmus lautet in Parameterform $x(t) = r \cdot (n \cdot 2 \cdot \pi \cdot t - \lambda \cdot \sin(n \cdot 2 \cdot \pi \cdot t))$ und $y(t) = r \cdot (1 - \lambda \cdot \cos(n \cdot 2 \cdot \pi \cdot t))$, $0 \leq t \leq 1$. Der Wert n gibt die Anzahl der Umdrehungen des Kreises an. Für $\lambda = 1$ ergibt sich die gewöhnliche, für $\lambda < 1$ die verkürzte und für $\lambda > 1$ die verlängerte Zykloide. r ist der Radius des auf der Linie rollenden

Kreises. Für die unterschiedlichen Zykloidenarten sollen verschiedene Linienbreiten verwendet werden.

```
n:=2; dt:=n*2*pi/200; r:=2;
for j:=1 to 3 do
begin
  glLineWidth(j); lambda:=0.5*j;
  glBegin(GL_LINE_STRIP);
    for i:=0 to 200 do
    begin
      t:=i*dt;
      glVertex2f(r*(t-lambda*sin(t)-2*pi),r*(1-lambda*
      cos(t)));
    end;
  glEnd;
  glBegin(GL_LINES);
    glVertex2f(-r*2*pi-1,0); glVertex2f(r*2*pi+1,0);
  glEnd;
end;
```

Der vollständige Quelltext befindet sich im Projekt RASTERGRAFIK.

3.1.3 Rastern von Polygonen

- Ein *Polygon* (Vieleck) ist ein geschlossener Linienzug. Es wird durch seine Eckpunkte (Vertices) definiert, die verbindenden Linien heißen Seiten oder *Kanten* (Edges). Polygone können eben (planar) oder windschief sein und besitzen eine Orientierung durch ihre Erzeugungsrichtung im mathematisch positiven oder negativen Sinn. Abhängig von der Erzeugungsrichtung ergibt sich die Richtung des senkrecht auf dem Polygon stehenden Normalenvektors. Dieser besitzt für die Sichtbarkeits-, Kapitel 6, und die Beleuchtungsrechnung, Kapitel 7, grundlegende Bedeutung. In der Computergrafik werden planare Polygone verwendet, da für diese der Normalenvektor auf der ganzen Fläche immer die gleiche Richtung besitzt.
- Man unterscheidet konvexe und konkave Polygone. Der Rand eines konvexen Polygons wird durch eine vom Innern des Polygons ausgehende beliebige Linie genau einmal geschnitten.
- Das einfachste Polygon ist das Dreieck. Es besitzt in der Computergrafik besondere Bedeutung, da es immer planar und konvex ist. Damit ergeben sich Vorteile bei der Sichtbarkeits- und Beleuchtungsberechnung.
- Polygone besitzen Vorder- und Rückseiten. Diese können leer (Hollow), einfarbig voll ausgefüllt (Solid) oder gemustert (Pattern) sein. Die Erzeugung der Ausfüllung erfordert Algorithmen, die feststellen, ob ein Punkt im Innern des Polygons liegt, und die die Ausfüllung generieren.

Die Klassifizierung von Polygonen ist im Bild 3.3 dargestellt. Wie auch Punkte und Linien müssen Polygone vor ihrer Ausgabe auf dem Bildschirm gerastert werden. Dafür existieren zwei Verfahren, die auf der unterschiedlichen Beschreibung dieser Polygone oder Flächen beruhen, der analytischen Beschreibung durch mathematische Formeln und der Beschreibung durch Pixel-Folgen einer bestimmten Farbe im Bildspeicher.

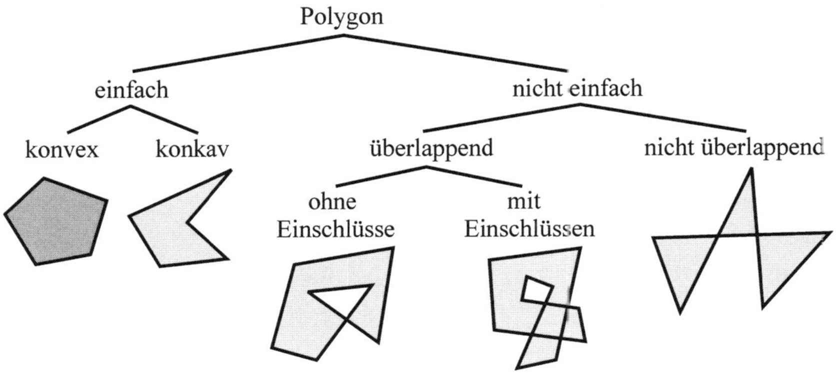

Bild 3.3 Klassifizierung von Polygonen

Rastern von mathematisch beschriebenen Polygonen

Für das Rastern von Polygonen wird überwiegend das *Scan-Line-Verfahren* angewendet. Dieses rastert das Polygon zeilenweise, nutzt dabei die Kohärenz der Kanten aus und speichert für jede Rasterzeile die geschnittenen Kanten und Schnittpunkte, Bild 3.4. Dazu dient eine Datenstruktur mit der Bezeichnung Tabelle der aktiven Kanten (Active Edge Table, AET). Die Kanten sind in der AET nach den x-Koordinaten ihrer Schnittpunkte sortiert, so dass die Reihen gefüllt werden können, die durch Paare gerundeter Schnittpunkte definiert werden. Beim Übergang zur nächsten Rasterzeile (Scan Line) $y + 1$ wird die AET aktualisiert.

Zunächst werden die Kanten gelöscht, die noch in der AET sind, von dieser nächsten Rasterzeile aber nicht mehr geschnitten werden, bei denen also $y_{max} = y$ gilt. Danach werden alle neuen Kanten in die AET eingefügt, die von dieser Rasterzeile geschnitten werden, also diejenigen mit $y_{min} = y + 1$. Zuletzt werden die neuen x-Koordinaten der Schnittpunkte von Kanten berechnet, die in der AET waren, aber noch nicht abgeschlossen sind. Dies geschieht mit dem *inkrementellen Kantenalgorithmus.*

Um das Einfügen von Kanten in die AET effizienter zu gestalten, wird zu Beginn eine globale *Kantentabelle* (Edge Table, ET) angelegt, in der alle Kanten nach fallenden y-Koordinaten sortiert sind. Die ET wird nach dem Bucket-Sort-Verfahren aufgebaut. Dabei werden so viele Buckets benutzt, wie Rasterzeilen vorhanden sind. Innerhalb eines Buckets werden die Kanten nach steigender x-Koordinate des unteren Endpunktes sortiert.

Jeder Eintrag der ET enthält

- die y-Koordinate des oberen Endpunktes y_{max} der Kante,
- die x-Koordinate des unteren Endpunktes x_{min} der Kante,
- die reziproke Steigung $1/m = \Delta x/\Delta y$ der Kante, die beim Übergang von einer Rasterzeile zur nächsten benutzt wird.

Der inkrementelle Algorithmus für den Übergang von der Rasterzeile y_i nach y_{i+1} lautet

$$x_{i+1} = x_i + 1/m = x_i + \Delta x/\Delta y. \tag{3.9}$$

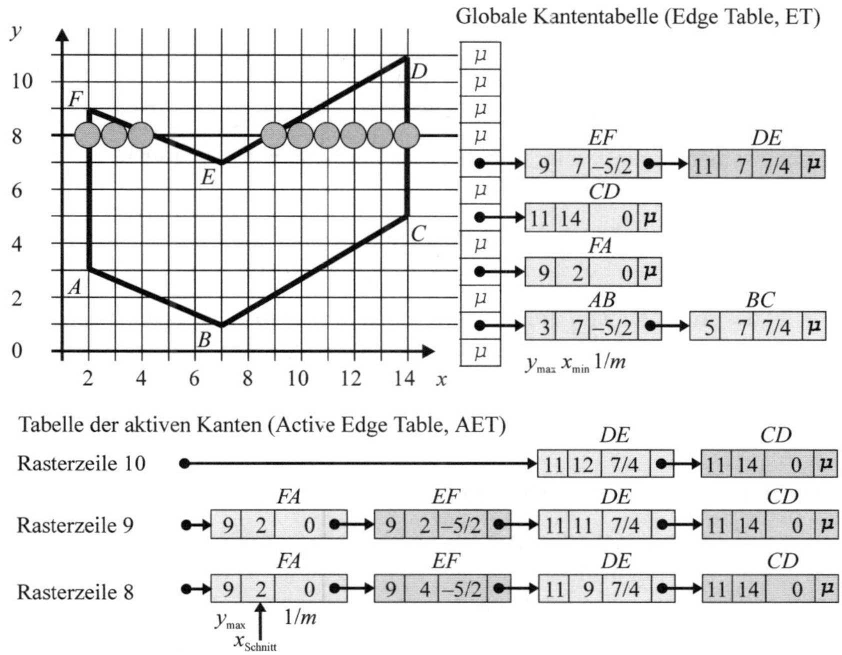

Hinweis: μ symbolisiert den leeren Zeiger, es existiert kein weiterer Eintrag.

Bild 3.4 Prinzip des Scan-Line-Algorithmus

Sobald die ET aufgebaut ist, werden die folgenden Verarbeitungsschritte mit dem Scan-Line-Verfahren durchgeführt:

- y wird auf die kleinste Koordinate gesetzt, die einen Eintrag in der ET hat, also den y-Wert für den ersten nicht leeren Bucket.
- Die AET wird als leer initialisiert.
- Wiederholung der folgenden Schritte so lange, bis AET und ET leer sind:
  - Jene Kanten vom ET-Bucket y in die AET bringen, bei denen $y_{min} = y$ ist (Eintrittskanten) und Sortieren der AET dann bezüglich x.
  - Füllen der Pixel auf der Rasterzeile y zwischen den Paaren von x-Koordinaten aus der AET mit der gewünschten Farbe.
  - Entfernen jener Einträge aus der AET, bei denen $y = y_{max}$ ist (Kanten, die von der nächsten Rasterzeile nicht geschnitten werden).
  - Erhöhen von y um 1 (y-Koordinate der nächsten Rasterzeile).
  - Aktualisieren von x auf Basis des neuen Werts von y bei allen verbliebenen nicht vertikalen Kanten in der AET.

Dieser Algorithmus nutzt sowohl die *Kohärenz* der Kanten zur Berechnung der x-Koordinaten der Schnittpunkte als auch die Kohärenz der Rasterzeilen zusammen mit der Sortierung, um die Reihen zu berechnen. Der Scan-Line-Algorithmus besteht kurz zusammengefasst aus den drei Schritten:

- Berechnung der Schnittpunkte zwischen den Polygonkanten und den Rasterzeilen,

- Sortieren der Schnittpunkte für jede Rasterzeile in aufsteigender Reihenfolge der x-Werte und Aktualisierung der aktuellen Kantentabelle,
- Füllen der Segmente zwischen den Schnittpunkten unter Beachtung der folgenden Konvention zum Setzen der Pixel auf den Rändern.

Um an der gemeinsamen Kante zweier Polygone beim Zeichnen Eindeutigkeit zu erhalten, also kein Pixel doppelt auszugeben, gilt folgende Konvention:

- Pixel auf linken und unteren Polygonkanten werden gezeichnet.
- Pixel auf rechten und oberen Polygonkanten werden nicht gezeichnet.

Problematisch ist das Auftreten von Treppenstufen (Jaggies) an den Polygonkanten, insbesondere, wenn diese eine geringe Neigung besitzen. Deshalb werden spezielle Methoden angewendet, um diese Aliasing-Effekte zu mildern. Beispiele dazu enthält Abschnitt 3.4.

Rastern von im Bildspeicher beschriebenen Flächen

Für das Rastern von im Bildwiederholspeicher beschriebenen Flächen wird der Flood-Fill-Algorithmus in den beiden Modifikationen Boundary-Fill- und Interior-Fill-Algorithmus genutzt. Beide können wie folgt charakterisiert werden:

- Beim *Boundary-Fill-Algorithmus* wird von einem Innenpunkt ausgehend die Fläche bis zum durch die Farbe definierten Rand gefüllt. Voraussetzung für den Boundary-Fill-Algorithmus ist, dass die Fläche durch ihren Rand einer bestimmten Farbe definiert ist. Ausgehend von einem Flächen-Innenpunkt wird die Fläche nach allen Seiten bis zum Erreichen des Randes gefüllt (geflutet).
- Beim *Interior-Fill-Algorithmus* werden von einem Innenpunkt ausgehend die Teile der Fläche mit der neuen Farbe ausgefüllt, die die Farbe des Innenpunktes hat.

Für den *Flood-Fill-Algorithmus* gibt es zwei prinzipielle Lösungswege, den rekursiven Algorithmus und den Pixellauf-Algorithmus.

Der rekursive Algorithmus beginnt mit einem Innenpunkt und tastet sich dann in alle Richtungen bis zum Erreichen des Randes bzw. der Fläche vor. Er ist sowohl für den Boundary-Fill- als auch für den Interior-Fill-Algorithmus anwendbar. Das folgende Programmfragment zeigt die prinzipielle Version für das Boundary-Filling.

```
type TFarbe = record R,G,B: double end;

procedure Fuellen(x,y: integer; CRand,CFuell: TFarbe);
   var CAktual: TFarbe;
begin
   // Hier muss die aktuelle Farbe CAktual bestimmt werden
   if (CAktual<>CRand) and (CAktual<>CFuell)
   then begin
         // Ausgabe des Pixels mit der Füllfarbe CFuell
         Fuellen(x,y+1,CRand,CFuell);
         Fuellen(x+1,y,CRand,CFuell);
         Fuellen(x-1,y,CRand,CFuell);
         Fuellen(x,y-1,CRand,CFuell);
```

```
      end
end{Fuellen};
```

Durch den wiederholten Aufruf der Prozedur Fuellen durch sich selbst (rekursiver Aufruf) werden viel Rechenzeit und Stack-Speicher benötigt. Das kann zu einem Stack-Überlauf führen. Dieser Gefahr wirkt der Pixellauf-Algorithmus entgegen.

Der *Pixellauf-Algorithmus* ist ein modifizierter Flood-Fill-Algorithmus, bei dem ausgehend von Randpixeln das Innere der Fläche ausgefüllt wird. In der Zeile des Startpixels wird zunächst das am weitesten rechts oder links liegende Innenpixel gesucht und entweder auf den Stack geschrieben, oder die Zeile wird sofort eingefärbt. Anschließend werden die Zeilen $y-1$ und $y+1$ bearbeitet. Das erfolgt so lange, bis y_{min} und y_{max} erreicht sind. Bild 3.5 enthält die ersten beiden Schritte des Pixellauf-Algorithmus.

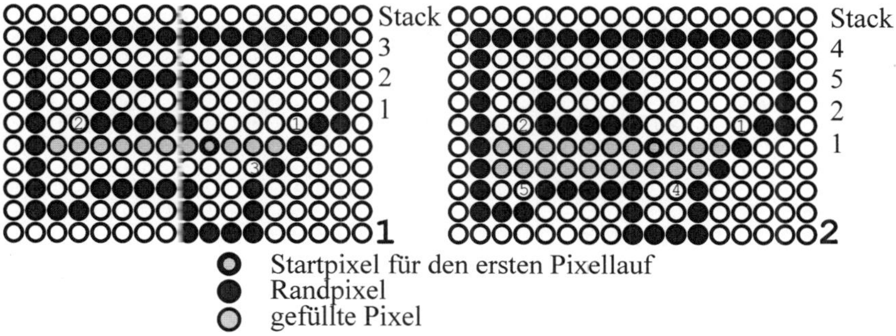

Bild 3.5 Prinzip des Pixellauf-Algorithmus

Füllen von Polygonen mit Mustern

Muster sind *Pixel-Matrizen* (Bitmaps, Pixelmaps), bestehend aus *m* Pixel-Zeilen und *n* Pixel-Spalten. Diese werden ab einem bestimmten Referenzpunkt neben- und übereinander in das zu füllende Polygon gelegt.

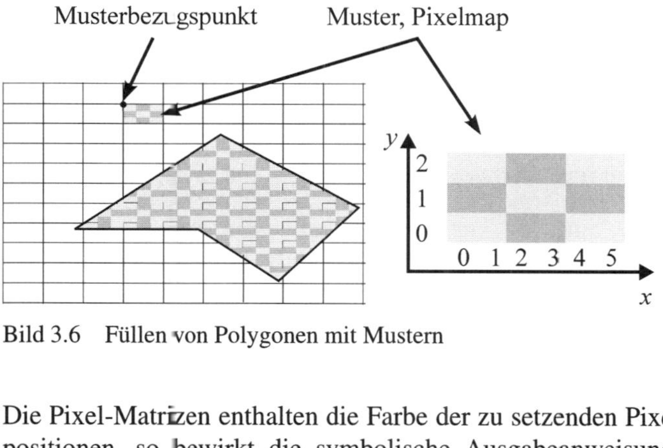

Bild 3.6 Füllen von Polygonen mit Mustern

Die Pixel-Matrizen enthalten die Farbe der zu setzenden Pixel. Sind (x, y) die Ausgabepositionen, so bewirkt die symbolische Ausgabeanweisung DrawPixel(x, y, Pixmap [x mod m, y mod n]); die Darstellung des Pixels in der Farbe, die in der Pixelmap an der Pixel-Position (*x* mod *m*, *y* mod *n*) gesetzt ist. Bild 3.6 und das folgende Programmfragment zeigen den Sachverhalt.

```
procedure Polygonmuster;
      :
   const  Zeile = 29;  Spalte =19;
   type Zeilen = 0..Zeile; Spalten= 0..Spalte;
   var  PixMap: array [Zeilen,Spalten] of byte;
        x,y,i,j: integer;
   procedure Muster;
      var x, y: word;
   begin
      for x:=0 to zeile do
      for y:=0 to spalte do
      if odd(x div (y+1)) then PixMap[x,y]:=clyellow
                          else PixMap[x,y]:=clblue;
   end {Muster};
begin
      :
      Muster;
      for x:=10 to 300 do
      for y:=10 to 120 do
      DrawPixel(x,y,PixMap[x mod Zeile,y mod Spalte]);
      :
end {Polygonmuster};
```

OpenGL bietet für die Erzeugung einfarbiger *Muster* die Routine glPolygonStipple(..). Als Parameter ist hier die Adresse des Vektors anzugeben, der das definierte Muster enthält. Beispiel 3.3 zeigt die Definition und Anwendung des Schachbrettmusters. Die benutzten Routinen enthält Abschnitt 3.1.4.

Beispiel 3.3:

Zeichnen eines Dreiecks mit den Eckpunkten $\vec{F}_1(-3,-3), \vec{P}_2(5,2)$ und $\vec{P}_3(0,5)$ mit einem Schachbrettmuster.

```
const Schachbrett: array [0..127] of GLubyte =
                     ($FF,$FF,$00,$00, $FF,$FF,$00,$00,
                      $FF,$FF,$00,$00, $FF,$FF,$00,$00,
                      $FF,$FF,$00,$00, $FF,$FF,$00,$00,
                      $FF,$FF,$00,$00, $FF,$FF,$00,$00,
                      $FF,$FF,$00,$00, $FF,$FF,$00,$00,
                      $FF,$FF,$00,$00, $FF,$FF,$00,$00,
                      $FF,$FF,$00,$00, $FF,$FF,$00,$00,
                      $FF,$FF,$00,$00, $FF,$FF,$00,$00,
                      $00,$00,$FF,$FF, $00,$00,$FF,$FF,
                      $00,$00,$FF,$FF, $00,$00,$FF,$FF,
                      $00,$00,$FF,$FF, $00,$00,$FF,$FF,
                      $00,$00,$FF,$FF, $00,$00,$FF,$FF,
                      $00,$00,$FF,$FF, $00,$00,$FF,$FF,
                      $00,$00,$FF,$FF, $00,$00,$FF,$FF,
                      $00,$00,$FF,$FF, $00,$00,$FF,$FF,
                      $00,$00,$FF,$FF, $00,$00,$FF,$FF);
          :
```

```
glEnable(GL_POLYGON_STIPPLE);
glPolygonStipple(@Schachbrett);
glBegin(GL_TRIANGLES);
  glVertex2f(-3,-3); glVertex2f(5,2); glVertex2f(0,5); glEnd;
glDisable(GL_POLYGON_STIPPLE);
      :
```

Der vollständige Quelltext befindet sich im Projekt RASTERGRAFIK.

■

3.1.4 OpenGL-Routinen

In diesem Abschnitt werden zunächst nur die OpenGL-Routinen angegeben, die sich auf die elementaren grafische Darstellungselemente (Primitive) Punkt, Linie und das Dreieck als einfachstes Polygon beziehen. Primitive werden in OpenGL durch Vertices (Eckpunkte) beschrieben. Die Interpretation derselben erfolgt durch spezielle Funktionen, Prozeduren und Parameter. Die folgenden Zusammenstellungen enthalten die deklarierten Funktions- und Prozedurköpfe.

- Zeichnen elementarer grafischer Primitive (Auswahl)

  procedure glBegin (**mode**: ***GLenum***);
  // Vertex-Liste
  procedure glEnd;

Parameter

mode Mögliche Werte (Auswahl): GL_POINTS | GL_LINES | GL_LINE_STRIP | GL_LINE_LOOP | GL_TRIANGLES

Kurzbeschreibung

mode bestimmt, wie die Vertex-Liste interpretiert wird. Diese kann neben der Vertex-Definition weitere Informationen, wie beispielsweise zur Farbe, enthalten. Das wird im Abschnitt 3.3 behandelt. Zwischen glBegin(**mode**) und glEnd sind nur Aufrufe bestimmter Routinen zugelassen. Ausführlichere Informationen dazu folgen im Kapitel 4.

GL_POINTS spezifiziert, dass Punkte an den durch die Vertices genannten Positionen gezeichnet werden. GL_LINES gibt an, dass jeweils 2 paarweise aufeinander folgende Vertices zu einer Linie verbunden werden. Mit GL_LINE_STRIP werden die Punkte entsprechend ihrer Reihenfolge durch einen Linienzug verbunden. GL_LINE_LOOP schließt den Linienzug am Ende, der letzte Vertex ist also mit dem ersten verbunden. GL_TRIANGLES verbindet jeweils 3 aufeinander folgende Punkte zu einem Dreieck. Dieses zählt zu den Polygonen und kann durch die Routine glPolygonMode(..) in seiner Darstellung modifiziert werden.

- Setzen eines Vertex (Auswahl)

  procedure glVertex2f (**x**, **y**: ***GLfloat***);
  procedure glVertex2fv(**v**: ***PGLfloat***);
  procedure glVertex3f (**x**, **y**, **z**: ***GLfloat***);
  procedure glVertex3fv(**v**: ***PGLfloat***);
  procedure glVertex4f (**x**, **y**, **z**, **w**: ***GLfloat***);
  procedure glVertex4fv(**v**: ***PGLfloat***);

Parameter

x, y, z, w Koordinaten der zu setzenden Vertices, Typ GLfloat.

v Zeiger auf den Vektor mit den Koordinaten der zu setzenden Vertices, Typ GLfloat.

Kurzbeschreibung

Die angegebenen Vertices werden zum Erzeugen der durch **mode** festgelegten grafischen Primitive genutzt. OpenGL verwendet in jedem Fall alle vier Koordinaten x, y, z und w. Sind diese nicht explizit angegeben, so wird intern z auf 0 und w auf 1 gesetzt.

- Festlegung der Punktgröße

  procedure glPointSize(**size:** ***GLfloat***);

size setzt für alle folgenden Punkte die Größe. Es erfolgt eine Rundung auf den nächsten ganzen Wert. Standard ist **size**=1.

- Festlegung der Linienbreite

  procedure glLineWidth(**width:** ***GLfloat***);

width setzt für alle folgenden Linien die Linienbreite. Es erfolgt eine Rundung auf den nächsten ganzen Wert. Standard ist **width**=1.

- Festlegung des Linientyps

  procedure glLineStipple(**factor**: ***GLint***; **pattern**: ***GLushort***);

Parameter

factor Anzahl der Wiederholung der gesetzten Bits.

pattern Parameter zur Definition des gewünschten Musters.

Kurzbeschreibung

pattern enthält in 16 Bit den Linientyp. Bit=1 aktiviert die Darstellung, das niedrigste Bit wird zuerst gezeichnet. Der Linientyp muss mit glEnable(GL_LINE_STIPPLE) aktiviert bzw. mit glDisable(GL_LINE_STIPPLE) deaktiviert werden.

Standards sind **factor**=1 und **pattern**=1111 1111 1111 1111 oder übersichtlicher in hexadezimaler Darstellung $FFFF, also die Volllinie, und glDisable(GL_LINE_STIPPLE).

- Einstellung des Polygonmodus

  procedure glPolygonMode(**face**, **mode**: ***GLenum***);

Parameter

face GL_FRONT | GL_BACK | GL_FRONT_AND_BACK

mode GL_POINT | GL_LINE | GL_FILL

Kurzbeschreibung

Der Polygonmodus definiert durch **face**, ob Vorder-, Rück- oder beide Seiten des Polygons erzeugt werden sollen. **mode** legt fest, ob nur die Eckpunkte oder die Kanten dargestellt werden oder ob das Polygon voll oder gemustert ausgefüllt sein soll.

Standards sind **face**=GL_FRONT und **mode**=GL_FILL.

- Einstellung des Culling

  procedure glCullFace(**mode:** ***GLenum***);

Parameter

mode GL_FRONT | GL_BACK | GL_FRONT_AND_BACK

Kurzbeschreibung

Mit glCullFace(..) kann festgelegt werden, ob die Vorder-, die Rückseiten oder beide automatisch entfernt werden sollen. Das automatische Entfernen muss mit glEnable(GL_CULL_FACE) aktiviert bzw. mit glDisable(GL_CULL_FACE) deaktiviert werden.

Standards sind **mode**=GL_BACK und glDisable(GL_CULL_FACE).

- Festlegung des Polygonmusters

  procedure glPolygonStipple(**mask**: ***PGLubyte***);

Parameter

mask Zeiger auf einen Vektor mit 128 Elementen des Typs GLubyte.

Kurzbeschreibung

mask enthält in einem Vektor mit 128 Elementen vom Typ GLubyte das darzustellende Muster. Bit=1 aktiviert die Darstellung. Mit glEnable(GL_POLYGON_STIPPLE) muss das Muster aktiviert bzw. mit glDisable(GL_POLYGON_STIPPLE) deaktiviert werden.

Standard ist glDisable(GL_POLYGON_STIPPLE) und die Bits aller Vektorelemente sind auf 1 gesetzt, also 1111 1111 oder $FF.

3.2 Clipping

Zu den Grundaufgaben der Computergrafik gehören das 2D- und 3D-Clipping (Kappen, Beschneiden) von grafischen Darstellungselementen an Begrenzungslinien, -kurven, -ebenen und allgemeinen Flächen. Während sich das 2D-Clipping auf ebene Bereiche (Viewport, Polygon) bezieht, erfolgt das 3D-Clipping bei der Parallelprojektion an Quadern (Parallelepiped), bei der Perspektivprojektion an einer Pyramide bzw. einem Pyramidenstumpf (Frustum), Bild 3.7, oder an spezifischen definierten Clip-Ebenen. Durch das Clipping wird entschieden, welcher Teil der Darstellungselemente innerhalb des Clipping-Bereichs oder -körpers liegt und damit sichtbar ist. Clipping ist integraler Bestandteil jeder Grafiksoftware und kann auf Bitmaps sowie analytisch beschriebene Objekte angewendet werden. Man unterscheidet deshalb die folgenden Clipping-Techniken:

Analytische Technik:	Die Schnittpunkte der Ausgabeprimitive werden berechnet und die sichtbaren Segmente bestimmt.
Scissor-Technik:	Objekte werden vollständig scankonvertiert, aber nur Pixel innerhalb der Scissor-Box werden in den Bildspeicher geschrieben.

Stencil-Technik: Objekte werden vollständig scankonvertiert, aber nur Pixel innerhalb eines maskierten Bereichs werden in den Bildspeicher geschrieben.

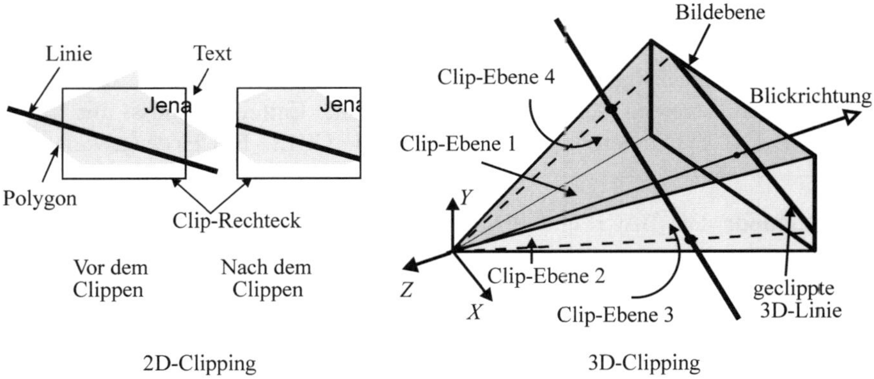

Bild 3.7 2D- und 3D-Clipping

Für das 2D-Clipping wurden durch Cohen und Sutherland [Suth63], Liang und Barsky [Lian84] sowie Cyrus und Beck [Cyrus87] spezielle Algorithmen entwickelt. Von diesen soll hier der klassische Cohen-Sutherland-Algorithmus für das Clipping von Linien an Clip-Rechtecken (Viewport) vorgestellt werden, da sich dieser leicht auf das 3D-Clipping erweitern lässt. Der Liang-Barsky-Algorithmus für das Clipping von Linien an konvexen und konkaven Polygonen wird ebenfalls behandelt. Danach wird das Clipping mit der Scissor- und der Stencil-Technik an einem Beispiel vorgestellt.

3.2.1 Clippen von Linien an Rechtecken nach Cohen-Sutherland

Der Cohen-Sutherland-Algorithmus wurde für das Clipping von Linien an einem rechteckigen Clip-Bereich entwickelt. Für die gegenseitige Lage von Linien und Clip-Rechteck gibt es prinzipiell drei Kategorien:

Kategorie 1: Beide Endpunkte der Linie liegen innerhalb des Clip-Rechtecks, wie beispielsweise die Linie $\vec{g}_1$.

Kategorie 2: Beide Endpunkte der Linie liegen bezüglich einer Kante auf einer Seite und damit garantiert außerhalb des Clip-Rechtecks, Linie $\vec{g}_5$.

Kategorie 3: Beide Eckpunkte liegen außerhalb oder inner- und außerhalb des Clip-Rechtecks. Dabei sind folgende Fälle möglich:

a) die Linie liegt ganz außerhalb, Linie $\vec{g}_2$,

b) die Linie schneidet das Clip-Rechteck, Linien $\vec{g}_3$ und $\vec{g}_4$.

Cohen und Sutherland haben einen 4-Bit-Outputcode-Algorithmus entwickelt, der effizient die Fälle 1 und 2 zu ermitteln gestattet und nur im Fall 3 zusätzliche Teste erforderlich macht, Bild 3.8.

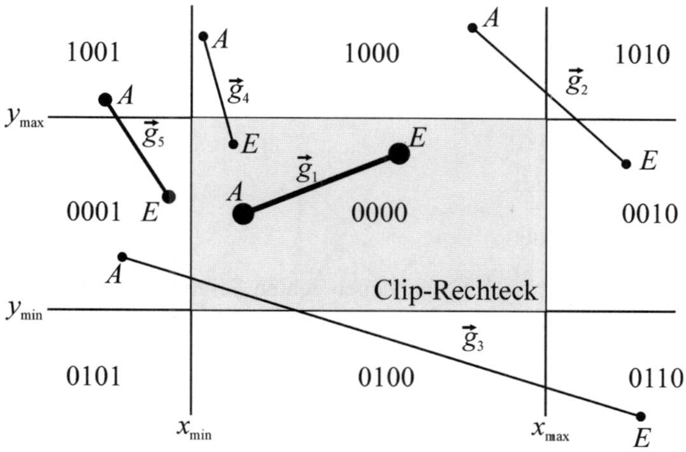

Bild 3.8 Cohen-Sutherland-Algorithmus

Mit dem 4-Bit-Outputcode *K* können neun Bereiche, die durch Verlängern der Kanten des Clip-Rechtecks entstehen, eindeutig beschrieben werden.

4-Bit-Outputcode *K*

| | | | | ← Wert (0 | 1)
3 2 1 0 ← Bit-Nr.

- Bit 0 → Wert=1, falls Punkt links vom Rechteck
- Bit 1 → Wert=1, falls Punkt rechts vom Rechteck
- Bit 2 → Wert=1, falls Punkt unter dem Rechteck
- Bit 3 → Wert=1, falls Punkt über dem Rechteck

Zur Durchführung des Clipping ordnet man jedem Anfangspunkt *A* und Endpunkt *E* einer Linie die entsprechenden Outputcodes *K*(*A*) und *K*(*E*) zu und nutzt diese zur Entscheidung, in welche der angegebenen Kategorien die Linie fällt. Dabei ist zu beachten, dass die logischen Operationen bitweise erfolgen.

Kategorie 1: Die Linie ist vollständig sichtbar (Linie $\vec{g}_1$), wenn die Bedingung $K(A) \vee K(E) = 0000$ erfüllt ist. (3.10)

Linie $\vec{g}_1$:

$$\begin{array}{r} K(A) = 0000 \\ \underline{K(E) = 0000} \\ K(A) \vee K(E) = 0000 \end{array}$$

Kategorie 2: Die Linie ist vollständig unsichtbar (Linie $\vec{g}_5$), wenn die Bedingung $K(A) \wedge K(E) \neq 0000$ erfüllt ist. (3.11)

Linie $\vec{g}_5$:

$$\begin{array}{r} K(A) = 1001 \\ \underline{K(E) = 0001} \\ K(A) \wedge K(E) = 0001 \end{array}$$

Kategorie 3: Sind die Bedingungen (3.10) oder (3.11) nicht erfüllt, so sind die Linien teilweise (Linien $\vec{g}_3$, $\vec{g}_4$) oder auch vollständig unsichtbar (Linie $\vec{g}_2$).

$$\begin{array}{lr} \text{Linie } \vec{g}_2\text{:} & K(A) = 1000 \\ & \underline{K(E) = 0010} \\ & K(A) \vee K(E) = 1010 \\ & K(A) \wedge K(E) = 0000 \\ \text{Linie } \vec{g}_3\text{:} & K(A) = 0001 \\ & \underline{K(E) = 0110} \\ & K(A) \vee K(E) = 0111 \\ & K(A) \wedge K(E) = 0000 \end{array}$$

Im Falle der Kategorie 3 sind die eventuell vorhandenen echten Schnittpunkte mit den Kanten des Clip-Rechtecks zu bestimmen. Dabei können folgende Fälle für die Endpunkte unterschieden werden:

Fall 1: Bit 3 = 1 → Schnittpunkt der Linie mit y_{max} berechnen.
Fall 2: Bit 2 = 1 → Schnittpunkt der Linie mit y_{min} berechnen.
Fall 3: Bit 1 = 1 → Schnittpunkt der Linie mit x_{max} berechnen.
Fall 4: Bit 0 = 1 → Schnittpunkt der Linie mit x_{min} berechnen.

Die Gleichungen zur Berechnung der/des Schnittpunkte(s), wobei (x_A, y_A) und (x_E, y_E) die Koordinaten des Anfangs- und Endpunktes der betrachteten Linie sind, lauten

Fälle 1 + 2: Die y-Koordinate des Schnittpunktes ist y_{max} (Fall 1) bzw. y_{min} (Fall 2)

$$x = \frac{(x_E - x_A)}{(y_E - y_A)} \cdot (y - y_E) + x_E \tag{3.12}$$

Fälle 3 + 4: Die x-Koordinate des Schnittpunktes ist x_{max} (Fall 3) bzw. x_{min} (Fall 4)

$$y = \frac{(y_E - y_A)}{(x_E - x_A)} \cdot (x - x_E) + y_E \tag{3.13}$$

Die Auswahl der zu zeichnenden Linie kann wieder mit dem neuen Outputcode für jedes Liniensegment erfolgen. Die neuen Anfangs- und Endpunkte erhalten den Outputcode 0000, wenn sie das Clip-Rechteck schneiden.

3.2.2 Clippen von Linien an Polygonen nach Liang-Barsky

Für das Clippen von Linien an konvexen und konkaven Polygonen ist der verallgemeinerte *Liang-Barsky-Algorithmus* geeignet, Bild 3.9. Die Berechnung erfolgt in zwei Schritten.

Schritt 1 dient zur Bestimmung der Schnittpunkte der Linien mit allen Polygonkanten, während Schritt 2 die sichtbaren Liniensegmente ermittelt.

Schritt 1: Schnittpunktbestimmung der Linien mit allen Polygonkanten

In Vektordarstellung lauten die Gleichungen für die Linie und die Polygonkante wie folgt:

$$\begin{array}{ll} \bullet \text{ Linie:} & \vec{g} = \vec{P}_1 + \mu \cdot (\vec{P}_2 - \vec{P}_1) \\ \bullet \text{ Polygonkante 1:} & \vec{k}_1 = \vec{K}_1 + \lambda_1 \cdot (\vec{K}_2 - \vec{K}_1) \\ \bullet \text{ Polygonkante } i\text{:} & \vec{k}_i = \vec{K}_i + \lambda_i \cdot (\vec{K}_{i+1} - \vec{K}_i)(i = 1 \ldots n, \vec{K}_{n+1} = \vec{K}_1) \end{array} \tag{3.14}$$

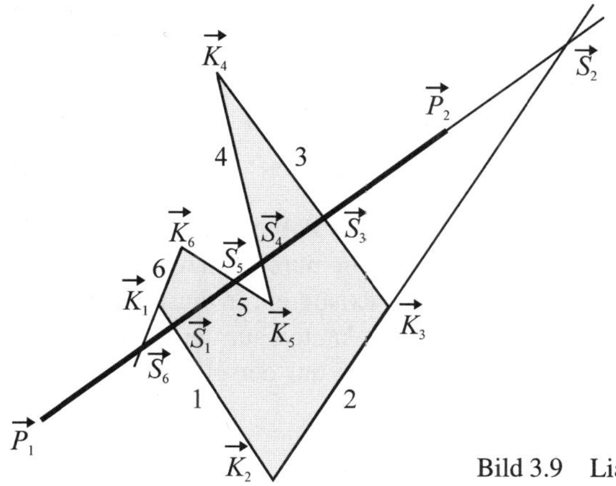

Bild 3.9 Liang-Barsky-Algorithmus

Für den Schnittpunkt zwischen einer Polygonkante und der Geraden gilt die Bedingung

$$\begin{aligned} \vec{g} &= \vec{k}_i \\ \vec{P}_1 + \mu_i \cdot (\vec{P}_2 - \vec{P}_1) &= \vec{K}_i + \lambda_i \cdot (\vec{K}_{i+1} - \vec{K}_i) \end{aligned} \tag{3.15}$$

Aus der Komponentendarstellung erhält man zwei Gleichungen für die Parameter μ_i und λ_i.

$$x_1 + \mu_i \cdot \Delta x = \xi_1 + \lambda_i \cdot \Delta\xi_i$$

$$y_1 + \mu_i \cdot \Delta y = \eta_1 + \lambda_i \cdot \Delta\eta_i$$

mit $\Delta x = x_2 - x_1 \; \Delta y = y_2 - y_1$

$$\Delta\xi = (\xi_{i+1} - \xi_i) \; \Delta\eta = (\eta_{i+1} - \eta_i)$$

Nach einiger Zwischenrechnung ergibt sich

$$\begin{aligned} \mu_i &= \frac{\Delta\eta_i \cdot (x_1 - \xi_i) - \Delta\xi_i \cdot (y_1 - \eta_i)}{\Delta\xi_i \cdot \Delta y - \Delta\eta_i \cdot \Delta x} \\ \lambda_i &= \frac{\Delta y \cdot (x_1 - \xi_i) - \Delta x \cdot (y_1 - \eta_i)}{\Delta\xi_i \cdot \Delta y - \Delta\eta_i \cdot \Delta x} \end{aligned} \tag{3.16}$$

Schritt 2: Die Bedingung dafür, dass sich Linie und Polygonkante schneiden, lautet

$$(0 \leq \mu_i \leq 1) \wedge (0 \leq \lambda_i \leq 1) \tag{3.17}$$

Für das im Bild 3.9 angegebene Polygon sind diese Bedingungen für die Schnittpunkte $\vec{S}_1, \vec{S}_3, \vec{S}_4, \vec{S}_5$ erfüllt. Zur Vorbereitung des Zeichnens der sichtbaren Liniensegmente innerhalb des Polygons werden die nach Gleichung (3.17) ausgewählten Parameterwerte μ_i der Linie in aufsteigender Reihenfolge sortiert und wegen der Übersichtlichkeit jetzt mit t_i bezeichnet.

Bedingung: $0 \leq t_1 \leq t_2 \ldots\ldots\ldots \leq t_n \leq 1$

Es ergeben sich damit die Werte $t_1 = \mu_1$, $t_2 = \mu_5$, $t_3 = \mu_4$, $t_4 = \mu_3$.

Das behandelte Beispiel enthält jedoch nicht alle möglichen Fälle der Position der Linie bezüglich des Polygons. Für das Zeichnen der sichtbaren Liniensegmente ist es nötig zu wissen, ob der Linienanfangspunkt $\vec{P}_1$ innerhalb oder außerhalb des Polygons liegt. Um das festzustellen, zählt man alle Schnittpunkte, für die die Bedingung

$$(\mu_i \geq 0) \wedge (0 \leq \lambda_i \leq 1) \tag{3.18}$$

erfüllt wird. Ist deren Anzahl gerade, so liegt $\vec{P}_1$ außerhalb des Polygons, sonst innerhalb. Als Sonderfall kann schließlich noch eintreten, dass die Linie durch einen Eckpunkt des Polygons verläuft, da dann zwei gleiche Werte μ_i und μ_{i+1} existieren. In diesem Fall muss geprüft werden, ob die zum Eckpunkt gehörenden Polygonkanten auf der gleichen oder auf verschiedenen Seiten der Linie liegen. Befinden sie sich auf der gleichen Seite der Linie, so zählt das als kein, sonst als ein Schnittpunkt.

Beispiel 3.4:

Wendet man die Gleichungen (3.16) auf das im Bild 3.9 gezeigte Polygon an, so ergeben sich 6 Wertepaare (μ_i, λ_i), i = 1 ... 6.

Linie: $\vec{P}_1 = \begin{pmatrix} 100 \\ 100 \end{pmatrix} \quad \vec{P}_2 = \begin{pmatrix} 450 \\ 350 \end{pmatrix}$

Polygon:

Knoten/Kante	x	y	μ_i	λ_i
1	200	200	0.32	0.13
2	300	50	1.27	2.45
3	400	200	0.70	0.37
4	250	400	0.55	0.82
5	300	200	0.48	0.40
6	220	250	0.24	1.80

Wie Bild 3.9 zu entnehmen ist, liegen die Schnittpunkte $\vec{S}_2$ und $\vec{S}_6$ nicht auf den Polygonkanten 2 und 6 und/oder der Linie $\vec{g}$, sind also keine echten Schnittpunkte. Bezüglich des gegebenen Polygons befindet sich der Anfangspunkt $\vec{P}_1$ der Linie außerhalb. Deshalb existieren zwei sichtbare Liniensegmente zwischen $t_1 = 0.32$ und $t_2 = 0.48$ sowie $t_3 = 0.55$ und $t_4 = 0.70$.
Die Liniensegmente werden durch die Schnittpunktpaare $\vec{S}_1(212, 180)$ und $\vec{S}_5(268, 220)$ sowie $\vec{S}_3(292.5, 237.5)$ und $\vec{S}_4(345, 275)$ begrenzt.

■

3.2.3 Clippen von Polygonen nach Sutherland-Hodgman

Für das Clipping von Polygonen wurde von *Sutherland und Hodgman* [SuHo74] ein Verfahren entwickelt, welches die Konsistenz des geclippten Polygons durch Hinzufügen neuer Kanten erhält. Die einzelnen Kanten des Polygons werden mit dem Cohen-Sutherland- oder Liang-Barsky-Algorithmus geclippt. Man erhält dann die sichtbaren Kantensegmente, jedoch lässt sich daraus nicht mehr eindeutig der Rand des sichtbaren Teils des Polygons erkennen.

Das Verfahren setzt voraus, dass jeder Rand des Clip-Rechtecks zu Linien erweitert wird, die als Halbraumgrenzen aufgefasst werden. Das zu clippende Polygon wird anschließend der Reihe nach an jeder dieser Halbraumgrenzen abgeschnitten. Dazu werden die

Eckpunkte des Polygons und die Gleichung der Halbraumgrenze benutzt. Im Ergebnis des Clippings entstehen neue Polygoneckpunkte, die wieder ein geschlossenes Polygon ergeben. Das geschieht dadurch, dass Teile der Halbraumgrenze zu Polygonkanten werden. Bild 3.10 zeigt die prinzipielle Vorgehensweise beim Sutherland-Hodgman-Algorithmus.

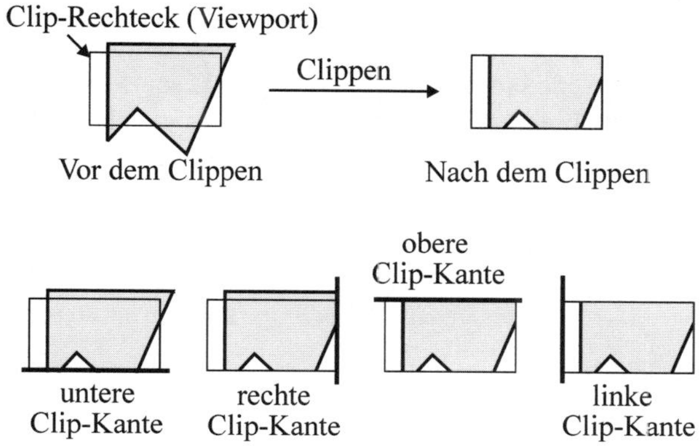

Bild 3.10 Sutherland-Hodgman-Clipping von Polygonen

3.2.4 Clippen an beliebigen Clipping-Bereichen

In vielen Anwendungsfällen ist es erforderlich, grafische Objekte an beliebig geformten Bereichen zu clippen. Dazu stellt OpenGL zwei Verfahren zur Verfügung, den *Scissor-Test* (Scissor, Scherenschnitt) für das Clipping an rechteckigen Bereichen und den *Stencil-Test* (Stencil, Schablone) für das Clipping an beliebigen Bereichen. Ein typischer Anwendungsfall für den Stencil-Test ist beispielsweise das Cockpit in einem Flugsimulator, bei dem das Innere gleich bleibt, während sich die durch das Cockpitfenster zu sehende Außenwelt ändert.

Rechteckige Schablonen (Scissor-Test)

Der Scissor-Test ist ein Spezialfall des Stencil-Testes, wobei die Ausgabeoperationen nur innerhalb des bezeichneten Rechtecks (*Scissor-Box*) zugelassen sind. Wegen der unveränderten Topologie dieser Schablone kann der Scissor-Test einfach durch die Grafikkarte unterstützt werden. Vor seiner Nutzung müssen der Scissor-Test aktiviert sowie die Position und Größe der Scissor-Box festgelegt werden. Die dazu benötigten OpenGL-Routinen sind im Abschnitt 3.2.6 angegeben. Beispiel 3.5 enthält eine einfache Anwendung des Scissor-Testes.

Beispiel 3.5:

Clipping zweier verschlungener Tori mit dem Scissor-Test. Die beiden Tori werden zunächst in einer Prozedur gleichen Namens in den Farben Rot und Grün mit spiegelnder Oberfläche definiert. Die Darstellung jedes Torus erfolgt durch den Aufruf der Routine glutSolidTorus(..), die sich in der Bibliothek GLUT befindet. Die Transformationsroutinen glPushMatrix, glRotatef(..), glTranslatef(.) und glPopMatrix werden im Kapitel 5 behandelt, die Materialdefinition im Kapitel 6.

```
procedure Tori;
begin
  glMaterialfv(GL_FRONT_AND_BACK,
               GL_AMBIENT_AND_DIFFUSE,@Rot);
  glMaterialfv(GL_FRONT_AND_BACK, GL_SPECULAR,@Weiss);
  glMaterialf(GL_FRONT_AND_BACK, GL_SHININESS,100);

  glPushMatrix;
    glRotatef(MoveValue,xMove,yMove,zMove);
    glTranslatef(-4,0,0);
    glutSolidTorus(0.7,2,20,60);
    glMaterialfv(GL_FRONT_AND_BACK,
                 GL_AMBIENT_AND_DIFFUSE,@Gruen);
    glRotatef(90,1,0,0);
    glTranslatef(2.7,0,0);
    glutSolidTorus(0.7,2,20,60);
  glPopMatrix;
end{Tori};
  :
glEnable(GL_SCISSOR_TEST);
glScissor(650,250,100,150);
glClearColor(0.9,0.9,1,1);
glClear(GL_COLOR_BUFFER_BIT);
glPushMatrix;
  glTranslatef(8,0,0);
  Tori;
glPopMatrix;
glDisable(GL_SCISSOR_TEST);
    :
```

Der vollständige Quelltext befindet sich im Projekt RASTERGRAFIK.

■

Beliebige Schablonen (Stencil-Test)

Soll das Clipping an beliebig geformten Bereichen durchgeführt werden, so müssen zwei Voraussetzungen erfüllt sein. Erstens muss ein *Stencil-Buffer* existieren und zweitens ist eine entsprechende Schablone zu definieren. Dafür und für die Operationen mit der Schablone stellt OpenGL die in Abschnitt 3.2.6 genannten Routinen bereit. Vor der Benutzung des Stencil-Buffers sind die Schritte Löschen des Stencil-Buffers auf den Wert **s** (meist 0) und Aktivieren des Stencil-Testes durchzuführen.

glClearStencil(**s**);
glClear(GL_STENCIL_BUFFER_BIT);
glEnable(GL_STENCIL_TEST);

Der Stencil-Test selbst ist eine einfache Vergleichsfunktion eines Referenzwerts mit einem Wert im Stencil-Buffer. Diese Funktion wird mit

glStencilFunc(**func, ref, mask**);

aufgerufen. Die Vergleichsfunktion **func** ist durch die Konstanten GL_NEVER | GL_LESS | GL_LEQUAL | GL_GREATER | GL_GEQUAL | GL_EQUAL | GL_NOTEQUAL | GL_ALWAYS repräsentiert, die die Art des Vergleiches festlegen. Der Vergleich findet zwischen dem Referenzwert **ref** und dem aktuellen Wert im Stencil-Buffer statt.

Beide Werte werden jedoch vor dieser Operation noch maskiert. Das geschieht, indem der Referenzwert **ref** und der Stencil-Wert einer bitweisen logischen UND-Operation mit der Maske **mask** unterzogen werden. Ein ankommendes Fragment übersteht den Stencil-Test also nur, wenn

- als Funktion GL_ALWAYS gesetzt ist,
- die Bedingung (**ref**∧**mask**) **func** (Stencil-Wert∧**mask**) erfüllt ist.

Ist als Vergleichsfunktion **func** dagegen GL_NEVER angegeben, wird seine Verarbeitung sofort abgebrochen. Das Ergebnis hat auch Auswirkungen auf den Inhalt des Stencil-Buffers. Die Manipulation der Stencil-Planes, also der einzelnen Bit-Ebenen, wird mit der Funktion

glStencilOp(**fail, zfail, zpass:** ***GLenum***);

bestimmt. Die Operationen, die den Stencil-Buffer betreffen, sind vom Ausgang zweier Teste abhängig, vom Stencil-Test und vom *Depth-Test*. Die Kombinationen beider ergeben die Parameterliste zu glStencilOp(. .):

- **fail** Der Stencil-Test ist fehlgeschlagen, das betreffende Fragment wird nicht weiter behandelt.
- **zfail** Das Fragment hat zwar den Stencil-Test durchlaufen, übersteht aber den z-Buffer-Test nicht.
- **zpass** Das Fragment hat sowohl den Stencil-Test als auch den z-Buffer-Test durchlaufen. Das betrifft auch den Fall, dass der z-Buffer-Test nicht aktiviert ist.

Mit jedem dieser drei Parameter wird also eine Operation eingestellt, die bei Auftreten des betreffenden Ereignisses ausgeführt werden soll. Diese Operationen sind:

- GL_KEEP: Der Inhalt des Stencil-Buffers bleibt unverändert.
- GL_REPLACE: Der mittels der Funktion glStencilFunc spezifizierte Wert **ref** wird in den Stencil-Buffer geschrieben.
- GL_ZERO: Die betreffende Stelle im Stencil-Buffer erhält den Wert Null.
- GL_INCR: Der Inhalt des Stencil-Buffers wird erhöht. Diese Operation ist durch ein Maximum, das aus der Anzahl der Stencil-Bits pro Pixel resultiert, begrenzt ($Max = 2^{BitPlanes} - 1$).
- GL_DECR: Der entsprechende Wert im Stencil-Buffer wird reduziert, die Operation ist durch das Minimum (= 0) begrenzt.
- GL_INVERT: Der Stencil-Wert wird bitweise invertiert.

Auf die bestehende Möglichkeit, für jede Bitplane des Stencil-Buffer einzeln das Schreiben zu erlauben und zu verbieten, soll hier nicht eingegangen werden.

Im üblichen Modus wird der gesamte Stencil-Buffer mit dem Wert Null initialisiert. Zum Schreiben der Schablone in den Stencil-Buffer wird die Vergleichsfunktion **func** für den Stencil-Test so eingestellt, dass alle Fragmente den Test erfolgreich durchlaufen und demzufolge auch in den Bildspeicher eingetragen werden. Das wird mit der Anweisung

glStencilFunc(GL_ALWAYS, 1, 1);

erreicht. Damit wurde jedoch noch nichts in den Stencil-Buffer geschrieben. Das veranlasst die Funktion glStencilOp mit den angegebenen Parametern.

glStencilOp(GL_KEEP, GL_KEEP, GL_REPLACE);

Da hier kein z-Buffer verwenden wird, ist der letzte Parameter so eingestellt, dass überall dort, wo das Schreiben eines Pixels erfolgt, der entsprechende Wert im Stencil-Buffer durch den Referenzwert **ref** der Stencil-Funktion, hier also 1, ersetzt wird. Damit stehen im Stencil-Buffer an den Stellen innerhalb der fertigen Schablone Einsen. Schließlich müssen alle folgenden Ausgaben so organisiert werden, dass nur die Pixel innerhalb der Schablone neu gezeichnet werden. Dazu ist lediglich eine neue Vergleichsfunktion für den Stencil-Test einzusetzen, da nur an den mit Einsen belegten Stellen des Stencil-Buffer Fragmente durchgelassen werden

glStencilFunc(GL_EQUAL, 1, 1);

Der Inhalt des Stencil-Buffer selbst braucht nicht mehr verändert zu werden, da die Schablone ungeändert bleibt. Deshalb lautet der Aufruf der Funktion glStencilOp jetzt

glStencilOp(GL_KEEP, GL_KEEP, GL_KEEP);

Alle Ausgaben führen nur zu einer Änderung des Schabloneninhaltes, außerhalb derselben erfolgt keine Änderung. Möchte man die Wirkung umkehren, so muss die Konstante der Routine glStencilFunc(..) von GL_EQUAL auf GL_NOTEQUAL geändert werden. Das folgende Beispiel 3.6 enthält eine durch ein Polygon und einen Kreis gebildete Schablone, innerhalb derselben werden zwei verschlungene Tori ausgegeben. Zum Vergleich erfolgt links davon die Ausgabe ohne Maske.

Beispiel 3.6:

Clipping zweier verschlungener Tori mit der Stencil-Technik. Die im vorhergehenden Beispiel verwendeten Tori sollen jetzt an einer Maske geclippt werden, die aus einem Kreis, Prozedur KreisMaske(. .), und aus einem Polygon, Prozedur PolygonMaske(. .), besteht. Die Tori sollen wahlweise außerhalb der Maske oder innerhalb derselben geclippt werden. Zur Auswahl wird der Wert von Value1 benutzt.

```
procedure KreisMaske(xm,ym,r: GLfloat;
                     PolygonMode: GLenum);
  var phi,dphi: GLfloat; i: GLuint;
begin
  glBegin(PolygonMode);
    dphi:=2*pi/100;
    for i:=0 to 100 do
    begin
      phi:=i*dphi;
      glVertex2f(xm+r*cos(phi),ym+r*sin(phi));
    end;
  glEnd;
end {KreisMaske};

procedure PolygonMaske(PolygonMode: GLenum);
  var x,y: GLfloat;
begin
  glColor3f(1,1,1);
```

```
      x:=3; y:=3;
      glBegin(PolygonMode);
        glVertex2f(2*x-10,2*y-5);
        glVertex2f(3*x-10,0.5*y-5);
        glVertex2f(4*x-10,2*y-5);
        glVertex2f(2.5*x-10,4*y-5);
      glEnd;
   end{PolygonMaske};
      :
glEnable(GL_STENCIL_TEST);
glClearStencil(0); glClear(GL_STENCIL_BUFFER_BIT);
glStencilFunc(GL_ALWAYS,1,1);
glStencilOp(GL_KEEP,GL_KEEP,GL_REPLACE);
glTranslatef(8,0,0);
KreisMaske(2,0,3,GL_POLYGON); PolygonMaske(GL_POLYGON);
glClear(GL_COLOR_BUFFER_BIT or GL_DEPTH_BUFFER_BIT);

if odd(Value1) then glStencilFunc(GL_EQUAL,1,1) //Außenclipping
               else glStencilFunc(GL_NOTEQUAL,1,1); //Innenclipping
glStencilOp(GL_KEEP,GL_KEEP,GL_KEEP);
glPushMatrix;
  glTranslatef(3,0,0);
  Tori;
  glDisable(GL_STENCIL_TEST);
  glTranslatef(-15,0,0);
  Tori;
glPopMatrix;
           :
```

Der vollständige Quelltext befindet sich im Projekt RASTERGRAFIK.

3.2.5 Clippen an einem Sichtvolumen

Im Gegensatz zum bisher behandelten 2D-Clipping, welches an einem Clip-Bereich in der Ebene stattfindet, existiert beim 3D-Clipping ein Clip-Körper in Form eines Quaders (Parallelepiped) bei der Parallelprojektion oder einer Pyramide bzw. eines Pyramidenstumpfs (Frustum) bei der Perspektivprojektion. Die grafischen Darstellungselemente müssen damit an den Begrenzungsflächen des aktuellen Clip-Körpers geclippt werden. Das Clipping an einem Sichtvolumen ist immanenter Bestandteil der Transformationspipeline und wird deshalb dort im Abschnitt 5.6 behandelt. Außerdem ist es möglich, Clip-Ebenen zu definieren, an denen dann das Clipping grafischer Objekte stattfindet, das erfolgt im Abschnitt 4.6.

3.2.6 OpenGL-Routinen

- Definition der Scissor-Box

    procedure glScissor(**x**, **y**: ***GLint***; **width**, **height**: ***GLsizei***);

Parameter

x, y linke untere Ecke bezüglich des aktuellen Windows,

width, height Breite und Höhe der Scissor-Box in Pixeln.

Kurzbeschreibung
Das Scissoring bewirkt, dass außerhalb des definierten Rechtecks (Scissor-Box) liegende Teile der darzustellenden Grafikobjekte geclippt werden. Es muss mit glEnable(GL_SCISSOR_TEST) zugelassen und mit glDisable(GL_SCISSOR_TEST) abgeschaltet werden.

Standard ist glDisable(GL_SCISSOR_TEST).

- Setzen des Löschwerts für den Stencil-Buffer

  procedure glClearStencil(**s:** ***GLint***);

Parameter

s Wert, auf den der Stencil-Buffer gelöscht wird.

Standard ist **s** = 0.

- Löschen des Stencil-Buffers

  procedure glClear(**mask:** ***GLbitfield***);

Parameter

mask bestimmt, welcher Buffer gelöscht werden soll. Für den Stencil-Buffer gilt der Wert GL_STENCIL_BUFFER_BIT. Weitere mögliche Werte sind GL_COLOR_BUFFER_BIT | GL_DEPTH_BUFFER_BIT | GL_ACCUM_BUFFER_BIT für die entsprechenden Buffer.

- Setzen der Stencil-Funktion und des Referenzwerts für den Stencil-Test

  procedure glStencilFunc(**func:** ***GLenum;*** **ref**: ***Glint;*** **mask:** ***GLuint***);

Parameter

func spezifiziert die Testfunktion durch die möglichen Werte GL_NEVER | GL_LESS | GL_LEQUAL | GL_GREATER | GL_GEQUAL | GL_EQUAL | GL_NOTEQUAL | GL_ALWAYS.

ref spezifiziert den Referenzwert für den Stencil-Test. Der Bereich ist 0 bis $2^n - 1$, wenn für den Stencil-Buffer *n* Bitplanes vorhanden sind.

mask spezifiziert eine Maske.

Standardwerte sind **func** = GL_ALWAYS, **ref** = 0 und bei **mask** sind alle Werte auf 1 gesetzt.

- Setzen der Stencil-Test-Operationen

  procedure glStencilOp(**fail, zfail, zpass:** ***GLenum***);

Parameter

fail spezifiziert die Operation, wenn der Stencil-Test versagt. Als Konstanten sind GL_KEEP | GL_ZERO | GL_REPLACE | GL_INCR | GL_DECR | GL_INVERT zugelassen.

zfail spezifiziert die Operation, wenn der Stencil-Test erfüllt wurde, der Depht-Test jedoch nicht. **zfail** kann die gleichen Werte wie **fail** besitzen.

zpass spezifiziert die Operation, wenn sowohl der Stencil-Test als auch der Depth-Test erfüllt sind oder wenn der Stencil-Test erfüllt ist und kein Depth-Test zugelassen bzw. kein Depth-Buffer verfügbar ist.

Der Stencil-Test muss mit glEnable(GL_STENCIL_TEST) zugelassen bzw. mit glDisable(GL_STENCIL_TEST) abgeschaltet werden.

Standardwerte sind **fail** = GL_KEEP, **zfail** = GL_KEEP, **zpass** = GL_KEEP und glDisable(GL_STENCIL_TEST).

3.3 Farbmodelle, Halbtonverfahren

3.3.1 Grundlagen

Die sichtbare Welt besteht aus unbunter Materie und farblosen elektromagnetischen Schwingungen unterschiedlicher Wellenlänge λ bzw. Frequenz f. Dabei gilt der bekannte Zusammenhang

$$\lambda \cdot f = c \tag{3.19}$$

mit der Lichtgeschwindigkeit $c = 2.998 \cdot 10^8$ m/s im Vakuum. Das menschliche Auge kann zusammen mit dem Gehirn nur einen kleinen Bereich der Wellenlänge als sichtbares Licht wahrnehmen. Dieser erstreckt sich entsprechend des CIE-Standards, Abschnitt 3.3.2, von 380 nm $\cong 7.5 \cdot 10^{14}$ Hz (Violett) bis 780 nm $\cong 4.3 \cdot 10^{14}$ Hz (Rot) und umfasst die bekannten Spektralfarben des Regenbogens Rot $\rightarrow$ Orange $\rightarrow$ Gelb $\rightarrow$ Grün $\rightarrow$ Blau $\rightarrow$ Indigo $\rightarrow$ Violett.

Spektralfarben können nicht weiter zerlegt werden. Sie werden als voll gesättigte, reine oder monochromatische Farben bezeichnet.

Grundlagen für die Farbenlehre sind die Physik (Strahlenoptik, Wellenoptik, Quantenoptik), die Radiometrie (Energie, Raumwinkel, Abstrahlfläche, Strahlungsfluss, Strahlstärke, Intensität), die Photometrie (elektromagnetische Strahlung im sichtbaren Bereich), die Physiologie des Auges (Schwarz-Weiß- und Farbsehen, Verteilung der Sehzellen, Sehschärfe und Öffnungskegel, Helligkeitsempfindlichkeitsfunktion in Abhängigkeit von der Wellenlänge) und die Psychologie (Farbwahrnehmung, Verarbeitung der Farbe im Gehirn). Der Mensch erkennt beleuchtete Objekte über ihre Form (Geometrie) und Farbe (Farbton, Sättigung, Beleuchtungsstärke).

Der Farbton (Farbe, Hue) wird durch den physiologischen Prozess des Sehvorgangs wahrgenommen und durch die dominante Wellenlänge des emittierten oder remittierten Lichts bestimmt. Zwischen Licht und Farbempfindung besteht die Wirkungskette nach Bild 3.11.

Der auf das Auge treffende Farbreiz wird durch das optische System (Linse) des Auges auf die Netzhaut (Retina) projiziert, Bild 3.12. Dabei reagiert die vor der Linse angeordnete Iris automatisch auf die Helligkeit (Intensität) des Lichts. Die einfallende Lichtmenge kann dadurch um das 16-fache vermindert werden. In der Netzhaut befinden sich winzige Sehzellen, die Stäbchen und die Zapfen. Diese bestimmen insgesamt das Auflösungsvermögen und die Farbempfindlichkeit des Auges. Zapfen sind die Fotorezeptoren für das Sehen bei Licht höherer Intensität (Tagsehen, photopisches Sehen) und für das Farbsehen. Es existieren 6–7 Millionen Zapfen mit einem Durchmesser von

4–7 μm und einer Länge von 15–20 μm. Die Zapfen tragen Fotopigmente, die sensibel für die Farben Rot, Grün und Blau sind [Ost35]. Durch unterschiedliche Reizung nach Menge und Anteilen entsteht im menschlichen Bewusstsein der Eindruck der Farbe. Dabei kann Licht unterschiedlicher spektraler Zusammensetzung den gleichen Farbeindruck erzeugen (metamere Farben). Die Fotopigmente sind ungleich über die Zapfen verteilt, 64 % für Rot, 32 % für Grün und 4 % für Blau. Auch die Zapfen selbst weisen eine ungleiche Verteilung auf, im Zentrum der Retina ist der Grünbereich, umgeben vom Rotbereich und diesem folgend der Blaubereich.

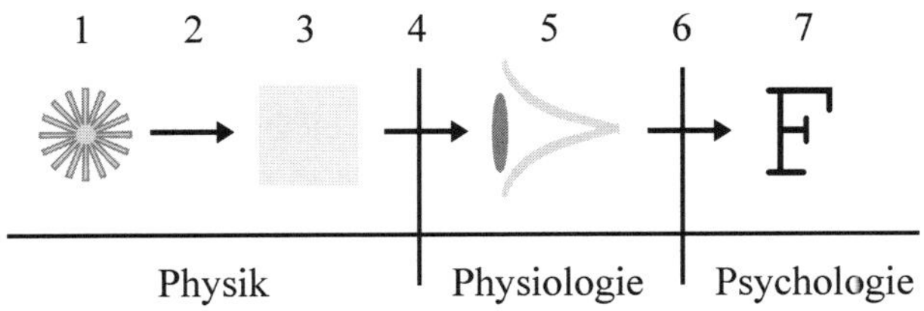

1 Lichtquelle
2 Lichtstrahlen
3 opakes oder transparentes Material
4 Farbreiz (Restlicht)
5 Auge des Betrachters
6 Code für das Gehirn
7 Farbempfindung des Betrachters

Bild 3.11 Wirkungskette zwischen Licht und Farbempfindung

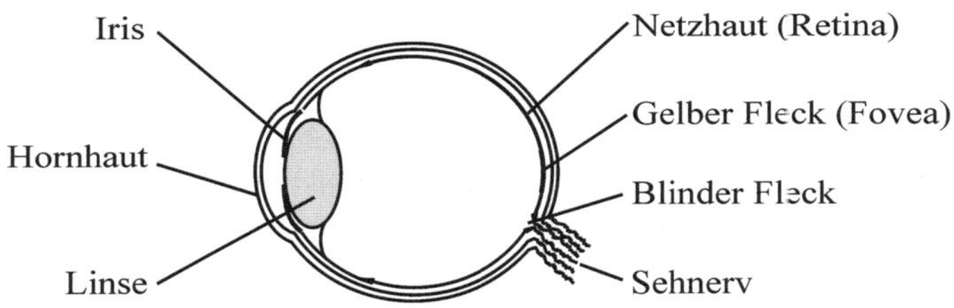

Bild 3.12 Aufbau des menschlichen Auges

Stäbchen ermöglichen das Sehen bei Licht niedriger Intensität (Nachtsehen, skotopisches Sehen). Dabei werden keine Farbinformationen aufgenommen (Schwarz-Weiß-Sehen). Da sich die Stäbchen im Randbereich der Retina befinden, werden Bilder bei Nacht eher unscharf wahrgenommen. Stäbchen besitzen gegenüber den Zapfen eine sehr große Empfindlichkeit. Es existieren 75–150 Millionen Stäbchen mit einem Durchmesser von 1–2 μm und einer Länge von 30–80 μm. Der maximale räumliche Sehwinkel bei ruhendem Auge beträgt etwa $\pm 30°$ zur Augenachse (Gesichtsfeld), scharfe Wahrnehmung erfolgt nur in der Nähe von 0°. Durch Bewegen der Augen bei ruhig gestelltem Kopf kann ein Bereich von mehr als $\pm 90°$ überstrichen werden (Blickfeld).

Die Sättigung (Reinheit, Saturation) gibt den Anteil der Farbe Weiß oder Grau bei der wahrnehmbaren Farbe an. Spektral- oder monchromatische Farben sind voll gesättigt.

Die Beleuchtungsstärke (Farbwert, Helligkeit, Value) ist das Maß für den Helligkeitseindruck einer Lichtquelle oder eines beleuchteten Objekts, wobei zwischen selbstleuchtenden (Brightness) und reflektierenden (Lightness) Objekten unterschieden wird. Sie wird in Lux (lx), $1 \text{ lx} = 1 \text{ cd} \cdot \text{sr/m}^2$, gemessen.

Die Candela (cd) ist die Lichtstärke in einer bestimmten Richtung einer Strahlungsquelle, die monochromatische Strahlung (Spektralfarbe) der Wellenlänge $\lambda = 555$ nm aussendet und deren Strahlstärke in dieser Richtung 1/683 W/sr beträgt. Der dimensionslose Raumwinkel Ω wird in sr (Steradiant) angegeben, Bild 3.14.

Einige vorhandene bzw. erforderliche Beleuchtungsstärken sind: Mondlicht $2 \cdot 10^{-1}$ lx, Mittagssonnenlicht $7 \cdot 10^4$ lx, Licht beim Lesen $\geq 1 \cdot 10^2$ lx, Licht bei normaler Arbeit $5 \cdot 10^2$ lx und Licht bei Präzisionsarbeit $1 \cdot 10^3$ lx.

Es ist bekannt, dass elektromagnetische Schwingungen unterschiedlicher Wellenlänge bei gleicher Intensität vom Auge nicht als gleich hell wahrgenommen werden. Die größte Empfindlichkeit wird im gelb-grünen Bereich bei etwa 550 nm erreicht. Von der CIE (Commission Internationale de l'Eclairage) wurde deshalb die spektrale Helligkeitsempfindlichkeitsfunktion des menschlichen Auges experimentell bestimmt und 1924 definiert [CIE78]. Diese Luminous Efficiency Function bildet die Grundlage für die Farbmetrik. Die spektrale Helligkeitsempfindlichkeitsfunktion wurde durch die CIE wie folgt bestimmt.

- Eine Lichtquelle L1 erzeugt Licht einer bestimmten Wellenlänge $\lambda 1$ ($380 \text{ nm} \leq \lambda 1 \leq 780 \text{ nm}$). Der Strahlungskegel der Lichtquelle wird auf eine weiße Reflexionsfläche gerichtet.
- Eine Lichtquelle L2 erzeugt ideales weißes Licht und strahlt dies ebenfalls auf die weiße Reflexionsfläche.
- Die Strahlungsstärke (Intensität) von L2 wird nun so verändert, dass ein Betrachter den gleichen Helligkeitseindruck hat. Daraus ergeben sich die Funktionen nach Bild 3.13, die der Mittelwert der Beobachtung durch viele Probanden ist.

Wie zu sehen ist, gibt es unterschiedliche Helligkeitsempfindlichkeitskurven $V(\lambda)$ und $V'(\lambda)$ für das Tag- und das Nachtsehen.

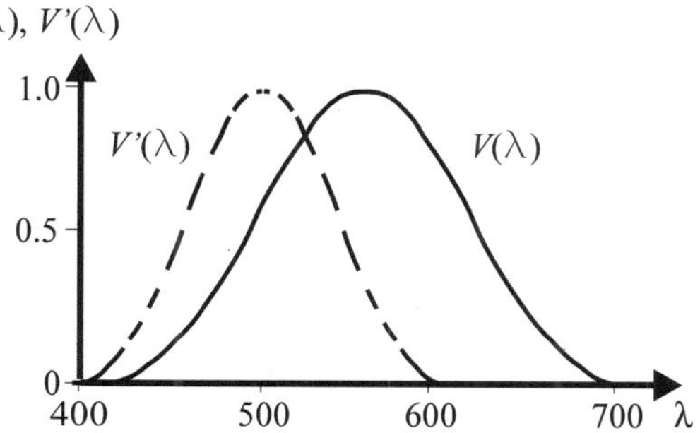

Bild 3.13 Helligkeitsempfindlichkeitsfunktionen für das Tag- und Nachtsehen

Radio- und photometrische Grundlagen

In der Physik werden drei Gebiete der Optik unterschieden, die Strahlenoptik (makroskopischer Bereich; geometrische Optik), die Wellenoptik (mikroskopischer Bereich; Maxwell) und die Quantenoptik (Lichtquanten, Photonen; Planck, Einstein). Für die Computergrafik hat die Strahlenoptik die größte Bedeutung, da die bisher verwendeten Beleuchtungsmodelle sich überwiegend auf die makroskopischen Vorgänge der Lichtausbreitung stützen. Zur Bestimmung der erforderlichen Grundgrößen sind die Radiometrie und die Photometrie zuständig. Während die Radiometrie sich mit dem gesamten elektromagnetischen Spektrum beschäftigt, ist das Problemfeld der Photometrie der sichtbare Bereich der elektromagnetischen Wellen (380 nm ... 780 nm). Der entscheidende Unterschied zur Radiometrie besteht darin, dass die Photometrie nicht nur physikalische Größen, sondern auch physiologische Eigenschaften des menschlichen Auges berücksichtigt. Radio- und photometrische Größen lassen sich einander zuordnen und besitzen unterschiedliche Maßeinheiten. Der Zusammenhang zwischen beiden Größen wird durch die Helligkeitsempfindlichkeitsfunktionen $V(\lambda)$ und $V'(\lambda)$, Bild 3.13, hergestellt. Bedeutung für beide Arten von Grundgrößen hat der Raumwinkel Ω, Bild 3.14.

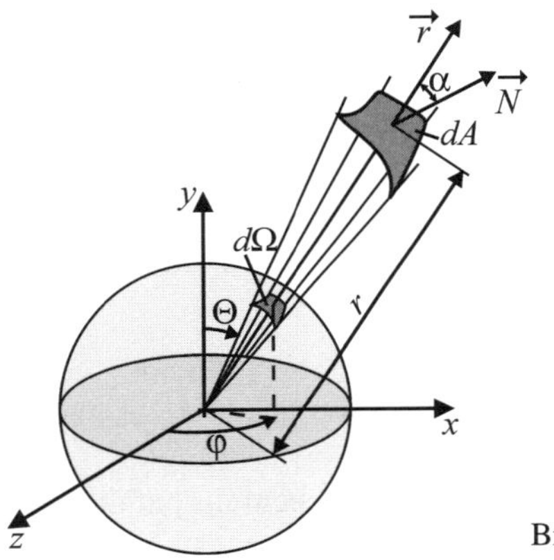

Bild 3.14 Raumwinkel Ω

$$\Omega = \int_A \frac{\cos\alpha}{r^2}\, dA \tag{3.20}$$

Der Raumwinkel Ω, unter dem irgendeine Fläche A vom Ursprung des Koordinatensystems aus erscheint, ist anschaulich der Flächeninhalt der Zentralprojektion von A auf eine Einheitskugel.

r = Abstand des Flächenelements dA vom Ursprung,
α = Winkel zwischen der Flächennormalen $\vec{N}$ und dem Radiusvektor $\vec{r}$.

Der Raumwinkel ist dimensionslos. Um ihn zu kennzeichnen, bekommt er jedoch die Einheit sr (Steradiant). Für die Kugel selbst ergibt sich $\Omega = 4 \cdot \pi$ sr.

Maßeinheiten der Radiometrie sind Watt (W) und Joule (J), (1 J = 1 W · s), die der Photometrie Candela (cd), Steradiant (sr), Lumen (lm), (1 lm = 1 cd · sr) und Lux (lx), (1 lx = 1 lm/m^2 = 1 cd · sr/m^2). Zwischen radio- und photometrischen Größen bestehen die im Bild 3.15 angegebenen Beziehungen.

Der Zusammenhang zwischen radio- und photometrischen Größen wird durch die schon besprochenen Helligkeitsempfindlichkeitsfunktionen $V(\lambda)$ und $V'(\lambda)$ hergestellt, Bild 3.13.

Definition	Radiometrie	Photometrie
Q	Strahlungsenergie (J), (W · s)	Lichtmenge (lm · s)
$\Phi = \mathrm{d}Q/\mathrm{d}t$	Strahlungsleistung (W)	Lichtstrom (lm)
$l = \mathrm{d}\Phi/\mathrm{d}\Omega$	Strahlungsstärke (W/sr)	Lichtstärke (cd)
$M = \mathrm{d}\Phi/\mathrm{d}A$	spezifische Ausstrahlung (W/m^2)	spezifische Lichtausstrahlung (lm/m^2)
$E = \cos\Theta \cdot l/r^2$	Bestrahlungsstärke (W/[sr · m^2])	Beleuchtungsstärke (lm/m^2), (lx)
$L = (\mathrm{d}l/\mathrm{d}A)/\cos\Theta$	Strahldichte (W/[sr · m^2])	Leuchtdichte (cd/m^2)

Bild 3.15 Radio- und photometrische Größen

Die Gewichtung der radiometrischen Größen X_e mit den Helligkeitsempfindlichkeitsfunktionen ergibt die entsprechenden photometrischen Größen X_V.

Tagsehen: $X_V = K_m \int_{380}^{780} V(\lambda) \cdot X_{e\lambda}(\lambda) \cdot \mathrm{d}\lambda$, Nachtsehen: $X_V = K'_m \int_{380}^{780} V'(\lambda) \cdot X_{e\lambda}(\lambda) \cdot \mathrm{d}\lambda$

mit $K_m = 683$ cd · sr/W und $K'_m = 1725$ cd · sr/W. (3.21)

3.3.2 CIE-Standard

Vorbemerkung

Anliegen der CIE-Standards (CIE = Commission Internationale L'Eclairage) ist es, Farben objektiv nach Maß und Zahl zu bestimmen [Fellner92]. Dieser Problemkreis ist der Farbmetrik oder Kolorimetrie zuzuordnen, einem kleinen physikalisch-mathematisch orientierten Teilbereich der Farbenlehre. Die Farbmetrik umfasst damit die ersten Abschnittte der Wirkungskette zwischen Licht und Farbempfindung, da die Lichtemission, die Energiestrahlung des Lichts, das Absorptions- und Reflexionsvermögen des Materials und der Farbreiz exakt gemessen und damit quantitativ bestimmt werden können. Die Farbmetrik ist die wissenschaftliche Basis für die Farbmanipulation bei Reproduktionsprozessen, das Farbfernsehen, die Computergrafik, die Bildverarbeitung und die Vorausberechnung der Farbmittelproduktion. Von der CIE wurden bisher mehrere Systeme entwickelt, von denen das 1931 definierte CIEXYZ-System die größte Bedeutung behalten hat. Das CIEXYZ-System basiert auf dem Konzept, jede Farbe als eine gewichtete Summe dreier positiver künstlicher Grundfarben X, Y, Z (Primärvalenzen, Eichreize, Normfarbwerte) darzustellen (Tristimulus-Theorie). Jede dieser drei Grundfarben wird durch ihre Energieverteilungskurve charakterisiert.

Farbmischkurven

Für die Farbmetrik ist es wichtig festzustellen, ob jede beliebige Spektralfarbe durch drei voneinander unabhängige Farben, Rot, Grün und Blau beispielsweise, erzeugt werden kann. In diesem Zusammenhang wurden die drei Primärvalenzen Rot, Grün und Blau mit 700 nm, 546,1 nm und 435,8 nm Wellenlänge definiert.

Für die experimentelle Ermittlung der Farbmischkurven wurde der Versuchsaufbau nach Bild 3.16 gewählt:

- Die drei Lichtquellen für Rot, Grün und Blau werden auf einen Leuchtfleck der Reflexionsfläche konzentriert.
- Der Leuchtfleck der Referenzlichtquelle F mit Licht einer bestimmten Wellenlänge λ erzeugt ebenfalls einen Leuchtfleck.
- Die Beleuchtungsstärken (Intensitäten) der RGB-Farben werden nun so eingestellt, dass die Farbreize beider Leuchtflecke für den Betrachter identisch sind. Daraus ergeben sich die Farbmischkurven nach Bild 3.16. Die Referenzfarbe F lässt sich durch die RGB-Werte der Lichtquellen mit Gleichung (3.22) beschreiben.

$$\vec{F} = R \cdot \vec{r} + G \cdot \vec{g} + B \cdot \vec{b} \tag{3.22}$$

- Wie im Bild 3.16 zu sehen ist, können bestimmte Spektralfarben nur mit negativen Intensitätswerten in den Bereichen 445–550 nm für Rot, 380–445 nm für Grün und 500–600 nm für Blau dargestellt werden. Um jedoch das Rechnen mit negativen Farben zu vermeiden, wurde durch die CIE über Transformationen das Normfarbensystem entwickelt.

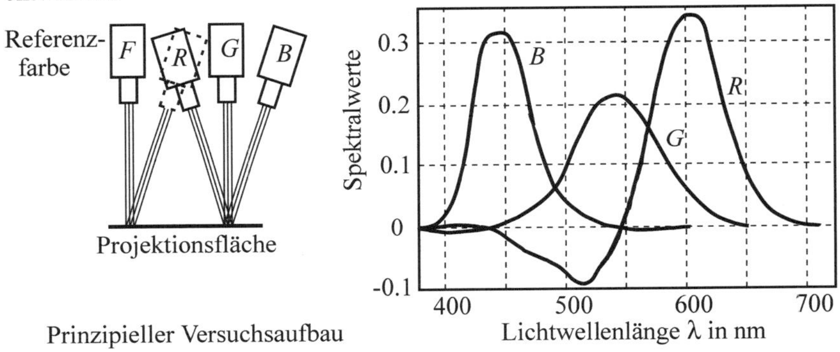

Bild 3.16 Versuchsaufbau und Farbmischkurven

Normfarbensystem

Um alle sichtbaren Farben nur durch positive Normfarben definieren zu können, wurde durch die CIE ein einheitliches Koordinatensystem X (virtuelles Rot), Y (virtuelles Grün), Z (virtuelles Blau) definiert. Diese Normfarben X, Y, Z sind reine Rechengrößen, mit denen jedoch jede Spektralfarbe durch additive Farbmischung der positiven X-, Y- und Z-Anteile erzeugt werden kann. Die Transformation zwischen den RGB-Farben und den Normfarben X, Y, Z erfolgt durch

$$\begin{pmatrix} X \\ Y \\ Z \end{pmatrix} = \begin{pmatrix} 2.7690 & 1.7518 & 1.1300 \\ 1 & 4.5907 & 0.0601 \\ 0 & 0.0565 & 5.5943 \end{pmatrix} \cdot \begin{pmatrix} R \\ G \\ B \end{pmatrix} \quad \text{bzw.}$$

$$\begin{pmatrix} R \\ G \\ B \end{pmatrix} = \begin{pmatrix} 0.4175 & -0.1578 & -0.0828 \\ -0.0912 & 0.2524 & 0.0157 \\ 0.0009 & -0.0026 & 0.1786 \end{pmatrix} \cdot \begin{pmatrix} X \\ Y \\ Z \end{pmatrix} \tag{3.23}$$

Setzt man die RGB-Werte der Farbmischkurven nach Bild 3.16 ein, so erhält man die CIE-Normfarbmischkurven nach Bild 3.17.

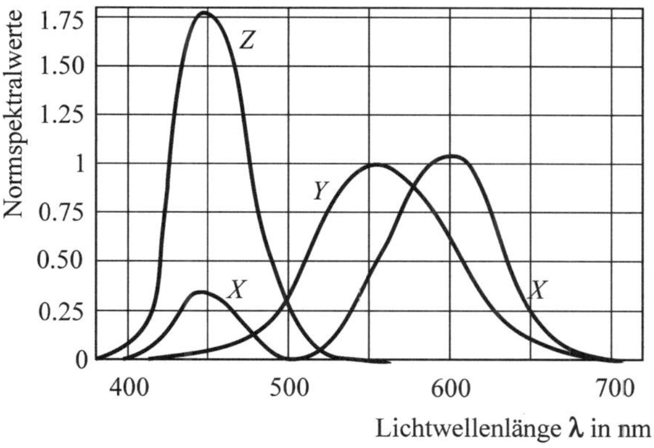

Bild 3.17 CIE-Normfarbmischkurven

Normfarbendreieck

Nach Einführung der virtuellen Normfarben *X*, *Y*, *Z* lässt sich nun ein einheitliches Farbkoordinatensystem definieren. Dazu wird eine Farbebene im *XYZ*-Koordinatensystem gewählt, die die Koordinatenachsen an den Stellen $X = 1$, $Y = 1$ und $Z = 1$ schneidet. Das entstehende Dreieck mit den Eckpunkten (1, 0, 0), (0, 1, 0) und (0, 0, 1) wird als Normfarbendreieck bezeichnet. Auf diesem werden die *XYZ*-Koordinaten des virtuellen Farbraums abgebildet.

Die Abbildung erfolgt mit der Transformation

$$x = \frac{X}{X+Y+Z} \qquad y = \frac{Y}{X+Y+Z} \qquad z = \frac{Z}{X+Y+Z} \tag{3.24}$$

Daraus ergibt sich die Gleichung des Normfarbendreiecks, Bild 3.18, mit

$$x + y + z = 1 \tag{3.25}$$

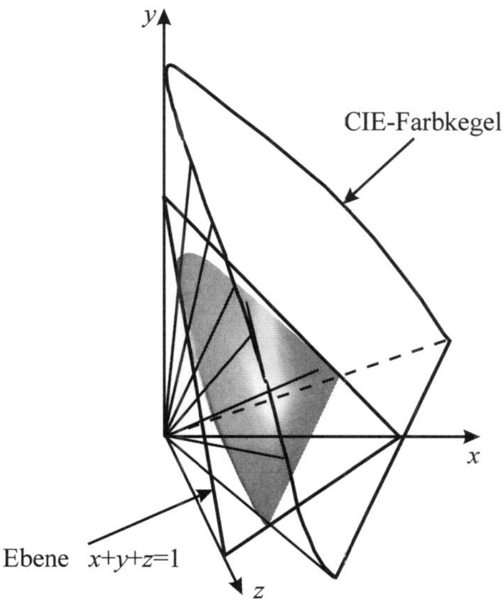

Bild 3.18 CIE-Farbkegel und Normfarbendreieck

Hier sind x, y, z die Koordinaten, die sich auf der Ebene des Normfarbendreiecks befinden. Wegen der Gleichung (3.25) ist es möglich, die Farborte innerhalb des Normfarbendreiecks nur durch x und y anzugeben, da die dritte Koordinate über

$$z = 1 - x - y$$

berechnet werden kann. Diese Form der Darstellung von Farbkoordinaten wurde 1931 durch die CIE festgelegt und ist international verbindlich. Berechnet man mit den experimentell ermittelten Farbmischkurven entsprechend der angegebenen Transformationsmatrix zunächst die virtuellen Normfarben X, Y, Z und daraus die Positionen x, y, z auf dem Normfarbendreieck, so erhält man das CIEXYZ-Diagramm, Bild 3.19.

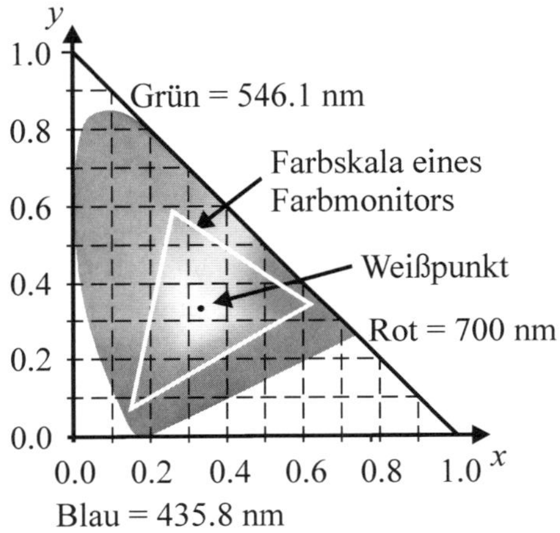

Bild 3.19 CIEXYZ-Diagramm

Der hufeisenförmige Kurvenzug wird CIE-Spektralfarbenzug genannt. Er repräsentiert innerhalb der Normfarbtafel die Farbortmenge des Sonnenlichtspektrums. Die beiden Enden des Spektralfarbenzuges werden durch die Purpurlinie verbunden. Innerhalb des geschlossenen Bereichs befinden sich alle physikalisch erzeugbaren Farben. Das im Bild 3.19 angegebene Dreieck stellt die Farbpalette eines Farbmonitors dar. Sie enthält den Umfang aller Farben, die eine Grafikkarte prinzipiell erzeugen kann. Farbpaletten werden im CIEXYZ-System durch Verbindungslinien zwischen den Primärfarben der Palette dargestellt. Aus der Darstellung ist zu sehen, dass ein Farbmonitor nicht alle sichtbaren Farben erzeugen kann. Die Koordinaten des CIEXYZ-Systems gestatten eine genaue Angabe von Farben und erlauben dadurch den Austausch von Farbinformationen mit verschiedenen Primärfarben. Für einen typischen Farbbildschirm werden oftmals folgende xy-Koordinaten für die einzelnen Farben angegeben.

Farbe	x	y
Rot	0.628	0.346
Grün	0.268	0.588
Blau	0.150	0.070
Weißpunkt	0.333	0.333

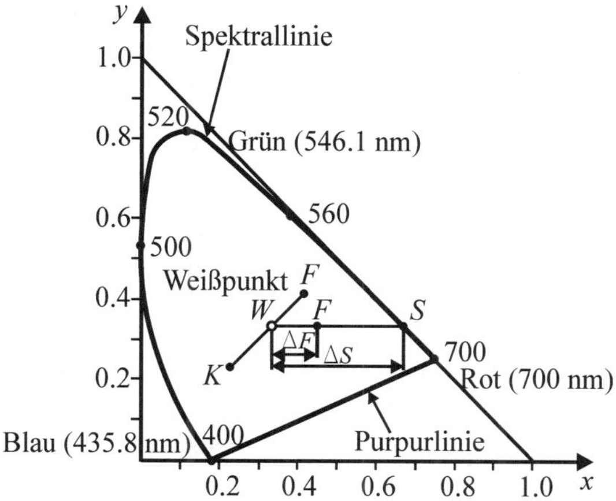

Bild 3.20 Reinheit, Farbton und Komplementärfarbe

Mit dem CIEXYZ-Diagramm können die Parameter Farbton (Hue) und Sättigung (Saturation, Reinheit) quantitativ bestimmt werden.

Farbton = Wellenlänge an der Stelle S

$$\text{Reinheit} = \frac{\overline{FW}}{\overline{SW}} = \frac{\Delta F}{\Delta S}$$

Die Komplementärfarbe K der Farbe F liegt auf der Verbindungslinie $\overline{FW}$ gegenüber von W, Bild 3.20. Eine quantitative Aussage lässt das CIEXYZ-System jedoch nicht zu.

3.3.3 Farbmodelle

Farbmodelle kann man nach der Art der Darstellung und nach der Art der Farbdefinition klassifizieren, Bild 3.21. Von der möglichen Vielfalt sollen hier nur die hardwareorientierten dreidimensionalen Farbmodelle RGB und CMY, die numerisch-symbolisch beschreibenden HSV und HSL sowie das verbal beschreibende CNS vorgestellt werden.

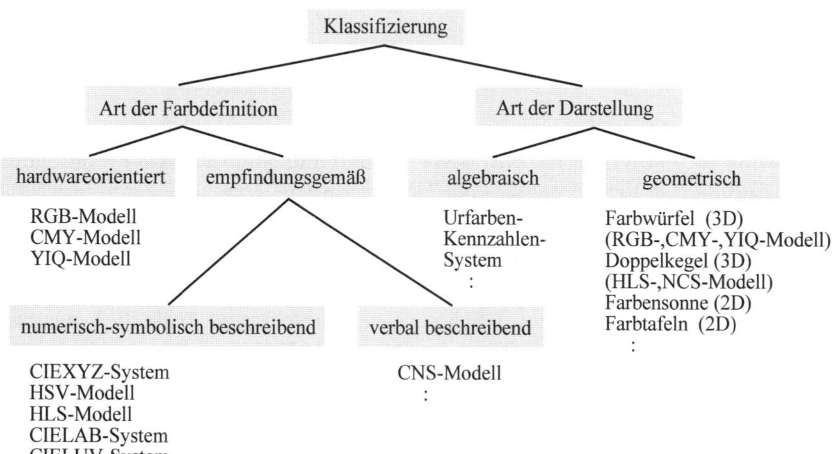

Bild 3.21 Klassifizierung von Farbmodellen

RGB-Modell

Das RGB-Modell, Bild 3.22, ist ein additives Farbmodell und wird in der Computergrafik überwiegend verwendet. Es entspricht der Farbintensitätseinstellung eines Farbmonitors, der rote, grüne und blaue Subpixel enthält. Die darstellbaren Farben bilden im CIEXYZ-Diagramm ein Dreieck. Den RGB-Farbraum kann man sich als Einheitswürfel vorstellen, mit den auf 0 bis 1 normierten Achsen für Rot, Grün und Blau. Durch die additive Mischung der drei Farbkomponenten werden alle Zwischenfarben erzeugt. Grautöne liegen auf der Hauptdiagonalen zwischen Schwarz $(0, 0, 0)^T$ und Weiß $(1, 1, 1)^T$. $(0.8, 0.8, 0.8)^T$ ist beispielsweise ein mattes Weiß oder helles Grau. Das RGB-Farbmodell wird durch OpenGL bereits in der Grundeinstellung unterstützt. Durch die Hardware müssen die realen Farbwerte digitalisiert werden. Die Anzahl der für die Primärfarben Rot, Grün und Blau verfügbaren Bits entscheiden über die Anzahl der darstellbaren Farben. Ein Nachteil dieses Modells ist die Tatsache, dass die resultierende Farbe aus den prozentualen Anteilen der Primärfarben kaum vorherzusagen ist. Außerdem erfordert die gewünschte Änderung der Helligkeit einer Farbe eine nichtproportionale Änderung der anderen Farbkomponenten.

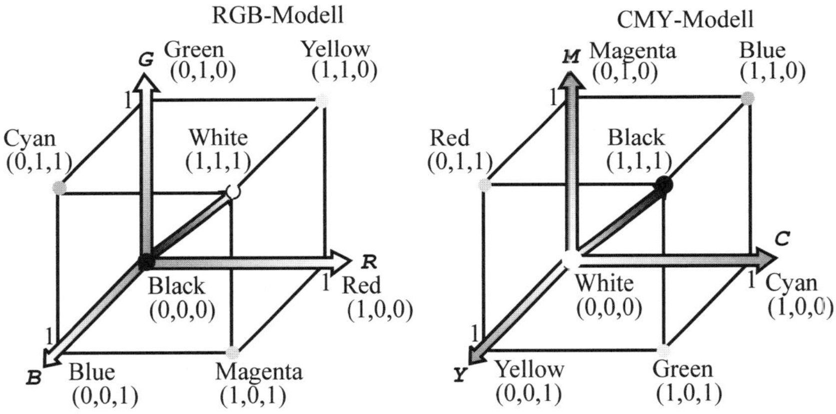

Bild 3.22 RGB- und CMY-Farbmodelle

CMY-Modell

Im Gegensatz zum RGB-Modell ist das CMY-Modell ein subtraktives Farbmodell, Bild 3.22. Es entspricht den Erfordernissen der Druckindustrie. Cyan, Magenta und Yellow (Türkis, Fuchsinrot, Gelb) sind die Komplementärfarben von Rot, Grün und Blau. Sie werden auch als substraktive Komplementärfarben bezeichnet. Obwohl theoretisch die Farben Cyan, Magenta und Yellow auch zum Erzeugen von Schwarz ausreichen, gelingt das technisch meist nicht. Deshalb wird Schwarz als vierte Farbe zusätzlich benutzt (Vierfarbendruck) und CMYK-Modell genannt. Das CMY-Farbmodell wird durch die Grafikstandards nicht unterstützt, jedoch ist die Umrechnung aus dem RGB-Modell einfach durch $(C, M, Y)^T = (1, 1, 1)^T - (R, G, B)^T$ möglich.

HSV-, HLS-, CNS- und PMS-Modell

Das HSV-Modell definiert zur Farbbeschreibung drei Komponenten. Es gehört zu den empfindungsgemäßen Farbmodellen. Die Komponenten lassen sich aus der intuitiven Beschreibung der Farbe ableiten, da das menschliche Gehirn eine Farbe eher nach dem Farbton (Hue), der Sättigung (Saturation) und der Beleuchtungsstärke (Value) beurteilt. Es entspricht etwa der Art, wie ein Maler seine Farben durch Mischen von Pigmenten erzeugt.

Das HLS-Modell benutzt die Wahrnehmungskomponenten Farbton (Hue), Helligkeit (Lightness) und Sättigung (Saturation). Die Farben liegen innerhalb eines Doppelkegels.

Das Color Naming System (CNS) ist ein verbal beschreibendes Farbmodell. Die einzelnen Farben besitzen hier einen Namen. Ähnlich arbeitet das Pantone-Farbsystem, welches zunächst vorwiegend für die Druckindustrie entwickelt wurde, aber auch in der Computergrafik Einzug gehalten hat. Bekannt ist es auch unter dem Namen Pantone Matching System (PMS). Die Farben sind hier nummeriert und werden in Farbtafeln angegeben.

3.3.4 Farbdarstellung, Farboperationen

Bei Farbbildschirmen kann jedes Pixel, bestehend aus drei Farb-Subpixeln, die Grundfarben Rot, Grün und Blau und Mischungen daraus annehmen. Für jede Grundfarbe des RGB-Systems steht eine bestimmte Anzahl von Farbschattierungen zur Verfügung. Diese werden durch die Höhe der Spannung für die Erzeugung der Elektronenstrahlen festgelegt, die ihrerseits in einer bestimmten Anzahl von Bits codiert ist. Repräsentiert werden die unterschiedlichen Farbschattierungen durch das Abspeichern unterschiedlicher Intensitätswerte für jede Grundfarbe im Bildspeicher des Rastergrafiksystems.

Zunächst sollen einige Angaben zur Wahrnehmbarkeit von Farbnuancen durch den Menschen und zu deren technischer Realisierung gemacht werden. Physikalisch gibt es unendlich viele Farbnuancen, durch den Menschen ist jedoch nur eine begrenzte Anzahl unterscheidbar. Die Angaben darüber schwanken sehr stark, von 100 000 bis 1 000 000 (häufig: 350 000).

Die meisten in der Industrie und Malerei verwendeten Farbsysteme umfassen 100 bis 100 000 Farben. Für nicht so hohe Ansprüche und zur Reduzierung des Speicherbedarfs bei der Übertragung in Netzwerken werden auch heute noch Farbtabellen verwendet, die dann meist 256 Einträge enthalten. Das Problem bei der Verwendung von Farbtabellen besteht jedoch darin, aus der theoretisch möglichen Anzahl erzeugbarer Farbnuancen eine Untermenge auszuwählen. Der Zugriff auf eine Farbe erfolgt dann nicht mehr direkt, sondern über einen Index in die Farbtabelle.

Farbdarstellung

Die Darstellung von Farben kann prinzipiell im Echtfarbmodus (True Color Mode) oder im Farbindexmodus (Color Index Mode) erfolgen. Ersterer ist dadurch gekennzeichnet, dass für jedes Pixel 32 Bit zur Verfügung gestellt werden, für jede der Grundfarben Rot, Grün und Blau je 8 Bit und für den Blendingfaktor α ebenfalls 8 Bit. Dadurch können etwa 16.7 Millionen Farbnuancen direkt berechnet sowie Transparenz und Farbmischungen simuliert werden. Meist erfolgt die Normierung der Werte auf den Bereich 0 bis 1. Beim Farbindexmodus werden die Farben nicht direkt, sondern durch einen Index oder Zeiger in eine angelegte Farbtabelle indirekt bestimmt. Die Tabelle enthält die darstellbaren Farben und ist generierbar, kann also den Erfordernissen angepasst werden. Kriterium für die Generierung einer optimalen Farbtabelle ist die Art der Besetzung der Farbtabelle mit Farben (Uniforme Quantisierung, Popularitäts-, Median-Schnitt-, Octree-Algorithmen). Bei der Verarbeitung besteht das Problem der Interpolation und Farbauswahl, wenn berechnete Farben nicht Bestandteil der Farbtabelle sind. Typische Größen von Farbtabellen sind 256, manchmal aber auch 4096 Einträge.

- Die uniforme Quantisierung ist unabhängig vom darzustellenden Bild und wird als Standardbelegung der Farbtabelle gewählt. Dabei wird die Adresse für die Farbtabelle in drei Teile aufgeteilt, die den RGB-Farben zugeordnet werden. Üblicherweise wird für eine 8-Bit-Adresse die Aufteilung 3 Bit für Rot, 3 Bit für Grün und 2 Bit für Blau vorgesehen. Damit ergeben sich 256 Farbnuancen. Diese werden so gewählt, dass sie den darstellbaren Bereich gleichmäßig überdecken. Die berechnete Farbe eines bestimmten Pixels wird durch die nächstliegende in der Farbtabelle approximiert.
- Der Popularitätsalgorithmus bestimmt die häufigsten Farben des darzustellenden Bildes und besetzt mit genau diesen die Farbtabelle. Für den darzustellenden Farbwert wird der in der Farbtabelle nächstliegende entsprechend seinen RGB-Koordinaten ausgewählt.
- Der Median-Schnitt-Algorithmus hat das Ziel, die Farbtabelle so zu besetzen, dass jedem Eintrag die gleiche Pixelanzahl zugeordnet ist. (Median = die Mitte betreffend, hier die Mitte bezüglich der Pixelanzahl). Das erfolgt durch eine fortlaufende Unterteilung des RGB-Würfels in achsenparallele Quader, Bild 3.23. Über den Farbwert wird jedem Pixel im RGB-Würfel ein Punkt zugeordnet. Zu Beginn wird der Minimalquader gesucht, der alle Pixel enthält. Danach erfolgt eine Teilung der längsten Kante so, dass beide entstehenden Teilquader die gleiche Pixelanzahl enthalten. Diese Form der Unterteilung heißt Median-Schnitt. Beide entstandenen Teilquader werden nun wieder auf die extremen Farbkoordinaten kontrahiert und anschließend erneut mit dem Median-Schnitt geteilt. Das Verfahren wird wiederholt, bis 256 Teilquader entstanden sind. Der Farbwert jedes Teilquaders und damit der in ihm enthaltenen Pixel ist das Mittel der Farbwerte der umschlossenen Pixel.

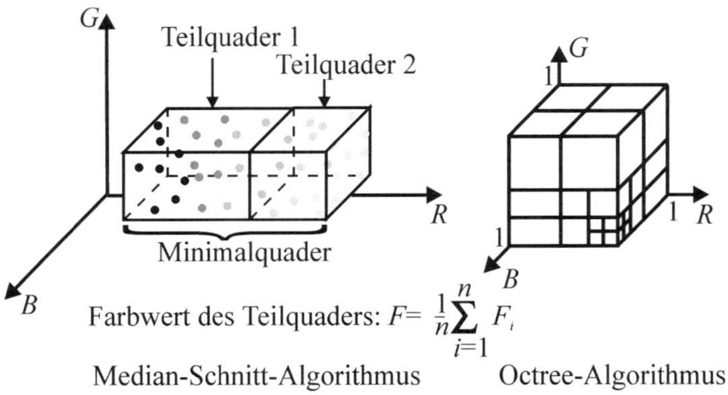

Bild 3.23 Median-Schnitt- und Octree-Algorithmus

- Der Octree-Algorithmus benutzt im Gegensatz zum Median-Schnitt-Algorithmus eine rekursive Unterteilung des RGB-Würfels in jeweils acht gleich große Unterwürfel. Die Unterteilung wird so lange fortgesetzt, bis jeder Teilwürfel noch höchstens ein Pixel enthält. Nach dem vollständigen Aufbau des Octrees wird dieser von den Blättern her auf die maximal zulässige Anzahl (z. B. 256) gleichmäßig reduziert. Bei der praktischen Realisierung werden Aufbau und Reduzierung des Octree jedoch kombiniert. Ein Reduktionsschritt löscht acht verschwisterte Blätter und speichert die gemittelten Farbwerte im Vaterknoten. Für den Reduktionsschritt werden die verschwisterten Blätter ausgewählt, die die geringste Pixelanzahl haben. Das Octree-Verfahren hat gegenüber dem Median-Schnitt-Verfahren wegen der regelmäßigen Aufteilung des RGB-Würfels geringere Laufzeit und niedrigeren Speicherplatzbedarf. Die Octree-Quantisierung liefert in den meisten Fällen aber ähnlich gute Ergebnisse wie der aufwändigere Median-Schnitt-Algorithmus.

Farboperationen

Zur Erzeugung realitätsnaher Bilder sind Operationen mit Farben erforderlich. Diese werden hier für das RGB-Modell vorgestellt und in späteren Anwendungen genutzt.

- Jede Farbe wird im Echtfarbmodus als Quadrupel $\vec{C} = (R, G, B, A)^T$ definiert. Die Primärfarben R, G, B und der Blendingfaktor α, hier mit A bezeichnet, sind auf Werte 0 bis 1 normiert. Die Wirkung und der resultierende Wert von α hängen von speziellen Blending-Funktionen ab.
- Erzeugen von Farben durch komponentenweise Addition.

$$\begin{pmatrix} R \\ G \\ B \end{pmatrix} = \begin{pmatrix} R_1 \\ G_1 \\ B_1 \end{pmatrix} + \begin{pmatrix} R_2 \\ G_2 \\ B_2 \end{pmatrix} = \begin{pmatrix} R_1 + R_2 \\ G_1 + G_2 \\ B_1 + B_2 \end{pmatrix} \tag{3.26}$$

  Werte größer als 1 werden auf 1 begrenzt (Clamping).
- Gleichmäßiges Skalieren der Farben mit einem konstanten Faktor k

$$\begin{pmatrix} R \\ G \\ B \end{pmatrix} = k \cdot \begin{pmatrix} R_1 \\ G_1 \\ B_1 \end{pmatrix} = \begin{pmatrix} k \cdot R_1 \\ k \cdot G_1 \\ k \cdot B_1 \end{pmatrix} 0 \leq k \leq 1 \tag{3.27}$$

- Multiplikation von Farben

$$\begin{pmatrix} R \\ G \\ B \end{pmatrix} = \begin{pmatrix} R_1 \\ G_1 \\ B_1 \end{pmatrix} \cdot \begin{pmatrix} R_2 \\ G_2 \\ B_2 \end{pmatrix} = \begin{pmatrix} R_1 \cdot R_2 \\ G_1 \cdot G_2 \\ B_1 \cdot B_2 \end{pmatrix} \tag{3.28}$$

- Anteiliges Mischen (Blending) von Farben mit der α-Komponente A

$$\begin{pmatrix} R \\ G \\ B \end{pmatrix} = A \cdot \begin{pmatrix} R_1 \\ G_1 \\ B_1 \end{pmatrix} + (1 - A) \cdot \begin{pmatrix} R_2 \\ G_2 \\ B_2 \end{pmatrix} 0 \leq A \leq 1 \tag{3.29}$$

Beispiel 3.7:

Das Beispiel enthält die Farboperationen entsprechend den Gleichungen (3.26) bis (3.29).

Der vollständige Quelltext befindet sich im Projekt RASTERGRAFIK.

Diese Farboperationen ermöglichen es, weiche Farbverläufe zu erzeugen. OpenGL stellt die beiden Aufrufe glShadeModel(GL_FLAT) und glShadeModel(GL_SMOOTH) zur Erzeugung von konstanten und weichen Farbverläufen zur Verfügung.

Beispiel 3.8:

FLAT- und SMOOTH-Shading. Um die verschiedenen Möglichkeiten von Farbverläufen zu zeigen, wurde zunächst die Prozedur Farbrechteck(..) definiert, die es gestattet, jeder Ecke eine Farbe zuzuordnen. Diese wird dann genutzt, um verschiedene Farbverläufe im GL_SMOOTH-Modus zu zeigen. Die Wirkung von GL_FLAT wird ebenfalls demonstriert.

```
procedure Farbrechteck(xM,yM,b,h: GLfloat;
                       Clu,Cru,Cro,Clo: array of GLfloat);
  var x0,y0: GLfloat;
begin
  x0:=xM-0.5*b; y0:=ym-0.5*h;
  glBegin(GL_POLYGON);
    glNormal3f(0,0,1);
    glColor4fv(@Clu); glVertex3f(x0,   y0,   0);
    glColor4fv(@Cru); glVertex3f(x0+b,y0,   0);
    glColor4fv(@Cro); glVertex3f(x0+b,y0+h,0);
    glColor4fv(@Clo); glVertex3f(x0,   y0+h,0);
  glEnd;
end {Farbrechteck};
          :
glPolygonMode(GL_FRONT_AND_BACK,GL_FILL);
glLineWidth(3);
glShadeModel(GL_SMOOTH);
glPolygonMode(GL_FRONT,GL_FILL);
  Farbrechteck(-6, 7,5,3,Rot,     Weiss, Blau,  Rot);
  Farbrechteck( 0, 7,5,3,Gruen,   Gelb,  Blau,  Rot);
  Farbrechteck( 6, 7,5,3,
Magenta, Blau,
Gruen, Rot);
glPolygonMode(GL_FRONT,GL_LINE);
  Farbrechteck(-6, 3,5,3,Rot,     Weiss, Blau,  Rot);
  Farbrechteck( 0, 3,5,3,Gruen,   Gelb,  Blau,  Rot);
  Farbrechteck( 6, 3,5,3,Magenta,Blau,  Gruen, Rot);
glPolygonMode(GL_FRONT,GL_FILL);
glShadeModel(GL_FLAT);
  Farbrechteck(-6,-1,5,3,Rot,     Weiss,Blau,  Rot);
  Farbrechteck( 0,-1,5,3,Gruen,   Gelb,  Blau,  Rot);
  Farbrechteck( 6,-1,5,3,Magenta,Blau,  Gruen, Rot);
glPolygonMode(GL_FRONT,GL_LINE);
  Farbrechteck(-6,-5,5,3,Rot,     Weiss, Blau,  Rot);
  Farbrechteck( 0,-5,5,3,Gruen,   Gelb,  Blau,  Rot);
  Farbrechteck( 6,-5,5,3,Magenta,Blau,  Gruen, Rot);
glPolygonMode(GL_FRONT,GL_FILL);
glLineWidth(1);
          :
```

Der vollständige Quelltext befindet sich im Projekt RASTERGRAFIK.

■

3.3.5 Halbtonverfahren

Halbtonverfahren haben ihren Ursprung in der Druckindustrie. Dort werden Bilder durch unterschiedliche Größe der gedruckten Rasterpunkte erzeugt, Bild 3.24.

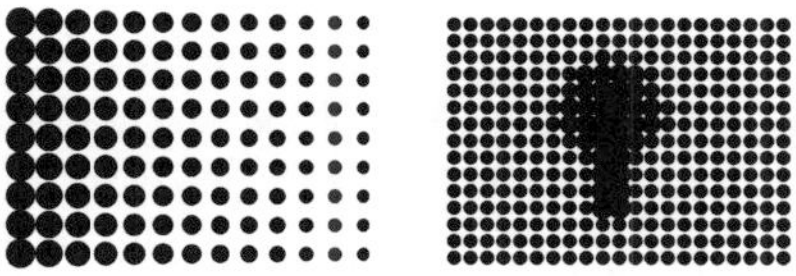

Bild 3.24 Halbtonverfahren

In der Computergrafik dienen Halbtonverfahren dazu, die Anzahl von Farben auf Kosten der Auflösung des Bildschirms oder des Druckers zu erhöhen. Dabei wird die Eigenschaft des menschlichen Auges ausgenutzt, beim Sehen eine räumliche Integration durchzuführen. Dadurch wird aus den Farben der einzelnen Pixel eine Gesamtfarbe erzeugt. Man unterscheidet die Halbtonsimulation, das Ditherverfahren, das Fehlerverteilungsverfahren und das Fehlerdiffusionsverfahren. Durch das True-Color-System sind diese Verfahren heute jedoch im Wesentlichen überflüssig geworden.

3.3.6 OpenGL-Routinen

- Definition von Farben im RGBA-Modus

  procedure glColor3f (**red, green, blue:** ***GLfloat***);
  procedure glColor3fv(**v:** ***PGLfloat***);
  procedure glColor4f (**red, green, blue, alpha:** ***GLfloat***);
  procedure glColor4fv(**v:** ***PGLfloat***);

Parameter

red, green, blue, alpha	Farben Rot, Grün, Blau und der Alpha-Wert
v	Zeiger auf den Vektor mit den darüber stehenden Parametern

Kurzbeschreibung
Die eingestellte Farbe wird nur dann wirksam, wenn die Beleuchtungrechnung nicht aktiv ist. Das ist vor eingestellt oder es wird mit dem Aufruf glDisable(GL_LIGHTING) erreicht.

Standards sind **red, green, blue, alpha** = 1 bzw. **v** = $(1, 1, 1, 1)^T$ und glDisable(GL_LIGHTING).

- Auswahl des Shading-Modells für die Entscheidung über den Farbverlauf

  procedure glShadeModel(**mode:** ***GLenum***);

Parameter

mode	GL_FLAT | GL_SMOOTH

Kurzbeschreibung
Ist GL_SMOOTH wirksam, so werden die Vertexfarben interpoliert und es entsteht ein weicher Farbverlauf. Ist GL_FLAT wirksam, durch glEnable(GL_FLAT) eingeschaltet, so erfolgt keine Interpolation der Vertexfarben. Für die Primitive i werden dann folgende

Vertexfarben benutzt:

GL_POLYGON	Vertex 1
GL_TRIANGLES	Vertex 3i
GL_TRIANGLE_STRIP	Vertex i+2
GL_TRIANGLE_FAN	Vertex i+2
GL_QUADS	Vertex 4i
GL_QUAD_STRIP	Vertex 2i+2

Bei GL_LINES, GL_LINE_STRIP und GL_LINE_LOOP werden jeweils die Farben der Endpunkte der einzelnen Liniensegmente verwendet.

Standard ist glEnable(GL_SMOOTH).

3.4 Antialiasing

3.4.1 Vorbemerkungen

Aliasing (englisch: alias = sonst, hier: anders als angegeben) bedeutet das Entstehen von falschen Mustern durch zu geringe Abtastung beim Rastern (Digitalisierung). Allgemein bedeutet Digitalisierung die Umwandlung analoger in digitale Daten. Je nach Art des Effektes unterscheidet man in der Computergrafik die Aliasing-Arten

- Stairstepping: stufenförmige Intensitätsänderung entlang einer Linie (Zacken, Jaggies),
- Linebreakup: Unterbrechungen von dünnen Linien,
- Crawling: Erscheinen/Verschwinden von dünnen Linien bei der Bewegung von Objekten (kriechen, schleichen),
- Scintillation: Größenveränderung bei der Bewegung von Objekten (Spur, funkeln, glänzen).

Über den Grad der erforderlichen Feinheit der Abtastung zur Vermeidung von Aliasing-Effekten gibt das Abtasttheorem von Shannon Auskunft.

Bei der Digitalisierung muss die Abtastfrequenz mindestens doppelt so hoch wie die höchste in der Quelle vorkommende Frequenz sein.

Da beim Rasterbildschirm durch den endlichen Abstand der Pixel von etwa 0.23 bis 0.35 mm das Abtasttheorem von Shannon nicht erfüllt werden kann, sind Aliasing-Effekte unververmeidbar. Man muss deshalb durch spezielle Antialiasing-Techniken für eine Minderung dieser Effekte sorgen. Dafür gibt es die Ansätze

- Antialiasing mit modifiziertem Grundalgorithmus zum Erzeugen der Ausgabeprimitive, beispielsweise durch den modifizierten Bresenham-Algorithmus für Linien,
- Nachbehandlung des erzeugten Bildes mit einem Postprocessing-Algorithmus durch Nachfiltern mit oder ohne Supersampling,
- Anwendung einer Filterfunktion auf das zu erzeugende Bild vor dessen Ausgabe durch Prefiltering.

3.4.2 Antialiasing mit modifiziertem Grundalgorithmus

Die bisher dargestellten Grundalgorithmen für das Generieren von grafischen Primitiven sind durch das Prinzip „Alles oder Nichts" gekennzeichnet. Es wird nur der dem theoretischen Wert am nächsten liegende Rasterpunkt mit der berechneten Farbe bei voller Intensität ausgegeben. Die Idee des Antialiasing beruht nun darauf, nicht nur ein Pixel mit der berechneten vollen Intensität zu setzen, sondern auch Nachbarpixel mit niedrigerer Intensität. Dadurch wird die Linie über mehrere Pixel „verschmiert" und somit der Treppeneffekt abgeschwächt.

Für die Festlegung der Pixelintensitäten gibt es mehrere Modelle. Diese bestimmen den Grad der Intensität auf unterschiedlichem Weg, Bild 3.25.

- Bei der ungewichteten Flächenberücksichtigung wird die Intensität jedes Pixels proportional zum Grad seiner Überdeckung gewählt.
- Bei der gewichteten Flächenberücksichtigung wird die Lage der überdeckten Flächenbereiche zur Intensitätsberechnung des Pixels herangezogen. Zur formalen Beschreibung der gewichteten Flächenberücksichtigung werden geeignete Gewichtsfunktionen eingeführt.

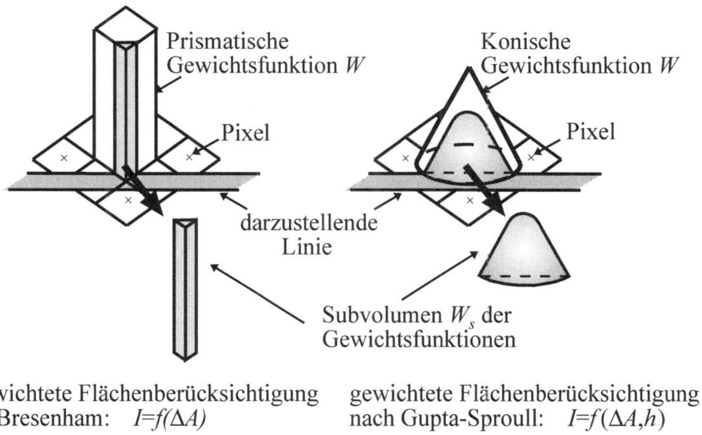

Bild 3.25 Antialiasing-Techniken beim modifizierten Grundalgorithmus

Modifizierter Bresenham-Algorithmus

Die Intensität des Pixels wird in Abhängigkeit vom Abstand zur Ideallinie modifiziert. Die Intensität I des eigentlich zu setzenden Pixels wird um einen abstandsabhängigen Korrekturwert ΔI erniedrigt, das zur Ideallinie nächste Nachbarpixel erhält diesen Wert ΔI. Die Gesamtintensität wird also auf zwei Pixel verteilt, Bild 3.26.

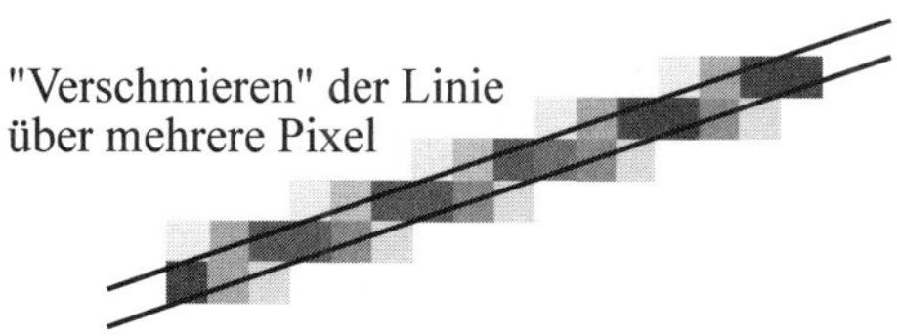

Bild 3.26 Prinzip des modifizierten Bresenham-Algorithmus

Gupta-Sproull-Algorithmus

Im Gegensatz zum erweiterten Bresenham-Algorithmus werden beim Gupta-Sproull-Algorithmus drei übereinander liegende Pixel mit berechneter unterschiedlicher Intensität für die Liniendarstellung genutzt, Bild 3.27.

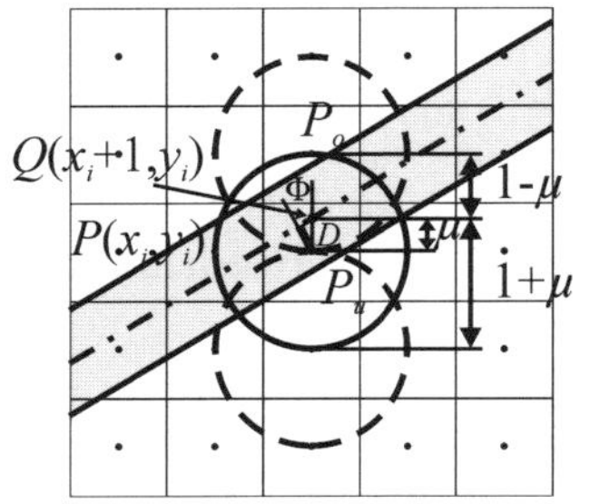

Bild 3.27 Prinzip des Gupta-Sproull-Algorithmus

Für die gewichtete Flächenberücksichtigung wird eine kegelförmige Gewichtsfunktion verwendet, deren Kegelspitze genau über dem Pixelzentrum liegt. Der Radius des Kegels ist gleich dem Pixelabstand. Damit ragt der Grundkreis über die quadratisch angenommene Pixelfläche hinaus. Deshalb können auch dann Pixel gesetzt werden, wenn sie nicht vom Linienbereich überdeckt werden. Die kegelförmige Gewichtsfunktion bewirkt, dass die Gewichtung eines Flächenbereiches nichtlinear mit dem Abstand vom Pixelzentrum abnimmt. Die vorhandene Rotationssymmetrie ist theoretisch nachgewiesen optimal.

Der Gupta-Sproull-Algorithmus ist eine Modifikation des Midpoint-Line-Algorithmus. Die Intensität I des ausgewählten Pixels wird in Abhängigkeit seines Abstandes von der Ideallinie gesetzt, $I = f(D)$. Außerdem erhalten, bedingt durch die kegelförmige Gewichtsfunktion, die beiden vertikal benachbarten Pixel einen gewissen Intensitätsanteil. Durch eine einfache Erweiterung des Midpoint-Line-Algorithmus lässt sich das Antialiasing für Linien realisieren. Dazu ist nur noch die Filterfunktion $I = f(D)$ für den angenommenen Kreiskegel erforderlich. Diese wurde von Gupta und Sproull berechnet.

3.4.3 Filtermethode

Bei dieser Methode wird aus dem darzustellenden Bild ein Rasterbild mit der Auflösung des Bildschirms erzeugt. Aus diesem wird die Bildschirmausgabe durch Mittelung der Intensitäten für jede Farbe benachbarter Pixel bestimmt. Das erfolgt durch einen Filter, der über das Rasterbild geschoben wird und führt zum „Verschmieren" der Intensitäten des Rasterbildes über mehrere Pixel des Bildschirms. Es sind unterschiedliche Filter denkbar, ein einfacher ist im Bild 3.28 dargestellt.

3×3-Filter

1/36	4/36	1/36
4/36	16/36	4/36
1/36	4/36	1/36

Gesamtintensität $I_P(x,y)$ des Pixels $P(x,y)$

$$I_P(x,y)=[I(x-1,y-1)+4I(x,y-1)+I(x+1,y-1) + 4I(x-1,y)+16I(x,y)+4I(x+1,y) + I(x-1,y+1)+ 4I(x,y+1)+I(x+1,y+1)]/36$$

Bild 3.28 3 × 3-Filter für das Antialiasing

Damit die angegebene Formel auch für Randpixel anwendbar ist, müssen zuvor die Randzeilen und -spalten verdoppelt werden. Der 3×3-Filter hat für hohe Auflösungen relativ geringe Auswirkungen. Hier empfehlen sich größere Filter.

3.4.4 Supersampling-Methode

Supersampling heißt ein Verfahren, bei dem mehrere Abtastpunkte pro Pixel verwendet werden. Diese werden als Subpixel bezeichnet. Das darzustellende Bild wird dadurch mit einer höheren Auflösung gerastert, als sie der Bildschirm tatsächlich ermöglicht. Üblicherweise verwendet man 4×4 Subpixel, wodurch der Berechnungsaufwand auf das 16-fache steigt. Der Intensitätswert für jede Farbe des gesamten Pixels wird durch Mittelwertbildung bestimmt. Supersampling liefert für Flächen und dicke Linien zufriedenstellende Ergebnisse, für dünne Linien erhält man jedoch eine wenig kontrastreiche Darstellung. Nachteilig sind der hohe Rechenzeitaufwand und der Speicherbedarf. Deshalb wurde das adaptive Supersampling entwickelt, welches nur in den Bildbereichen arbeitet, in denen Aliasing-Effekte auftreten können. Beim stochastischen Supersampling besteht die Grundidee darin, die Position der Abtastpunkte um einen zufälligen Betrag zu ändern. Die eingeführten Störungen mindern die Aliasing-Effekte. Dieses Verfahren wird besonders auch beim Ray Tracing, Abschnitt 7.3.3, eingesetzt.

Zur Minderung von Aliasing-Effekten an Polygonkanten, also das Glätten von Kanten, wird das Supersampling häufig genutzt. Für jedes dieser Subpixel wird festgestellt, ob es zum Polygon gehört oder nicht. Ist das der Fall, so erhält es die Polygonfarbe, sonst bleibt die Subpixelfarbe ungeändert. Wie Bild 3.29 zeigt, entspricht das Ergebnis jedoch nicht dem Aufwand, da abhängig von der Kantenneigung Sprünge größer als 1/16 auftreten, wenn die Kante über das Pixel verschoben wird. Bessere Ergebnisse liefert deshalb die explizite Berechnung der überdeckten Pixelfläche $F(E, \mu)$. Dafür ist die Kenntnis des Abstandes E der Polygonkante vom Pixelmittelpunkt und der Neigung μ der Polygonkante erforderlich und ausreichend. OpenGL verwendet dieses Verfahren.

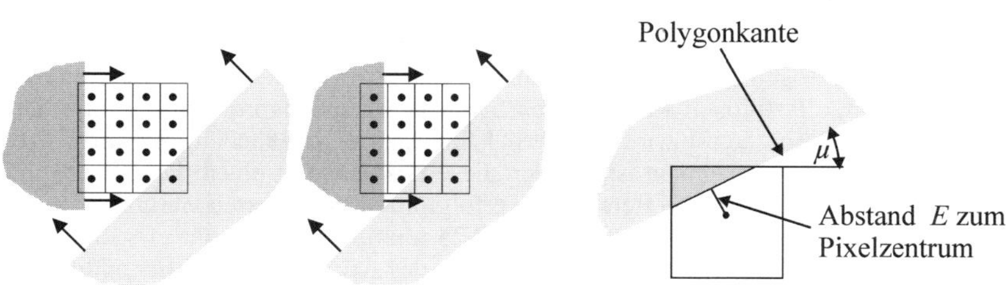

Zahl Subpixel = F(überdeckte Pixelfläche)   überdeckte Pixelfläche $F(E,\mu)$

Bild 3.29 Prinzip des Glättens von Kanten

Die resultierende Pixelfarbe ergibt sich dann im ersten Fall aus der Mittelung der Subpixelfarben bzw. im zweiten Fall aus den Anteilen der Farben der überdeckten Pixelfläche und der Restfläche. Diese Operationen müssen für jede der Farben des RGB-Farbmodells durchgeführt werden.

Beispiel 3.9:

Das Antialiasing bei Linien erfolgt durch Anwendung der im Abschnitt 3.4.5 genannten OpenGL-Anweisungen. Mit den ersten beiden werden das Blending (Farbmischen) und die Anwendung desselben auf Linien festgelegt. Die dritte Anweisung definiert die Blendingfunktion. OpenGL verwendet die im Bild 3.25 dargestellte ungewichtete Flächenberücksichtigung. Die vierte Anweisung soll schließlich darauf hinweisen, dass das Antialiasing in bestmöglicher Qualität ausgeführt wird. Es sei jedoch darauf hingewiesen, dass nicht jede Implementation diese Option unterstützt. Die Anweisungen der letzten Zeile dienen der Ausgabe der Linie.

```
glEnable(GL_BLEND);
glEnable(GL_LINE_SMOOTH);
glBlendFunc(GL_SRC_ALPHA,GL_ONE_MINUS_SRC_ALPHA);
glHint(GL_LINE_SMOOTH_HINT,GL_NICEST);
glBegin(GL_LINES); glVertex2f(0,-0.5); glVertex2f(5,0); glEnd;
```

Für Punkte und Polygone entspricht die Vorgehensweise prinzipiell der für Linien angegebenen, wobei nur die zugeordneten spezifischen Anweisungen genutzt werden müssen. Bei sich überlappenden Polygonen jedoch werden nur dann zufrieden stellende Ergebnisse erreicht, wenn diese von hinten nach vorn gezeichnet werden. Deshalb müssten im Grenzfall der Ausgabe Sortieroperationen vorausgehen. Das wäre vielleicht bei ruhenden Bildern noch vertretbar, sicherlich aber nicht bei Animationen, also bewegten Bildern oder Szenen. In diesem Fall bedient man sich der im folgenden Beispiel 3.10 demonstrierten Methode.

Der vollständige Quelltext befindet sich im Projekt RASTERGRAFIK.

■

Beispiel 3.10:

Das Antialiasing bei ganzen Szenen erfolgt durch Anwendung des im Kapitel 2 beschriebenen Accumulation Buffer. Die speziellen Fähigkeiten desselben gestatten es, eine Szene aus verschiedenen innerhalb der Abmessungen eines Pixels liegenden Positionen zu erzeugen und im Accumulation Buffer aufzusummieren. Sind alle Szenen auf diese Weise erzeugt worden, so kann anschließend der gesamte Inhalt des Accumulation Buffer in den Frame Buffer übertragen und damit ausgegeben werden. Für das anstehende Beispiel wurde die in der Unit GLToolsDelphi definierte Kirche(..) gewählt und mit der ebenfalls dort vorhandenen Prozedur AccumPerspective(..) einer Perspektivprojektion unterzogen. Die formalen Parameter Pixeldx und Pixeldy geben relativ zum Pixel gewählten Positionen an, aus deren Sicht die Perspektivprojektion erfolgt. Die Perspektivprojektion selbst wird ausführlich im Kapitel 5 behandelt. Wie dem Programmfragment zu entnehmen ist, werden diese Positionen in einem Feld Jitter4 mit vier Records gespeichert. Die Berechnung erfolgt mit diesen Werten viermal. Jede der so erzeugten vier Szenen werden dann mit 0.25 multipliziert und mit glAccum(GL_ ACCUM,0.25) zu dem schon vorhandenen Inhalt des Accumulation Buffer addiert bevor am Ende durch glAccum(GL_RETURN,1) dieser an den Bildspeicher zur Ausgabe übergeben wird.

```
procedure AccumPerspective(fovy,Aspect,zNear,zFar,
                           Pixeldx,Pixeldy: GLfloat);
  var fovy2,left,right,bottom,top,
      xWindow,yWindow,dx,dy: GLfloat;
      viewport: array [0..3] of GLint;
begin
  fovy2:=fovy*pi/180/2;
  top:=zNear*tan(fovy2); bottom:=-top;
```

```
    right:=top*aspect;      left:=-right;
    glGetIntegerv(GL_VIEWPORT,@viewport);
    xWindow:=right-left;
    yWindow:=top-bottom;
    dx:=Pixeldx*xWindow/viewport[2];
    dy:=Pixeldy*yWindow/viewport[3];
    glMatrixMode(GL_PROJECTION);
    glLoadIdentity;
    glFrustum(left+dx,right+dx,bottom+dy,top+dy,zNear,zFar);
    glMatrixMode(GL_MODELVIEW);
    glLoadIdentity;
end{AccumPerspective};

var viewport: array[0..3] of GLint;
     j:        GLint;
     Jitter4:  array[0..3] of record x,y: GLfloat end;
          :
Jitter4[0].x:=0.375; Jitter4[0].y:=0.25;
Jitter4[1].x:=0.125; Jitter4[1].y:=0.75;
Jitter4[2].x:=0.875; Jitter4[2].y:=0.25;
Jitter4[3].x:=0.625; Jitter4[3].y:=0.75;

glGetIntegerv(GL_VIEWPORT,@Viewport);
glClearAccum(0,0,0,0);
glClear(GL_ACCUM_BUFFER_BIT);
for j:=0 to 3 do
begin
    glClear(GL_COLOR_BUFFER_BIT or GL_DEPTH_BUFFER_BIT);
    AccumPerspective(50,Viewport[2]/Viewport[3],1,100,
                                   Jitter4[j].x,Jitter4[j].y);
    glPushMatrix;
      glTranslatef(0,-16,-20);
      glRotatef(MoveValue,xMove,yMove,zMove);
      Kirche(GL_POLYGON);
      glAccum(GL_ACCUM,1/4);
    glPopMatrix;
end;
glAccum(GL_RETURN,1);
```

Der vollständige Quelltext befindet sich im Projekt RASTERGRAFIK.

3.4.5 OpenGL-Routinen

Antialiasing bei Punkten, Linien und Polygonen

OpenGL stellt Möglichkeiten für das Antialiasing von Punkten, Linien, Polygonen und ganzen Szenen bereit. Für die drei grafischen Darstellungelemente existieren entsprechende Prozeduren, während für die gesamte Szene ein spezieller Speicherbereich, der Accumulation Buffer, mit seiner Funktionalität genutzt wird. Nach dem Standard ist Antialiasing deaktiviert. Es muss deshalb mit

glEnable(**cap**: ***GLenum***);

aktiviert und bei Bedarf mit glDisable(**cap**: ***GLenum***) zurückgesetzt werden. Der Parameter **cap** kann die sich selbst erklärenden Werte GL_POINT_SMOOTH | GL_LINE_SMOOTH | GL_POLYGON_SMOOTH annehmen. Außerdem muss das Blending mit

glEnable(GL_BLEND)

aktiviert und mit

glBlendFunc(GL_SRC_ALPHA, GL_ONE_MINUS_SRC_ALPHA)

die benötigte Blendingfunktion bereitgestellt werden.

Falls die Implementation von OpenGL die Hinweisfunktion glHint unterstützt, kann die Qualität des Antialiasing durch

glHint(**target, mode**: ***GLenum***)

gesteuert werden. Mögliche Werte von **target** sind GL_POINT_SMOOTH_HINT | GL_LINE_SMOOTH_HINT | GL_POLYGON_SMOOTH_HINT und die von **mode** GL_FASTEST | GL_NICEST | GL_DONT_CARE annehmen. GL_FASTEST wählt die schnellste Darstellung, GL_NICEST die qualitativ beste.

Standard ist GL_DONT_CARE mit einer implementationsspezifischen Wirkung.

Antialiasing einer ganzen Szene

Wie bereits im Kapitel 2 angegeben, stellt OpenGL den Accumulation Buffer, einen speziellen Speicherbereich, für ausgewählte Anwendungen bereit. In diesen kann jedoch nicht direkt gezeichnet werden. Allerdings gibt es Funktionen für das Lesen des Bildspeichers und Schreiben in denselben. Wie im Bildspeicher werden im Accumulation Buffer RGBA-Werte für jedes Pixel gespeichert, mit denen durch definierte Funktionen Additionen und Multiplikationen ausgeführt werden können. Da das eine gewisse Rechengenauigkeit erfordert, die mit der Tiefe von einem Byte je RGBA-Farbanteil im normalen Bildspeicher nicht gegeben wäre, werden in der Regel 16 Bit pro Farbanteil zur Verfügung gestellt.

- Nutzung des Accumulation Buffers

  procedure glAccum(**op:** ***GLenum*****; value:** ***GLfloat*****);**

Parameter

op definiert die mit dem Accumulation Buffer auszuführenden Operationen und kann die Werte GL_ACCUM | GL_LOAD | GL_RETURN | GL_ADD | GL_MULT annehmen.
GL_ACCUM übernimmt die RGBA-Werte des aktuellen Bildspeichers, multipliziert diese mit **value** und addiert diese zu den bereits im Accumulation Buffer vorhandenen Werten (akkumulierendes Laden).
GL_LOAD übernimmt die RGBA-Werte des aktuellen Bildspeichers, multipliziert diese mit **value** und überschreibt mit diesen die bereits im Accumulation Buffer vorhandenen Werte.

GL_RETURN multipliziert die im Acculmulation Buffer stehenden RGBA-Werte mit **value** und überschreibt mit diesen den Inhalt des aktuellen Bildspeichers.
GL_ADD addiert zu den im Acculmulation Buffer stehenden RGBA-Werte den Wert **value**.
GL_MULT multipliziert die im Acculmulation Buffer stehenden RGBA-Werte mit dem Wert **value**.

value ist der Wert, mit dem die durch **op** spezifizierte Operation ausgeführt wird.

Kurzbeschreibung
Für das Antialiasing von ganzen Szenen ist die Akkumulation von Bedeutung. Dazu wird das Bild wie beim Supersampling wiederholt versetzt berechnet und kumulativ in den Accumulation Buffer geschrieben, bevor am Ende die Ausgabe in den aktuellen Bildspeicher erfolgt. Im Doublebuffer-Modus ist das der GL_BACK Buffer.

- Löschen des Accumulation Buffers

procedure glClearAccum(**red**, **green**, **blue**, **alpha:** ***GLfloat***)
procedure glClear(**mask:** ***GLbitfield***)

Parameter
red, **green**, **blue**, **alpha** Farbanteile der Löschfarbe und Blendingfaktor
mask GL_ACCUM_BUFFER_BIT

Kurzbeschreibung
Der Accumulation Buffer wird auf die resultierende Farbe gelöscht. Alle Operationen beziehen sich nur auf die Pixel, die innerhalb des aktuellen Window oder der Scissor-Box liegen.

Standardmäßig sind alle Farbwerte auf Null gesetzt, alpha auf Eins.

Wie bereits gesagt, basiert das Antialiasing einer ganzen Szenen darauf, diese mehrfach, jeweils um einen kleinen Wert innerhalb eines Pixels versetzt, zu berechnen. Das Problem besteht nun darin, diesen Betrag in Weltkoordinaten zu bestimmen. In Bildkoordinaten soll es der Bruchteil eines Pixels sein, die Translation erfolgt aber in Weltkoordinaten. Zur Berechnung der Verschiebungswerte wird die Ausdehnung der Szene in Weltkoordinaten, bestimmt durch die Parameter von glOrtho(..) bzw. glPerspective(..), mit der Ausdehnung des Bildschirms, bestimmt mit glViewport(..), ins Verhältnis gesetzt und anschließend mit dem gewünschten Bruchteil eines Pixels multipliziert.

3.5 Übungen

Projekt UEBUNG31:
Der im Abschnitt 3.1.2 angegebene Bresenham-Algorithmus ist mit OpenGL-Routinen direkt umzusetzen.

Projekt UEBUNG32:
Ein geschlossener Linienzug aus getrichelten Linien mit fünf Ecken ist in der Farbe Rot, Grün oder Blau darzustellen. Die Auswahl soll mit Value1 erfolgen.

Projekt UEBUNG33:

Es ist eine vertikale Schraffur zu erzeugen und als Muster für ein gleichseitiges Dreieck mit einer gewählten Seitenlänge zu verwenden.

Projekt UEBUNG34:

Ein Dreieck soll mit unterschiedlichen Vorder- und Rückseiten dargestellt werden. Die Vorderfläche soll in der Farbe Gelb mit einer schwarzen Umrandung dargestellt werden, die Rückseite Grün, aber ohne Umrandung.

Projekt UEBUNG35:

Ein mit der Bibliothek GLUT erzeugter Kegel mit über Value1 und Value2 einstellbarem Durchmesser und Höhe soll an einer Scissor-Box mit geeignet gewählten Abmessungen geclippt werden.

Projekt UEBUNG36:

Ein mit der Bibliothek GLUT erzeugter Kegel mit über Value1 und Value2 einstellbarem Durchmesser und Höhe soll an einer Kreisfläche mit geeignet gewähltem Durchmesser als Schablone für den Stencil-Test geclippt werden.

Projekt UEBUNG37:

In einem Dreieck sollen die Eckpunkte die Farben Rot, Grün und Blau haben. Gesteuert über Value1 ist es einmal im Shadingmodus GL_FLAT, das andere Mal im Modus GL_SMOOTH darzustellen.

4 Modellierung

4.1 Vorbemerkung

Innerhalb der Computergrafik gehört die Modellierung, also die Erzeugung eines geometrischen Modells, zu den wichtigsten Aufgaben. Ein Modell ist ein Abbild der Wirklichkeit, das sich auf bestimmte Aspekte beschränkt. Es ist damit die Repräsentation einiger, nicht notwendigerweise aller Eigenschaften eines konkreten oder abstrakten Gegenstandes. Die Bildung eines geometrischen Modells und seine Inhalte sind im Bild 4.1 skizziert.

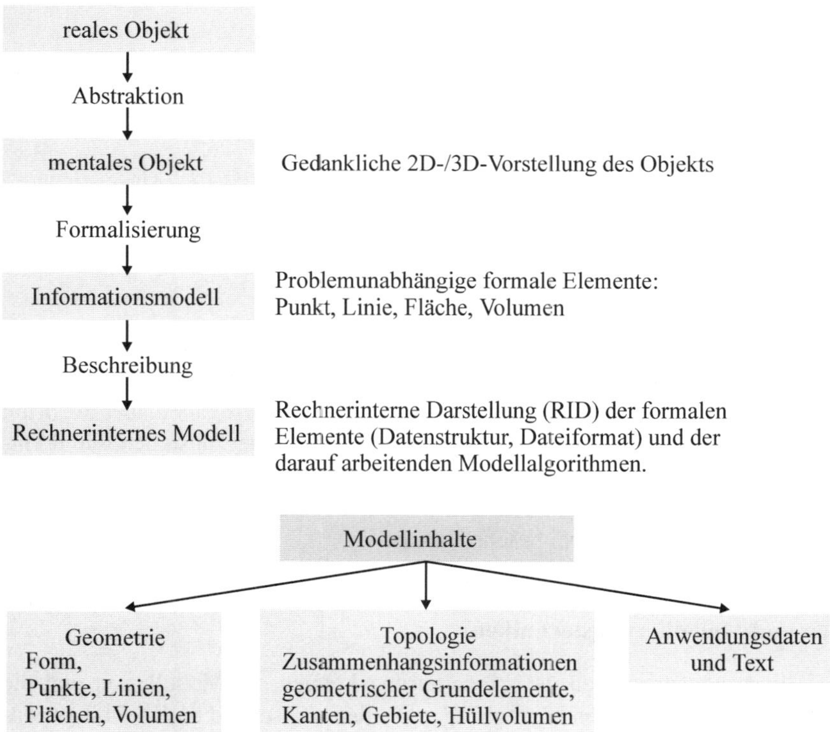

Bild 4.1 Modellbildung und Modellinhalte

Geometrische Modelle beschreiben die Komponenten von grafischen Objekten mit ihren geometrischen Eigenschaften, jedoch nicht die Definition der grafischen Darstellung auf dem Bildschirm. Sie müssen die Eigenschaften Flexibilität (Darstellung vieler unterschiedlicher Formen), Eindeutigkeit und Vollständigkeit, Genauigkeit (exakte Beschreibung eines realen Modells), Invarianz bei Transformationen, Kompaktheit (Dateiformate, Speicherbedarf) und Effizienz (schnelle Bilderzeugung und Simulation) besitzen. Außerdem sollten keine „Nonsense"-Objekte, Bild 4.19, erzeugt werden können.

Klassifizierung und Arten geometrischer Modelle

Geometrische Modelle lassen sich in 2D-, $2^1/_2$D- und 3D-Modelle klassifizieren, Bild 4.2.

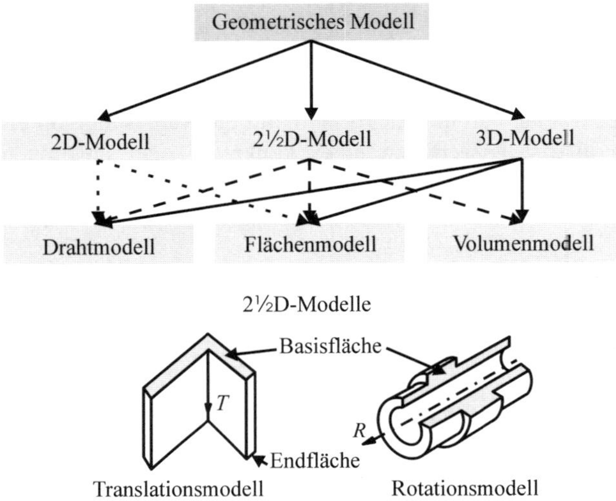

Bild 4.2 Klassifizierung und Arten geometrischer Modelle

- 2D-Modell: Zweidimensionale Darstellung eines Objekts. Grundlage für den rechnergestützten Entwurf (Computer Aided Design, CAD).
- $2^1/_2$D-Modell: Zweidimensionales Modell mit zusätzlichen Angaben über die dritte Dimension. Translations- und Rotationskörper entstehen durch entsprechende Bewegung einer ebenen Fläche (Sweeping).
- 3D-Modell: Dreidimensionales Modell, dessen Geometrie vollständig und widerspruchsfrei beschrieben ist.

Modellarten und Modellierungstechniken

Als weitere Gliederungsprinzipien der Modellierung können die Modellarten und die speziellen Modellierungstechniken herangezogen werden. Diese sind im Bild 4.3 zusammengefasst.

Koordinatensysteme

In der Computergrafik wird das kartesische Koordinatensystem verwendet, wobei überwiegend dem Rechtssystem (Rechte-Hand-Regel) gegenüber dem Linkssystem (Linke-Hand-Regel) der Vorzug gegeben wird. In diesem Buch wird das Rechtssystem genutzt. Ein Punkt wird in zwei möglichen Formen definiert, einmal durch Angabe seiner Koordinaten in der Form $P(x, y, z)$ oder als Ortsvektor $\vec{P} = (x, y, z)^T$.

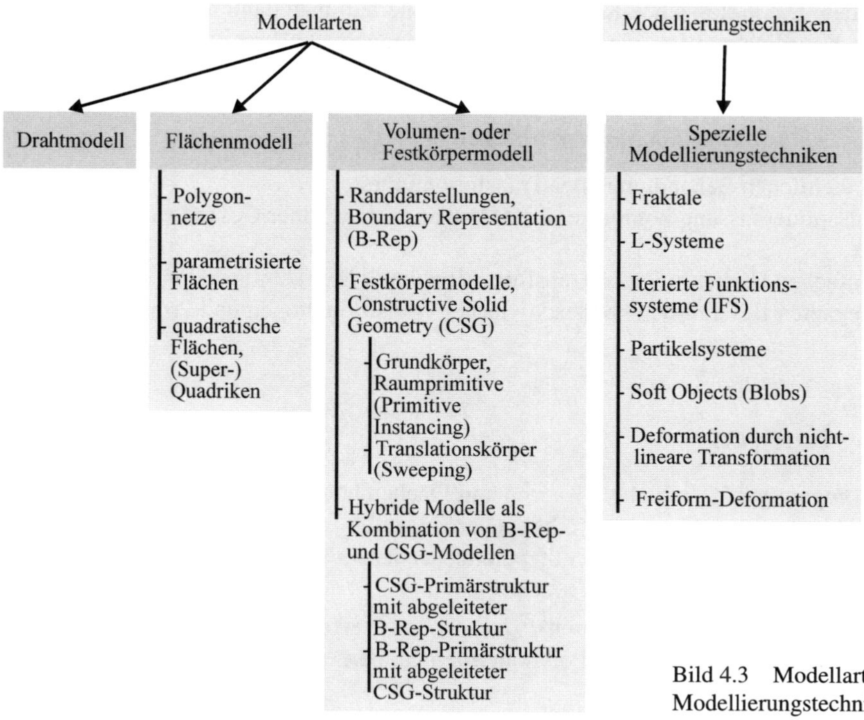

Bild 4.3 Modellarten und Modellierungstechniken

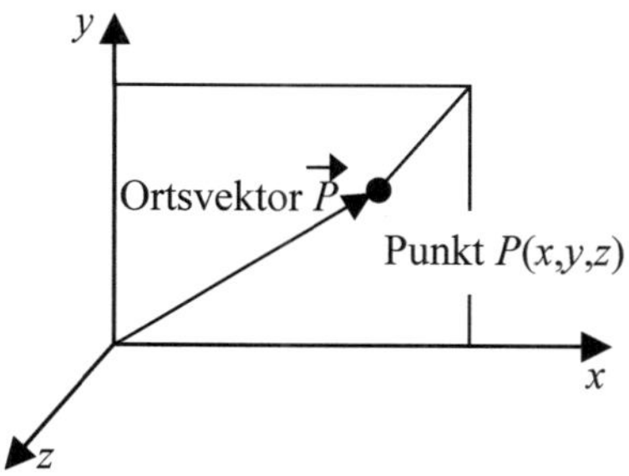

Homogene Koordinaten sind mit den kartesischen Koordinaten (x, y, z) wie folgt definiert:

$$\vec{P} = \begin{pmatrix} w \cdot x \\ w \cdot y \\ w \cdot z \\ w \end{pmatrix} = (w \cdot x \quad w \cdot y \quad w \cdot z \quad w)^{\mathrm{T}}$$

Sie werden der Einfachheit halber oft auch in der Form

$$\vec{P} = \begin{pmatrix} x \\ y \\ z \\ w \end{pmatrix} = (x \quad y \quad z \quad w)^{\mathrm{T}}$$

geschrieben. Die kartesischen Koordinaten (x, y, z) erhält man dann nach Division durch die letzte Koordinate w. Ist, wie bei affinen Abbildungen, $w = 1$, so stellen x, y und z unmittelbar die kartesischen Koordinaten dar.

Die *Vorteile homogener Koordinaten* bestehen in

- der einheitlichen Behandlung aller Transformationen,
- der Zusammenfassung komplexer Transformationen zu einer Gesamttransformationsmatrix,
- der einfachen Umkehrung der Transformation durch Matrizeninversion,
- der eleganten Beschreibung perspektivischer Transformationen und Projektionen.

4.2 Kurven

In der Computergrafik sind glatte Kurven und Flächen höheren Grades, die Punkte interpolieren oder approximieren, von erheblicher Bedeutung. Bei der *Interpolation* verläuft die resultierende Kurve durch alle Stützpunkte, bei der *Approximation* im Grenzfall durch keinen der Kontroll- oder Führungspunkte.

Die Interpolation von $(n+1)$ Punkten $\vec{P}_0(t_0)\ldots\vec{P}_n(t_n)$ erfolgt im einfachsten Fall durch den unmittelbaren Ansatz für ein Polynom n-ten Grades.

$$\vec{P}(t) = \sum_{i=0}^{n} a_i \cdot t^i$$

Die Bestimmung der $(n + 1)$ Koeffizienten a_i, $i = 0\ldots n$, führt auf ein Gleichungssystem mit $(n + 1)$ Unbekannten. Weitere Verfahren sind die Lagrange- oder die Newton-Interpolation, die hier jedoch nicht betrachtet werden sollen. Nachteile dieser Verfahren sind ein erheblicher Berechnungsaufwand, die Gefahr numerischer Probleme bei hohem Grad n und die einer starken Oszillation der Interpolationskurve zwischen den Stützpunkten. Als Ausweg bietet sich die stückweise Interpolation der Punkte durch Polynome niedrigen Grades an. Der zu wählende Grad hängt von den Anforderungen an die darzustellende Kurve ab. Mit Polynomen ersten Grades (Polylinie) ist nur Stetigkeit im Funktionswert erreichbar, Polynome zweiten Grades ermöglichen Stetigkeit im Funktionswert und in der Steigung, während Polynome dritten Grades auch Stetigkeit in der Krümmung zulassen. Da Unstetigkeiten in der Krümmung besonders wahrgenommen werden, arbeitet man auch im Hinblick auf den Berechnungsaufwand in der Computergrafik überwiegend mit Interpolations- oder Approximationspolynomen 3. Grades. Solche stückweise interpolierenden Polynome 3. Grades werden kubische Splines genannt, Abschnitt 4.2.4. Nachteilig ist auch hier, dass immer ein Gleichungssystem mit $(n + 1)$ Unbekannten gelöst werden muss und die Änderung eines Punktes sich auf die gesamte, aus kubischen Splines bestehende Kurve auswirkt, also globalen Einfluss besitzt.

Approximierende Verfahren haben die Eigenschaft, dass die resultierende Kurve im Grenzfall durch keinen oder nur durch wenige Führungs- oder Kontrollpunkte verläuft. Typische Vertreter solcher Verfahren sind Bézier-, B-Spline- und NURBS-Kurven. Diese werden als Freiformkurven bezeichnet und durch OpenGL direkt unterstützt. Daraus lassen sich dann auch die entsprechenden Flächen aufbauen, Abschnitt 4.3.

Splines (Splines sind elastische Kunststoff- oder Metallstreifen, die früher zur Konstruktion von Kurven, Flächen und Körpern genutzt wurden) besitzen in der Computergrafik große Bedeutung, da sie insbesondere für die interaktive Erzeugung und Manipulation von Kurven und auch Flächen geeignet sind. Sie können wie folgt eingeteilt werden:

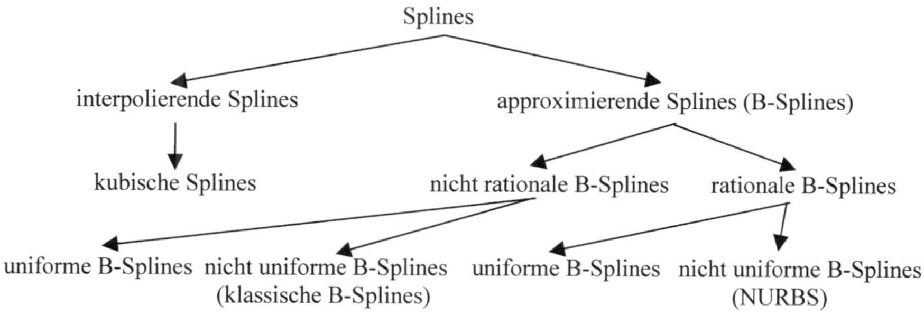

Parametrisierung

Kurven und Flächen werden meist durch parametrisierte Polynome höheren Grades interpoliert oder approximiert. Verwendet man parametrisierte kubische Kurven und Flächen, so lassen sich folgende Bedingungen an den Schnittstellen zweier Segmente *m* und *n* einfach erreichen:

- C^0-Stetigkeit: $Q_m = Q_n \rightarrow$ gleiche 0. Ableitung, gleiche Funktionswerte,
- C^1- „ $Q'_m = Q'_n \rightarrow$ gleiche 1. Ableitung, gleiche Steigungen,
- C^2- „ $Q''_m = Q''_n \rightarrow$ gleiche 2. Ableitung, gleiche Krümmungen.

Damit können glatte Übergänge zwischen den Kurven- und auch Flächensegmenten erzeugt werden. Wegen dieser Stetigkeit im Funktionswert, in der Steigung und in der Krümmung sowie wegen des relativ geringen Berechnungsaufwandes werden bevorzugt kubische Polynome benutzt.

Die Interpolation oder Approximation kann prinzipiell auf drei Darstellungsarten für die ebenen oder räumlichen Kurven und auch Flächen zurückgreifen:

- explizite Darstellung: $y = f(x)$ bzw. $z = f(x, y)$,
- implizite Darstellung: $F(x, y) = 0$ bzw. $F(x, y, z) = 0$,
- Parameterdarstellung: $x = x(t)$, $y = y(t)$, $z = z(t)$.

Die Parameterdarstellung besitzt gegenüber den beiden anderen folgende Vorteile:

- Wegen der eindeutigen Zuordnung von $x(t), y(t), z(t)$ zum stetig wachsenden Parameter t, $(t_{i-1} < t_i < t_{i+1})$, sind Mehrdeutigkeiten ausgeschlossen. Für die Ellipse $x^2/a^2 + y^2/b^2 = 1$ würde sich beispielsweise ergeben:
  explizite Darstellung: $y(x) = \pm \frac{b}{a} \cdot \sqrt{a^2 - x^2}, \quad -a \leq x \leq a$ oder $|x| \leq a$
  implizite Darstellung: $F(x,y) = b^2 \cdot x^2 + a^2 \cdot y^2 - a^2 \cdot b^2 = 0$
  Parameterdarstellung: $x(t) = a \cdot \cos(t), \; y(t) = b \cdot \sin(t), \; 0 \leq t \leq 2\pi$
  oder, wie üblich, mit normiertem Parameter t
  $x(t) = a \cdot \cos(2\pi \cdot t), \; y(t) = b \cdot \sin(2\pi \cdot t), \; 0 \leq t \leq 1$

- Kurvensegmente sind einfach durch Angabe von Anfangs- und Endwert (t_{anf}, t_{end}) des Parameters t zu beschreiben. Für eine Ellipse würde sich beispielsweise mit $t_{anf} = 0.25$ und $t_{end} = 1$ ein Ellipsenbogen von $\pi/2$ (90°) bis 2π (360°) ergeben.
- Die Bildung der ersten Ableitung bietet auch an den Stellen keine Probleme, wo die Steigung unendlich wird, da dx und dy getrennt berechnet und damit dx auf eine Nullstelle, das entspricht einer Steigung ∞, getestet werden kann.
- Die parametrisierten Kurven $x(t)$, $y(t)$ und $z(t)$ sind unabhängig von dem Intervall, in welchem sich der Parameter t bewegt. Er wird deshalb meist auf $0 \leq t \leq 1$ normiert.
- Werden Polynome für die Parameterdarstellung benutzt, so kann die Formulierung übersichtlich in Matrizenschreibweise erfolgen. Kubische Kurvensegmente können wie folgt dargestellt werden:

$$\vec{Q}(t) = \begin{pmatrix} x(t) \\ y(t) \\ z(t) \end{pmatrix} = \bar{C} \cdot \vec{T} \quad \text{mit} \quad \bar{C} = \begin{pmatrix} a_x & b_x & c_x & d_x \\ a_y & b_y & c_y & d_y \\ a_z & b_z & c_z & d_z \end{pmatrix} \text{ und } \quad \vec{T} = \begin{pmatrix} 1 \\ t \\ t^2 \\ t^3 \end{pmatrix}$$

Die Komponentendarstellung lautet

$$\begin{aligned} x(t) &= a_x + b_x \cdot t + c_x \cdot t^2 + d_x \cdot t^3 \\ y(t) &= a_y + b_y \cdot t + c_y \cdot t^2 + d_y \cdot t^3 \qquad 0 \leq t \leq 1 \\ z(t) &= a_z + b_z \cdot t + c_z \cdot t^2 + d_z \cdot t^3 \end{aligned} \tag{4.1}$$

Tangentenvektor in Vektor- und Komponentenschreibweise

$$\vec{Q}'(t) = \frac{\mathrm{d}\vec{Q}(t)}{\mathrm{d}t} = \bar{C} \cdot \vec{T}' \quad \text{mit} \quad \vec{T}' = \begin{pmatrix} 0 \\ 1 \\ 2 \cdot t \\ 3 \cdot t^2 \end{pmatrix}$$

$$\begin{aligned} x'(t) &= b_x + 2 \cdot c_x \cdot t + 3 \cdot d_x \cdot t^2 \\ y'(t) &= b_y + 2 \cdot c_y \cdot t + 3 \cdot d_y \cdot t^2 \qquad 0 \leq t \leq 1 \\ z'(t) &= b_z + 2 \cdot c_z \cdot t + 3 \cdot d_z \cdot t^2 \end{aligned} \tag{4.2}$$

Krümmungsvektor in Vektor- und Komponentenschreibweise

$$\vec{Q}''(t) = \frac{\mathrm{d}^2\vec{Q}(t)}{\mathrm{d}t^2} = \bar{C} \cdot \vec{T}'' \quad \text{mit} \quad \vec{T}'' = \begin{pmatrix} 0 \\ 0 \\ 2 \\ 6 \cdot t \end{pmatrix}$$

$$\begin{aligned} x''(t) &= 2 \cdot c_x + 6 \cdot d_x \cdot t \\ y''(t) &= 2 \cdot c_y + 6 \cdot d_y \cdot t \qquad 0 \leq t \leq 1 \\ z''(t) &= 2 \cdot c_z + 6 \cdot d_z \cdot t \end{aligned} \tag{4.3}$$

Die Stetigkeit beim Übergang zwischen zwei Kurvensegmenten 1 und 2 wird erreicht durch

- gleiche Funktionswerte $\vec{Q}_1 = \vec{Q}_2$

- gleiche Richtung der Tangentenvektoren, wobei deren Längen jedoch unterschiedlich sein können.
  Die Bedingung lautet $\vec{Q}'_1 = k \cdot \vec{Q}'_2$ mit $k > 0$
  Für $k \neq 1$ liegt geometrische G^1, für $k = 1$ zusätzlich noch parametrische Stetigkeit C^1 vor. Je nach dem Wert von k ergeben sich unterschiedliche Kurven.

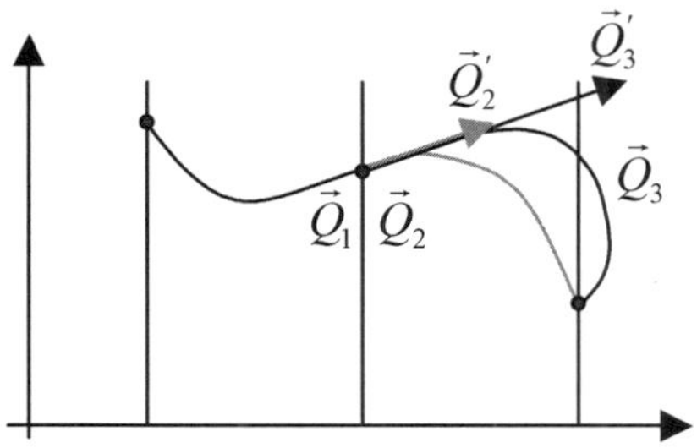

$\overline{\vec{Q}_1\vec{Q}_2} : \vec{Q}'_2 = 0.5 \cdot \vec{Q}'_1, \quad G^1 - stetig$

$\overline{\vec{Q}_1\vec{Q}_3} : \vec{Q}'_3 = \vec{Q}'_1, \quad C^1 - stetig$

  C^1-Stetigkeit impliziert auch G^1-Stetigkeit, die Umkehrung gilt nicht. Für glatte Kurven ist nur die geometrische Stetigkeit zu fordern, meist wird jedoch wegen der Eindeutigkeit mit der C^1-Stetigkeit gearbeitet.
- gleiche Richtung des Krümmungsvektors $\vec{Q}''_1 = \eta \cdot \vec{Q}''_2$
  Bezüglich η gelten sinngemäß die Aussagen zu den Tangentenvektoren.

Hinsichtlich der Berechnung der Polynom-Koeffizienten a_x bis d_z stellt sich die Frage, welche Werte $t_0 \ldots t_3$ man den Tripeln $(x_0, y_0, z_0) \ldots (x_3, y_3, z_3)$ zuordnen soll? Bedingung ist lediglich $t_0 \neq t_1 \neq t_2 \neq t_3$, über die speziellen Werte gibt es jedoch keine einheitlichen Vorschriften. t_0 bis t_3 sind damit unter Einhaltung obiger Bedingung frei wählbar und führen zu verschiedenen Kurven $x(t)$, $y(t)$, $z(t)$ und damit auch zu verschiedenen Kurven $y(x)$ bzw. $z(x, y)$. Das folgende Beispiel zeigt einige Details.

Beispiel 4.1:

Variation der Parameter t_1 und t_2 für eine in der xy-Ebene liegende Kurve in Parameterdarstellung, die durch die Tupel $(x_0, y_0) \ldots (x_3, y_3)$ verläuft.

Ansatz: $\vec{P}(t) = a_P + b_P \cdot t + c_P \cdot t^2 + d_P \cdot t^3$

$\vec{P}(t_i) = x_i | y_i$

$0 \leq t \leq 1$, $t_0 = 0$ und $t_3 = 1$ (Normierung)

Mit der Substitution $\vec{P}_i = \vec{P}(t_i)$ erhält man mit Gleichung (4.1) das folgende Gleichungssystem zur Bestimmung der Koeffizienten a_P bis d_P.

$\vec{P}_0 = a_P$

$\vec{P}_1 = \vec{P}_0 + b_P \cdot t_1 + c_P \cdot t_1^2 + d_P \cdot t_1^3$

$\vec{P}_2 = \vec{P}_0 + b_P \cdot t_2 + c_P \cdot t_2^2 + d_P \cdot t_2^3$

$\vec{P}_3 = \vec{P}_0 + b_P + c_P + d_P$

Setzt man $\Delta\vec{P}_i = \vec{P}_i - \vec{P}_0$, $i = 1 \ldots 3$, so ergibt sich nach einiger Zwischenrechnung

$$d_p = \frac{1}{(t_2 - t_1)} \cdot \left[\frac{\Delta\vec{P}_2 - \Delta\vec{P}_3 \cdot t_2}{t_2 \cdot (t_2 - 1)} - \frac{\Delta\vec{P}_1 - \Delta\vec{P}_3 \cdot t_1}{t_1 \cdot (t_1 - 1)} \right]$$

$$c_p = \frac{\Delta\vec{P}_2 - \Delta\vec{P}_3 \cdot t_2}{t_2 \cdot (t_2 - 1)} - d_p \cdot (t_2 + 1)$$

$$b_p = \Delta\vec{P}_3 - c_p - d_p$$

$$a_p = \vec{P}_0 \text{ mit } 0 < t_1, t_2 < 1$$

Den Gleichungen ist zu entnehmen, dass für feste $\vec{P}_i$, $i = 0 \ldots 3$, die Koeffizienten b_P bis d_P abhängig von den gewählten Parametern t_1 und t_2 sind. Wendet man diese auf die ebene Kurve

$y(x) = (6^2 - x^2)/12$ und $z = 0$

an, so erhält man mit der Annahme normierter äquidistanter Parameter t_i

$y(-6) = 0$ bei $t_0 = 0$

$y(-2) = 8/3$ bei $t_1 = 0.333$

$y(+2) = 8/3$ bei $t_2 = 0.666$

$y(+6) = 0$ bei $t_3 = 1$

Hier handelt es sich also um eine uniforme Parametrisierung, da $t_{i+1} - t_i$ = const. gilt. Für $t_1 = \frac{1}{3}$ und $t_2 = \frac{2}{3}$ lautet die Parameterdarstellung der oben explizit angegebenen Kurve

$x(t) = 6 \cdot (2 \cdot t - 1)$ und

$y(t) = 12 \cdot t \cdot (1 - t)$.

Ändert man t_1 und t_2, so ergeben sich andere Gleichungen für $x(t)$ und $y(t)$ und damit auch verschiedene Kurven. Im Projekt KURVEN wurde das Verfahren verwendet. Bild 4.4 enthält einige Beispiele für gewählte Parameter t_1 und t_2. Wie zu sehen ist, sind die entstehenden Kurven stark von der Wahl der Parameterwerte t_1 und t_2 abhängig. Es stellt sich deshalb prinzipiell die Frage nach einer Vorschrift für die zweckmäßige Wahl der Parameterwerte t_i in Abhängigkeit von den Tupeln (x_i, y_i) bzw. den Tripeln (x_i, y_i, z_i).

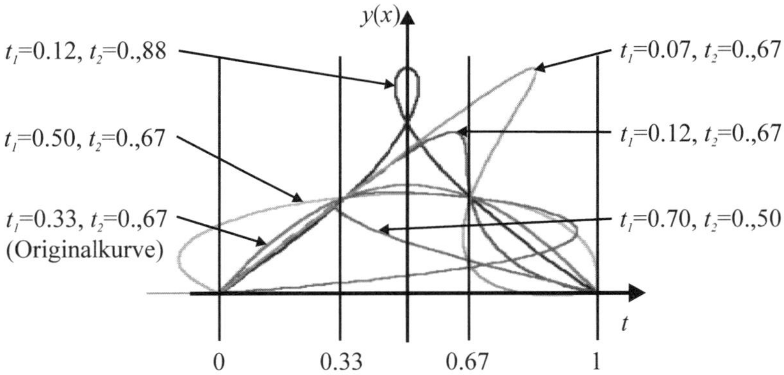

Bild 4.4 Parametrisierung einer Kurve

Nachfolgend werden einige in der Literatur genannte Vorschläge für die uniforme, die chordale, die zentripetale und die Foley-Parametrisierung zusammengestellt und erläutert, im Bild 4.5 sind Ergebnisse der verschiedenen Parametrisierungsarten (4.4) bis (4.7) dargestellt.

Die uniforme Parametrisierung ist die einfachste und wird weniger benutzt. Es gilt

$$t_i = i/n\ ,\ 0 \leq i \leq n,\ \ 0 \leq t_i \leq 1 \ \text{ und } \ \Delta t_{i\ uniforrn} = t_{i+1} - t_i = 1/n \text{ (konstant)} \quad (4.4)$$

Die *uniforme Parametrisierung* zieht oftmals unerwünschte Kurvenverläufe nach sich. Im Bereich nahe beieinander liegender Stützstellen schlägt die Kurve einen starken Bogen, während sie sich bei weiten Abständen einer Geraden nähert.

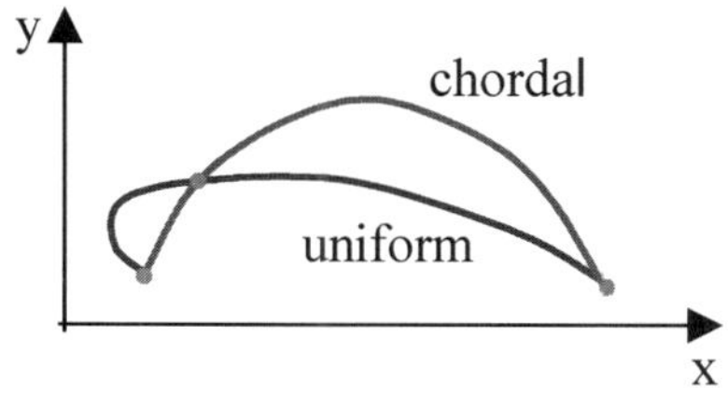

Die *chordale Parametrisierung* (chord = Sehne, euklidische Parametrisierung, Längenparametrisierung) berücksichtigt zur Berechnung der Parameter die Abstände der Stützstellen.

$$\Delta t_{i\ chordal} = |\vec{P}_{i+1} - \vec{P}_i|$$

$$\Delta t_{i\ chordal} = \sqrt{(x_{i+1} - x_i)^2 + (y_{i+1} - y_i)^2 + (z_{i+1} - z_i)^2} \qquad (4.5)$$

Die Parameterwerte lauten dann

$$t_{i+1} = t_i + \Delta t_{i\ chordal} \qquad 0 \le i \le n-1 \qquad \text{mit üblicherweise } t_0 = 0.$$

Meist werden die Parameterwerte normiert durch

$$t_i := t_i/t_n \qquad 0 \le i \le n, \quad 0 \le t_i \le 1$$

Im Gegensatz zur uniformen Parametrisierung befindet sich der mehr gekrümmte Kurventeil jetzt im zweiten Abschnitt.

Die *zentripetale Parametrisierung* kann als Kompromiss zwischen der uniformen und der chordalen Parametrisierung angesehen werden.

$$\Delta t_{i\ zentripetal} = \sqrt{\Delta t_{i\ chordal}} \qquad (4.6)$$

$$t_{i+1} = t_i + \Delta t_{i\ zentripetal}$$

Gegenüber der chordalen Parametrisierung wird das Parameterintervall hier durch die Wurzel stark reduziert. Dadurch werden die Kurven runder.

Bei der *Foley-Parametrisierung* wird gegenüber der chordalen und der zentripetalen Parametrisierung zusätzlich noch die gegenseitige Lage der Punkte berücksichtigt.

$$\Delta t_{i\ Foley} = di \cdot \left[1 + \frac{3}{2} \cdot \left(\frac{\hat{\Theta}_i \cdot d_{i-1}}{d_{i-1} + d_i} + \frac{\hat{\Theta}_{i+1} \cdot d_i}{d_i + d_{i+1}}\right)\right] \qquad (4.7)$$

$$d_i = \Delta t_{i\ chordal} \qquad \hat{\Theta}_i = \min(\pi - \Theta_i, \pi/2)$$

$$t_{i+1} = t_i + \Delta t_{i\ Foley} \qquad 0 \le i \le n-1 \quad \text{mit üblicherweise } t_0 = 0.$$

θ_i ist der Winkel, den die Vektoren $(\vec{P}_{i-1} - \vec{P}_i)$ und $(\vec{P}_{i+1} - \vec{P}_i)$ miteinander bilden.

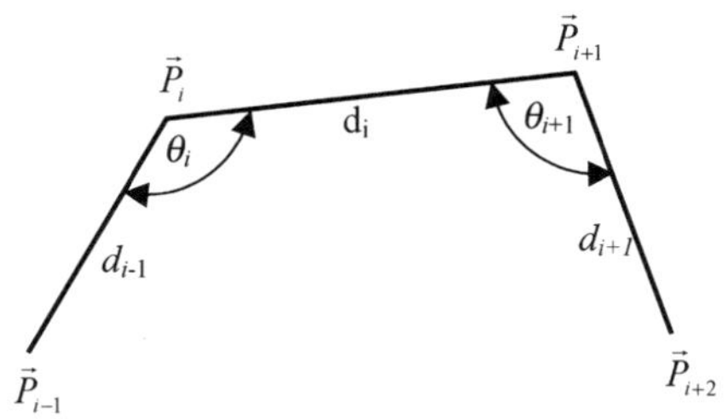

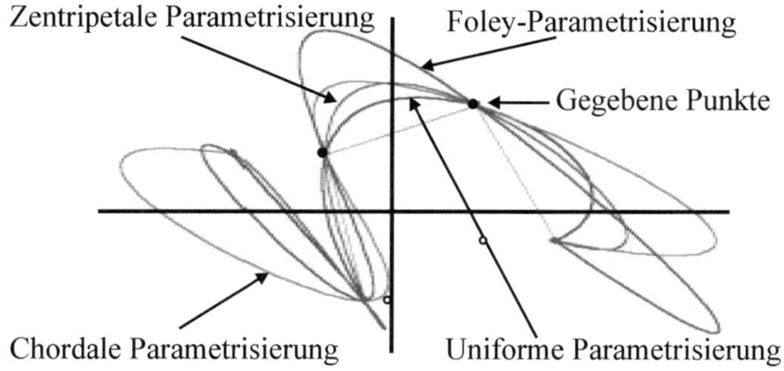

Bild 4.5 Parametrisierung von Kurven mit verschiedenen Verfahren

4.2.1 Bézier-Kurven

Pierre Bézier entwickelte im Zeitraum 1960 – 1970 eine Methode zur mathematischen Beschreibung von Freiformkurven und -flächen für Renault. Zur gleichen Zeit arbeitete De Casteljau von Bézier unabhängig auch an diesem Problem und fand eine elegante geometrische Lösung.

Bézier-Kurven werden durch Kontroll- oder Führungspunkte gesteuert. Die Bézier-Kurve verläuft, ausgenommen Anfangs- und Endpunkt, im Allgemeinen nicht durch diese Punkte. Damit approximiert eine Bézier-Kurve die gegebenen Kontrollpunkte.

Für $(n + 1)$ gegebene Punkte $\vec{P}_0 \ldots \vec{P}_n$ mit $\vec{P}_i = (x_i, y_i, z_i)^{\mathrm{T}}$ wird der Ansatz

$$\vec{P}(t) = \sum_{i=0}^{n} B_{i,n}(t) \cdot \vec{P}_i \quad \text{mit} \quad 0 \leq t \leq 1 \tag{4.8}$$

verwendet. Die Bernstein-Polynome (Sergei N. Bernstein) $B_{i,n}(t)$ sind dabei wie folgt definiert:

$$B_{i,n}(t) = \binom{n}{i} \cdot t^i \cdot (1-t)^{n-i} = \frac{n!}{i! \cdot (n-i)!} \cdot t^i \cdot (1-t)^{n-i} \tag{4.9}$$

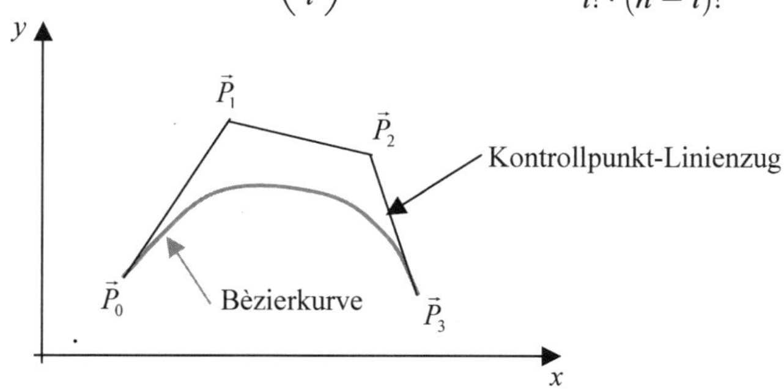

Diese Bernstein-Polynome sind für die Bézier-Kurve Gewichtungsfunktionen bezüglich $\vec{P}_0 \ldots \vec{P}_n$. Den Grad der Bézier-Kurve bestimmt n.

Für kubische Bézier-Kurven ergeben sich nach Gleichung (4.9) die Bernstein-Polynome zu

$B_{0,3}(t) = (1-t)^3$

$B_{1,3}(t) = 3 \cdot t \cdot (1-t)^2$

$B_{2,3}(t) = 3 \cdot t^2 \cdot (1-t)$

$B_{3,3}(t) = t^3$

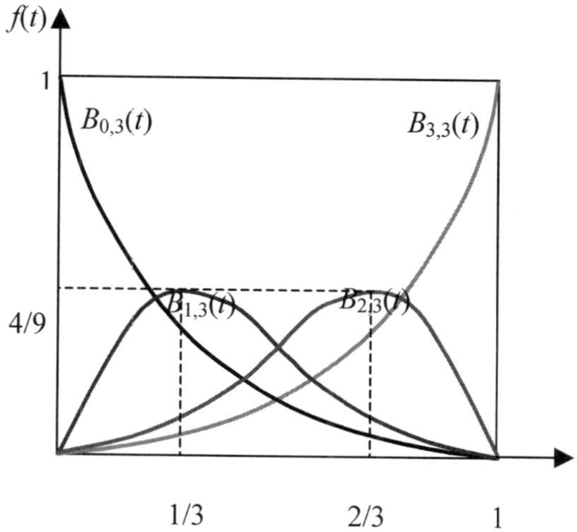

Die Bézier-Kurve für $n = 3$ lautet dann nach Gleichung (4.8)

$$\vec{P}(t) = (1-t)^3 \cdot \vec{P}_0 + 3 \cdot t \cdot (1-t)^2 \cdot \vec{P}_1 + 3 \cdot t^2 \cdot (1-t) \cdot \vec{P}_2 + t^3 \cdot \vec{P}_3 \tag{4.10}$$

Daraus ist ersichtlich, dass die einzelnen Bernstein-Polynome den Kontrollpunkten $\vec{P}_i$, $i = 0 \ldots 3$, unterschiedliches Gewicht verleihen. Außerdem trägt, außer für $t = 0$ und $t = 1$, jeder Kontrollpunkt seinen Anteil zum Kurvenverlauf $\vec{P}(t)$ bei.

Beispiel 4.2:

Für die kubische Bézier-Kurve mit den Kontrollpunkten $\vec{P}_0(0,0)$, $\vec{P}_1(2,-4)$, $\vec{P}_2(5,6)$ und $\vec{P}_3(9,0)$ ergeben sich dann die Gleichungen für $x(t)$ und $y(t)$ zu

$x(t) = 6 \cdot t \cdot (1-t)^2 + 15 \cdot t^2 \cdot (1-t) + 9 \cdot t^3$

$y(t) = -12 \cdot t \cdot (1-t)^2 + 18 \cdot t^2 \cdot (1-t)$

Das Programmfragment für die Darstellung der Kurve lautet damit

```
glColor3f(1,0,0);
glBegin(GL_LINE_STRIP);
  for i:=0 to 100 do
  begin
    t:=0.01*i;
    glVertex2f(6*t*sqr(1-t)+15*t*t*(1-t)+9*t*t*t,
               -12*t*sqr(1-t)+18*t*t*(1-t));
  end;
glEnd;
```

Der vollständige Quelltext befindet sich im Projekt KURVEN.

■

Das folgende Beispiel 4.3 ist relativ umfangreich, da es die Darstellung der approximierenden Bézier-, B-Spline- und NURBS-Kurven und die interpolierende kubische Spline-Kurve enthält. Diese können, gesteuert über Value1, sowohl einzeln als auch zusammen angezeigt werden. Für alle Kurven sind die Punkte einheitlich mit

```
type TPoints4D= record x,y,z,w: GLfloat end;
     TP16 = array [0..15] of TPoints4D;
var  P16: TP16;
     i: Glint;
     :
P16[ 0].x:=-9; P16[ 0].y:= 0; P16[ 1].x:=-8;   P16[ 1].y:=-2;
P16[ 2].x:=-7; P16[ 2].y:=-3; P16[ 3].x:=-6.5; P16[ 3].y:= 0;
P16[ 4].x:=-6; P16[ 4].y:= 7; P16[ 5].x:=-5;   P16[ 5].y:= 6;
P16[ 6].x:=-4; P16[ 6].y:= 0; P16[ 7].x:=-3;   P16[ 7].y:= 2;
P16[ 8].x:=-2; P16[ 8].y:=-2; P16[ 9].x:= 2;   P16[ 9].y:= 3;
P16[10].x:= 2; P16[10].y:=-7; P16[11].x:= 3;   P16[11].y:=-6;
P16[12].x:= 5; P16[12].y:=-7; P16[13].x:= 6;   P16[13].y:=-6;
P16[14].x:= 7; P16[14].y:=-6; P16[15].x:= 9;   P16[15].y:= 0;
for i:=0 to 15 do with P16[i] do begin z:=0; w:=1; end;
```

vorgegeben. Nur für die NURBS-Kurve wurden die Werte P16[3].w:=0.5 und P16[10].w:=10 gesetzt.

Beispiel 4.3:

Darstellung der Bézier-Kurve mit den im Abschnitt 4.2.5 genannten OpenGL-Routinen sowie den angegebenen 16 Kontrollpunkten. Das Programmfragment hat die Form

```
glEnable(GL_MAP1_VERTEX_4);
glMap1f(GL_MAP1_VERTEX_4,0,1,4,16,@P16);
// Variante 1
glMapGrid1f(50,0,1);
glEvalMesh1(GL_LINE,0,50);
(*
// Variante 2
glBegin(GL_LINE_STRIP);
for i:=0 to 50 do glEvalCoord1f(i/50);
glEnd;
*)
```

Wie zu sehen ist, gibt es für die Ausgabe der Bézier-Kurve zwei Varianten. Das Ergebnis ist dem Bild 4.7 zu entnehmen.

Der vollständige Quelltext befindet sich im Projekt KURVEN, Beispiel 4.3.

■

Eigenschaften der Bernstein-Polynome

- Partition der 1: $\sum_{i=0}^{n} B_{i,n}(t) = 1$
- Positivität: $B_{i,n}(t) \geq 0$ für $i = 0 \ldots n$, $t \in [0,1]$
- Maxima: $B_{i,n}(t)$ nimmt sein Maximum für $t = i/n$ an, $i = 0 \ldots n$

- Symmetrie: $B_{i,n}(t) = B_{n-i,n}(1-t),\ i = 0 \ldots n$
- Rekursion: $B_{i+1,n+1}(t) = t \cdot B_{i,n}(t) + (1-t) \cdot B_{i+1,n}(t)$
- Differenziation: $dB_{i,n}(t)/dt = n \cdot [B_{i-1,n-1}(t) - B_{i,n-1}(t)] \quad i = 1 \ldots (n-1)$

Eigenschaften und Charakteristik von Bézier-Kurven

- Der Linienzug durch die Kontrollpunkte und die Bézier-Kurve stimmen nach Wert und Neigung in den Endpunkten überein, die anderen Punkte werden approximiert.

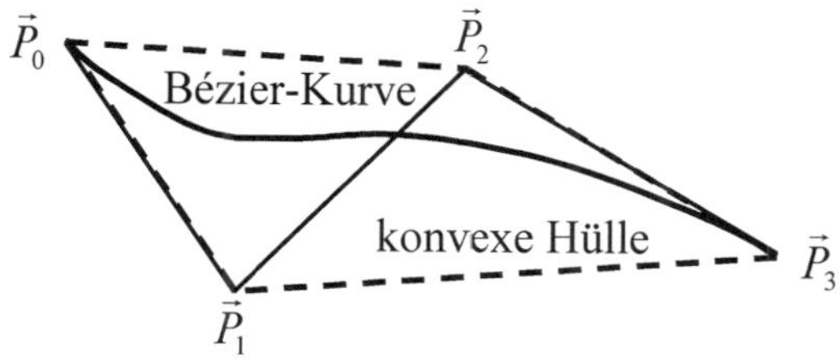

- Die Bézier-Kurve liegt stets innerhalb der konvexen Hülle des Linienzuges.
- Der Kontrollpunkt $\vec{P}_i$ trägt an der Stelle $t_i = i/n$ am stärksten zum Kurvenverlauf bei.
- Die Anzahl der Kontrollpunkte $\vec{P}_0 \ldots \vec{P}_n$ legt den Grad n der Bézier-Kurve fest.
- Kontrollpunktänderungen wirken sich auf die gesamte Kurve aus, besitzen also globalen Einfluss. Diese Globalität kann zu unerwünschten Glättungseffekten führen.
- Schleifen im Linienzug können zu Schleifen und Spitzen der Bézier-Kurve führen.
- Mehrfache Kontrollpunkte ziehen die Bézier-Kurve an.
- Durch besondere Maßnahmen zur Sicherung der Stetigkeit von Funktionswert und Ableitungen (Steigung, Krümmung) an Kontaktpunkten können Bézier-Kurven höheren Grades aus Teilkurven niedrigeren Grades zusammengesetzt werden.

Zusammensetzung von Bézier-Kurven

Die Eigenschaft von Bézier-Kurven am Anfang und Ende erlaubt es relativ einfach, Bézier-Kurven zusammenzusetzen, um eine Bézier-Kurve hohen Grades durch mehrere Kurven niedrigeren Grades zu ersetzen. Je nach Anforderung sind die nachfolgend genannten Bedingungen zu erfüllen.

- Stetiger Funktionsverlauf, Bedingung C^0:

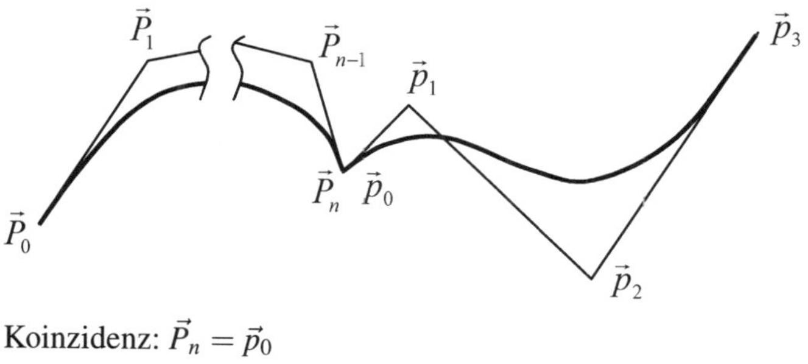

Koinzidenz: $\vec{P}_n = \vec{p}_0$

- Stetige Tangente, Bedingung G^1 oder C^1:
  Neben der Bedingung $\vec{P}_n = \vec{p}_0$ muss die Forderung erfüllt sein, dass $\vec{P}_{n-1}, \vec{P}_n = \vec{p}_0$ und $\vec{p}_1$ kollinear sind. Gegebenenfalls kann das durch Hilfspunkte erzwungen werden.

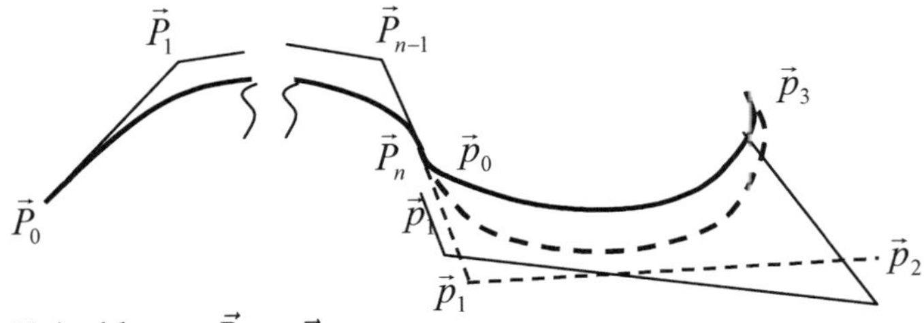

  Koinzidenz: $\vec{P}_n = \vec{p}_0$
  Kollinearität: $(\vec{P}_n - \vec{P}_{n-1}) = \lambda \cdot (\vec{p}_1 - \vec{p}_0)$
  Für den Kurvenverlauf ist das Verhältnis $\lambda = \dfrac{|\vec{P}_n - \vec{P}_{n-1}|}{|\vec{p}_1 - \vec{p}_0|}$ von Einfluss.
- Stetige Krümmung, Bedingung G^2 oder C^2:

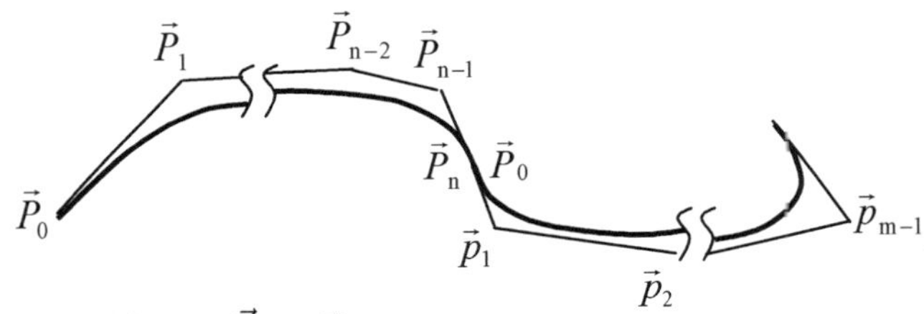

  Koinzidenz: $\vec{P}_n = \vec{p}_0$
  Kollinearität: $(\vec{P}_n - \vec{P}_{n-1}) = \lambda \cdot (\vec{p}_1 - \vec{p}_0)$
  Verhältnis: $(\vec{P}_{n-2} - 2 \cdot \vec{P}_{n-1} + \vec{P}_n) = \gamma \cdot (\vec{p}_0 - 2 \cdot \vec{p}_1 + \vec{p}_2)$

Rekursiver Algorithmus von De Casteljau

Spaltet man Gleichung (4.8) auf in

$$\vec{P}(t) = B_{0,n}(t) \cdot \vec{P}_0 + \sum_{i=1}^{n-1} B_{i,n}(t) \cdot \vec{P}_i + B_{n,n}(t) \cdot \vec{P}_n$$

mit $$B_{i,n}(t) = \binom{n}{i} \cdot t^i \cdot (1-t)^{n-i} = \frac{n!}{i! \cdot (n-i)!} \cdot t^i \cdot (1-t)^{n-i}$$

nach Gleichung (4.9) und beachtet, dass

$$\frac{n!}{i! \cdot (n-i)!} = \frac{(n-1)!}{i! \cdot (n-1-i)!} - \frac{(n-1)!}{(i-1)! \cdot (n-i)!}$$

gilt, so kann man $\vec{P}(t)$ in zwei Teilsummen zerlegen. Diese lauten nach einiger Umformung

$$\vec{P}(t) = (1-t) \cdot \left[(1-t)^{n-1} \cdot \vec{P}_0 + \sum_{i=1}^{n-1} \frac{(n-1)!}{i! \cdot (n-1-i)!} \cdot t^i \cdot (1-t)^{n-1-i} \cdot \vec{P}_i \right]$$
$$+ t \cdot \left[\sum_{i=1}^{n-1} \frac{(n-1)!}{(i-1)! \cdot (n-i)!} \cdot t^{i-1} \cdot (1-t)^{n-i} \cdot \vec{P}_i + t^{n-1} \cdot \vec{P}_n \right]$$

Fasst man nun die Klammerausdrücke zusammen, so ergibt sich mit der Substitution

$$\vec{P}(t) = \vec{P}(t)_{0,n}$$

$$\vec{P}(t)_{0,n} = (1-t) \cdot \sum_{i=0}^{n-1} B_{i,n-1}(t) \cdot \vec{P}_i + t \cdot \sum_{i=1}^{n} B_{i,n}(t) \cdot \vec{P}_i$$

oder in einer modifizierten Schreibweise

$$\vec{P}(t) = \vec{P}(t)_{0,n}$$

$$\vec{P}(t)_{0,n} = (1-t) \cdot \vec{P}(t)_{0,n-1} + t \cdot \vec{P}(t)_{1,n}$$

bzw.

$$\vec{P}(t)_{0,n} = \vec{P}(t)_{0,n-1} + t \cdot [\vec{P}(t)_{1,n} - \vec{P}(t)_{0,n-1}]$$

Eine Bézier-Kurve $\vec{P}(t)_{0,n}$ vom Grad n lässt sich durch zwei Bézier-Kurven $\vec{P}(t)_{0,n-1}$ und $\vec{P}(t)_{1,n}$vom Grad $(n - 1)$ definieren. Dazu werden für ein fixes t die Werte beider Kurven berechnet und die Verbindungsstrecke im Verhältnis t geteilt. Das ermöglicht die angegebene geometrische Konstruktion der Bézier-Kurve nach De Casteljau, die beispielhaft für $n = 3$ und $t = \frac{1}{4}$ dargestellt ist.

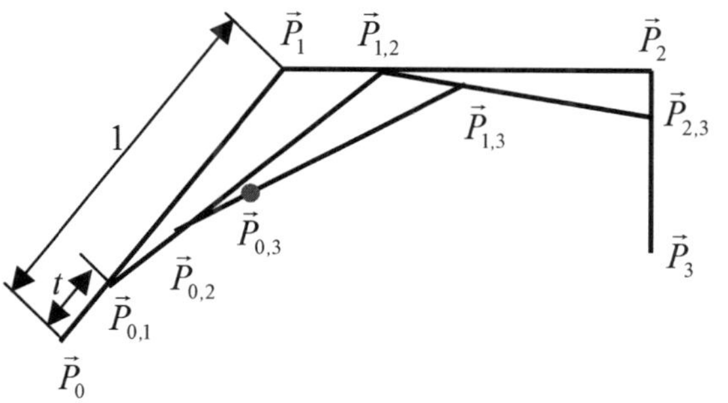

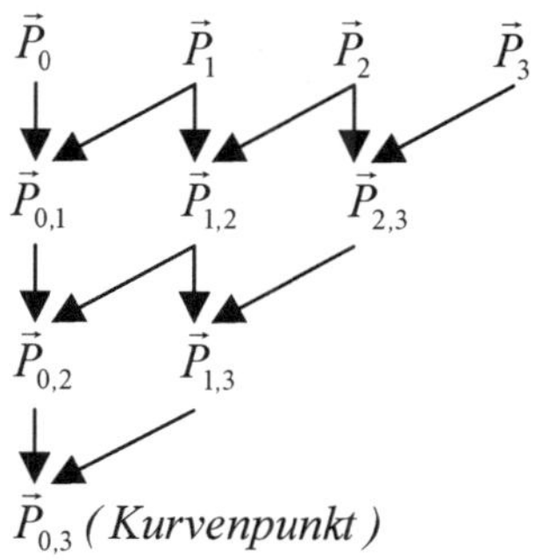

Ausgehend vom Kontrollpunkt-Polygon $\vec{P}_0 \ldots \vec{P}_3$wird nach dem obigen Iterationsschema der Kurvenpunkt $\vec{P}_{0,3}$ für das gewählte t bestimmt. Vertikale Pfeile bedeuten Multiplikation mit $(1-t)$, diagonale Pfeile Multiplikation mit t.

4.2.2 B-Spline-Kurven

B-Spline-Kurven sind eine Verallgemeinerung von Bézier-Kurven mit folgender Charakteristik:

- B-Spline-Kurven basieren auf rekursiv definierten rationalen oder nicht rationalen B-Spline- oder Basis-Funktionen.
- Änderungen von Kontrollpunkten haben nur lokalen Einfluss auf den Verlauf der B-Spline-Kurve.

- Der Grad der B-Spline-Kurve ist unabhängig von der Anzahl der Kontrollpunkte wählbar.
- Abhängig davon, ob die Parameterwerte t äquidistant sind oder nicht, unterscheidet man uniforme und nicht uniforme B-Spline-Kurven.

Die folgenden Ableitungen gelten für den Fall, dass die B-Spline-Funktionen kubisch und nicht rational sind.

Für die (n+1) Kontrollpunkte $\vec{P}_0 \ldots \vec{P}_n$ ist die B-Spline-Kurve vom Grad (k – 1) definiert durch

$$\vec{P}(t) = \sum_{i=0}^{n} B_{i,k}(t) \cdot \vec{P}_i \tag{4.11}$$

k bezeichnet die Ordnung der Kurve, sie ist um 1 höher als der Grad. Für kubische B-Spline-Kurven gilt also $k = 4$.

Die B-Spline- oder Basisfunktionen $B_{i,k}(t)$ sind definiert durch die Rekursionsvorschrift

$$B_{i,1}(t) = \begin{cases} 1 \text{ für } t_i \leq t \leq t_{i+1} \\ 0 \text{ sonst} \end{cases} \tag{4.12}$$

$$B_{i,k}(t) = \frac{t - t_i}{t_{i+k-1} - t_i} \cdot B_{i,k-1}(t) + \frac{t_{i+k} - t}{t_{i+k} - t_{i+1}} \cdot B_{i+1,k-1}(t) \qquad \begin{matrix} k > 1 \\ 0 \leq i \leq n \end{matrix}$$

Zur Berechnung der Basisfunktionen $B_{0,k}(t)$ bis $B_{n,k}(t)$ müssen (n + k + 1) Parameterwerte t für die (n + 1) Kontrollpunkte $\vec{P}_0 \ldots \vec{P}_n$ bekannt sein bzw. definiert werden.

Für kubische B-Splines lauten die Basisfunktionen der Reihe nach

$$B_{i,1}(t) = \begin{cases} 1 \text{ für } t_i \leq t \leq t_{i+1} \\ 0 \text{ sonst} \end{cases}$$

$$B_{i,2}(t) = \frac{t - t_i}{t_{i+1} - t_i} \cdot B_{i,1}(t) + \frac{t_{i+2} - t}{t_{i+2} - t_{i+1}} \cdot B_{i+1,1}(t) \tag{4.13}$$

$$B_{i,3}(t) = \frac{t - t_i}{t_{i+2} - t_i} \cdot B_{i,2}(t) + \frac{t_{i+3} - t}{t_{i+3} - t_{i+1}} \cdot B_{i+1,2}(t)$$

$$B_{i,4}(t) = \frac{t - t_i}{t_{i+3} - t_i} \cdot B_{i,3}(t) + \frac{t_{i+4} - t}{t_{i+4} - t_{i+1}} \cdot B_{i+1,3}(t)$$

Per Definition gilt, falls bei der Division der Nenner null ist, so ist auch das Ergebnis null.

Durch rekursive Auflösung ergeben sich nacheinander die konstanten, die linearen, die quadratischen und die kubischen Basisfunktionen.

Konstante Basisfunktion, Grad = 0, Ordnung = 1.

$$B_{i,1}(t) = \begin{cases} 1 \text{ für } t_i \leq t \leq t_{i+1} \\ 0 \text{ sonst} \end{cases}$$

Lineare Basisfunktion, Grad = 1, Ordnung = 2.

$$B_{i,2}(t) = \begin{cases} \dfrac{t - t_i}{t_{i+1} - t_i} & \text{für } t_i \leq t \leq t_{i+1} \\ \dfrac{t_{i+2} - t}{t_{i+2} - t_{i+1}} & \text{für } t_{i+1} \leq t \leq t_{i+2} \\ 0 & \text{sonst} \end{cases}$$

Quadratische Basisfunktion, Grad = 2, Ordnung = 3.

$$B_{i,3}(t) = \begin{cases} \dfrac{(t - t_i)^2}{(t_{i+2} - t_i)(t_{i+1} - t_i)} & \text{für } t_i \leq t \leq t_{i+1} \\ \dfrac{(t - t_i)(t_{i+2} - t)}{(t_{i+2} - t_i)(t_{i+2} - t_{i+1})} + \dfrac{(t - t_{i+1})(t_{i+3} - t)}{(t_{i+3} - t_{i+1})(t_{i+2} - t_{i+1})} & \text{für } t_{i+1} \leq t \leq t_{i+2} \\ \dfrac{(t_{i+3} - t)^2}{(t_{i+3} - t_{i+1})(t_{i+3} - t_{i+2})} & \text{für } t_{i+2} \leq t \leq t_{i+3} \\ 0 & \text{sonst} \end{cases}$$

Kubische Basisfunktion, Grad = 3, Ordnung = 4.

$$B_{i,4}(t) = \begin{cases} \dfrac{(t - t_i)^3}{(t_{i+3} - t_i)(t_{i+2} - t_i)(t_{i+1} - t_i)} & \text{für } t_i \leq t \leq t_{i+1} \\ \left.\begin{aligned} & \dfrac{(t - t_i)^2(t_{i+2} - t)}{(t_{i+3} - t_i)(t_{i+2} - t_i)(t_{i+2} - t_{i+1})} \\ & + \dfrac{(t_{i+3} - t)(t - t_{i+1})(t - t_i)}{(t_{i+3} - t_i)(t_{i+3} - t_{i+1})(t_{i+2} - t_{i+1})} \\ & + \dfrac{(t_{i+4} - t)(t - t_{i+1})^2}{(t_{i+3} - t_i)(t_{i+3} - t_{i+1})(t_{i+2} - t_{i+1})} \end{aligned}\right\} & \text{für } t_{i+1} \leq t \leq t_{i+2} \\ \left.\begin{aligned} & \dfrac{(t - t_i)(t_{i+3} - t)^2}{(t_{i+3} - t_i)(t_{i+3} - t_{i+1})(t_{i+3} - t_{i+2})} \\ & + \dfrac{(t_{i+4} - t)(t - t_{i+1})(t_{i+3} - t)}{(t_{i+4} - t_{i+1})(t_{i+3} - t_{i+1})(t_{i+3} - t_{i+2})} \\ & + \dfrac{(t_{i+4} - t)^2(t - t_{i+2})}{(t_{i+4} - t_{i+1})(t_{i+4} - t_{i+2})(t_{i+3} - t_{i+2})} \end{aligned}\right\} & \text{für } t_{i+2} \leq t \leq t_{i+3} \\ \dfrac{(t_{i+4} - t)^3}{(t_{i+4} - t_{i+1})(t_{i+4} - t_{i+2})(t_{i+4} - t_{i+3})} & \text{für } t_{i+3} \leq t \leq t_{i+4} \\ 0 & \text{sonst} \end{cases} \tag{4.14}$$

Den Gleichungen (4.14) ist zu entnehmen, dass die kubischen Basisfunktionen $B_{i,4}(t)$ wesentlich von den Parameterwerten t_j, $j = i \dots i+4$ (allg. $j = i \dots i+k$), $i = 0 \dots n$, abhängen. Die Werte der Basisfunktionen werden durch einen wählbaren Parameter- oder Knotenvektor $\vec{T}$ mit $(n + k + 1)$ Elementen $t_0 \dots t_{n+k}$ bestimmt. Für kubische B-Spline-Funktionen lautet dieser

$$\vec{T} = (t_0, t_1, \dots, t_{n+3}, t_{n+4})^T$$

Sind die Parameterwerte gleichabständig, so spricht man von uniformen, sonst von nicht uniformen B-Spline-Funktionen und -Kurven. Wegen ihrer Bedeutung werden hier nur die nicht uniformen B-Spline-Kurven vorgestellt, jedoch sind danach zur Übersicht auch die speziellen Eigenschaften uniformer B-Spline-Kurven genannt.

Nicht uniforme nicht rationale kubische B-Splines

Die Parameterintervalle zwischen benachbarten Knoten sind bei diesen B-Spline-Kurven nicht unbedingt gleich groß. Die Steuerung erfolgt über einen Knotenvektor mit den Knotenwerten $t_0 \dots t_{n+k}$, es gibt also k Knoten mehr als Kontrollpunkte. Für kubische B-Spline-Kurven gilt also $t_0 \dots t_{n+4}$. Ein häufig benutzter Knotenvektor $\vec{T} = (t_0, \dots, t_{n+k})^T$ hat die Komponenten

$$t_i = \begin{cases} 0 & \text{für } i < k \\ i-k+1 & \text{für } k \le i \le n, 0 \le i \le n+k \\ n-k+2 & \text{für } i > n \end{cases} \tag{4.15}$$

Für kubische Splines gilt: Ordnung der B-Spline-Funktion: $k = 4$

Grad der B-Spline-Funktion: $(k - 1) = 3$
Anzahl der Kontrollpunkte $\vec{P}_0 \dots \vec{P}_n$: $(n + 1)$
Werte des Knotenvektors $\vec{T}$:

$$\vec{T} = (\overbrace{0, 0, 0, 0}^{k\text{-mal}}, 1, 2, \dots, n-3, \overbrace{n-2, n-2, n-2, n-2}^{k\text{-mal}})$$
$$\uparrow\ \uparrow\ \uparrow\ \uparrow\ \uparrow\ \uparrow \dots\dots\dots \uparrow\ \ \uparrow$$
$$t_0\ t_1\ t_2\ t_3\ t_4\ t_5 \qquad\qquad t_{n+3}\ \ t_{n+4}$$

Ein Kurvensegment $\vec{Q}_i(t)$ wird durch die Kontrollpunkte $\vec{P}_i$, $\vec{P}_{i+1}$, $\vec{P}_{i+2}$ und $\vec{P}_{i+3}$ und durch die Gewichtungsfunktionen $B_{i,4}(t)$, $B_{i+1,4}(t)$, $B_{i+2,4}(t)$, $B_{i+3,4}(t)$ als gewichtete Summe definiert:

$$\vec{Q}_i(t) = B_{i,4}(t) \cdot \vec{P}_i + B_{i+1,4}(t) \cdot \vec{P}_{i+1} + B_{i+2,4}(t) \cdot \vec{P}_{i+2} + B_{i+3,4}(t) \cdot \vec{P}_{i+3} \tag{4.16}$$

$$0 \le i \le n-3, \quad t_{i+3} \le t \le t_{i+4}$$

Für eine B-Spline-Kurve mit kubischen Basisfunktionen ($k = 4$) und fünf Kontrollpunkten $\vec{P}_0 \dots \vec{P}_n$ ($n = 4$) lautet der Knotenvektor nach Gleichung (4.15)

$$\vec{T} = (\overbrace{0, 0, 0, 0}^{k\text{-mal}}, 1, \overbrace{2, 2, 2, 2}^{k\text{-mal}})$$
$$\uparrow\ \uparrow\ \uparrow\ \uparrow\ \uparrow\ \uparrow\ \uparrow\ \uparrow\ \uparrow$$
$$t_0\ t_1\ t_2\ t_3\ t_4\ t_5\ t_6\ t_7\ t_8$$

Mit diesem Knotenvektor ergeben sich nach einiger Zwischenrechnung die kubischen Basisfunktionen $B_{i,4}(t)$ mit $0 \leq i \leq n$, d. h. $0 \leq i \leq 4$, zu:

$$B_{0,4}(t) = \begin{cases} (1-t)^3 & \text{für } t_3 \leq t \leq t_4, \text{ Bereich } 0 \leq t \leq 1 \\ 0 & \text{sonst} \end{cases}$$

$$B_{1,4}(t) = \begin{cases} \frac{1}{4} \cdot t \cdot (7 \cdot t^2 - 18 \cdot t + 12) & \text{für } t_3 \leq t \leq t_4, \text{ Bereich } 0 \leq t \leq 1 \\ \frac{1}{4} \cdot (2-t)^3 & \text{für } t_4 \leq t \leq t_5, \text{ Bereich } 1 \leq t \leq 2 \\ 0 & \text{sonst} \end{cases}$$

$$B_{2,4}(t) = \begin{cases} \frac{1}{2} \cdot t^2 \cdot (3 - 2 \cdot t) & \text{für } t_3 \leq t \leq t_4, \text{ Bereich } 0 \leq t \leq 1 \\ \frac{1}{2} \cdot (2-t)^2 \cdot (2 \cdot t - 1) & \text{für } t_4 \leq t \leq t_5, \text{ Bereich } 1 \leq t \leq 2 \\ 0 & \text{sonst} \end{cases}$$

$$B_{3,4}(t) = \begin{cases} \frac{1}{4} \cdot t^3 & \text{für } t_3 \leq t \leq t_4, \text{ Bereich } 0 \leq t \leq 1 \\ \frac{1}{4} \cdot (2-t) \cdot (7 \cdot t^2 - 10 \cdot t + 4) & \text{für } t_4 \leq t \leq t_5, \text{ Bereich } 1 \leq t \leq 2 \\ 0 & \text{sonst} \end{cases}$$

$$B_{4,4}(t) = \begin{cases} (t-1)^3 & \text{für } t_4 \leq t \leq t_5, \text{ Bereich } 1 \leq t \leq 2 \\ 0 & \text{sonst} \end{cases}$$

Für die Kurvensegmente $\vec{Q}_0(t)$ und $\vec{Q}_1(t)$ nach Gleichung (4.16) lautet der Algorithmus für das Kurvensegment 0

$$\vec{Q}_0(t) = \begin{cases} \begin{pmatrix} (1-t)^3 \\ \frac{1}{4} \cdot t \cdot (7 \cdot t^2 - 18 \cdot t + 12) \\ \frac{1}{2} \cdot t^2 \cdot (3 - 2 \cdot t) \\ \frac{1}{4} \cdot t^3 \end{pmatrix}^{\mathrm{T}} \cdot \begin{pmatrix} \vec{P}_0 \\ \vec{P}_1 \\ \vec{P}_2 \\ \vec{P}_3 \end{pmatrix} & \text{für } 0 \leq t \leq 1 \\ \begin{pmatrix} 0 \\ \frac{1}{4} \cdot (2-t)^3 \\ \frac{1}{2} \cdot (2-t)^2 \cdot (2 \cdot t - 1) \\ \frac{1}{4} \cdot (2-t) \cdot (7 \cdot t^2 - 10 \cdot t + 4) \end{pmatrix}^{\mathrm{T}} \cdot \begin{pmatrix} \vec{P}_0 \\ \vec{P}_1 \\ \vec{P}_2 \\ \vec{P}_3 \end{pmatrix} & \text{für } 1 \leq t \leq 2 \end{cases}$$

und für das Kurvensegment 1

$$\vec{Q}_1(t) = \begin{cases} \begin{pmatrix} \frac{1}{4} \cdot t \cdot (7 \cdot t^2 - 18 \cdot t + 12) \\ \frac{1}{2} \cdot t^2 \cdot (3 - 2 \cdot t) \\ \frac{1}{4} \cdot t^3 \\ 0 \end{pmatrix}^{\mathrm{T}} \cdot \begin{pmatrix} \vec{P}_1 \\ \vec{P}_2 \\ \vec{P}_3 \\ \vec{P}_4 \end{pmatrix} & \text{für } 0 \leq t \leq 1 \\ \begin{pmatrix} \frac{1}{4} \cdot (2-t)^3 \\ \frac{1}{2} \cdot (2-t)^2 \cdot (2 \cdot t - 1) \\ \frac{1}{4} \cdot (2-t) \cdot (7 \cdot t^2 - 10 \cdot t + 4) \\ \frac{1}{4} \cdot (t-1)^3 \end{pmatrix}^{\mathrm{T}} \cdot \begin{pmatrix} \vec{P}_1 \\ \vec{P}_2 \\ \vec{P}_3 \\ \vec{P}_4 \end{pmatrix} & \text{für } 1 \leq t \leq 2 \end{cases}$$

Der Verlauf der Basisfunktionen $B_{0,4}(t)$ bis $B_{4,4}(t)$ ist im Bild 4.6 links dargestellt. Rechts ist der Verlauf der B-Spline-Kurve für die Kontrollpunkte $\vec{P}_0(-30,0), \vec{P}_1(0,20)$, $\vec{P}_2(10,-10)$, $\vec{P}_3(20,25)$ und $\vec{P}_4(30,0)$, $\vec{P}_3(20,25)$ und $\vec{P}_4(30,0)$ angegeben.

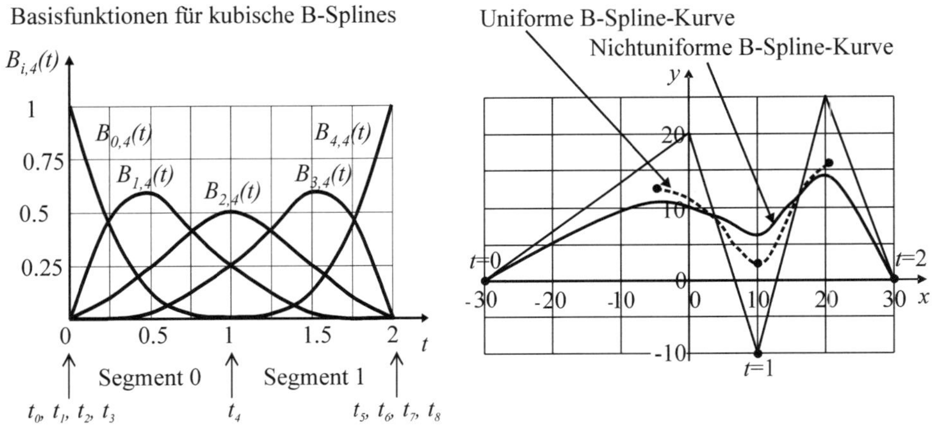

Bild 4.6 Uniforme und nicht uniforme B-Spline-Kurven

Darstellung einer nicht uniformen kubischen B-Spline-Kurve mit den 16 Kontrollpunkten entsprechend Beispiel 4.3 mit den OpenGL-Routinen des Abschnitts 4.2.5. Das Ergebnis ist im Bild 4.7 verdeutlicht.

```
var Knoten16: array [0..19] of GLfloat;
    NURBS:    PGLUnurbs;
        :
NURBS:=gluNewNurbsRenderer;
for i:= 0 to 3 do Knoten16[i]:=0;
for i:= 4 to 15 do Knoten16[i]:=i-3;
for i:=16 to 19 do Knoten16[i]:=13;
glRotatef(MoveValue,xMove,yMove,zMove);
gluNurbsProperty(NURBS,GLU_SAMPLING_TOLERANCE,5);
glColor3f(0,0,1);
glLineWidth(2);
gluBeginCurve(NURBS);
   gluNurbsCurve(NURBS,20,@Knoten16,4,@P16,4,
                 GL_MAP1_VERTEX_4);
gluEndCurve(NURBS);
```

Der vollständige Quelltext befindet sich im Projekt KURVEN, Beispiel 4.3.

Für den speziellen Knotenvektor

$$\vec{T} = (\underbrace{0,\ldots,0}_{k\text{-mal}},\underbrace{1,\ldots,1}_{k\text{-mal}})$$

haben die B-Spline-Funktionen die Form

$$N_{i,k}(t) = \frac{(k-1)!}{i!\cdot(k-1-i)!}\cdot t^i\cdot(1-t)^{k-1-i} \quad 0 \le i \le (k-1)$$

Diese entspricht den schon bekannten Bernstein-Polynomen der Bézier-Kurven. B-Spline-Funktionen sind damit eine Verallgemeinerung der Bernstein-Polynome.

Eigenschaften von nicht uniformen B-Spline-Kurven

- Eine B-Spline-Kurve verläuft üblicherweise dicht in der Nähe des Mittelpunktes jeder Kante des Linienzuges ihrer Kontrollpunkte.
- Wenn $(k-1)$ benachbarte Kontrollpunkte kollinear liegen (bei kubischen B-Splines also 3 Punkte), so berührt die B-Spline-Kurve den Kontrollpunkt-Linienzug zwischen den kollinearen Kontrollpunkten.
- Wenn k benachbarte Kontrollpunkte kollinear liegen, bei kubischen B-Splines also 4 Punkte, so ist das zugehörige B-Spline-Kurvensegment eine Gerade.
- Wenn $(k-1)$ Kontrollpunkte zusammenfallen, bei kubischen B-Splines also 3 Punkte, so kann die B-Spline-Kurve eine Spitze besitzen.

Spezielle Eigenschaften von uniformen B-Spline-Kurven

- Im Allgemeinen läuft die B-Spline-Kurve nicht durch ihren Anfangs- und Endpunkt, das wird auch als schwebende Endbedingung bezeichnet, Bild 4.6.
- Die Tangentialvektoren am Anfangs- und Endpunkt haben nicht die gleiche Richtung wie das erste und das letzte Segment des Kontrollpunkt-Linienzuges.

4.2.3 NURBS-Kurven

NURBS (Non Uniform Rational Basic Splines) stellen die bisher allgemeinste Formulierung von Freiformkurven dar. Sie erweitern die Funktionalität der schon behandelten Bézier- und B-Spline-Kurven durch zusätzliche Gewichte w_i, die homogene Koordinate, für die Koordinaten der Kontrollpunkte. Daraus geht andererseits hervor, dass Bézier- und B-Spline-Kurven Sonderfälle der NURBS-Kurven sind. NURBS besitzen folgende Charakteristik:

- NURBS repräsentieren die allgemeinste mathematische Beschreibung sowohl von Quadriken als auch von Freiformkurven.
- Durch die Möglichkeit der unabhängigen Manipulation der Kontrollpunkte $\vec{P}_i$ und auch von deren Gewichten w_i besitzen NURBS eine hohe Flexibilität.
- NURBS sind sowohl invariant bei den Transformationen (Skalierung, Translation, Rotation, Scherung) als auch bei der Parallel- und Perspektivprojektion. Das bedeutet, dass nur die Kontrollpunkte den Transformationen bzw. Projektionen unterworfen werden müssen, das mathematische Kalkül für die Kurvenberechnung dabei aber unverändert bleibt.

Der Algorithmus zur Berechnung von NURBS-Kurven lautet

$$\vec{P}(t) = \sum_{i=0}^{n} R_{i,k}(t) \cdot \vec{P}_i$$

$$\text{mit} \qquad R_{i,k}(t) = \frac{w_i \cdot B_{i,k}(t)}{\sum_{i=0}^{n} w_i \cdot B_{i,k}(t)} \tag{4.17}$$

Für die Basisfunktionen $B_{i,k}(t)$ gilt die bei den B-Spline-Funktionen angegebene Rekursionsvorschrift nach Gleichung (4.12), für kubische NURBS-Kurven sind die Basisfunktionen $B_{i,4}(t)$ entsprechend Gleichung (4.14) gültig.

Mit den Kontrollpunkten des Beispiels 4.3, wobei jedoch die w-Koordinaten $\vec{P}_3.\ w = 0.5$ und $\vec{P}_{10}.\ w = 10$ gesetzt wurden, ergibt die Berechnung das im Bild 4.7 gezeigte Ergebnis. Durch die Änderung der Komponenten $\vec{P}_3.w$ und $\vec{P}_{10}.w$ gegenüber der B-Spline-Kurve erhält man einen deutlich unterscheidbaren Verlauf beider Kurven. Der vollständige Quelltext befindet sich im Projekt KURVEN, Beispiel 4.3.

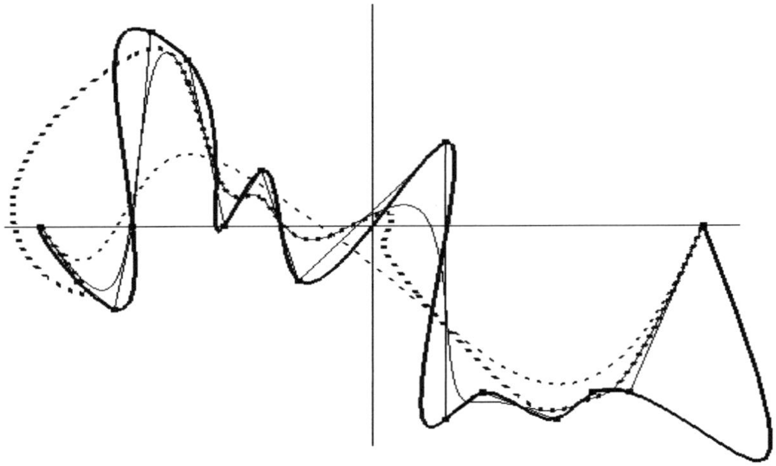

Bild 4.7 Kurven im Vergleich: Bézier-Kurve (punktiert, dünn), B-Spline-Kurve (voll, dünn), NURBS-Kurve (punktiert, dick), kubische Spline-Kurve (voll, dick).

Analytische und geometrische Eigenschaften von NURBS

- Wenn alle Gewichte $w_i = 1$ gesetzt werden, so ergibt sich $R_{i,k}(t) = B_{i,k}(t)$, die NURBS-Kurve wird also zur B-Spline-Kurve und für den weiter vorn angegebenen speziellen Knotenvektor zur Bézier-Kurve.
- Wie bei den B-Spline-Kurven existiert die Partition der 1, $\sum_{i=0}^{n} R_{i,k}(t) = 1$.
- Lokalität, es gilt $R_{i,k}(t) = 0$ für $t \notin [t_i, t_{i+k}]$.
- Im Innern eines Knotenbereichs ist die rationale Basisfunktion unendlich mal differenzierbar, wenn der Denominator (Nenner) > 0 ist. An einem Knoten ist die Differenziation $(k - 1 - m)$-mal möglich, wenn m die Vielfachheit des Knotens darstellt.
- Besonderheiten: $R_{i,k}(t) = 0$ für $w_i = 0$,
  $R_{i,k}(t) = 1$ für $w_i \rightarrow +\infty$,
  $R_{i,k}(t) = 0$ für $w_j \rightarrow +\infty$ und $j \neq i$.
- Wenn ein Kontrollpunkt $\vec{P}_i$ oder ein Gewicht w_i geändert werden, wirkt sich das auf den Bereich von k Segmenten aus (Lokalität).
- Wenn $t \notin [t_i, t_{i+1}]$ gilt, liegt $\vec{P}(t)$ innerhalb der konvexen Hülle von $\vec{P}_{i-k+1} \ldots \vec{P}_i$.
- NURBS-Kurven sind invariant gegenüber affinen Transformationen, der Parallelprojektion und der Perspektivprojektion.
- Wenn $w_i = 0$ wird, so hat der zugehörige Kontrollpunkt $\vec{P}_i$ keinen Einfluss auf die NURBS-Kurve. Wenn w_i gegen $+\infty$ tendiert, dann gilt

$$\vec{P}(t) = \begin{cases} \vec{P}_i & \text{für } t \in [t_i, t_{i+k}] \\ \vec{P}(t) & \text{sonst} \end{cases}$$

Anwendungen von NURBS

Eine der besonderen Eigenschaften von NURBS ist die exakte Darstellung von Quadriken (Kreis, Ellipse, ...). Das ist mit quadratischen NURBS möglich.

$$\vec{P}(t) = \sum_{i=0}^{2} R_{i,k}(t) \cdot \vec{P}_i \text{ mit } k = 3$$

Der Knotenvektor hat dabei die Form

$$\vec{T} = (0, 0, 0, 1, 1, 1)^{\mathrm{T}}$$

Das entspricht letztendlich den Basisfunktionen $R_{i,k}(t)$ für rationale Bézier-Kurven. Damit ergibt sich unter Beachtung der Rekursionsvorschrift für die Basisfunktionen nach einiger Zwischenrechnung

$$\vec{P}(t) = \frac{(1-t)^2 \cdot w_0 \cdot \vec{P}_0 + 2 \cdot t \cdot (1-t) \cdot w_1 \cdot \vec{P}_1 + t^2 \cdot w_2 \cdot \vec{P}_2}{(1-t)^2 \cdot w_0 + 2 \cdot t \cdot (1-t) \cdot w_1 + t^2 \cdot w_2}$$

Diese Gleichung beschreibt einen Kegelschnitt (Quadrik). Der so genannte Conic Shape Factor

$$CSF = \frac{w_1^2}{w_0 \cdot w_2}$$

legt die Art der Kurve fest.

$$CSF \begin{cases} < 1 \text{ Ellipse, Kreis} \\ = 1 \text{ Parabel} \\ > 1 \text{ Hyperbel} \end{cases}$$

Anschließend werden zwei Beispiele für NURBS-Anwendungen zur Darstellung von Quadriken vorgestellt, ohne auch nur annähernd die Vielfalt der Möglichkeiten ausschöpfen zu können.

NURBS-Kreisbogen

Bedingungen:

1. $\vec{P}_0$, $\vec{P}_1$ und $\vec{P}_2$ müssen ein gleichschenkliges Dreieck bilden.
2. $w_1 = \dfrac{|\vec{P}_0 - \vec{P}_2|}{2 \cdot |\vec{P}_1 - \vec{P}_0|}$ und $w_0 = w_2 = 1$

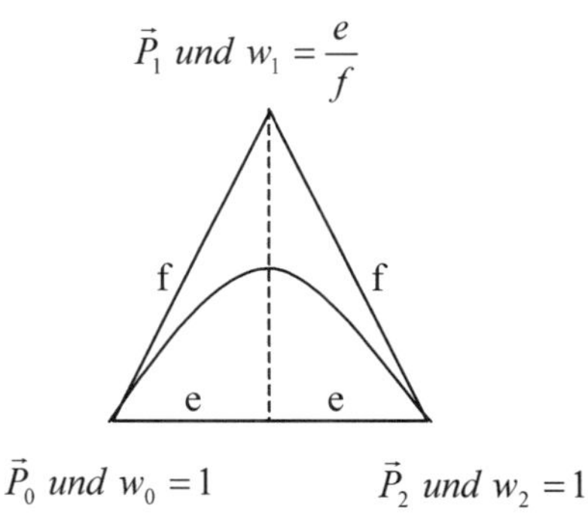

Damit ergibt sich

$$\vec{P}(t) = \frac{(1-t)^2 \cdot \vec{P}_0 + 2 \cdot t \cdot (1-t) \cdot \left(\frac{e}{f}\right) \cdot \vec{P}_1 + t^2 \cdot \vec{P}_2}{(1-t)^2 + 2 \cdot t \cdot (1-t) \cdot \left(\frac{e}{f}\right) + t^2}$$

Für den Sonderfall des gleichseitigen Dreiecks gilt $\frac{e}{f} = 0.5$ und damit

$$\vec{P}(t) = \frac{(1-t)^2 \cdot \vec{P}_0 + t \cdot (1-t) \cdot \vec{P}_1 + t^2 \cdot \vec{P}_2}{(1-t)^2 + t \cdot (1-t) + t^2}$$

Für das gleichschenklige rechtwinklige Dreieck gilt $\frac{e}{f} = \frac{1}{\sqrt{2}}$,

$P_0\left(-\frac{r}{\sqrt{2}}, 0\right), P_1\left(0, \frac{r}{\sqrt{2}}\right)$ und $P_2\left(\frac{r}{\sqrt{2}}, 0\right)$ sowie $w_0 = 1, w_1 = \frac{1}{\sqrt{2}}$ und $w_2 = 1$.

Daraus leiten sich die folgenden Komponentendarstellungen ab.

$$x(t) = \frac{r}{\sqrt{2}} \cdot \frac{t^2 - (1-t)^2}{(1-t)^2 + \sqrt{2} \cdot t \cdot (1-t) + t^2}$$

$$y(t) = r \cdot \frac{2 \cdot t \cdot (1-t)}{(1-t)^2 + \sqrt{2} \cdot t \cdot (1-t) + t^2}$$

NURBS-Kreis

Setzt man die Kreisbögen in geeigneter Weise zusammen, so erhält man den Kreis in 9-Punkte-Darstellung.

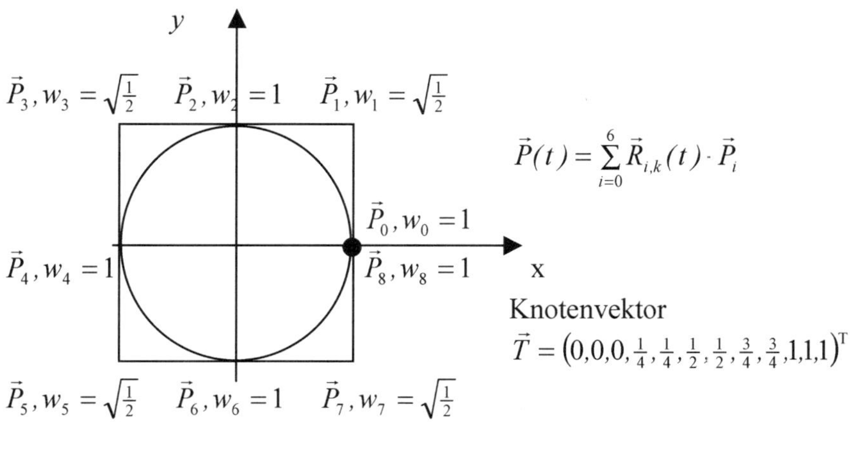

Beispiel 4.4:

Erzeugung eines Kreises in 9-Punkte-Darstellung mit OpenGL. Das Programm ist so angelegt, dass die Komponenten w_1, w_3, w_5 und w_7 um den gleichen Wert geändert werden können. Dabei zeigen sich interessante Wirkungen.

Der vollständige Quelltext befindet sich im Projekt KURVEN.

4.2.4 Kubische Splines und allgemeine Kurven

Kubische Splines

Kubische Splines sind interpolierende Polynome 3. Grades, die C^0-, C^1- und C^2-stetig sind. Ihre Polynomialkoeffizienten hängen von allen $(n + 1)$ Stützpunkten $\vec{P}_0 \ldots \vec{P}_n$ ab. Für die Berechnung muss deshalb ein Gleichungssystem mit $(n + 1)$ Unbekannten gelöst werden. Die Änderung eines Kontrollpunktes hat Auswirkung auf den Verlauf der gesamten Kurve (globale Steuerung). Kubische Splines interpolieren vorgegebene Punkte $\vec{P}_0 \ldots \vec{P}_n$ durch stückweise definierte kubische Polynome an den Parameterwerten $t_0 \ldots t_n$. Für die Ableitung der benötigten Gleichungen sollen folgende Bezeichnungen gelten:

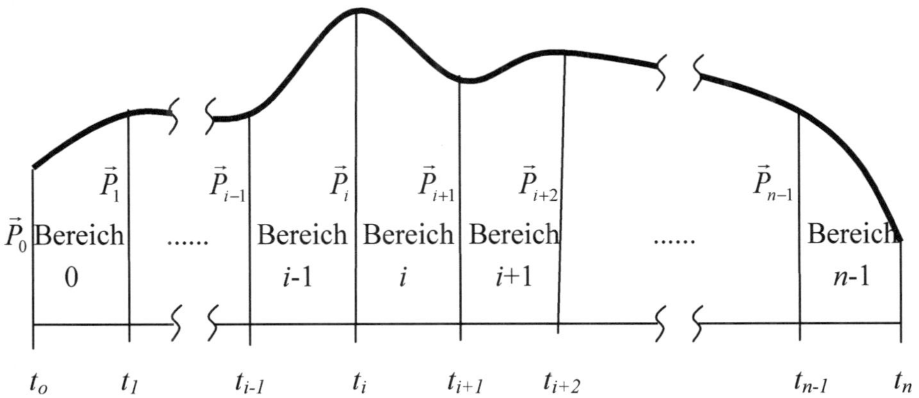

Ansatz für den Bereich i:

$$
\begin{aligned}
f_i(t) &= \vec{P}_i + a_i \cdot (t - t_i) + b_i \cdot (t - t_i)^2 + c_i \cdot (t - t_i)^3 \\
f_i'(t) &= a_i + 2 \cdot b_i \cdot (t - t_i) + 3 \cdot c_i \cdot (t - t_i)^2 \qquad i = 0 \ldots (n-1) \\
f_i''(t) &= 2 \cdot b_i + 6 \cdot c_i \cdot (t - t_i) \qquad t_i \leq t \leq t_{i+1} \\
f_i'''(t) &= 6 \cdot c_i
\end{aligned}
\tag{4.18}
$$

Nach Substitution von $\Delta t_i = t_{i+1} - t_i$ und Einsetzen von Gleichung (4.18) ergibt sich zunächst allgemein

$$\begin{aligned}
f_i(t_i) &= \vec{P}_i & f_i(t_{i+1}) &= \vec{P}_i + a_i \cdot \Delta t_i + b_i \cdot \Delta t_i^2 + c_i \cdot \Delta t_i^3 \\
f_i'(t_i) &= a_i & f_i'(t_{i+1}) &= a_i + 2 \cdot b_i \cdot \Delta t_i + 3 \cdot c_i \cdot \Delta t_i^2 \\
f_i''(t_i) &= 2 \cdot b_i & f_i''(t_{i+1}) &= 2 \cdot b_i + 6 \cdot c_i \cdot \Delta t_i \\
f_i'''(t_i) &= 6 \cdot c_i & f_i'''(t_{i+1}) &= 6 \cdot c_i
\end{aligned} \tag{4.19}$$

Bedingung an der Grenze der Bereiche i und $i + 1$:

$$\begin{aligned}
f_i(t_{i+1}) &= f_{i+1}(t_{i+1}) \rightarrow \text{gleicher Funktionswert} \\
f_i'(t_{i+1}) &= f_{i+1}'(t_{i+1}) \rightarrow \text{gleiche Steigung} \\
f_i''(t_{i+1}) &= f_{i+1}''(t_{i+1}) \rightarrow \text{gleiche Krümmung}
\end{aligned} \tag{4.20}$$

und dann mit den Gleichungen (4.19) und (4.20)

$$\begin{aligned}
\vec{P}_i + a_i \cdot \Delta t_i + b_i \cdot \Delta t_i^2 + c_i \cdot \Delta t_i^3 &= \vec{P}_{i+1} \\
a_i + 2 \cdot b_i \cdot \Delta t_i + 3 \cdot c_i \cdot \Delta t_i^2 &= a_{i+1} \\
2 \cdot b_i + 6 \cdot c_i \cdot \Delta t_i &= 2 \quad b_{i+1}
\end{aligned} \tag{4.21}$$

Mit den ersten beiden Gleichungen von (4.21) kann man b_i und c_i als Funktionen von a_i, a_{i+1} und $\vec{P}_i$,$\vec{P}_{i+1}$ darstellen.

$$\begin{aligned}
b_i &= [3 \cdot (\vec{P}_{i+1} - \vec{P}_i) - \Delta t_i \cdot (2 \cdot a_i + a_{i+1})]/\Delta t_i^2 \\
c_i &= [-2 \cdot (\vec{P}_{i+1} - \vec{P}_i) + \Delta t_i \cdot (a_i + a_{i+1})]/\Delta t_i^3
\end{aligned} \tag{4.22}$$

Substitution von $D_i = (\vec{P}_{i+1} - \vec{P}_i)/\Delta t_i$ und danach Einsetzen der Gleichungen (4.22) in die letzte der Gleichungen (4.21) liefert

$$\begin{aligned}
&\Delta t_{i+1} \cdot a_i + 2 \cdot (\Delta t_i + \Delta t_{i+1}) \cdot a_{i+1} + \Delta t_i \cdot a_{i+2} = 3 \cdot (\Delta t_{i+1} \cdot D_i + \Delta t_i \cdot D_{i+1}) \\
&i = 0 \ldots (n-2)
\end{aligned} \tag{4.23}$$

Aus Gleichung (4.23) ergeben sich $(n - 1)$ Gleichungen für die $(n + 1)$ Unbekannten $a_0 \ldots a_n$, mit denen dann auch $b_0 \ldots b_{n-1}$ und $c_0 \ldots c_{n-1}$ berechnet werden können.

Die beiden noch fehlenden Gleichungen bestimmen sich aus geeigneten Bedingungen meist an den Rändern der kubischen Spline-Kurve. Prinzipiell werden drei Arten von Randbedingungen vorgeschlagen.

- Die Krümmung an beiden Rändern ist null (natürliche Splines).

  $$\begin{aligned}
  f\ddot{o}(t_0) &= 0 \\
  f_{n-1}''(t_n) &= 0
  \end{aligned}$$

  Aus den Gleichungen (4.18) und (4.22) ergeben sich die beiden restlichen Gleichungen zu

  $$\begin{aligned}
  2a_0 + a_1 &= 3 \cdot D_0 \\
  a_{n-1} + 2a_n &= 3 \cdot D_{n-1}
  \end{aligned} \tag{4.23a}$$

- An den Endpunkten wird die Neigung vorgegeben (eingespannte Splines).

$$f_0'(t_0) = \varphi'(t_0)$$
$$f_{n-1}'(t_n) = \varphi'(t_n)$$

Mit Gleichung (4.19) heißen die fehlenden Gleichungen

$$a_0 = \varphi'(t_0) \qquad (4.23b)$$
$$a_n = \varphi'(t_n)$$

- Nutzung der „not a knot condition" von de Boor.

$$f_0'''(t_1) = f_1'''(t_1)$$
$$f_{n-2}'''(t_{n-1}) = f_{n-1}'''(t_{n-1})$$

Diese Bedingung bedeutet, dass zwischen erstem und zweitem sowie zwischen vorletztem und letztem Kurvenbereich kein „echter Knoten" vorliegt, da hier die dritten Ableitungen gleich gesetzt werden. Mit der letzten Gleichung von (4.18) ergeben sich $c_0 = c_1$ und $c_{n-2} = c_{n-1}$ und mit Gleichung (4.22) nach Zwischenrechnungen die beiden noch erforderlichen Gleichungen

$$\Delta t_1^2 \cdot a_0 + (\Delta t_1^2 - \Delta t_0^2) \cdot a_1 - \Delta t_0^2 \cdot a_2 = 2 \cdot (\Delta t_1^2 \cdot D_0 - \Delta t_0^2 \cdot D_1)$$
$$\Delta t_{n-1}^2 \cdot a_{n-2} + (\Delta t_{n-1}^2 - \Delta t_{n-2}^2) \cdot a_{n-1} - \Delta t_{n-2}^2 \cdot a_n = 2 \cdot (\Delta t_{n-1}^2 \cdot D_{n-2} - \Delta t_{n-2}^2 \cdot D_{n-1}) \qquad (4.23c)$$

Zur Berechnung der Koeffizienten a_i erhält man für das natürliche Spline ein tridiagonales Gleichungssystem der Form

$$\bar{K} \cdot \vec{a} = \vec{R} \text{ mit } \vec{a} = (a_0, a_1, \ldots a_{n-1}, a_n)^{\mathrm{T}}, \vec{R} = (r_0, r_1, \ldots r_{n-1}, r_n)^{\mathrm{T}}$$

und der Koeffizientenmatrix $\bar{K}$

$$\bar{K} = \begin{pmatrix}
K_{0,0} & K_{0,1} & 0 & 0 & 0 & \cdots & \cdots & \cdots & 0 & 0 & 0 & 0 \\
0 & K_{1,1} & K_{1,2} & K_{1,3} & 0 & \cdots & \cdots & \cdots & 0 & 0 & 0 & 0 \\
0 & 0 & K_{2,2} & K_{2,3} & K_{2,4} & \cdots & \cdots & \cdots & 0 & 0 & 0 & 0 \\
0 & 0 & 0 & K_{3,3} & K_{3,4} & \cdots & \cdots & \cdots & 0 & 0 & 0 & 0 \\
0 & 0 & 0 & 0 & K_{4,4} & \cdots & \cdots & \cdots & 0 & 0 & 0 & 0 \\
\cdots & \cdots & \cdots & \cdots & \cdots & \cdots & \cdots & \cdots & \cdots & \cdots & \cdots & \cdots \\
\cdots & \cdots & \cdots & \cdots & \cdots & \cdots & \cdots & \cdots & \cdots & \cdots & \cdots & \cdots \\
0 & 0 & 0 & 0 & 0 & \cdots & \cdots & \cdots & K_{n-4,n-3} & 0 & 0 & 0 \\
0 & 0 & 0 & 0 & 0 & \cdots & \cdots & \cdots & K_{n-3,n-3} & K_{n-3,n-2} & 0 & 0 \\
0 & 0 & 0 & 0 & 0 & \cdots & \cdots & \cdots & K_{n-2,n-3} & K_{n-2,n-2} & K_{n-2,n-1} & 0 \\
0 & 0 & 0 & 0 & 0 & \cdots & \cdots & \cdots & 0 & K_{n-1,n-2} & K_{n-1,n-1} & K_{n-1,n} \\
0 & 0 & 0 & 0 & 0 & \cdots & \cdots & \cdots & 0 & 0 & K_{n,n-1} & K_{n,n}
\end{pmatrix}$$

Für solche Gleichungssysteme stellt die Mathematik effiziente Lösungsverfahren bereit. Mit den Werten $a_0 \ldots a_n$ kann man mit Gleichung (4.22) die für die Bereiche $i = 0 \ldots (n-1)$ benötigten weiteren Koeffizienten b_i und c_i berechnen.

Anschließend ist das Programmfragment angegeben, welches zur Darstellung der kubischen Spline-Kurve mit den 16 Stützpunkten entsprechend Beispiel 4.3 dient. Der globale

Typ PktXY100 und die Prozedur KubischesSpline(..) sind Bestandteil der Unit GLTools-Delphi.

```
var KubSplinePkt: PktXY100;
      :
KubischesSpline(16,P16,KubSplinePkt);
glBegin(GL_LINE_STRIP);
   for i:=1 to 100 do
   glVertex2f(KubSplinePkt[i].x,KubSplinePkt[i].y);
glEnd;
```

Im Projekt KURVEN, Beispiel 4.3, und in der Unit GLToolsDelphi befindet sich der vollständige Quelltext, im Bild 4.7 der Kurvenverlauf.

Eigenschaften der kubischen Spline-Kurve

- Es ist stets ein Gleichungssystem, bestehend aus den Gleichungen (4.23) und (4.23a) oder (4.23b) oder (4.23c) mit $(n+1)$ Unbekannten $a_0 \dots a_n$ zu lösen. Danach sind mit Gleichung (4.22) die Werte $b_0 \dots b_{n-1}$ und $c_0 \dots c_{n-1}$ zu berechnen.
- Die Änderung eines Stützpunktes wirkt sich auf die gesamte Kurve aus, globales Verhalten.
- Durch die stückweise Zusammensetzung aus kubischen Segmenten werden die bei Polynomen möglichen starken Oszillationen vermieden.
- Die vorgeschlagenen Randbedingungen nach den Gleichungen (4.23a) bis (4.23c) sind nicht zwingend, vielmehr können auch Kombinationen aus diesen oder Zwischenbedingungen gewählt werden.

Quadratische Kurven

Ebene Kurven 2. Grades oder Quadriken sind Kegelschnitte und werden durch die Gleichung

$$A \cdot x^2 + 2 \cdot B \cdot x \cdot y + C \cdot y^2 + 2 \cdot D \cdot x + 2 \cdot E \cdot y + F = 0$$

allgemein beschrieben. Spezialfälle sind in expliziter und parametrischer Form:

$$\begin{array}{llll}
\text{Kreis} & x^2 + y^2 = r^2 & x(t) = r \cdot \cos(2\pi \cdot t) & y(t) = r \cdot \sin(2\pi \cdot t) \\
\text{Ellipse} & \dfrac{x^2}{a^2} + \dfrac{y^2}{b^2} = 1 & x(t) = a \cdot \cos(2\pi \cdot t) & y(t) = b \cdot \sin(2\pi \cdot t) \\
\text{Hyperbel} & \dfrac{x^2}{a^2} - \dfrac{y^2}{b^2} = 1 & x(t) = \dfrac{a}{\cos(2\pi \cdot t)} & y(t) = b \cdot \dfrac{\sin(2\pi \cdot t)}{\cos(2\pi \cdot t)} \\
\text{Parabel} & y^2 - a \cdot x = 0 & x(t) = a \cdot t^2 & y(t) = a \cdot t
\end{array} \qquad (4.24)$$

Beispiel 4.5:
Gemeinsame Darstellung der Quadriken nach den Gleichungen (4.24).

Der vollständige Quelltext befindet sich im Projekt KURVEN.

■

Superellipse

Die Superellipse ist eine Verallgemeinerung der Ellipse. Ihre Gleichung lautet

$$\left(\frac{x^2}{a^2}\right)^n + \left(\frac{y^2}{b^2}\right)^n = 1 \quad x(t) = \frac{a \cdot \cos(2\pi \cdot t)}{\left|\cos^{(n/2-1)}(2\pi \cdot t)\right|} \quad y(t) = \frac{b \cdot \sin(2\pi \cdot t)}{\left|\sin^{(n/2-1)}(2\pi \cdot t)\right|} \tag{4.25}$$

Superellipsen wie auch hier nicht behandelten Superhyperbeln bieten durch Variation des Exponenten n interessante Möglichkeiten.

Beispiel 4.6:

Im Projekt KURVEN ist der Algorithmus zur Erzeugung einer Superellipse angegeben. Die Werte von n können geändert werden, um die Wirkung des Exponenten sichtbar zu machen.

```
glBegin(GL_LINE_STRIP);
   for i:=0 to 100 do
   begin
      t:=0.02*pi*i;
      cost:=cos(t); sint:=sin(t);
      bx:=Power(abs(cost),0.5*n-1);
      by:=Power(abs(sint),0.5*n-1);
      if abs(bx)<0.0001 then bx:=1;
      if abs(by)<0.0001 then by:=1;
      glVertex2f(5*cost/bx,3*sint/by);
   end;
glEnd;
```

Der vollständige Quelltext befindet sich im Projekt KURVEN.

Bild 4.8 enthält einige Beispiele, von innen nach außen ändert sich hier der Exponent n von –4 bis 4 in Einerschritten.

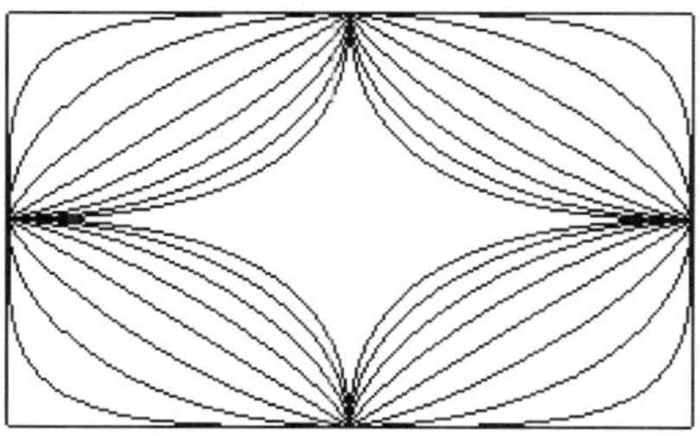

Bild 4.8 Superellipsen

■

Schraubenlinie

Ein Beispiel für eine allgemeine Kurve ist die Schraubenlinie oder Helix, deren Parameterform wie folgt lautet:

$$\begin{aligned} x(t) &= r \cdot \cos(2\pi \cdot t) \\ y(t) &= r \cdot \sin(2\pi \cdot t) \qquad (0 \le t \le 1) \\ z(t) &= h \cdot t \end{aligned} \tag{4.26}$$

Beispiel 4.7:

Für die Darstellung einer Schraubenlinie lautet das Programmfragment wie angegeben. Bild 4.9 zeigt Ergebnisse für verschiedene Parameter.

```
r:=1;
glBegin(GL_LINE_STRIP);
  for i:=0 to 500 do
  begin
    t:=0.04*pi*i;
    glVertex3f(r*cos(t),r*sin(t),0.1*t);
  end;
glEnd;
```

Der vollständige Quelltext befindet sich im Projekt KURVEN.

Bild 4.9 Schraubenlinie (zylindrisch, kegelförmig, eben)

■

Beispiel 4.8:

Für die Darstellung einer Blütenblattkurve ist das Programmfragment angegeben.

$x(t) = b \cdot \cos(c \cdot 2\pi \cdot t) \cdot \cos(2\pi \cdot t)$
$y(t) = b \cdot \cos(c \cdot 2\pi \cdot t) \cdot \sin(2\pi \cdot t) \ (0 \le t \le 1)$
$z(t) = 0$

b ist der Radius der Blütenblattkurve mit $2 \cdot c$ Blättern (c gerade).

```
glBegin(GL_LINE_LOOP);
   for i:=0 to 359 do
  begin
    t:=pi/180*i;
    glVertex3f(b*cos(c*t)*cos(t),b*cos(c*t)*sin(t),0);
   end;
glEnd;
```

Der vollständige Quelltext befindet sich im Projekt KURVEN.

■

Beispiel 4.9:

Für die Darstellung einer toroidalen Spirale ist das Programmfragment angegeben.

$x(t) = (a \cdot \sin(c \cdot 2\pi \cdot t) + b) \cdot \cos(2\pi \cdot t)$
$y(t) = (a \cdot \sin(c \cdot 2\pi \cdot t) + b) \cdot \sin(2\pi \cdot t) \ (0 \le t \le 1)$
$z(t) = a \cdot \cos(c \cdot 2\pi \cdot t)$

a ist der Radius der um den Kreis mit dem Radius b gewundenen Spirale mit c Windungen.

```
glBegin(GL_LINE_LOOP);
  for i:=0 to 359 do
  begin
    t:=pi/180*i;
    glVertex3f((a*sin(c*t)+b)*cos(t),
               (a*sin(c*t)+b)*sin(t), a*cos(c*t));
  end;
glEnd;
```

Der vollständige Quelltext befindet sich im Projekt KURVEN.

4.2.5 OpenGL-Routinen

Nachdem im Kapitel 3 ausgewählte Routinen für Punkte, Linien und Dreiecke mit ihren Attributen angegeben wurden, werden jetzt die restlichen genannt. Wie bereits im Abschnitt 3.1.4 dargestellt, sind zum Zeichnen eines grafischen Primitivs die Aufrufe

glBegin (**mode**: ***GLenum***);
// Vertex-Liste
glEnd;

erforderlich.

Parameter

mode GL_POINTS | GL_LINES | GL_LINE_STRIP | GL_LINE_LOOP | GL_POLYGON | GL_QUADS | GL_QUAD_STRIP | GL_TRIANGLES | GL_TRIANGLE_STRIP | GL_TRIANGLE_FAN

Kurzbeschreibung

Der Parameters **mode** bestimmt, wie die in der Vertex-Liste angegebenen Vertices interpretiert werden.

GL_POINTS	Die Punkte an den durch die Vertices spezifizierten Positionen werden gezeichnet.
GL_LINES	Jeweils 2 paarweise aufeinander folgende Vertices werden durch eine Linie verbunden.
GL_LINE_STRIP	Die Punkte werden entsprechend ihrer Reihenfolge durch einen Linienzug verbunden.
GL_LINE_LOOP	Der Linienzug wird am Ende geschlossen, der letzte Vertex also mit dem ersten verbunden.
GL_POLYGON	Die Vertices beschreiben eine ebene Fläche, die durch ihre Eckpunkte, Kanten oder gefüllt dargestellt wird.
GL_QUADS	Jeweils 4 aufeinander folgende Punkte bilden ein Viereck. Dieses muss eben und konvex sein.
GL_QUAD_STRIP	Die Vertices bilden eine Folge von ebenen konvexen Vierecken (A,B,C,D) (C,D,E,F) (E,F,G,H) ...
GL_TRIANGLES	Jeweils 3 aufeinander folgende Punkte bilden ein Dreieck.
GL_TRIANGLE_STRIP	Die Vertices bilden eine Folge von Dreiecken, (1,2,3) (3,2,4) (3,4,5) ...

GL_TRIANGLE_FAN Die Punkte spannen einen Fächer auf, der erste Punkt bildet den Ursprung, (1,2,3) (1,3,4) (1,4,5) ...

Die Wirkungen dieser Parameter sind im Bild 4.10 zusammengefasst.

Zwischen glBegin(**mode**) und glEnd sind nur folgende Routinenaufrufe möglich, wobei der Stern stellvertretend für zugelassene Zeichenfolgen steht.

glVertex*(..)	Definition der Koordinaten eines Eckpunktes
glColor*(..)	Definition der Farbe für einen oder mehrere Eckpunkte
glNormal*(..)	Definition des Normalenvektors für einen oder mehrere Eckpunkte
glMaterial*(..)	Definition der Materialeigenschaften für einen oder mehrere Eckpunkte
glTexCoord*(..)	Definition der Texturkoordinaten für einen Eckpunkt
glEvalCoord*(..)	Berechnung von Vertex-Koordinaten über Evaluatoren
glEvalPoint*(..)	Berechnung von Vertex-Koordinaten über Evaluatoren
glEdgeFlag(..)	Festlegung, ob eine Kante zur Kontur eines Objekts gehört
glCallList(..)	Aufruf einer Darstellungsliste
glCallLists(..)	Aufruf mehrerer Darstellungslisten

Die Prozeduraufrufe können, wie bereits im Kapitel 2 beschrieben, in sehr unterschiedlicher Form bezüglich des Typs und der Anzahl der Parameter auftreten. Außerdem ist die Notation der Parameter je nach Routine als Skalar oder als Vektor möglich.

Generieren von Bézier-Kurven

- Definition der Bézier-Kurve

  procedure glMap1f (**target:** ***GLenum;*** **u1**,**u2:** ***GLfloat;*** **stride, order:** ***GLint;*** **points:** ***PGLfloat***);

Parameter

target	Typ der Kontrollpunkte, GL_MAP1_VERTEX_3 | GL_MAP1_VERTEX_4 | GL_MAP1_COLOR_4 (Auswahl)
u1,**u2**	Anfangs- und Endwert der Bézier-Kurve
stride	Abstand der Koordinaten im Vektor der Kontrollpunkte
order	Ordnung der Bézier-Kurve
points	Zeiger auf den Vektor der Kontrollpunkte vom Typ GLfloat

Kurzbeschreibung
glMap1f(..) bestimmt einen eindimensionalen Evaluator. Dabei geben die Werte von **target** an, von welcher Art die in **points** stehenden Daten sind. Als Auswahl seien hier GL_MAP1_VERTEX_3 (Vertex mit *x*, *y*, *z*), GL_MAP1_VERTEX_4 (Vertex mit *x*, *y*, *z*, *w*), GL_MAP1_COLOR_4 (Farbe mit RGBA-Werten) genannt. **u1** und **u2** bestimmen den Bereich des in der Routine glEvalCoord1f (..) verwendeten Parameters **u**. **stride** gibt den Abstand der in **points** gespeicherten Daten an. **order** ist der Grad der Bézier-Kurve plus 1, also die Anzahl der Kontrollpunkte. **points** spezifiziert den Zeiger auf den Vektor mit den Kontrollpunkten.

- Darstellung der Bézier-Kurve durch die Berechnung von Einzelpunkten

  procedure glEvalCoord1f (**u**: ***GLfloat***);

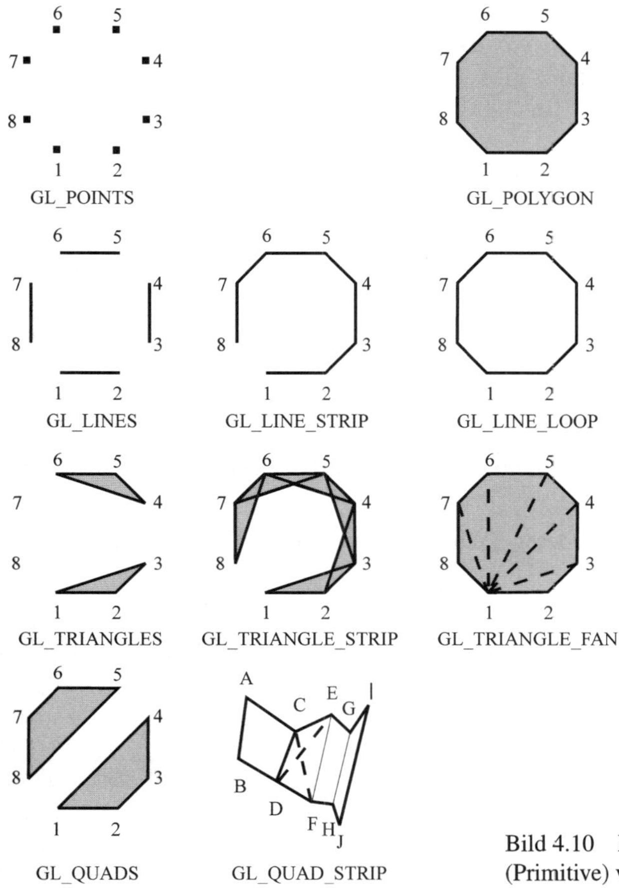

Bild 4.10 Elementare Darstellungselemente (Primitive) von OpenGL

Parameter

u Punktposition

Kurzbeschreibung

glEvalCoord1f (..) berechnet die Werte der Bézier-Kurve an der Position **u**, (**u1<=u<=u2**). Diese können zur Ausgabe der Kurve verwendet werden.

- Darstellung der Bézier-Kurve durch die Berechnung an Gitterpunkten

  procedure glMapGrid1(**un**: ***GLint;*** **u1,u2**: ***GLfloat***);

  procedure glEvalMesh1(**mode**: ***GLenum***; **i1**,**i2**: ***GLint***);

Parameter

un	Schrittanzahl
u1,u2	Anfangs- und Endwert der Bézier-Kurve
mode	Ausgabemodus, GL_POINT | GL_LINE
i1,i2	Anfangs- und Endindex

Kurzbeschreibung
Durch glMapGrid1(..) wird ein Gitter von **u1** bis **u2** mit **un** Schritten definiert. glEvalMesh1(..) zeichnet innerhalb des durch glMapGrid1f(..) definierten Bereichs die Bézier-Kurve. Es muss gelten: $0 \leq$ **i1**, **i2** $\leq$ **un** und **i1** < **i2**.

Generieren von B-Spline- und NURBS-Kurven

- Erzeugung eines neuen B-Spline- bzw. NURBS-Objekts
  function gluNewNurbsRenderer: ***PGLUnurbs***;

Kurzbeschreibung
gluNewNurbsRenderer erzeugt ein neues B-Spline- bzw. NURBS-Objekt und gibt den Zeiger darauf zurück.

- Löschen eines B-Spline- bzw. NURBS-Objekts
  procedure gluDeleteNurbsRenderer(**nurb:** ***PGLUnurbs***);

Parameter

nurb	Durch gluNewNurbsRenderer erzeugter Zeiger auf das B-Spline- bzw. NURBS-Objekt.

Kurzbeschreibung
Der durch gluNewNurbsRenderer erzeugte Zeiger auf das B-Spline- bzw. NURBS-Objekt **nurb** wird gelöscht.

- Definition der B-Spline- bzw. NURBS-Objekt-Eigenschaften
  procedure gluNurbsProperty(**nurb**: ***PGLUnurbs***; **property**: ***GLenum***; **value**: ***GLfloat***);

Parameter

nurb	erzeugter Zeiger auf das B-Spline- bzw. NURBS-Objekt
property	Eigenschaft
value	Eigenschaftswert

Kurzbeschreibung
Durch gluNurbsProperty(..) werden für das B-Spline- bzw. NURBS-Objekt gewünschte Eigenschaften durch ihre zugehörigen Werte festgelegt, die bei der Darstellung wirksam werden. Mögliche Kombinationen von **property** und **value** sind anschließend genannt.

property (Auswahl)	**value**
GLU_SAMPLING_TOLERANCE	>0 (Standard: 50 Pixel)
GLU_DISPLAY_MODE	GLU_FILL (Standard) | GLU_OUTLINE_POLYGON | GLU_OUTLINE_PATCH
GLU_CULLING	GL_TRUE | GL_FALSE (Standard)
GLU_AUTO_LOAD_MATRIX	GL_TRUE (Standard) | GL_FALSE

- Spezifikation der B-Spline- bzw. NURBS-Kurve
  procedure gluNurbsCurve(**nurb**: ***PGLUnurbs***; **knotCount**: ***GLint***; **knots**: ***PGLfloat***; **stride**: ***GLint***; **control**: ***PGLfloat***; **order**: ***GLint***; **type**: ***GLenum***);

Parameter

nurb	Zeiger auf das B-Spline- bzw. NURBS-Objekt
knotCount	Knotenanzahl im Knotenvektor **knots**
knots	Adresse des Knotenvektors
stride	Abstand der Koordinaten im Kontrollpunktfeld **control**
control	Adresse des Kontrollpunktfelds
order	Ordnung der Kurve
type	Anzahl der Koordinaten der Vertices, GL_MAP1_VERTEX_3 | GL_MAP1_VERTEX_4 | GL_MAP1_COLOR_4 (Auswahl)

Kurzbeschreibung

Die Routine definiert eine B-Spline- bzw. NURBS-Kurve mit den angegebenen Daten. Die Ausgabe erfolgt durch den Aufruf innerhalb der Klammern gluBeginCurve(..) und gluEndCurve(..).

- Beginn und Ende der Definition der B-Spline- bzw. NURBS-Kurve

  procedure gluBeginCurve(**nurb**: ***PGLUnurbs***);

  :

  procedure gluEndCurve(**nurb**: ***PGLUnurbs***);

Parameter

nurb Zeiger auf das B-Spline- bzw. NURBS-Objekt

Kurzbeschreibung

Innerhalb der beiden Klammern erfolgt der Aufruf der spezifizierten B-Spline- bzw. NURBS-Kurve.

4.3 Flächen

Flächen bilden die Voraussetzung für die Erzeugung von Körpern als so genannte Oberflächenmodelle, Abschnitt 4.4. Während die drei Freiformflächen, Bézier-, B-Spline- und NURBS-Flächen, durch in OpenGL implementierte Evaluatoren berechnet und damit unmittelbar unterstützt werden, müssen allgemeine Flächen mit grafischen Primitiven, wie Dreiecken oder planaren konvexen Vierecken, individuell modelliert werden. Solche Flächen werden durch Eckpunkte (Vertices), Kanten (Edges) sowie die Flächennormale beschrieben und meist unter Verwendung von Polygonnetzen dargestellt. In diesem Abschnitt werden zunächst die Freiformflächen behandelt, ehe beliebige Flächen, wie parametrische oder quadratische Flächen, mit einem Dreiecksnetz erzeugt werden. Die theoretischen Grundlagen dafür werden angegeben, danach erfolgt die Generierung mit OpenGL-Routinen über ein Dreiecksnetz. Der Vollständigkeit halber sei noch angemerkt, dass die Bibliothek GLU Routinen für die Darstellung von Kreis- und Kreisringflächen und -segmenten sowie Zylinder-, Kegelstumpf- und Kegelflächen enthält.

4.3.1 Bézier-Flächen

Die für Bézier-Kurven übliche Darstellung nach Gleichung (4.8)

$$\vec{P}(t) = \sum_{i=0}^{n} B_{i,n}(t) \cdot \vec{P}_i$$

lässt sich auf Flächen erweitern

$$\vec{Q}(s,t) = \sum_{i=0}^{n} \sum_{j=0}^{m} B_{i,n}(t) \cdot B_{j,m}(s) \cdot \vec{P}_{i,j} \tag{4.27}$$

mit den bereits im Abschnitt 4.2.1 angegebenen Bernstein-Polynomen

$$B_{i,n}(t) = \binom{n}{i} \cdot t^i \cdot (1-t)^{n-i} = \frac{n!}{i! \cdot (n-i)!} \cdot t^i \cdot (1-t)^{n-i}$$

$$B_{j,m}(s) = \binom{m}{j} \cdot s^j \cdot (1-s)^{m-j} = \frac{m!}{j! \cdot (m-j)!} \cdot s^j \cdot (1-s)^{m-j} \tag{4.28}$$

Die Bedeutung der einzelnen Größen ist dem Bild 4.11 zu entnehmen. Die Punkte beschreiben eine bikubische Bézier-Fläche.

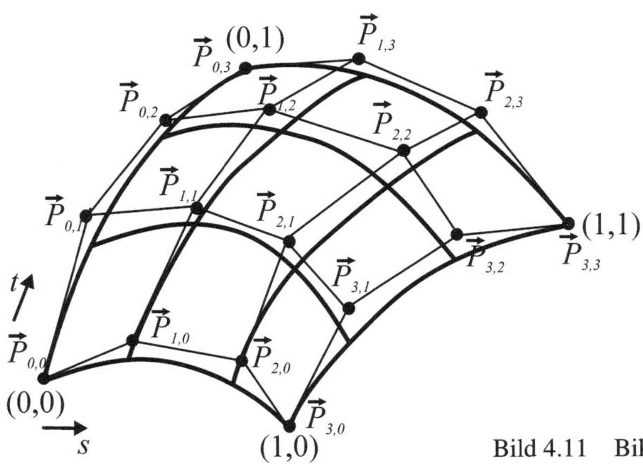

Bild 4.11 Bikubische Bézier-Fläche

Für eine bikubische Bézier-Fläche erhält man aus den Gleichungen (4.27) und (4.28) nach einiger Zwischenrechnung die Parameterdarstellung

$$\begin{aligned}\vec{Q}(s,t) = {} & [\vec{P}_{0,0} \cdot (1-t)^3 + \vec{P}_{0,1} \cdot 3 \cdot t \cdot (1-t)^2 + \vec{P}_{0,2} \cdot 3 \cdot t^2 \cdot (1-t) + \vec{P}_{0,3} \cdot t^3] \cdot (1-s)^3 \\ & + [\vec{P}_{1,0} \cdot (1-t)^3 + \vec{P}_{1,1} \cdot 3 \cdot t \cdot (1-t)^2 + \vec{P}_{1,2} \cdot 3 \cdot t^2 \cdot (1-t) + \vec{P}_{1,3} \cdot t^3] \cdot 3 \cdot s \cdot (1-s)^2 \\ & + [\vec{P}_{2,0} \cdot (1-t)^3 + \vec{P}_{2,1} \cdot 3 \cdot t \cdot (1-t)^2 + \vec{P}_{2,2} \cdot 3 \cdot t^2 \cdot (1-t) + \vec{P}_{2,3} \cdot t^3] \cdot 3 \cdot s^2 \cdot (1-s) \\ & + [\vec{P}_{3,0} \cdot (1-t)^3 + \vec{P}_{3,1} \cdot 3 \cdot t \cdot (1-t)^2 + \vec{P}_{3,2} \cdot 3 \cdot t^2 \cdot (1-t) + \vec{P}_{3,3} \cdot t^3] \cdot s^3\end{aligned} \tag{4.29}$$

Der Normalenvektor $\vec{N}(s,t)$ der Bézier-Fläche ergibt sich aus dem Vektorprodukt der partiellen Ableitung von $\vec{Q}(s,t)$, Gleichung (4.29), zu

$$\vec{N}(s,t) = \frac{\partial \vec{Q}(s,t)}{\partial s} \times \frac{\partial \vec{Q}(s,t)}{\partial t} \tag{4.30}$$

$$\frac{\partial \vec{Q}(s,t)}{\partial s} = \begin{cases} [(1-t)^3\vec{P}_{0,0} & +3t(1-t)^2\vec{P}_{0,1} & +3t^2(1-t)\vec{P}_{0,2} & +t^3\vec{P}_{0,3}]\cdot[-3\cdot(1-s)^2] \\ +[(1-t)^3\vec{P}_{1,0} & +3t(1-t)^2\vec{P}_{1,1} & +3t^2(1-t)\vec{P}_{1,2} & +t^3\vec{P}_{1,3}]\cdot 3\cdot(1-s)\cdot(1-3s) \\ +[(1-t)^3\vec{P}_{2,0} & +3t(1-t)^2\vec{P}_{2,1} & +3t^2(1-t)\vec{P}_{2,2} & +t^3\vec{P}_{2,3}]\cdot 3\cdot s\cdot(2-3s) \\ +[(1-t)^3\vec{P}_{3,0} & +3t(1-t)^2\vec{P}_{3,1} & +3t^2(1-t)\vec{P}_{3,2} & +t^3\vec{P}_{3,3}]\cdot 3\cdot s^2 \end{cases} \tag{4.31}$$

$$\frac{\partial \vec{Q}(s,t)}{\partial t} = \begin{cases} [-3(1-t)^2\vec{P}_{0,0} +3(1-t)(1-3t)\vec{P}_{0,1} +3t(2-3t)\vec{P}_{0,2} +3t^2\vec{P}_{0,3}]\cdot(1-s)^3 \\ +[-3(1-t)^2\vec{P}_{1,0} +3(1-t)(1-3t)\vec{P}_{1,1} +3t(2-3t)\vec{P}_{1,2} +3t^2\vec{P}_{1,3}]\cdot 3\cdot s\cdot(1-s)^2 \\ +[-3(1-t)^2\vec{P}_{2,0} +3(1-t)(1-3t)\vec{P}_{2,1} +3t(2-3t)\vec{P}_{2,2} +3t^2\vec{P}_{2,3}]\cdot 3\cdot s^2\cdot(1-s) \\ +[-3(1-t)^2\vec{P}_{3,0} +3(1-t)(1-3t)\vec{P}_{3,1} +3t(2-3t)\vec{P}_{3,2} +3t^2\vec{P}_{3,3}]\cdot s^3 \end{cases}$$

Mit den Substitutionen

$$\frac{\partial \vec{Q}(s,t)}{\partial s} = (x_s, y_s, z_s)^T \text{ und } \frac{\partial \vec{Q}(s,t)}{\partial t} = (x_t, y_t, z_t)^T$$

erhält man den Normalenvektor

$$\vec{N}(s,t) = (y_s\cdot z_t - y_t\cdot z_s, z_s\cdot x_t - z_t\cdot x_s, x_s\cdot y_t - x_t\cdot y_s)^T$$

Wie aus den Gleichungen (4.31) hervorgeht, ist die Flächennormale $\vec{N}(s,t)$ ein Polynom fünften Grades in den zwei Parametern s und t (biquintisches Polynom). Die Berechnung ist deshalb ziemlich aufwändig. Für relativ glatte Flächenelemente wurde eine bikubische Approximation für die Flächennormale $\vec{N}(s,t)$ entwickelt, [SchCo82].

Eigenschaften von Bézier-Flächen

Die meisten Eigenschaften von Bézier-Kurven lassen sich auf Bézier-Flächen übertragen.

- Die Oberfläche liegt ganz in der Hülle ihres Kontrollpunktnetzes. Das hat seine Ursache darin, dass jedes Produkt

  $$B_{i,n}(t)\cdot B_{j,m}(s) \geq 0$$

  ist und die Summe aller solchen Monome eine Partition der 1 bildet.

  $$\sum_{i=0}^{n}\sum_{j=0}^{m} B_{i,n}(t)\cdot B_{j,m}(s) = 1$$

- Die Oberfläche $\vec{Q}(s,t)$ besitzt partielle Ableitungen in den beiden Richtungen s und t. Der Normalenvektor errechnet sich aus dem Vektorprodukt der partiellen Ableitungen.
- Die Wechselrate von der s-Tangente zur t-Tangente wird durch die zweite partielle Ableitung an der Stelle $s = t = 0$

  $$\frac{\partial^2 \vec{Q}(s,t)}{\partial s\cdot\partial t}$$

bestimmt. Der entstehende Vektor wird als Drehvektor (Twist Vector) bezeichnet. Er ergibt sich zu

$$\frac{\partial^2 \vec{Q}(s,t)}{\partial s \cdot \partial t} = 9(\vec{P}_{0,0} - \vec{P}_{0,1} - \vec{P}_{1,0} + \vec{P}_{1,1})^{\mathrm{T}}$$

Dieser Wert entspricht dem Normalenvektor der Tangentialebene im Ursprung.

- Die Bézier-Fläche läuft durch die Eckpunkte des Netzes der Kontrollpunkte.
- Jede Kurve entlang der Parameter s und t und damit auch die Grenzkurven einer Bézier-Fläche sind Bézier-Kurven.
- Bézier-Flächen sind invariant bei affinen Transformationen und Projektionen.

Beispiel 4.10:

Berechnung einer bikubischen Bézier-Fläche für die gegebenen Kontrollpunkte.

	$\longrightarrow s$			
$\downarrow$	$\vec{P}_{0,0}$= (0,0,0)	$\vec{P}_{1,0}$ = (1,0,0)	$\vec{P}_{2,0}$ = (2,0,0)	$\vec{P}_{3,0}$ = (3,0,0)
t	$\vec{P}_{0,1}$ = (0,2,0)	$\vec{P}_{1,1}$ = (1,2,1)	$\vec{P}_{2,1}$ = (2,2,1)	$\vec{P}_{3,1}$ = (3,2,0)
	$\vec{P}_{0,2}$ = (0,4,0)	$\vec{P}_{1,2}$ = (1,4,–10)	$\vec{P}_{2,2}$ = (2,4,10)	$\vec{P}_{3,2}$ = (3,4,0)
	$\vec{P}_{0,3}$ = (0,6,0)	$\vec{P}_{1,3}$ = (1,6,0)	$\vec{P}_{2,3}$= (2,6,0)	$\vec{P}_{3,3}$ = (3,6,0)

Der Parameter s weist in x-Richtung, t in y-Richtung. Wie man sieht, bildet die Fläche in der xy-Ebene ein Rechteck mit der Breite $B_x = 3$ und der Länge $L_y = 6$. Die Fläche ist so aufgespannt, dass auf ihren Rändern in der xy-Ebene die Höhe null ist. Mit Gleichung (4.29) und den gegebenen Kontrollpunkten lassen sich die Punkte der Bézier-Fläche berechnen. Bild 4.12 zeigt die bikubische Bézier-Fläche als Draht- und Flächenmodell.

Kontrollpunkte			**Bézier-Fläche**				
x	y	z	s	t	x	y	z
0	0	0	0	0	0	0	0
0	2	0	0	0.33	0	2	0
0	4	0	0	0.67	0	4	0
0	6	0	0	1	0	6	0
1	0	0	0.33	0	1	0	0
1	2	1	0.33	0.33	1	2	-0.198
1	4	-10	0.33	0.67	1	4	-0.840
1	6	0	0.33	1	1	6	0
2	0	0	0.67	0	2	0	0
2	2	1	0.67	0.33	2	2	0.790
2	4	10	0.67	0.67	2	4	1.136
2	6	0	0.67	1	2	6	0
3	0	0	1	0	3	0	0
3	2	0	1	0.33	3	2	0
3	4	0	1	0.67	3	4	0
3	6	0	1	1	3	6	0

Das OpenGL-Programmfragment zur Berechnung und Darstellung der Bézier-Fläche lautet mit den im Abschnitt 4.3.5 angegebenen Routinen für das Drahtmodell wie folgt:

```
// Variablendeklaration
var P: array [0..3,0..3] of record x,y,z: GLfloat end;
    i,j: Glint;

// Speichern der Kontrollpunkte in die Matrix P
P[0,0].x:= 0; P[0,0].y:= 0; P[0,0].z:= 0;
P[0,1].x:= 0; P[0,1].y:= 2; P[0,1].z:= 0;
P[0,2].x:= 0; P[0,2].y:= 4; P[0,2].z:= 0;
P[0,3].x:= 0; P[0,3].y:= 6; P[0,3].z:=  0;
P[1,0].x:= 1; P[1,0].y:= 0; P[1,0].z:=  0;
P[1,1].x:= 1; P[1,1].y:= 2; P[1,1].z:=  1;
P[1,2].x:= 1; P[1,2].y:= 4; P[1,2].z:=-10;
P[1,3].x:= 1; P[1,3].y:= 6; P[1,3].z:=  0;
P[2,0].x:= 2; P[2,0].y:= 0; P[2,0].z:=  0;
P[2,1].x:= 2; P[2,1].y:= 2; P[2,1].z:=  1;
P[2,2].x:= 2; P[2,2].y:= 4; P[2,2].z:= 10;
P[2,3].x:= 2; P[2,3].y:= 6; P[2,3].z:=  0;
P[3,0].x:= 3; P[3,0].y:= 0; P[3,0].z:=  0;
P[3,1].x:= 3; P[3,1].y:= 2; P[3,1].z:=  0;
P[3,2].x:= 3; P[3,2].y:= 4; P[3,2].z:=  0;
P[3,3].x:= 3; P[3,3].y:= 6; P[3,3].z:=  0;

// Bezier-Fläche als Drahtmodell
glEnable(GL_MAP2_VERTEX_3);
glMap2f(GL_MAP2_VERTEX_3,0,1,12,4,0,1,3,4,@P);
glMapGrid2f(20,0,1,20,0,1);
glPushMatrix;
  glRotatef(MoveValue,xMove,yMove,zMove);
  glEvalMesh2(GL_LINE,0,20,0,20);
glPopMatrix;
```

Der Aufruf glRotatef(MoveValue,xMove,yMove,zMove) wurde eingefügt, um die Fläche rotieren zu können. Er wird im Kapitel 5 ausführlich behandelt. Das gilt auch für die beiden Aufrufe glPushMatrix und glPopMatrix.

Der vollständige Quelltext befindet sich im Projekt FLAECHEN

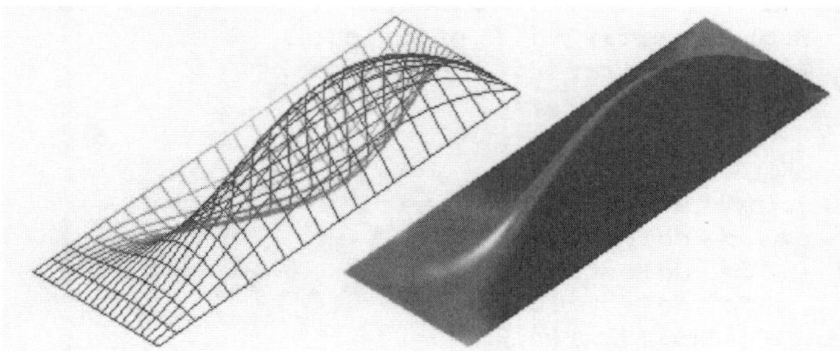

Bild 4.12 Bikubische Bézier-Fläche als Draht- und Flächenmodell

4.3.2 B-Spline-Flächen

Analog zu Bézier-Flächen lassen sich B-Spline-Flächen durch

$$\vec{Q}(s,t) = \sum_{i=0}^{n} \sum_{j=0}^{m} B_{i,k}(t) \cdot B_{j,l}(s) \cdot \vec{P}_{i,j} \tag{4.32}$$

beschreiben. Hier stellen $B_{i,k}(t)$ bzw. $B_{j,l}(s)$ die B-Spline-Basisfunktionen dar. Diese wurden allgemein und für nicht uniforme kubische B-Spline-Kurven bereits im Abschnitt 4.2.2 angegeben.

Charakteristik von B-Spline-Flächen

Prinzipiell gelten für B-Spline-Flächen die gleichen Bedingungen wie für die Bézier-Flächen, jedoch sind folgende Erweiterungen vorhanden:

- Der Grad der B-Spline-Fläche ist unabhängig von der Anzahl der Kontrollpunkte in den Richtungen s und t wählbar.
- Änderungen von Kontrollpunkten haben nur lokale Auswirkungen, woraus sich bessere Modellierungsmöglichkeiten ergeben.

Beispiel 4.11:

Mit den folgenden Werten für die Kontrollpunkte $\vec{P}_{i,j}$ ist die kubische B-Spline-Fläche zu berechnen und darzustellen.

$\vec{P}_{0,0} = (0,0,0,1)$ $\vec{P}_{0,1} = (0,2,0,1)$ $\vec{P}_{0,2} = (0,4,0,1)$ $\vec{P}_{0,3} = (0,6,0,1)$
$\vec{P}_{1,0} = (1,0,0,1)$ $\vec{P}_{1,1} = (1,2,1,1)$ $\vec{P}_{1,2} = (1,4,-10,1)$ $\vec{P}_{1,3} = (1,6,0,1)$
$\vec{P}_{2,0} = (2,0,0,1)$ $\vec{P}_{2,1} = (2,2,1,1)$ $\vec{P}_{2,2} = (2,4,10,1)$ $\vec{P}_{2,3} = (2,6,0,1)$
$\vec{P}_{3,0} = (3,0,0,1)$ $\vec{P}_{3,1} = (3,2,3,1)$ $\vec{P}_{3,2} = (3,4,-10,1)$ $\vec{P}_{3,3} = (3,6,0,1)$
$\vec{P}_{4,0} = (4,0,0,1)$ $\vec{P}_{4,1} = (4,2,1,1)$ $\vec{P}_{4,2} = (4,4,10,1)$ $\vec{P}_{4,3} = (4,6,0,1)$
$\vec{P}_{5,0} = (5,0,0,1)$ $\vec{P}_{5,1} = (5,2,0,1)$ $\vec{P}_{5,2} = (5,4,0,1)$ $\vec{P}_{5,3} = (5,6,0,1)$

Das Programmfragment zur Erzeugung der B-Spline-Fläche als Flächenmodell lautet mit den OpenGL-Routinen des Abschnitts 4.3.5 wie folgt:

```
// Deklarationen
var V: array [0..5,0..3] of record x,y,z,w: GLfloat end;
    Knoten8: array [0..7] of GLfloat;
    Knoten10: array [0..9] of GLfloat;
    NURBS2: PGLUnurbs;
        :
// OpenGL-Anweisungen
// Knotenvektoren für die x- und die y-Richtung
for i:=0 to 3 do Knoten8[i]:=0;
for i:=4 to 7 do Knoten8[i]:=1;
for i:=0 to 3 do Knoten10[i]:=0;
Knoten10[4]:=1; Knoten10[5]:=2;
for i:=6 to 9 do Knoten10[i]:=3;

// Berechnen und Darstellen der B-Spline-Kurve
glEnable(GL_MAP2_VERTEX_4);
NURBS2:=gluNewNurbsRenderer;
gluNurbsProperty(NURBS2,GLU_SAMPLING_TOLERANCE,25);
```

```
gluNurbsProperty(NURBS2,GLU_DISPLAY_MODE,GLU_FILL);

glPushMatrix;
  glTranslatef(-3,0,0);
  gluBeginSurface(NURBS2);
    gluNurbsSurface(NURBS2,10,@Knoten10,8,@Knoten8,
                    16,4,@V,4,4,GL_MAP2_VERTEX_4);
  gluEndSurface(NURBS2);
glPopMatrix;
```

Das angegebene Programmfragment enthält nicht die Wertzuweisungen für die Elemente des zweidimensionalen Feldes *V*. Diese erfolgen analog zum Beispiel 4.10. Die Knotenvektoren Knoten8 mit acht Elementen und Knoten10 mit zehn Elementen werden entsprechend Gleichung (4.15) berechnet. Das Ergebnis der Berechnung ist im Bild 4.13 in der Mitte dargestellt. Rechts ist die NURBS-Fläche mit den Daten der B-Spline-Fläche gezeigt. Der einzige Unterschied besteht darin, dass der homogenen Komponente w des Matrixelements $V_{2,1}$ hier den Wert 10 zugewiesen wurde. Der Einfluss ist zu sehen. Zum Vergleich ist links die Bézier-Fläche mit den Daten der B-Spline-Fläche gezeigt.

Der vollständige Quelltext befindet sich im Projekt FLAECHEN.

Bild 4.13 Bézier-, B-Spline- und NURBS-Fläche

4.3.3 NURBS-Flächen

Für NURBS-Flächen gelten prinzipiell die zu NURBS-Kurven gemachten Aussagen. Die Definition ist durch die Gleichung (4.33) bestimmt

$$\vec{Q}(s,t) = \frac{\sum\limits_{i=0}^{n}\sum\limits_{j=0}^{m} w_{i,j} \cdot B_{i,k}(t) \cdot B_{j,l}(s) \cdot \vec{P}_{i,j}}{\sum\limits_{i=0}^{n}\sum\limits_{j=0}^{m} w_{i,j} \cdot B_{i,k}(t) \cdot B_{j,l}(s)} \tag{4.33}$$

Dabei sind $B_{i,k}(t)$und $B_{j,l}(s)$ die B-Spline-Basisfunktionen nach Gleichung (4.12) und $w_{i,j}$ die homogenen Koordinatenwerte oder Gewichte der Kontrollpunkte $\vec{P}_{i,j}$. Durch die Gewichte $w_{i,j}$ sind zusätzliche Steuerungsmöglichkeiten für die Freiformfläche verfügbar. NURBS-Flächen werden durch OpenGL direkt unterstützt. Ihre Nutzung entspricht der der B-Spline-Flächen, wobei jedoch nicht wie dort alle vierten Kontrollpunktwerte

$w_{i,j} = 1$ sind, sondern unterschiedliche Werte annehmen können. Im Bild 4.13 ist rechts das Ergebnis mit dem geänderten Kontrollpunkt $\vec{P}_{2,1}$ angegeben, dessen w-Komponente auf 10 gesetzt wurde.

4.3.4 Allgemeine Flächen

Während die bisher vorgestellten Freiformflächen durch OpenGL unmittelbar unterstützt werden, müssen allgemeine Flächen mit grafischen Primitiven, wie Dreiecken oder planaren konvexen Vierecken, individuell modelliert werden. Das erfolgt meist mit Polygonnetzen. Diese werden anschließend allgemein beschrieben, bevor sie in der Form des Dreiecksnetzes für verschiedene Flächen angewendet werden.

Polygonnetze (Polygon Meshes)

Ein Polygonnetz ist eine Menge verbundener konvexer und planarer Polygone (Dreiecke, Vierecke). Da diese Polygone nicht in einer Ebene liegen müssen, lassen sich gekrümmte Flächen angenähert modellieren. Vorteile liegen in der einfachen Berechenbarkeit der für die Sichtbarkeit und Beleuchtungsalgorithmen notwendigen Flächennormalen und der Möglichkeit der interaktiven Generierung und Kontrolle von Polygonnetzen. Nachteilig ist, dass bei guter Approximation durch viele kleine Polygone ein hoher Speicherplatz- und Rechenzeitbedarf besteht und bei einer Bildvergrößerung (*Zooming*) die Polygone wieder sichtbar werden, die Approximation also schlechter wird. Für Polygonnetze haben sich drei Darstellungsarten herausgebildet, die explizite Darstellung, die Darstellung mit Zeigern in einer *Knotenliste* und die Darstellung mit Zeigern in einer *Kantenliste*. Alle drei Arten werden anschließend beschrieben. Bild 4.14 zeigt ein Beispiel für die Modellierung einer gekrümmten Fläche mit einem Polygonnetz aus Dreiecken.

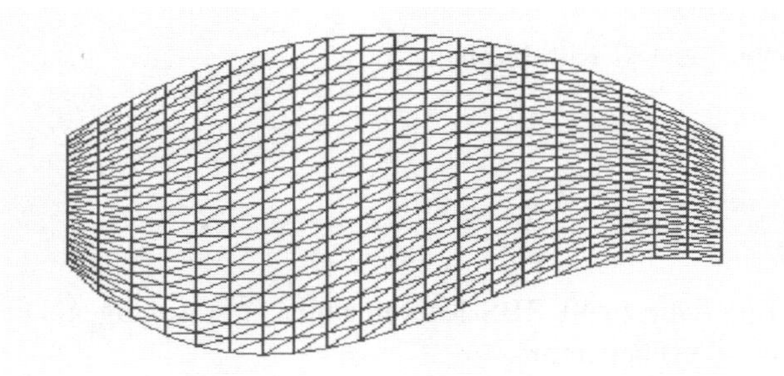

Bild 4.14 Beispiel für eine durch ein Dreiecksnetz definierte Fläche

Die folgenden Ausführungen zu Polygonnetzen beziehen sich immer auf das im Bild 4.15 angegebene einfache Beispielnetz.

Explizite Darstellung

Jedes Polygon P_j, Bild 4.15, wird durch die Liste seiner Eckpunkte $\vec{V}_i$ (Knoten, Vertices) dargestellt.

$$P_j\left(\vec{V}_k, \ldots \vec{V}_m\right) \text{ mit } \vec{V}_i = (x_i, y_i, z_i, w_i)^T, i = k \ldots m$$

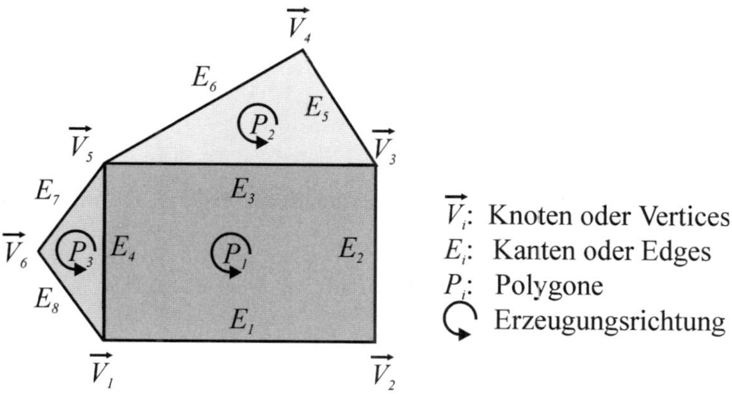

Bild 4.15 Beispiel für ein einfaches Polygonnetz

Die Knoten $\vec{V}_i$ werden in der Reihenfolge abgespeichert, in der sie beim Erzeugen des Polygons durchlaufen werden. Vorteilhaft ist hier die einfache und übersichtliche Datenstruktur, nachteilig die Tatsache, dass *Koordinaten* gemeinsamer Punkte mehrfach gespeichert werden (Punkte $\vec{V}_1$, $\vec{V}_3$, $\vec{V}_5$) und damit die *Konsistenz* bei Datenänderungen gefährdet ist. So wäre eine Änderung von $\vec{V}_5$ in allen drei Datensätzen für die Polygone P_1, P_2 und P_3 erforderlich. Außerdem werden gemeinsame Kanten, wie die Kanten E_3 und E_4, nicht explizit gekennzeichnet. Dadurch werden diese mehrfach beim Clipping, bei Transformationen und bei der Ausgabe bearbeitet.

Darstellung mit Zeigern in der Knotenliste

Jeder Knoten $\vec{V}_i$ wird nur einmal in die Knotenliste V geschrieben

$$V = (\vec{V}_1, \ldots, \vec{V}_n) \text{ mit } \vec{V}_i = (x_i, y_i, z_i, w_i)^{\mathrm{T}}$$

Jedes Polygon P_j wird durch eine Zeigerliste in der Knotenliste V definiert.

$$P_j = (^\wedge\vec{P}_i, \ldots {}^\wedge\vec{P}_k)$$

Für das Beispielnetz nach Bild 4.15 ergibt sich daraus

$$V = (\vec{V}_1, \vec{V}_2, \vec{V}_3, \vec{V}_4, \vec{V}_5, \vec{V}_6)$$

$$P_1 = (^\wedge\vec{V}_1, ^\wedge\vec{V}_2, ^\wedge\vec{V}_3, ^\wedge\vec{V}_5)$$

$$P_2 = (^\wedge\vec{V}_3, ^\wedge\vec{V}_4, ^\wedge\vec{V}_5)$$

$$P_3 = (^\wedge\vec{V}_1, ^\wedge\vec{V}_5, ^\wedge\vec{V}_6)$$

Der Vorteil besteht hier darin, dass die geometrischen Daten nur einmal gespeichert werden und damit die Konsistenz bei der Änderung einzelner Daten erhalten bleibt. Damit unterstützt diese Datenstruktur interaktive Datenänderungen. Nachteilig ist auch hier, dass Polygone mit einer gemeinsamen Kante nur durch besondere Maßnahmen zu finden sind und diese deshalb auch hier mehrfach bearbeitet werden.

Darstellung mit Zeigern in einer Kantenliste

Wie auch bei der Darstellung mit Zeigern in einer Knotenliste V wird diese zunächst aufgebaut.

$$V = (\vec{V}_1, \ldots, \vec{V}_n) \text{ mit } \vec{V}_i = (x_i, y_i, z_i, w_i)^{\mathrm{T}}$$

Der Zugriff auf die Knoten erfolgt jetzt jedoch über einer Kantenliste E, die ihrerseits jede Kante E_i nur einmal enthält.

$$E = (E_1, \ldots, E_m) \text{ mit } E_i = \left({}^\wedge\vec{V}_j, {}^\wedge\vec{V}_k, {}^\wedge P_l, {}^\wedge P_m\right)$$

Jede Kante in der Kantenliste zeigt auf die zugehörigen Knoten $\left(\vec{V}_j, \vec{V}_k\right)$ in der Knotenliste V sowie auf das eine oder die beiden Polygone (P_l, P_m), zu denen diese Kante gehört. Ist P_m nicht vorhanden, so erhält der Zeiger den Wert $\lambda = \text{nil}$ (not in list). Für das Beispielnetz gilt damit

Knotenliste: $V = \left(\vec{V}_1, \vec{V}_2, \vec{V}_3, \vec{V}_4, \vec{V}_5, \vec{V}_6\right)$

Polygonliste: $P = (P_1, P_2, P_3) \text{ mit } P_j = ({}^\wedge E_i, \ldots, {}^\wedge E_m), j = 1 \ldots 3$

$$P_1 = ({}^\wedge E_1, {}^\wedge E_2, {}^\wedge E_3, {}^\wedge E_4)$$

$$P_2 = ({}^\wedge E_3, {}^\wedge E_5, {}^\wedge E_6)$$

$$P_3 = ({}^\wedge E_4, {}^\wedge E_7, {}^\wedge E_8)$$

Kantenliste: $E = (E_1, E_2, E_3, E_4, E_5, E_6, E_7, E_8)$

$$E_1 = \left({}^\wedge\vec{V}_1, {}^\wedge\vec{V}_2, {}^\wedge P_1, \lambda\right) \qquad E_5 = \left({}^\wedge\vec{V}_3, {}^\wedge\vec{V}_4, {}^\wedge P_2, \lambda\right)$$

$$E_2 = \left({}^\wedge\vec{V}_2, {}^\wedge\vec{V}_3, {}^\wedge P_1, \lambda\right) \qquad E_6 = \left({}^\wedge\vec{V}_4, {}^\wedge\vec{V}_5, {}^\wedge P_2, \lambda\right)$$

$$E_3 = \left({}^\wedge\vec{V}_3, {}^\wedge\vec{V}_5, {}^\wedge P_1, {}^\wedge P_2\right) \qquad E_7 = \left({}^\wedge\vec{V}_5, {}^\wedge\vec{V}_6, {}^\wedge P_3, \lambda\right)$$

$$E_4 = \left({}^\wedge\vec{V}_5, {}^\wedge\vec{V}_1, {}^\wedge P_1, {}^\wedge P_3\right) \qquad E_8 = \left({}^\wedge\vec{V}_6, {}^\wedge\vec{V}_1, {}^\wedge P_3, \lambda\right)$$

Die Verwendung einer Kantenliste sichert, dass jede Kante einmal bearbeitet wird und festgestellt werden kann, welche Polygone eine gemeinsame Kante besitzen.

Die drei behandelten Darstellungsarten lassen es allerdings nicht zu, auf einfache Art die Kanten zu ermitteln, die zu einem bestimmten Knoten gehören. Dazu müssten alle Kanten untersucht werden. Man könnte das durch Hinzufügen expliziter Informationen über solche Relationen sichern. Beispielsweise könnten bei der Kantenbeschreibung noch Zeiger auf die beiden benachbarten Kanten jedes Polygons eingefügt werden und bei der Knotenbeschreibung ein Zeiger auf eine beliebige Kante, die den Knoten enthält.

Berechnung des Normalenvektors

Für *Sichtbarkeits- und Beleuchtungsberechnungen* wird der Normalenvektor benötigt. Das setzt bei Polygonnetzen voraus, dass die Ebenengleichungen der Polygone bekannt sind. Diese können in kartesischen Koordinaten, in Vektorform oder in Parameterform angegeben werden.

Kartesische Koordinaten: $F(x,y,z) = A \cdot x + B \cdot y + C \cdot z + D = 0$

Vektorform: $\vec{N} \cdot \vec{g} - k = 0$

$$N_x \cdot x + N_y \cdot y + N_z \cdot z - k = 0 \tag{4.34}$$

Zwischen der Darstellung in kartesischen Koordinaten und der Vektorform ergibt sich damit der Zusammenhang

$\vec{N} = (A,B,C)^{\mathrm{T}}$ und $k = -D$.

Parameterform: $F(s,t) = 0$

Die Berechnung der Normalenvektoren kann je nach der mathematischen Beschreibung der ebenen und konvexen Polygone unterschiedlich erfolgen. Für das Dreieck und das ebene konvexe Viereck wird sie anschließend angegeben.

Dreiecke

Dreiecke besitzen den Vorteil, immer *planar* und *konvex* zu sein. Damit werden erforderliche Schnittpunkt- und Normalenberechnungen relativ einfach. Dreiecke werden heute überwiegend zur Flächenbeschreibung benutzt. Die parametrisierte Darstellung des Dreiecks durch die Vertices $\vec{V}_1$, $\vec{V}_2$ und $\vec{V}_3$ lautet:

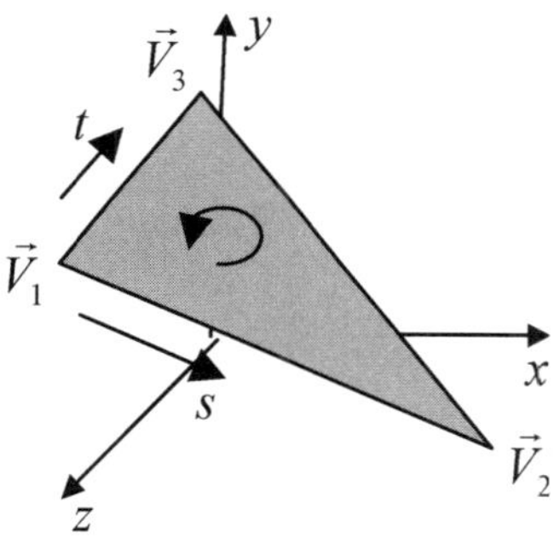

$$\vec{Q}(s,t) = (1-s-t) \cdot \vec{V}_1 + s \cdot \vec{V}_2 + t \cdot \vec{V}_3 \tag{4.35}$$

mit $0 \leq (s+t) \leq 1,\ 0 \leq s \leq 1,\ 0 \leq t \leq 1.$

Damit gilt: $\vec{Q}(0,0) = \vec{V}_1$

$\vec{Q}(1,0) = \vec{V}_2$

$\vec{Q}(0,1) = \vec{V}_3$

Die Dreieckskanten werden wie folgt beschrieben, wobei der Einfachheit halber s und t zu μ gesetzt werden.

Kante $\overline{\vec{V}_1\vec{V}_2} \Rightarrow \vec{Q}(\mu,0) = \vec{V}_1 + \mu \cdot (\vec{V}_2 - \vec{V}_1)$

$\overline{\vec{V}_2\vec{V}_3} \Rightarrow \vec{Q}(1-\mu,\mu) = \vec{V}_2 + \mu \cdot (\vec{V}_3 - \vec{V}_2) \quad 0 \leq \mu \leq 1$

$\overline{\vec{V}_1\vec{V}_3} \Rightarrow \vec{Q}(0,\mu) = \vec{V}_1 + \mu \cdot (\vec{V}_3 - \vec{V}_1)$

Ein (Schnitt-)Punkt befindet sich innerhalb des Dreiecks, wenn gilt:

$$(s \geq 0) \wedge (t \geq 0) \wedge (s+t \leq 1)$$

Anschließend werden die drei Möglichkeiten zur Berechnung des Normalenvektors $\vec{N}$ der Dreiecksfläche angegeben.

Bestimmung mit dem Vektorprodukt

$$\vec{N} = \left(N_x, N_y, N_z\right)^{\mathrm{T}} = \left(\vec{V}_2 - \vec{V}_1\right) \times \left(\vec{V}_3 - \vec{V}_1\right)$$
$$\text{mit } \vec{V}_i = (x_i, y_i, z_i, w_i)^{\mathrm{T}} \qquad i = 1 \ldots 3$$
$$N_x = (y_2 - y_1) \cdot (z_3 - z_1) - (y_3 - y_1) \cdot (z_2 - z_1)$$
$$N_y = (z_2 - z_1) \cdot (x_3 - x_1) - (z_3 - z_1) \cdot (x_2 - x_1) \qquad (4.36)$$
$$N_z = (x_2 - x_1) \cdot (y_3 - y_1) - (x_3 - x_1) \cdot (y_2 - y_1)$$

Bestimmung mit dem *Verfahren von Newell*

$$\vec{N} = \left(N_x, N_y, N_z\right)^{\mathrm{T}} \qquad (4.37)$$
$$\vec{N}_x = \tfrac{1}{2} \sum_{i=1}^{3} (y_i - y_{i\oplus 1}) \cdot (z_i + z_{i\oplus 1})$$
$$\vec{N}_y = \tfrac{1}{2} \sum_{i=1}^{3} (z_i - z_{i\oplus 1}) \cdot (x_i + x_{i\oplus 1}) \text{ mit } i \oplus 1 = \begin{cases} i+1 & \text{falls } i \neq n \\ 1 & \text{falls } i = n \end{cases}$$
$$\vec{N}_z = \tfrac{1}{2} \sum_{i=1}^{3} (x_i - x_{i\oplus 1}) \cdot (y_i + y_{i\oplus 1})$$

Bestimmung mit dem Vektorprodukt der partiellen Ableitungen nach Gleichung (4.30)

$$\vec{N}(s,t) = \frac{\partial \vec{Q}(s,t)}{\partial s} \times \frac{\partial \vec{Q}(s,t)}{\partial t}$$
$$\vec{Q}(s,t) = (1 - s - t) \cdot \vec{V}_1 + s \cdot \vec{V}_2 + t \cdot \vec{V}_3$$
$$\frac{\partial \vec{Q}(s,t)}{\partial s} = \vec{V}_2 - \vec{V}_1 \text{ und } \frac{\partial \vec{Q}(s,t)}{\partial t} = \vec{V}_3 - \vec{V}_1$$
$$\vec{N}(s,t) = \left(\vec{V}_2 - \vec{V}_1\right) \times \left(\vec{V}_3 - \vec{V}_1\right)$$

Diese Formel stimmt mit der bei der Bestimmung des Normalenvektors mit dem Vektorprodukt, Gleichung (4.36), überein. Für die weiteren Rechnungen mit dem Normalenvektor wird vorausgesetzt, dass dieser als Einheitsvektor vorliegt.

$$\vec{N}_{Norm} = \frac{\vec{N}}{|\vec{N}|} = \frac{\vec{N}}{\sqrt{N_x^2 + N_y^2 + N_z^2}} \qquad (4.38)$$

Vierecke

Statt Dreiecksflächen können prinzipiell auch konvexe planare Vierecksflächen zum Aufbau von gekrümmten Flächen verwendet werden. Durch Eingabe- oder Berechnungsfehler kann es dabei jedoch vorkommen, dass die Eckpunkte nicht exakt in einer Ebene liegen. Durch die beliebige Wahl von drei Punkten könnte es deshalb zu einem fehlerhaften Normalenvektor $\vec{N}(s,t)$ kommen, der seinerseits Ungenauigkeiten bei Schnittpunkt- und Beleuchtungsberechnungen nach sich zieht. Deshalb sollte hier prinzipiell das Verfahren von Newell, Gleichung (4.37), angewendet werden, welches alle Knoten berücksichtigt und damit eine Mittelung realisiert.

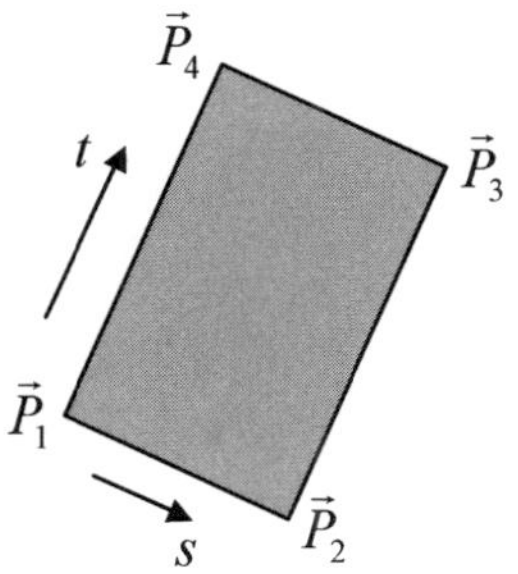

$$\vec{Q}(s,t) = (1-s)\cdot(1-t)\cdot\vec{P}_1 + s\cdot(1-t)\cdot\vec{P}_2$$
$$+ (1-s)\cdot t\cdot\vec{P}_4 + s\cdot t\cdot\vec{P}_3$$
$$\text{mit } 0 \le s \le 1 \text{ und } 0 \le t \le 1$$

Es gilt

$$\vec{Q}(0,0) = \vec{P}_1, \vec{Q}(1,0) = \vec{P}_2, \vec{Q}(0,1)$$
$$= \vec{P}_4, \vec{Q}(1,1) = \vec{P}_3. \qquad (4.39)$$

Beispiel 4.12:

Normalenvektor für ein konvexes planares Viereck in der xy-Ebene nach Nevell

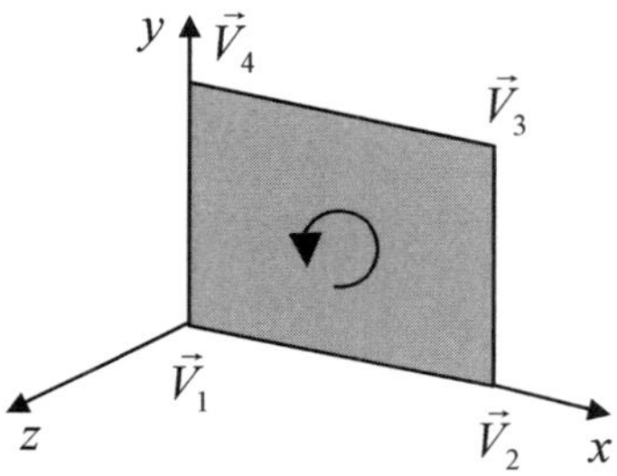

Die Knoten $\vec{V}_1$ bis $\vec{V}_4$ liegen exakt in der xy-Ebene

$\vec{V}_1 = (0,0,0)^T$ $\vec{V}_2 = (1,0,0)^T$ $\vec{V}_3 = (1,1,0)^T$ $\vec{V}_4 = (0,1,0)^T$

Damit ergibt sich $N_x = 0$ wegen $(z_i + z_{i\oplus 1}) = 0$ für alle i

$$N_y = 0 \text{ wegen } (z_i - z_{i\oplus 1}) = 0 \text{ für alle } i$$

$$N_z = \tfrac{1}{2}\sum_{i=1}^{3}(x_i - x_{i\oplus 1})\cdot(y_i + y_{i\oplus 1}) = 1$$

und der bereits normierte Normalenvektor zu $\vec{N} = (0,0,1)^T$

Der vollständige Quelltext befindet sich im Projekt FLAECHEN.

■

Darstellung von Flächen mit einem Dreiecksnetz in OpenGL

Allgemeine Flächen werden überwiegend mit Dreiecksnetzen erzeugt und dargestellt. Das Problem besteht dabei meist darin, die für die Sichtbarkeits- und Beleuchtungsberechnung erforderlichen Normalen in jedem Eckpunkt des Dreiecknetzes zu bestimmen, da diese selten analytisch berechnet werden können. Das erfolgt hier näherungsweise über das in Gleichung (4.36) formulierte Vektorprodukt. Um verschiedene Flächen erzeugen zu können, wird der Prozedur Dreiecksnetz die formale Fläche Surface vom Typ TSurface übergeben. Diese muss beim Aufruf durch die aktuelle Fläche des gleichen Typs ersetzt werden. Das wird im Beispiel 4.13 für die Coons-Fläche gezeigt. Der Typ TSurface und die Prozedur Dreiecksnetz(..) sind Bestandteil der Unit GLToolsDelphi.

```
type TSurface=procedure(s,t: GLfloat; Param: array of GLfloat;
                                              var x,y,z: GLfloat);

         :
```

```
procedure Dreiecksnetz(ns,nt: GLbyte; Param: array of GLfloat;
                                        Surface: TSurface);
type P=                           record x,y,z: GLfloat end;
var  i,j,k:                       GLbyte;
     x21,y21,z21,x31,y31,z31,s,t: GLfloat;
     F,N:                         array [0..500,0..500] of P;
begin
// Berechnung der Oberflächenpunkte F[i,j].x, F[i,j].y F[i,j].z
  if ns>500 then ns:=500;
  if nt>500 then nt:=500;
  for i:=0 to ns do
  begin
    for j:=0 to nt do
    with F[i,j] do
      begin
        s:=i/ns; t:=j/nt; Surface(s,t,Param,x,y,z);
      end
end;

// Hier erfolgt die Berechnung der Normalen N[i,j].x, N[i,j].y, und
// N[i,j].z aus den berechneten Punkten mit der vorher angegebenen
// Formel (4.36) für jeden Vertex des Dreiecksnetzes. Der vollständige
// Quelltext befindet sich in der Unit GLToolsDelphi.

// Zeichnen der Oberfläche
for i:=0 to ns-1 do
begin
  k:=i+1;
  glBegin(GL_TRIANGLE_STRIP);
    for j:=0 to nt do
    begin
      glNormal3fv(@N[i,j]); glVertex3fv(@F[i,j]);
      glNormal3fv(@N[k,j]); glVertex3fv(@F[k,j]);
    end;
  glEnd;
end;
end {Dreiecksnetz};
```

Coons-Flächen

1967 wurde von Coons eine spezielle Methode für die Konstruktion von Flächen vorgeschlagen. Diese setzt voraus, dass die Fläche durch ein Netz von Raumkurven in viereckige Elemente zerlegt wird.

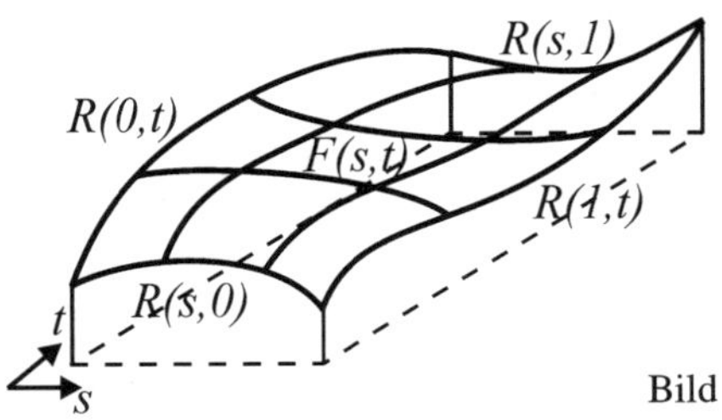

Bild 4.16 Coons-Fläche

Ein Flächenelement wird durch seine vier Randkurven definiert:

$$\begin{array}{lll} R(s,0) & R(s,1) & 0 \le s \le 1 \\ R(0,t) & R(1,t) & 0 \le t \le 1 \end{array}$$

Durch eine lineare Interpolation zwischen den beiden Randkurven $R(0, t)$ und $R(1, t)$, Bild 4.16, ergibt sich

$$F_1(s,t) = (1-s)\cdot R(0,t) + s\cdot R(1,t)$$

Dieser Fläche $F_1(s, t)$ wird eine zweite Fläche $F_2(s, t)$ so überlagert, dass auch die Randkurven $R(s, 0)$ und $R(s, 1)$ erzwungen werden.

Der Ansatz lautet

$$F_2(s,t) = (1-t)\cdot[F(s,0) - F_1(s,0)] + t\cdot[F(s,1) - F_1(s,1)]$$

Die Randkurven $F(s, 0) = R(s, 0)$ und $F(s, 1) = R(s, 1)$ sowie

$$F_1(s,0) = (1-s)\cdot R(0,0) + s\cdot R(1,0)$$

$$F_1(s,1) = (1-s)\cdot R(0,1) + s\cdot R(1,1)$$

sind bekannt. Damit ergibt sich

$$\begin{aligned} F_2(s,t) &= (1-t)\cdot[R(s,0) - (1-s)\cdot R(0,0) - s\cdot R(1,0)] \\ &+ t\cdot[R(s,1) - (1-s)\cdot R(0,1) - s\cdot R(1,1)] \end{aligned}$$

Für die Gesamtfläche $F(s, t)$ erhält man mit

$$F(s,t) = F_1(s,t) + F_2(s,t)$$

eine Näherungsfunktion, die wenigstens die Randkurven exakt erfüllt.

$$\begin{aligned} F(s,t) &= (1-s)\cdot R(0,t) + s\cdot R(1,t) + (1-t)\cdot R(s,0) + t\cdot R(s,1) \\ &- (1-s)\cdot(1-t)\cdot R(0,0) - s\cdot(1-t)\cdot R(1,0) \\ &+ t\cdot(1-s)\cdot R(0,1) - s\cdot t\cdot R(1,1) \end{aligned} \tag{4.40}$$

Beispiel 4.13:

Für die Randkurven werde der kubische Ansatz

$$\varphi(p) = a + b\cdot p + c\cdot p^2 + d\cdot p^3 \tag{4.41}$$

gemacht. Gilt $\varphi(0) = \alpha, \varphi(\frac{1}{3}) = \beta, \varphi(\frac{2}{3}) = \gamma, \varphi(1) = \delta$, so ergibt sich nach einiger Zwischenrechnung

$$\begin{aligned} \varphi(p) &= \tfrac{1}{2}\cdot[2\cdot\alpha + (-11\cdot\alpha + 18\cdot\beta - 9\cdot\gamma + 2\cdot\delta)\cdot p \\ &+ (18\cdot\alpha - 45\cdot\beta + 36\cdot\gamma - 9\cdot\delta)\cdot p^2 + (-9\cdot\alpha + 27\cdot\beta - 27\cdot\gamma + 9\cdot\delta)\cdot p^3] \end{aligned}$$

Die Randkurven $R(s, 0)$, $R(s, 1)$, $R(0, t)$ und $R(1, t)$ seien durch folgende Punkte bestimmt

Randkurve	α	β	γ	δ
$R(s, 0)$	3	0	0	3
$R(s, 1)$	0	3	1	0
$R(0, t)$	3	2	1	0
$R(1, t)$	3	2	1	0

Mit diesen Werten ergeben sich durch Einsetzen in die Gleichung (4.41) die Randkurven

$$R(s,0) = \tfrac{1}{2} \cdot (6 - 27 \cdot s + 27 \cdot s^2)$$

$$R(s,1) = \tfrac{1}{2} \cdot (45 \cdot s - 99 \cdot s^2 + 54 \cdot s^3)$$

$$R(0,t) = R(1,t) = 3 \cdot (1 - t)$$

und damit die Coons-Fläche entsprechend Gleichung (4.40) zu

$$R(s,t) = \tfrac{1}{2} \cdot [(54 \cdot s^3 - 126 \cdot s^2 + 72 \cdot s - 6) \cdot t + (27 \cdot s^2 - 27 \cdot s + 6)]$$

Im Bild 4.17 ist diese als Draht- und als Flächenmodell dargestellt. Wie man sieht, ist die Fläche aus Dreiecken aufgebaut, nutzt also die soeben vorgestellte Prozedur Dreiecksnetz(..) mit den entsprechenden Daten.

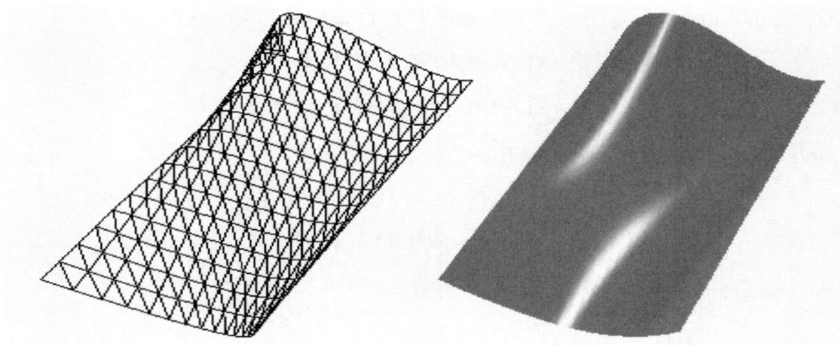

Bild 4.17 Coons-Fläche

Die Prozedur zur Definition der darzustellenden Coons-Fläche lautet

```
      :
var   ns,nt: GLint;
      Param: array [0..5] of GLfloat;
      :
procedure Coons(s,t: GLfloat; Param: array of GLfloat;
                    var x,y,z: GLfloat);
begin
   x:=Param[0]*s;
   y:=Param[1]*t;
   z:=0.5*((54*s*sqr(s)-126*sqr(s)+72*s-6)*t
           +(27*sqr(s)-27*s+6));
end;
      :
```

und der Aufruf der die Darstellung realisierenden Prozedur beispielsweise

```
      :
ns:=50;          nt:=50;
Param[0]:=3;     Param[1]:=3;
Dreiecksnetz(ns,nt,Param,Coons);
      :
```

Der vollständige Quelltext befindet sich im Projekt FLAECHEN.

Bilinear interpolierende Viereckselemente

Ein bilinear interpolierendes Viereckselement wird erzeugt, wenn die Punkte $\vec{P}_1$ bis $\vec{P}_4$ durch gerade Linien verbunden werden und diese nicht in einer Ebene liegen. Die Interpolation erfolgt in s- und t-Richtung jeweils linear entsprechend Gleichung (4.39).

Beispiel 4.14:

Viereckselement mit den Koordinaten

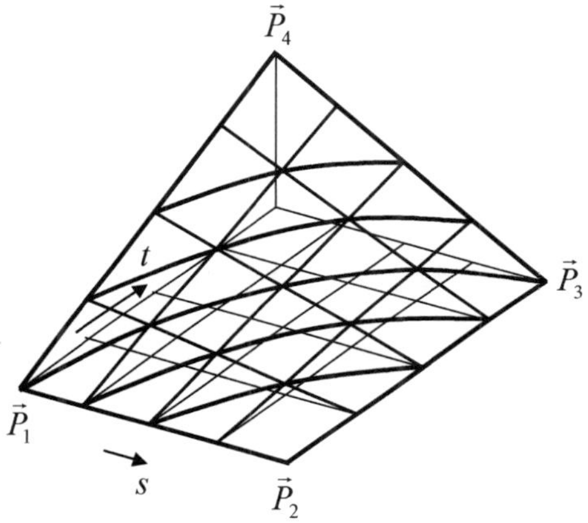

Mit $\vec{P}_1(0,0,0), \vec{P}_2(1,0,0), \vec{P}_4(0,2,10), \vec{P}_3(1,2,0)$ ergeben sich die Parameterdarstellungen für das bilinear interpolierende Viereckselement zu

$$x(s,t) = s$$
$$y(s,t) = 2 \cdot t$$
$$z(s,t) = 10 \cdot t \cdot (1-s)$$

Die Prozedur BilinViereck(..) zur Definition der darzustellenden Fläche und der Aufruf zur Darstellung lautet

```
procedure BilinViereck(s,t: GLfloat; Param: array of GLfloat;
                                  var x,y,z: GLfloat);
begin
   x:=s;
   y:=2*t;
   z:=10*t*(1-s);
end;
   :
Dreiecksnetz(100,100,Param,BilinViereck);
```

Der vollständige Quelltext befindet sich im Projekt FLAECHEN.

■

Quadratische Flächen, Quadriken

Quadratische Flächen sind Erweiterungen der ebenen Kurven 2. Grades auf die dritte Dimension:

$$F(x,y,z) = A \cdot x^2 + B \cdot y^2 + C \cdot z^2 + 2 \cdot D \cdot x \cdot y + 2 \cdot E \cdot x \cdot z + 2 \cdot F \cdot y \cdot z + 2 \cdot G \cdot x + 2 \cdot H \cdot y + 2 \cdot I \cdot z + J = 0 \quad (4.42)$$

Die impliziten und Parameterdarstellungen für ausgewählte Flächen lauten:

Ellipsoid (Kugel, wenn $a = b = c = r$) (4.43)

$$\frac{x^2}{a^2}+\frac{y^2}{b^2}+\frac{z^2}{c^2}-1=0$$

$$\begin{aligned} x(s,t) &= a\cdot\cos(s)\cdot\cos(t) \\ y(s,t) &= b\cdot\sin(s)\cdot\cos(t) \quad s=[-\pi,\pi], t=[-\pi/2,\pi/2] \\ z(s,t) &= c\cdot\sin(t) \end{aligned}$$

Einschaliges Hyperboloid (4.44)

$$\frac{x^2}{a^2}+\frac{y^2}{b^2}-\frac{z^2}{c^2}-1=0$$

$$\begin{aligned} x(s,t) &= a\cdot\cos(s)/\cos(t) \\ y(s,t) &= b\cdot\sin(s)/\cos(t) \quad s=[-\pi,\pi], t=[-\pi/2,\pi/2] \\ z(s,t) &= c\cdot\sin(t)/\cos(t) \end{aligned}$$

Elliptischer Kegel (4.45)

$$\frac{x^2}{a^2}+\frac{y^2}{b^2}-\frac{z^2}{c^2}=0$$

$$\begin{aligned} x(s,t) &= a\cdot t\cdot\cos(s) \\ y(s,t) &= b\cdot t\cdot\sin(s) \quad s=[-\pi,\pi], t=\text{beliebig} \\ z(s,t) &= c\cdot t \end{aligned}$$

Elliptisches Paraboloid (4.46)

$$\frac{x^2}{a^2}+\frac{y^2}{b^2}-\frac{z}{c}=0$$

$$\begin{aligned} x(s,t) &= a\cdot t\cdot\cos(s) \\ y(s,t) &= b\cdot t\cdot\sin(s) \quad s=[-\pi,\pi], t\geq 0 \\ z(s,t) &= c\cdot t^2 \end{aligned}$$

Beispiel 4.15:

Darstellung eines einschaligen Hyperboloids nach Gleichung (4.44) mit dem Dreiecksnetz.

```
procedure Hyperboloid(s,t: GLfloat;
            Param: array of GLfloat; var x,y,z: GLfloat);
  var spi,tpi: GLfloat;
begin
  spi:=Param[0]*pi*(2*s-1); tpi:=Param[1]*pi*(2*t-1);
  x:=2*cos(spi)/cos(tpi);
  y:=1*sin(spi)/cos(tpi);
  z:=2*sin(tpi)/cos(tpi);
end;
```

Der Aufruf dieser Prozedur Hyperboloid erfolgt durch die definierte Prozedur Dreiecksnetz in der folgenden Form:

```
glPolygonMode(GL_FRONT_AND_BACK,GL_LINE);
Param[0]:=1; Param[1]:=0.35;
glDisable(GL_LIGHTING);

glPushMatrix;
  glTranslatef(-5,0,0);
  glRotatef(McveValue,xMove,yMove,zMove);
  Dreiecksnetz(15,15,Param,Hyperboloid);
  glPolygonMode(GL_FRONT_AND_BACK,GL_FILL);
  glColor4f(1,1,0.9,1);
  glPushMatrix;
    glScalef(0.98,0.98,0.99);
    Dreiecksnetz(15,15,Param,Hyperboloid);
  glPopMatrix;
glPopMatrix;

glPolygonMode(GL_FRONT_AND_BACK,GL_FILL);
  glEnable(GL_LIGHTING);
  glPushMatrix;
  glTranslatef(5,0,0);
  glRotatef(MoveValue,xMove,yMove,zMove);
  Dreiecksnetz(50,50,Param,Hyperboloid);
glPopMatrix;
```

Das Ergebnis ist im Bild 4.18 dargestellt. Die für die Transformationen verwendeten Routinen glTranslatef(..), glRotatef(..), glPushMatrix und glPopMatrix werden im Kapitel 5 ausführlich beschrieben.

Der vollständige Quelltext befindet sich im Projekt FLAECHEN.

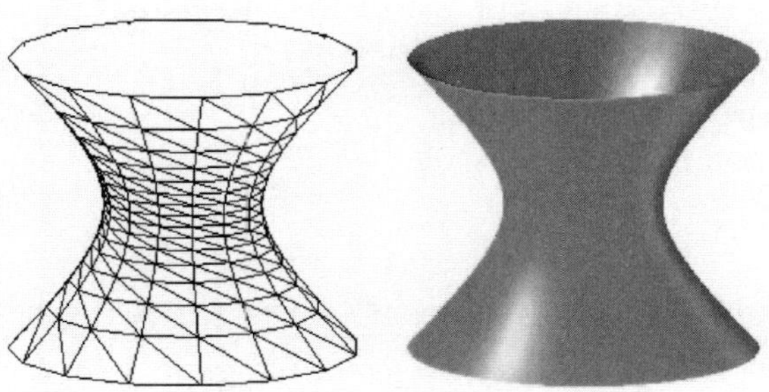

Bild 4.18 Einschaliges Hyperboloid als Draht- und Flächenmodell

Beispiel 4.16:

Darstellung eines elliptischen Kegels nach Gleichung (4.45) mit dem Dreiecksnetz als Draht- und Flächenmodell. Mit Value1 wird der Radius in *x*-Richtung, mit Value2 in *y*-Richtung und mit Value3 die Höhe verändert.

```
procedure EllipticherKegel(s,t: GLfloat; Param: array of GLfloat;
  var x,y,z: GLfloat);
begin
  x:=Param[0]*t*cos(2*pi*s-pi);
  y:=Param[1]*t*sin(2*pi*s-pi);
```

```
   z:=Param[2]*t;
end;
   :
Param[0]:=Value1; Param[1]:=Value2; Param[2]:=Value3;
glPolygonMode(GL_FRONT_AND_BACK,GL_LINE);
glDisable(GL_LIGHTING);
glPushMatrix;
   glTranslatef(-5,0,0);
   glRotatef(MoveValue,xMove,yMove,zMove);
   Dreiecksnetz(15,15,Param,EllipitischerKegel);
glPopMatrix;
glPolygonMode(GL_FRONT_AND_BACK,GL_FILL);
glEnable(GL_LIGHTING);
glPushMatrix;
   glTranslatef(5,0,0);
   glRotatef(MoveValue,xMove,yMove,zMove);
   Dreiecksnetz(50,50,Param,EllipitischerKegel);
glPopMatrix;
```

Der vollständige Quelltext befindet sich im Projekt FLAECHEN.

■

Beispiel 4.17:

Darstellung von Wellblech mit dem Dreiecksnetz als Flächenmodell. Mit Value1 wird die Länge in x-Richtung, mit Value2 in y-Richtung und mit Value3 die Unterteilung des Dreiecksnetzes (Anzahl der Dreiecke) verändert.

```
// Deklaration des Wellblechs
procedure Wellblech(s,t: GLfloat; Param: array of GLfloat;
                         var x,y,z: GLfloat);
begin
    x:=Param[0]*(s-0.5);
    y:=Param[1]*(t-0.5);
    z:=sin(6*pi*s);
end;

// Aufruf der Prozedur Wellblech durch die Prozedur Dreiecksnetz
// zur Ausgabe des Wellblechs
Param[0]:=0.5*Value1; Param[1]:=0.5*Value2;
glPolygonMode(GL_FRONT_AND_BACK,GL_FILL);
glEnable(GL_LIGHTING);
glPushMatrix;
   glRotatef(MoveValue,xMove,yMove,zMove);
   Dreiecksnetz(Value3,Value3,Param,Wellblech);
glPopMatrix;
```

Der vollständige Quelltext befindet sich im Projekt FLAECHEN.

■

Beispiel 4.18:

Darstellung einer Blechhaube mit dem Dreiecksnetz als Flächenmodell. Mit Value1 wird die Länge in x-Richtung, mit Value2 in y-Richtung und mit Value3 die Unterteilung des Dreiecksnetzes (Anzahl der Dreiecke) verändert.

```
// Deklaration der Blechhaube
procedure Blechhaube(s,t: GLfloat; Param: array of GLfloat;
                           var x,y,z: GLfloat);
begin
  x:=Param[0]*(s-0.5);
  y:=Param[1]*(t-0.5);
  z:=2*sin(pi*s)*sin(pi*t);
end;

// Aufruf der Prozedur Blechhaube durch die Prozedur Dreiecksnetz
// zur Ausgabe der Blechhaube
Param[0]:=0.5*Value1; Param[1]:=0.5*Value2;
glPolygonMode(GL_FRONT_AND_BACK,GL_FILL);
glEnable(GL_LIGHTING);
glPushMatrix;
  glRotatef(MoveValue,xMove,yMove,zMove);
  Dreiecksnetz(Value3,Value3,Param,Blechhaube);
glPopMatrix;
```

Der vollständige Quelltext befindet sich im Projekt FLAECHEN.

■

4.3.5 OpenGL-Routinen

Generieren von Bézier-Flächen

- Definition der Bézier-Fläche

  procedure glMap2f (**target:**
  GLenum; **u1**, **u2:** ***GLfloat;*** **uStride, uOrder:** ***GLint;***
  v1, v2: ***GLfloat;*** **vStride, vOrder:** ***GLint;*** **points:** ***PGLfloat***);

Parameter

target	Typ der Kontrollpunkte, GL_MAP2_VERTEX_3 | GL_MAP2_VERTEX_4 | GL_MAP2_COLOR_4 (Auswahl)
u1, **u2**	Anfangs- und Endwert in *u*-Richtung
uStride, uOrder	Kontrollpunktabstand und Ordnung in *u*-Richtung
v1, **v2**	Anfangs- und Endwert in *v*-Richtung
vStride, vOrder	Kontrollpunktabstand und Ordnung in *v*-Richtung
points	Zeiger auf die Matrix der Kontrollpunkte

Kurzbeschreibung

glMap2f(..) bestimmt einen zweidimensionalen Evaluator. Dabei geben die Werte von **target** an, von welcher Art die in **points** stehenden Daten sind. Als Auswahl seien hier GL_MAP2_VERTEX_3 (Vertex mit *x*, *y*, *z*), GL_MAP2_VERTEX_4 (Vertex mit *x*, *y*, *z*, *w*), GL_MAP2_COLOR_4 (Farbe mit RGBA-Werten) genannt. **u1** und **u2** sowie **v1** und **v2** bestimmen den Bereich des in der Routine glEvalCoord2f (..) verwendeten Parameters **u** und **v. uStride** und **vStride** geben den Abstand in beiden Richtungen der in **points** gespeicherten Daten an. **uOrder** und **vOrder** sind der Grad der Bézier-Kurve plus 1 in beiden Richtungen. Die Anzahl der Kontrollpunkte ist also **uOrder·vOrder**. **points** spezifiziert den Zeiger auf die Matrix mit den Kontrollpunkten.

- Darstellung der Bézier-Fläche durch die Berechnung von Einzelpunkten
  procedure glEvalCoord2f (**u, v:** ***GLfloat***);

Parameter

u, v	Positionen, an denen der Wert des Punktes berechnet werden soll. Es muss gelten: (**u1<=u<=u2**) und (**v1<=v<=v2**).

- Darstellung der Bézier-Fläche durch die Berechnung an Gitterpunkten
  procedure glMapGrid2f (**un:** ***GLint***; **u1, u2:** ***GLfloat***;
  vn: ***GLint***; **v1, v2:** ***GLfloat***);
  procedure glEvalMesh2f (**mode:** ***GLenum***; **i1, i2, j1, j2:** ***GLint***);

Parameter

un, u1, u2	Schrittanzahl sowie Anfangs- und Endwert in u-Richtung
vn, v1, v2	Schrittanzahl sowie Anfangs- und Endwert in v-Richtung
mode	Darstellungsmodus, GL_POINT I GL_LINE I GL_FILL
i1, i2, j1, j2	Anfangs- und Endindex innerhalb des durch glMapGrid2f(..) definierten Bereiches für die Bézier-Fläche.

Kurzbeschreibung
Durch glMapGrid2(..) wird ein Gitter von **u1** bis **u2** mit **un** Schritten in *u*-Richtung sowie von **v1** bis **v2** mit **vn** Schritten in *v*-Richtung definiert. glEvalMesh2(..) zeichnet innerhalb des durch glMapGrid2f(..) definierten Bereichs die Bézier-Fläche. Es muss gelten: 0≤(**i1, i2**)≤**un** und **i1<i2** sowie 0≤(**j1, j2**)≤**vn** und **j1<j2**.

Generieren von B-Spline- und NURBS-Flächen

- Erzeugung eines neuen B-Spline- bzw. NURBS-Objekts
  function gluNewNurbsRenderer: ***PGLUnurbs***;

Kurzbeschreibung
gluNewNurbsRenderer erzeugt ein neues Objekt und gibt den Zeiger darauf zurück.

- Löschen eines B-Spline- bzw. NURBS-Objekts
  procedure gluDeleteNurbsRenderer(**nurb:** ***PGLUnurbs***);

Parameter

nurb	Zeiger auf das zu löschende B-Spline- bzw. NURBS-Objekt.

Kurzbeschreibung
Das durch gluNewNurbsRenderer erzeugte B-Spline- bzw. NURBS-Objekt **nurb** wird gelöscht.

- Definition der B-Spline- bzw. NURBS-Eigenschaften
  procedure gluNurbsProperty(**nurb:** ***PGLUnurbs***; **property:** ***GLenum***;
  value: ***GLfloat***);

Parameter

nurb	erzeugter Zeiger auf das B-Spline- bzw. NURBS-Objekt
property	Eigenschaft
value	Eigenschaftswert

Kurzbeschreibung
Durch gluNurbsProperty(. .) werden für das B-Spline- bzw. NURBS-Objekt gewünschte Eigenschaften durch ihre zugehörigen Werte festgelegt, die bei der Darstellung wirksam werden. Mögliche Kombinationen sind anschließend genannt.

property (Auswahl)	**value**
GLU_SAMPLING_TOLERANCE	> 0 (Standard: 50 Pixel)
GLU_DISPLAY_MODE	GLU_FILL (Standard) I GLU_OUTLINE_ POLYGON I GLU_OUTLINE_PATCH
GLU_CULLING	GL_TRUE I GL_FALSE (Standard)
GLU_AUTO_LOAD_MATRIX	GL_TRUE (Standard) I GL_FALSE

- Spezifikation der B-Spline- bzw. NURBS-Fläche
  procedure gluNurbsSurface(**nurb: *PGLUnurbs*; sKnotCount**: ***GLint***;
  sKnots: *PGLfloat*; tKnotCount: ***GLint***;
  tKnots: *PGLfloat*; sStride, tStride: *GLint*;
  control: *PGLfloat*; sOrder, tOrder: *GLint*;
  type: *GLenum*);

Parameter

nurb	Zeiger auf das B-Spline- bzw. NURBS-Objekt
sKnotCount, **sKnots**	Knotenanzahl und Knotenvektor in *s*-Richtung
tKnotCount, **tKnots**	Knotenanzahl und Knotenvektor in *t*-Richtung
sStride, tStride	Abstand der Kontrollpunktkoordinaten in *s*- und *t*-Richtung
control	Adresse des Kontrollpunktfelds
sOrder, tOrder	Ordnungen in *s*- und *t*-Richtung
type	Anzahl der Koordinaten der Vertices, GL_MAP2_VERTEX_3 I GL_MAP2_VERTEX_4 I GL_MAP2_COLOR_4 (Auswahl)

Kurzbeschreibung
Die Routine definiert eine B-Spline- bzw. NURBS-Fläche mit den angegebenen Daten. Die Ausgabe erfolgt durch den Aufruf innerhalb der Klammern gluBeginSurface(..) und gluEndSurface(. .).

- Beginn und Ende der Definition der B-Spline- bzw. NURBS-Fläche
  procedure gluBeginSurface(**nurb: *PGLUnurbs***);
  procedure gluEndSurface (**nurb: *PGLUnurbs***);

Generieren von Quadriken

- Erzeugung eines neuen Quadrik-Objekts
  function gluNewQuadric: ***PGLUquadric***;

Kurzbeschreibung
gluNewQuadric erzeugt ein neues Objekt und gibt den Zeiger darauf zurück.

- Löschen eines Quadrik-Objekts
  procedure gluDeleteQuadric(**quad: *PGLUquadric***);

Kurzbeschreibung
Das durch gluNewQuadric erzeugte Objekt **quad** wird gelöscht.

- Darstellungsart der Quadrik
  procedure gluQuadricDrawStyle(**quad:** ***PGLUquadric*****; draw:** ***GLenum***);

Parameter

quad	Erzeugtes Quadrik-Objekt
draw	GLU_FILL (Standard) | GLU_LINE | GLU_POINT | GLU_SILHOUETTE

Kurzbeschreibung
Die Quadrik **quad** wird entsprechend der gewählten Darstellungsart ausgegeben. **draw** legt fest, wie die folgenden quadratischen Flächen ausgegeben werden.

- Darstellung von Kreisscheiben oder Kreisringen
  procedure gluDisk(**quad:** ***PGLUquadric;*** **inner, outer: Gldouble; slices, loops: GLint**);

Parameter

quad	Erzeugtes Quadrik-Objekt
inner, outer	Innen- und Außenradius
slices, loops	Unterteilung in Umfangs- und radialer Richtung.

Kurzbeschreibung
Der Kreisring mit dem Innenradius **inner** und dem Außenradius **outer** wird entsprechend der gewählten Darstellungsart **draw** ausgegeben. Für **inner** = 0 ergibt sich die Kreisscheibe.

- Darstellung von Kreisscheiben- oder Kreisringsektoren
  procedure gluPartialDisk(**quad:** ***PGLUquadric;*** **inner, outer: Gldouble; slices, loops: Glint; start, sweep: GLdouble**);

Parameter

quad	Erzeugtes Quadrik-Objekt
inner, outer	Innen- und Außenradius
slices, loops	Unterteilung in Umfangs- und radialer Richtung
start, sweep	Startwinkel und überstrichener Winkel in Grad

Kurzbeschreibung
Der Kreisringsektor mit dem Innenradius **inner** und dem Außenradius **outer** wird entsprechend der gewählten Darstellungsart **draw** ausgegeben. Für **inner** = 0 ergibt sich der Kreisscheibensektor. **start** gibt den Anfangswinkel in Grad an. **sweep** bestimmt den überstrichenen Sektor.

- Darstellung von offenen Zylindern
  procedure gluCylinder(**quad:** ***PGLUquadric;*** **base, top, height: Gldouble slices, stacks: GLint**);

Parameter

quad	Erzeugtes Quadrik-Objekt
base, top, height	Basis- und Kopfradius, Höhe
slices, stacks	Unterteilung in Umfangs- und Achsrichtung.

Kurzbeschreibung
Der offene Zylinder mit dem Basisradius **base**, dem Kopfradius **top** und der Höhe **height** wird entsprechend der gewählten Darstellungsart **draw** ausgegeben. Für **base** oder **top** = 0 ergibt sich ein Kegel.

- Darstellung einer Kugel

  procedure gluSphere(**quad:** ***PGLUquadric;*** **radius:**
  Gldouble; slices, stacks: GLint);

Parameter

quad	Erzeugtes Quadrik-Objekt
radius	Radius
slices, stacks	Unterteilung in Breiten- und Längenkreise

Kurzbeschreibung
Die Kugel mit dem Radius **radius** wird entsprechend der gewählten Darstellungsart **draw** ausgegeben.

4.4 Körper

Die Darstellung von Körpern als Volumenmodell ist in der Computergrafik prinzipiell in den Arten

- Rand- oder Oberflächendarstellung, *Boundary Representation* (B-Rep), indirektes Darstellungsschema,
- Festkörpermodell, *Constructive Solid Geometry* (CSG), direktes Darstellungsschema,
- Hybridmodell, Kombination aus den ersten beiden Arten

üblich, jedoch wird auch das Drahtmodell für bestimmte Aufgaben angewendet. Da in diesem Kapitel die Modellierung von geometrischen Körpern im Mittelpunkt steht, werden anschließend die Rand- oder Oberflächendarstellung und das Festkörpermodell näher betrachtet, wobei der Schwerpunkt auf der Randdarstellung liegt, da diese durch OpenGL unterstützt wird.

Die Modellierung von geometrischen Körpern und ihre Darstellung im Computer erfolgt in mehreren Schritten. Für die hier zu behandelnde geometrische Modellierung sind die Aspekte Definition eines Körpers, mathematische Beschreibung und rechnerinterne Darstellung (RID) von Interesse. Die Modellierung wird nur für starre Körper angegeben, die insbesondere translations- und rotationsinvariant sind sowie echte dreidimensionale Strukturen darstellen. Dabei müssen folgende Aspekte beachtet werden:

- Die endliche Beschreibbarkeit muss gewährleistet sein, da diese für die Darstellung im Computer Voraussetzung ist.
- Die Oberfläche des Körpers muss eindeutig bestimmen, was innen und außen ist, da dies nicht automatisch sichergestellt ist.

4.4.1 Drahtmodell

Das Drahtmodell als einfachste Form der 3D-Darstellung eines grafischen Objekts spielt auch noch eine gewisse Rolle. Dabei wird ein Modell nur durch seine *Eckpunkte* (Vertices) und *Kanten* (Edges) dargestellt. Da die begrenzenden Linien oder Kurven in keiner Relation zueinander stehen, ist die Darstellung unvollständig und mehrdeutig, Bild 4.19. Außerdem sind „Nonsense"-Objekte erzeugbar, die in der Realität nicht vorkommen können. Trotzdem wird das Drahtmodell für die schnelle Generierung von Zeichnungen, für Untersuchungen räumlicher Anordnungen und die Wirkung von Transformationen und Projektionen eingesetzt.

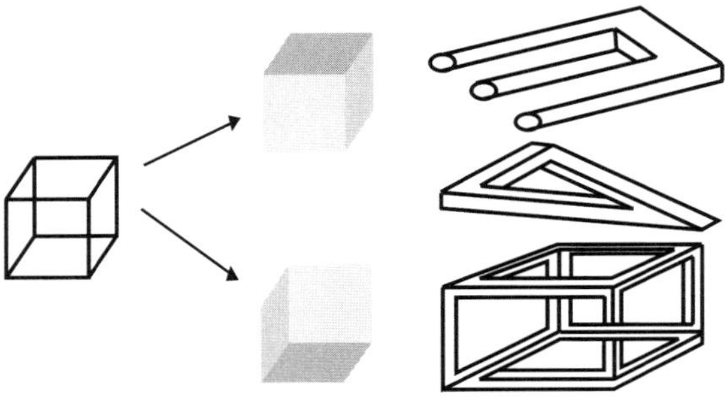

Bild 4.19 Mehrdeutigkeit und „Nonsense"-Objekte bei Drahtmodellen

4.4.2 Oberflächenmodell, Boundary Representation

Flächenmodelle sind bereits im Abschnitt 4.3 vorgestellt worden. Sie sind geeignet zum Aufbau von Körpern als Oberflächenmodelle unter Einhaltung bestimmter Eigenschaften, wie Geschlossenheit und Eindeutigkeit. Ein anschauliches Beispiel für die Anwendung von Flächen sind die *platonischen Körper*, Bild 4.20. Als platonische Körper (Platon, 427 – 347 v. Chr., griechischer Philosoph) werden diejenigen Polyeder (Vielflächner) bezeichnet, bei denen alle Flächen kongruente regelmäßige Vielecke sind. Es gibt genau fünf platonische Körper.

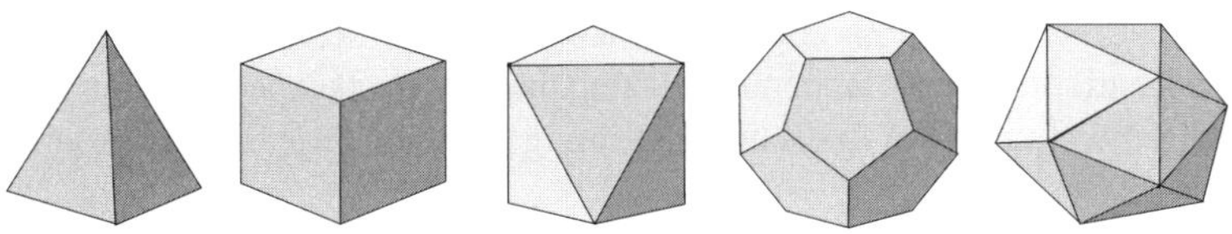

Tetraeder	Hexaeder	Oktaeder	Dodekaeder	Ikosaeder
4 Ecken 6 Kanten 4 gleichseitige Dreiecke	8 Ecken 12 Kanten 6 Quadrate	6 Ecken 12 Kanten 8 gleichseitige Dreiecke	20 Ecken 30 Kanten 12 regelmäßige Fünfecke	12 Ecken 30 Kanten 20 gleichseitige Dreiecke

Bild 4.20 Platonische Körper

Beispiel 4.19:

Darstellung der platonischen Körper nebeneinander als Draht- und Flächenmodell. Die Routinen befinden sich in der Bibliothek GLUT. Die Auswahl der Körper wird über die

Variable Value1 gesteuert. Das folgende Programmfragment ist für den Fall Value1=0 angegeben und dient zur Ausgabe des Tetraeders. Die hier schon genutzten Routinen für die Transformationen Translation, Rotation und Skalierung werden im Kapitel 5 ebenso wie die Routinen glPushMatrix und glPopMatrix ausführlich behandelt.

```
if Value1=0 then
begin
  glPushMatrix;
    glTranslatef(-5,0,0); glRotatef(MoveValue,xMove,yMove,
                          zMove);
    glScalef(5,5,5);      glutWireTetrahedron;
  glPopMatrix;
  glPushMatrix;
    glTranslatef(5,0,0);  glRotatef(MoveValue,xMove,yMove,
                          zMove);
    glScalef(5,5,5);      glutSolidTetrahedron;
  glPopMatrix;
end;
```

Der vollständige Quelltext befindet sich im Projekt KOERPER

Beim Oberflächenmodell erfolgt die Darstellung des Körpers indirekt über die Beschreibung der Körperoberfläche. Dazu wird diese in eine endliche Menge von durch Kanten begrenzte Teilflächen unterteilt. Für diese muss nun wiederum eine Darstellungsform gefunden werden. Im einfachen planaren Fall geschieht die Beschreibung der Teilflächen durch die sie begrenzenden Kanten und Punkte mit Dreiecksflächen. Es handelt sich hierbei also um ein mehrschichtiges und hierarchisches Vorgehen, denn als Teil der Repräsentation müssen Darstellungen für Teilflächen, Kanten und Punkte gefunden werden. Ein Beispiel für die Auflösung der Oberfläche eines Körpers in Teilflächen ist im Bild 4.21 angegeben.

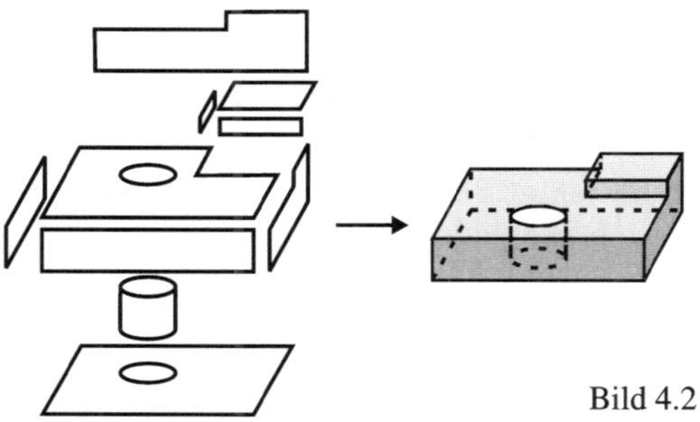

Bild 4.21 Oberflächenmodellierung eines Körpers

Vorteile der Oberflächenmodellierung von Körpern

- Flächen, Kanten und Punkte sind explizit gegeben, das Verfahren unterstützt schnelle Modellierungsoperationen.
- Lokale Modifikationen der Oberfläche sind einfach auszuführen, außerdem können diesen leicht Attribute zugeordnet werden.
- Die Integration von Freiformkurven bzw. -flächen (Bézier-, B-Spline- und NURBS-Kurven und -Flächen) ist einfacher möglich als im später vorgestellten CSG-Modell.

- Die Darstellung ist eindeutig, wenn die Teilflächendarstellung eindeutig ist.
- Zusammen mit den Freiformflächen erreicht man eine sehr große Mächtigkeit der Darstellung.
- Die Visualisierung ist einfach. Alle Darstellungsverfahren, wie HLHSR-, Scanline- und z-Buffer-Algorithmen sowie Strahlverfolgungsmethoden können angewendet werden.

Nachteile des Verfahrens

- Umfangreiche und komplizierte Datenstrukturen sind notwendig, damit besteht ein relativ großer Speicherbedarf.
- Nicht jede Sammlung von Flächen spannt auch einen Körper auf, es müssen gewisse Gültigkeitsbedingungen erfüllt sein.
- Die Konsistenz bei lokalen Änderungen muss zur topologiegerechten Erhaltung des Körpers sichergestellt werden.
- Bestimmte Klassen von Körpern sind nicht einfach darzustellen. Beispielsweise lassen sich hohle oder nicht zusammenhängende Objekte beschreiben. Diese sind aber nicht leicht voneinander zu unterscheiden, da es nicht trivial ist festzustellen, ob es sich bei einem Rand um den inneren Rand eines Hohlkörpers oder einen weiteren äußeren Rand nicht zusammenhängender Körper handelt.

Charakteristik der Oberflächenmodellierung eines Körpers

- Flächen werden durch Punkte und Kanten definiert. Diese werden so orientiert, dass ihre Flächennormalen entweder ins Körperinnere oder nach außen zeigen.
- Die Verwendung von Grundkörpern ist möglich, ebenso Sweeping und Boole'sche Verknüpfungen.
- Das Oberflächenmodell ist ein akkumulatives Modell, da nur der Endzustand festgehalten wird.
- Die Beschreibung des Endzustandes erfolgt durch die Flächen und ihre Relationen. Diese werden direkt zur Darstellung genutzt.
- Die konstruktiv nutzbaren Vorteile des B-Rep-Modells sind so hoch, dass für anspruchsvolle Aufgaben nur dieses Modell in Frage kommt.
- Bei der Verwendung mehrerer Darstellungsformen sind Konsistenz, Äquivalenz und Konvertierbarkeit zu berücksichtigen.
- Die Approximation gekrümmter Flächen mit Coons-, Bézier-, B-Spline- oder NURBS-Algorithmen bzw. durch Polygonnetze ist leicht möglich.

Um für eine gegebene Oberflächendarstellung entscheiden zu können, ob durch sie ein starrer Körper repräsentiert wird, benötigt man Gültigkeitsbedingungen. Dazu sind drei mögliche Eigenschaften von Flächen bzw. Oberflächen von Bedeutung, die Geschlossenheit, die Orientierbarkeit und die Existenz von Punkten, in denen sich die Oberfläche selbst schneidet. Das führt zu den folgenden drei hinreichenden Gültigkeitsbedingungen.

- Die Oberfläche eines Körpers muss geschlossen sein. Dies schließt Unterbrechungen in den Kanten odere Löcher in den Teilflächen aus, nicht jedoch Löcher durch den Körper wie beim Torus. Geschlossenheit ist im zweidimensionalen Fall der Randdarstellung mit Kanten und Punkten dann sichergestellt, wenn jede Kante genau zwei Randpunkte besitzt und zum Rand von genau zwei Flächen gehört. Geschlossenheit bewirkt weiter, dass der Rand jeder Fläche genauso viele Kanten wie Eckpunkte besitzt und dass zu jedem Punkt die gleiche Zahl von Flächen wie Kanten gehört.

- Die Oberfläche eines Körpers muss orientierbar sein, eine orientierbare Fläche besitzt zwei unterscheidbare Seiten. Das Möbius-Band, Bild 4.22, ist beispielsweise nicht orientierbar. Die Geschlossenheit ist keine hinreichende Bedingung für die Orientierbarkeit einer Fläche. Bestimmte Flächen wie zum Beispiel die Klein'sche Flasche sind geschlossen, aber nicht orientierbar. Die Frage der Orientierbarkeit einer geschlossenen Fläche ist mit Hilfe des im Folgenden beschriebenen Verfahrens von Möbius entscheidbar. Man betrachtet dazu die Orientierung der Kanten E_1 bis E_n der Oberfläche.
  - Orientierung der für jedes Flächenstück angrenzenden Kanten gegen den Uhrzeigersinn.
  - Für alle Kanten E_i, $i = 1 \ldots n$, gilt folgende Bedingung: Sind die zu den beiden an E_i angrenzenden Flächenstücken gehörigen Kantenorientierungen entgegengesetzt, so wird die Kante E_i aus der Menge der vorhandenen Kanten gelöscht.
  - Ist die Menge der Kanten am Schluss leer, dann ist die gegebene Fläche orientierbar, andernfalls nicht.

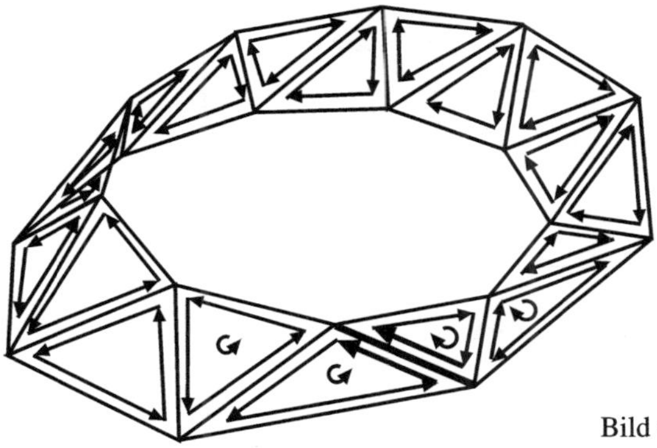

Bild 4.22 Möbius-Band

Geschlossenheit und Orientierbarkeit reichen aber immer noch nicht zur eindeutigen Bestimmung eines Körpers durch eine gegebene Oberfläche. Deshalb muss noch eine dritte Eigenschaft von Oberflächen betrachtet werden.

- Die Oberfläche eines Körpers darf sich nicht selbst schneiden. Ist die Oberfläche wieder mit Hilfe von Flächen, Kanten und Punkten beschrieben, so bedeutet das:
  - Jede einzelne Teilfläche darf sich selbst nicht schneiden.
  - Je zwei Teilflächen dürfen sich nicht in ihrem Innern, sondern nur am Rand schneiden. Damit kann auch eine Kante eine Fläche nie im Innern schneiden. Zudem kann ein Eckpunkt nie im Innern einer Fläche liegen.
  - Eine Kante darf sich selbst nicht schneiden. Damit kann ein Eckpunkt nie im Innern einer Kante liegen.
  - Je zwei Kanten dürfen sich in ihrem Innern nicht schneiden.

Mit dieser dritten Bedingung kann nun ein hinreichendes Kriterium angegeben werden: Eine Fläche, die geschlossen sowie orientierbar ist und sich selbst nicht schneidet, begrenzt einen starren Körper und teilt so den Raum in zwei disjunkte Gebiete, wovon eines endlich ist, also das Körperinnere. Man kann zeigen, dass dies auch schon für Flächen gilt, die die erste und dritte Bedingung erfüllen: Geschlossene und sich nicht selbst schneidende Flächen sind orientierbar.

Besteht die Oberfläche aus zwei oder mehr nicht miteinander verbundenen Teilflächen, die jeweils geschlossen sind, so ist die Oberfläche nicht mehr zusammenhängend. Die Oberfläche eines hohlen Körpers besitzt beispielsweise diese Eigenschaft, denn sie besteht aus einer äußeren und aus einer inneren Teilfläche. Hier wird wieder die Problematik der Unterscheidbarkeit von hohlen und nicht zusammenhängenden Körpern in der Oberflächendarstellung ohne geometrische Zusatzinformation deutlich.

Die topologische Struktur eines Körpers in der Oberflächendarstellung

Die Oberflächendarstellung eines Körpers trägt topologische Information, also Nachbarschaftsbeziehungen zwischen Punkten, Kanten und Flächen, und geometrische Informationen, wie Form der Flächenstücke, Lage der Punkte, gerade oder krummlinige Verbindung benachbarter Punkte. Die *Topologie* ist dabei grundlegender als die Geometrie, da zwei Körper mit derselben topologischen Information, d. h. demselben Beziehungsgeflecht aus Punkten, Kanten und Flächen, unterschiedliche geometrische Information tragen, also von unterschiedlicher Gestalt sein können, Bild 4.23.

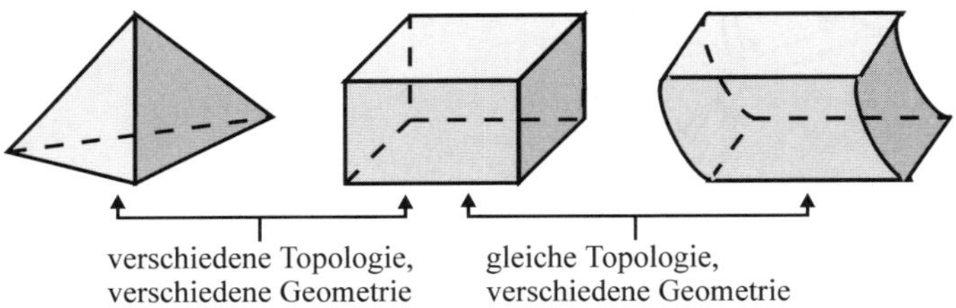

Bild 4.23 Topologie und Geometrie eines Körpers

Die Beschreibung der topologischen Struktur von Körpern soll sich hier auf Polyeder beschränken. Polyeder sind aus Polygonen aufgebaute Körper. Geometrisch kompliziertere Gebilde derselben Topologie können dann durch entsprechende geometrische Attributierung realisiert werden.

Euler-Operatoren

Für den Fall konvexer Polyeder bildet die Formel von Euler (1752) ein notwendiges Kriterium dafür, dass ein starrer Körper vorliegt. Bedeuten n_V die Anzahl der Vertices (Eckpunkte), n_E die der Edges (Kanten) und n_P die der Polygone (Facetten), so lautet die Euler-Gleichung

$$n_V - n_E + n_P = 2. \tag{4.47}$$

Für einen Würfel gilt beispielsweise $n_V = 8$, $n_E = 12$ und $n_P = 6$, mit diesen Werten wird Gleichung (4.47) erwartungsgemäß erfüllt. Für Körper mit Löchern oder Hohlräumen wurde die Euler-Gleichung von H. Poincaré (1893) wie folgt verallgemeinert:

$$n_V - n_E + n_P = 2 + n_H - 2 \cdot n_G. \tag{4.48}$$

Dabei bezeichnen n_G die Anzahl der Löcher durch den Körper, wie beim Torus, und n_H die Anzahl der Löcher in den einzelnen Flächen. Besitzt der soeben betrachtete Würfel eine dreieckige durch ihn hindurchgehende Öffnung, so gilt $n_V = 14$, $n_E = 21$, $n_P = 9$, $n_H = 2$ und $n_G = 1$. Mit diesen Werten wird Gleichung (4.48) erfüllt.

Anschließend werden einige Beispiele angegeben, die die Möglichkeiten von OpenGL und seinen Zusatzbibliotheken GLU und GLUT für die Entwicklung von Körpern ansatzweise demonstrieren sollen.

Beispiel 4.20:

Dieses Beispiel enthält die Darstellung einer Kirche als aufwändigeres Modell. Der Quelltext für diese befindet sich in der Unit GLToolsDelphi und kann dort nachgelesen werden. Wie der unten angegebenen Prozedur Kirche(. .) zu entnehmen ist, bedarf es zum Aufbau der Kirche nur zweier Grundelemente, des Quaders und des Dachs. Diese sind ihrerseits in den Prozeduren Quader(. .) und Dach(. .) definiert. Letztere Prozedur kann auch für den Turm genutzt werden, man braucht dafür nur die Grundfläche quadratisch anzugeben und die Länge des Dachfirstes auf null zu setzen. Der Aufruf erfolgt mit Kirche(GL_LINE_LOOP) für das Draht- und mit Kirche(GL_POLYGON) für das Flächenmodell der Kirche. Bild 4.24 enthält beide Darstellungen.

```
procedure Kirche(Art: GLenum);
begin
  glRotatef(-90,1,0,0);
  lxSchiff:=15; lySchiff:=6; lzSchiff:=6; hDach:=5;
  bTurm:=2; hTurm:=8; hSpitze:=4;
  glColor3fv(@ColorH);
  glMaterialfv(GL_FRONT_AND_BACK,GL_AMBIENT_AND_DIFFUSE,
  @ColorH);
  Quader(0,0,0,lxSchiff,lySchiff,lzSchiff,Art);
  Quader(-0.5*(lxSchiff-bTurm),-0.5*(lySchiff-
          bTurm),0,bTurm+0.5,bTurm+0.5,hTurm,Art);
  Quader(-0.5*(lxSchiff-bTurm), 0.5*(lySchiff-bTurm),0,
          bTurm+0.5,bTurm+0.5,hTurm,Art);
  glColor3fv(@Rot);
  glMaterialfv(GL_FRONT_AND_BACK,GL_AMBIENT_AND_DIFFUSE,
  @Rot);
  Dach(0, 0, lzSchiff, lxSchiff, lySchiff, hDach, 3, 3, 0, Art);
  Dach(-0.5*(lxSchiff-bTurm), -0.5*(lySchiff-bTurm), hTurm,
     bTurm+0.5, bTurm+0.5, hTurm+hSpitze,
     0.5*bTurm+0.25,0.5*bTurm+0.25,0,Art);
  Dach(-0.5*(lxSchiff-bTurm), 0.5*(lySchiff-bTurm), hTurm,
     bTurm+0.5, bTurm+0.5, hTurm+hSpitze,
     0.5*bTurm+0.25,0.5*bTurm+0.25,0,Art);
end;
```

Der vollständige Quelltext befindet sich im Projekt KOERPER.

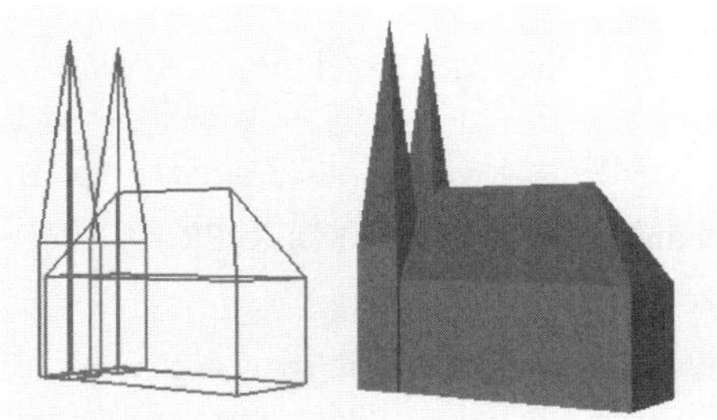

Bild 4.24 Kirche als Draht- und Flächenmodell

■

Beispiel 4.21:

Darstellung eines beidseitig angespitzten Pfahls mit nur einem einzigen Dreiecksnetz. In manchen Fällen kann man auch kompliziertere Körper mit nur einer Funktion des Typs TSurface für die Anwendung durch das Dreiecksnetz formulieren. Ein Beleg dafür soll der noch relativ einfache Fall eines beidseitig angespitzten Pfahls sein. Das Programmfragment hierfür lautet mit konstanten Abmessungen:

```
procedure Pfahl(s,t: GLfloat; Param: array of GLfloat;
                var x,y,z: GLfloat);
  var h,ps: GLfloat;
begin
  ps:=2*pi*s-pi; h:=1/0.15;
  z:=10*t;
  if t<=0.15 then begin x:=h*t*cos(ps); y:=h*t*sin(ps); end;
  if (t>0.15) and (t<0.85) then begin x:=cos(ps); y:=sin(ps);
  end;
  if t>=0.85 then
  begin x:=h*(1-t)*cos(ps); y:=h*(1-t)*sin(ps); end;
end;
  :
Dreiecksnetz(100,100,Param,Pfahl);
```

Der vollständige Quelltext befindet sich im Projekt KOERPER.

■

Beispiel 4.22:

Darstellung der Kugel, des Torus und des Utah Teapot nebeneinander als Draht- und Flächenmodell. Die Routinen befinden sich in der Bibliothek GLUT. Die Ausgabe der Kugel, des Torus und des Utah Teapot wird über die Variable Value1, die Aufteilung durch Value2 und Value3 gesteuert. Das folgende Programmfragment ist für den Fall Value1=0 angegeben und dient zur Auswahl der Kugel. Die Routinen für die Transformationen werden im Kapitel 5 behandelt.

```
if Value1=0 then
begin
  glPushMatrix;
    glTranslatef(-5,0,0); glRotatef(MoveValue,xMove,yMove,
                          zMove);
    glScalef(5,5,5);      glutWireSphere(0.8,Value2,Value3);
  glPopMatrix;
  glPushMatrix;
    glTranslatef(5,0,0);  glRotatef(MoveValue,xMove,yMove,
                          zMove);
    glScalef(5,5,5);      glutSolidSphere(0.8,Value2,Value3);
  glPopMatrix;
end;
```

Der vollständige Quelltext befindet sich im Projekt KOERPER.

■

Beispiel 4.23:

Darstellung der in der Bibliothek GLU vorhandenen Quadriken Zylinder (Kegelstumpf, Kegel), Kreisring (Kreisscheibe), Kreisringsektor (Kreisscheibensektor) und Kugel. Die Ausgabe wird über die Variable Value1, die Aufteilung durch Value2 und Value3 gesteuert. Das folgende Programmfragment ist für den Fall Value1=0 angegeben. Die Routinen für die Transformationen werden im Kapitel 5 behandelt.

```
var Quadric: PGLUquadric;
   :
Quadric:=gluNewQuadric;
if Value1=0 then
begin
   glPushMatrix;
      gluQuadricDrawStyle(Quadric,GLU_LINE);
      glTranslatef(-5,0,0); glRotatef(MoveValue,xMove,yMove,
                                     zMove);
      gluCylinder(Quadric,2,2,4,Value2,Value3);
   glPopMatrix;
   glPushMatrix;
      gluQuadricDrawStyle(Quadric,GLU_FILL);
      glTranslatef(5,0,0); glRotatef(MoveValue,xMove,yMove,
                                    zMove);
      gluCylinder(Quadric,2,2,4,Value2,Value3);
   glPopMatrix;
end;
   :
gluDeleteQuadric(Quadric);
   :
```

Der vollständige Quelltext befindet sich im Projekt KOERPER.

Superquadriken

Superquadriken sind eine Generalisierung von Quadriken. Sie basieren auf deren Gleichungen, wobei zusätzliche Parameter die Grundform der Quadrik dynamisch ändern. An zwei Beispielen soll das Prinzip dargestellt werden.

Superellipsoid

Ellipsoid:

$$\left(\frac{x}{a}\right)^2+\left(\frac{y}{b}\right)^2+\left(\frac{z}{c}\right)^2-1=0$$

Superellipsoid:

$$\left[\left(\frac{x}{a}\right)^{\frac{2}{\nu}}+\left(\frac{y}{b}\right)^{\frac{2}{\nu}}\right]^{\frac{\nu}{\mu}}+\left(\frac{z}{c}\right)^{\frac{2}{\mu}}-1=0$$

Parameterform:

$$\begin{aligned} x &= a\cdot\cos^{\mu}(s)\cdot\cos^{\nu}(t) \\ y &= b\cdot\cos^{\mu}(s)\cdot\sin^{\nu}(t) \qquad 0\le s\le 2\pi, 0\le t\le 2\pi \\ z &= c\cdot\sin^{\mu}(s) \end{aligned}$$

Beispiel 4.24:

Darstellung des Superellipsoids als Drahtmodell mit Hilfe des im Abschnitt 4.3 definierten Dreiecksnetzes. Die Deklaration der Prozedur für das Superellipsoid muss dabei entsprechend dem in der Unit GLToolsDelphi global definierten Typ

```
type TSurface=procedure(s,t: GLfloat; Param: array of GLflcat;
                        var x,y,z: GLfloat);
```

erfolgen. Über den Vektor Param werden die benötigten Daten für mue, nue, a, b und c bereitgestellt. Die Nutzung dieser Größen erfolgt beim Aufruf der Prozedur Dreiecksnetz, die sich ebenfalls in der oben angegebenen Unit GLToolsDelphi befindet. Bild 4.25 enthält für drei Kombinationen von μ und ν Drahtmodelle.

```
procedure SuperEllipsoid(s,t: GLfloat; Param: array of GLfloat;
                         var x,y,z: GLfloat);
  var  fsiss,fcoss,fsitt,fcott: glByte;
       a,b,c,hss,htt,siss,coss,sitt,cott,mue,nue: glFloat;
begin
  hss:=s*2*pi;       htt:=t*2*pi;
  coss:=cos(hss);    siss:=sin(hss);
  cott:=cos(htt);    sitt:=sin(htt);
   if coss>0 then fcoss:=1 else fcoss:=-1;
   if siss>0 then fsiss:=1 else fsiss:=-1;
   if cott>0 then fcott:=1 else fcott:=-1;
   if sitt>0 then fsitt:=1 else fsitt:=-1;
  mue:=Param[0]; nue:=Param[1];
  a:=Param[2]; b:=Param[3]; c:=Param[4];
  x:=a*fcoss*fcott*power(abs(coss),mue)*power(abs(cott),nue);
  y:=b*fcoss*fsitt*power(abs(coss),mue)*power(abs(sitt),nue);
  if s=0 then z:=0 else z:=c*fsiss*power(abs(siss),mue);
end {Superellipsoid};
// Parameterbereitstellung und Aufruf der Prozedur Dreiecksnetz
Param[0]:=0.1*Value2; Param[1]:=0.1*Value3;
Param[2]:=3; Param[3]:=3; Param[4]:=3;
glPushMatrix;
  glRotatef(MoveValue,xMove,yMove,zMove);
  Dreiecksnetz(60,60,Param,SuperEllipsoid);
glPopMatrix;
```

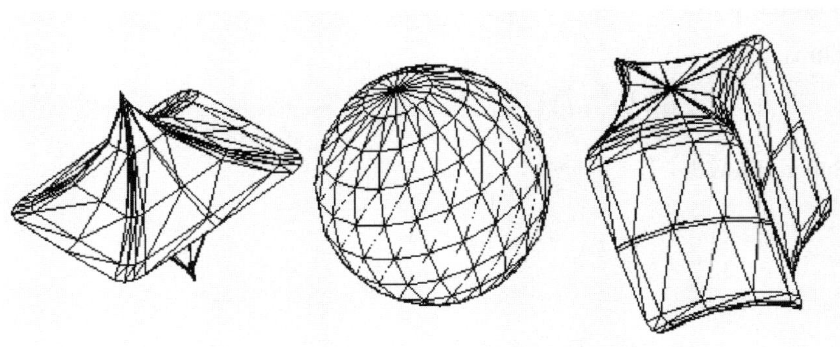

Bild 4.25 Superellipsoid (Links: $\mu = 3$ $\nu = 0.2$; Mitte: $\mu = 1$ $\nu = 1$; Rechts: $\mu = 0.2$ $\nu = 3$)

Der vollständige Quelltext befindet sich im Projekt KOERPER.

Supertoroid

Toroid:

$$\left(\left(x^2+y^2\right)-d\right)^2+z^2-1=0$$

Supertoroid:

$$\left(\left(x^{\frac{2}{\nu}}+y^{\frac{2}{\nu}}\right)^{\frac{\nu}{2}}-d\right)^{\frac{2}{\mu}}+z^{\frac{2}{\mu}}--1=0$$

Parameterform:

$$\begin{aligned} x &= (d+\cos^{\mu}(s))\cdot\cos^{\nu}(t) \\ y &= -(d+\cos^{\mu}(s))\cdot\sin^{\nu}(t) \quad 0\le s\le 2\pi, 0\le t\le 2\pi \\ z &= \sin^{\mu}(s) \end{aligned}$$

Beispiel 4.25:

Darstellung des Supertoroids als Drahtmodell. Die Deklaration der Prozedur für das Supertoroid muss dabei entsprechend dem in der Unit GLToolsDelphi global definierten Typ

```
type TSurface=procedure(s,t: GLfloat; Param: array of GLfloat;
                        var x,y,z: GLfloat);
```

erfolgen. Über den Vektor Param werden die benötigten Daten bereitgestellt. Die Nutzung dieser Größen erfolgt beim Aufruf der Prozedur Dreiecksnetz, die sich ebenfalls in der oben angegebenen Unit GLToolsDelphi befindet. Die Deklaration und die Nutzung erfolgt nach dem gleichen Prinzip wie beim Superellipsoid.

Der vollständige Quelltext befindet sich im Projekt KOERPER.

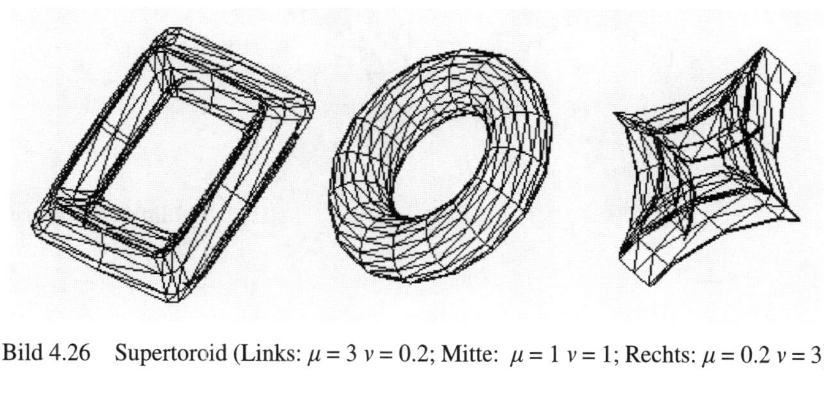

Bild 4.26 Supertoroid (Links: $\mu = 3$ $\nu = 0.2$; Mitte: $\mu = 1$ $\nu = 1$; Rechts: $\mu = 0.2$ $\nu = 3$)

■

Beispiel 4.26:

Darstellung von Torussegmenten als Flächenmodell, Bild 4.27.

```
procedure TorusSegment(s,t: GLfloat; Param: array of GLfloat;
                       var x,y,z: GLfloat);
  var rT,rAussen,rInnen,wEnde,wAnfang,dw: GLfloat;
begin
  // rAußen - Außenradius des Torus
```

```
    // rInnen - Innenradius des Torus
    // wAnfang - Anfangswinkel des Torus in Grad
    // wEnde - Endwinkel des Torus in Grad
    rAussen:=Param[0]; rInnen:=Param[1]; wAnfang:=Param[2];
    wEnde:=Param[3];
    rT:=(rAussen-rInnen)/2;
    dw:=wEnde-wAnfang;
    x:=(rInnen+rT+rT*cos(2*pi*t))*cos(pi/180*(wAnfang+dw*s));
    y:=(rInnen+rT+rT*cos(2*pi*t))*sin(pi/180*(wAnfang+dw*s));
    z:=rT*sin(2*pi*t);
end{TorusSegment};

Param[0]:=4; Param[1]:=2.5; Param[2]:=0; Param[3]:=270;
glEnable(GL_LIGHTING);
glMaterialfv(GL_FRONT,GL_AMBIENT_AND_DIFFUSE,@Grau);
glPushMatrix;
    glTranslatef(-5,0,0);
    glRotatef(MoveValue,xMove,yMove,zMove);
    Dreiecksnetz(100,100,Param,TorusSegment);
glPopMatrix;
Param[2]:=90; Param[3]:=180;
glPushMatrix;
    glTranslatef(5,0,0);
    glRotatef(MoveValue,xMove,yMove,zMove);
    Dreiecksnetz(100,100,Param,TorusSegment);
glPopMatrix;
```

Der vollständige Quelltext befindet sich im Projekt KOERPER.

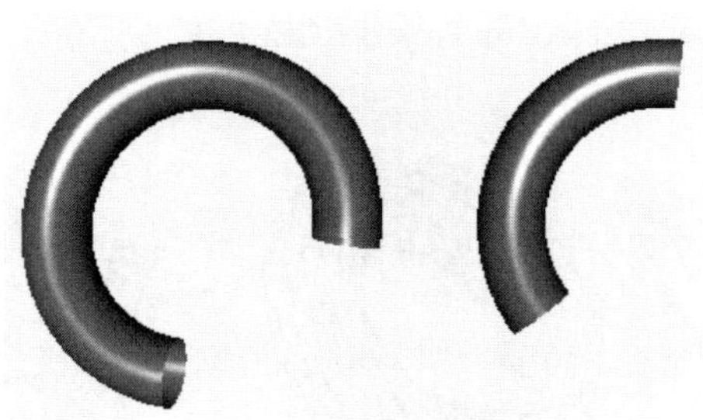

Bild 4.27 Torussegmente

Beispiel 4.27:

Darstellung verschiedener Spiralfedern, Bild 4.28.

```
procedure Spiralfeder(s,t: GLfloat; Param: array of GLfloat;
                                      var x,y,z: GLfloat);
    // rAnf - Radius am Federanfang
    // rEnd - Radius am Federende
    // rDraht - Radius des Federdrahtes
    // Laenge - Federlänge
    // WindAnz - Windungsanzahl
    var WindAnz,rAnf,rEnd,rDraht,Laenge,dr: GLfloat;
```

```
begin
  rAnf:=Param[0]; rEnd:=Param[1]; rDraht:=Param[2];
  Laenge:=Param[3]; WindAnz:=Param[4];
  dr:=rEnd-rAnf;
  if WindAnz*2*rDraht>Laenge then Laenge:=WindAnz*2*rDraht;
  x:=(rAnf+dr*s+rDraht+rDraht*cos(2*pi*t))*cos(WindAnz*2*pi*s);
  y:=(rAnf+dr*s+rDraht+rDraht*cos(2*pi*t))*sin(WindAnz*2*pi*s);
  z:=rDraht*sin(2*pi*t)+Laenge*s;
end{Spiralfeder};
  :
Param[0]:=2; Param[1]:=0.25; Param[2]:=0.2;
Param[3]:=8; Param[4]:=5;
glDisable(GL_LIGHTING);
glColor4f(0.5,0.5,0.5,1);
glEnable(GL_LIGHTING); glEnable(GL_LIGHT0);
glDisable(GL_LIGHT1);
glMaterialfv(GL_FRONT_AND_BACK,GL_AMBIENT_AND_
DIFFUSE,@Grau);
glPushMatrix;
  glTranslatef(-5,0,0);
  glRotatef(MoveValue,xMove,yMove,zMove);
  Dreiecksnetz(100,100,Param,Spiralfeder);
glPopMatrix;
Param[1]:=2;
glPushMatrix;
  glTranslatef(5,0,0);
  glRotatef(MoveValue,xMove,yMove,zMove);
  Dreiecksnetz(100,100,Param,Spiralfeder);
glPopMatrix;
```

Der vollständige Quelltext befindet sich im Projekt KOERPER.

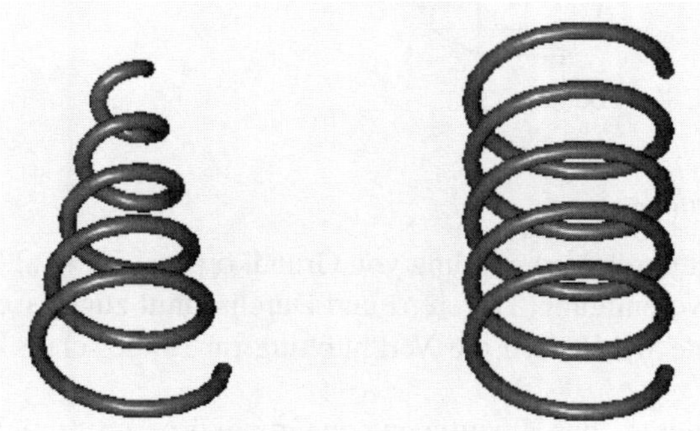

Bild 4.28 Konische und zylindrische Spiralfeder

4.4.3 Volumenmodell

Das Volumenmodell, auch *CSG-Schema* (Constructive Solid Geometry) genannt, ist stark konstruktionsinspiriert und dadurch leicht interaktiv bedienbar. Ein Körper wird hier als Ergebnis der sukzessiven so genannten regularisierten Mengenoperationen Durchschnitt

∩*, Vereinigung ∪* und Differenz * über vorgegebenen Grundkörpern (Primitiven) dargestellt (Bild 4.29). Der Konstruktionsprozess wird durch einen Binärbaum mit Primitiven in den Blättern und Operatoren in den inneren Knoten beschrieben. Werden Halbräume als Primitive zugelassen, so entstehen während eines Konstruktionsprozesses nicht notwendig starre Körper. Die Beschränktheit und die Abgeschlossenheit müssen dann separat sichergestellt werden. Generell muss für die Grundkörper gewährleistet sein, dass die erforderlichen Berechnungen für die Operationen Durchschnitt, Vereinigung und Differenz schnell und effizient realisiert werden können. Eine mögliche Erweiterung besteht im Zulassen affiner Transformationen (Rotationen, Translationen, Skalierung) nach jeder regulären Mengenoperation. Das Konstruktionsprinzip im CSG-Schema kann durch eine Grammatik beschrieben werden. Deren Wortschatz entspricht dann genau dem Repräsentationsraum.

<Objekt> ::= <Primitiv> | <Objekt> <Transformation>
| <Objekt> <Operation> <Objekt>
<Transformation> ::= Translation | Rotation | Skalierung
<Operation> ::= ∪* | ∩* | *
<Primitiv> ::= Würfel | Zylinder | Kugel | Halbraum | ...

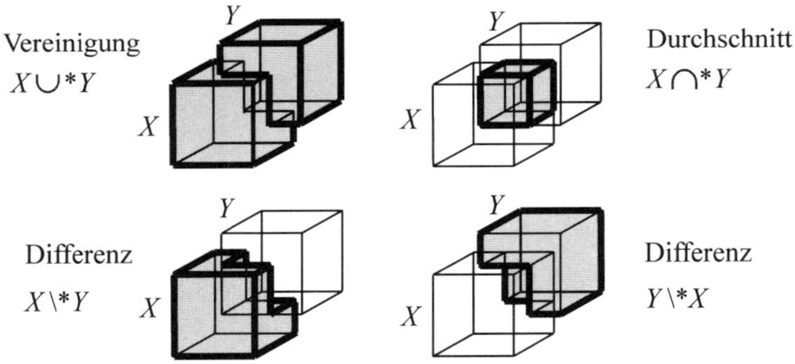

Bild 4.29 Operationen beim CSG-Modell

Charakteristik des CSG-Modells

- Die Objektbildung erfolgt durch Verknüpfung von Grundkörpern, Bild 4.29.
- Es sind die Operationen Vereinigung, Differenz und Durchschnitt zugelassen.
- Die Entstehungsgeschichte wird durch die Verknüpfung im Boole'schen Baum festgehalten.
- Das nachträgliche Eliminieren oder Hinzufügen von Grundkörpern ist möglich.
- Eine Verknüpfungsvorschrift ist unverzichtbarer Bestandteil der Datenstruktur.
- Generatives Modell, d. h. die Erzeugungsvorschrift ist gespeichert, der Endzustand aber nicht explizit eingetragen.
- Die Darstellung des Endzustandes erfolgt durch Ableitung der jeweils sichtbaren Flächen und Kanten unter Beachtung der Ansichtsrichtung.

Vor- und Nachteile des CSG-Modells

- Eine einfache Generierung ist möglich, wenn die Geometrie durch Grundkörper beschreibbar ist.

- Konsistenz der Objekte wird durch die mathematische Definition der Grundkörper gewährleistet.
- Die Entstehungsgeschichte der Geometrie ist im Boole'schen Verknüpfungsbaum erkennbar.
- Gute Eignung für global gestaltende Manipulationen. Ein partielles Ändern einer Fläche oder Kante eines Körpers ist ausgeschlossen.
- Das Modell erfordert die gedankliche Zerlegung des Objekts in entsprechende Grundkörper.
- Der Zugriff auf Punkte, Kanten und Flächen zum Zwecke der Identifikation oder Positionierung ist nicht möglich, da diese Elemente im Modell nicht existieren.
- Relativ lange Antwortzeiten, weil jede Änderung ein Auflösen des Verknüpfungsbaumes erfordert.

Auf Grund von Kommutativität und Assoziativität beschreiben im Allgemeinen mehrere Konstruktionsbäume einen Konstruktionsprozess mit demselben Ergebnis, Bild 4.30.

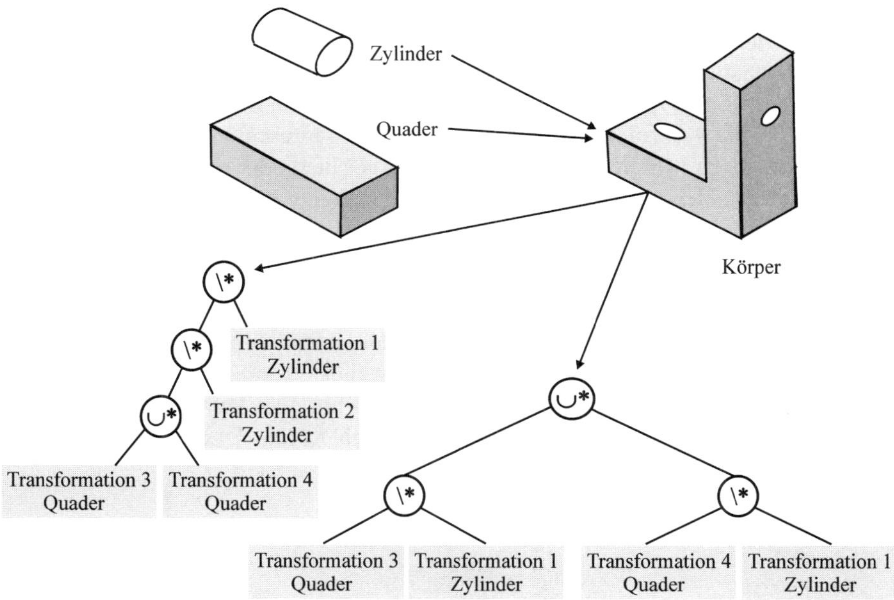

Bild 4.30 CSG- Modell, verschiedene Konstruktionsbäume für den gleichen Körper

Zur Illustration sind im Bild 4.31 die Ergebnisse von CSG-Operationen bei der Verknüpfung eines Quaders und einer Kugel mit den logischen Mengenoperatoren dargestellt. Oben ist die Vereinigung Kugel∪*Würfel, in der Mitte der Durchschnitt Kugel∩*Würfel dargestellt. In der unteren Reihe sind die Differenzen Würfel*Kugel und Kugel*Würfel gezeigt.

Beispiel 4.28:

CSG-Operationen mit verschiedenen Grundkörpern.

Der vollständige Quelltext befindet sich im Projekt KOERPER.

■

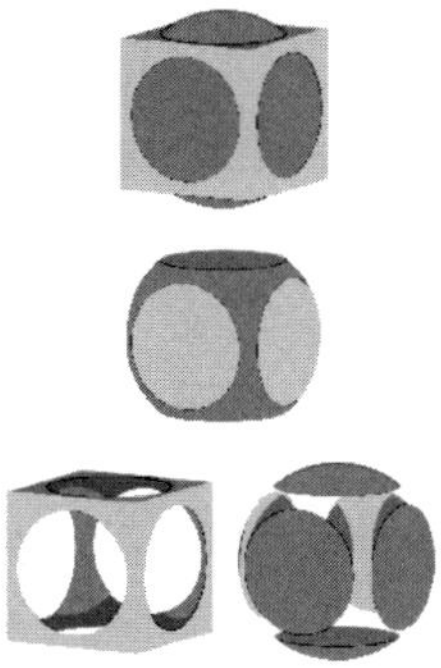

Bild 4.31 CSG-Operationen mit Kugel und Quader

Zur Erzeugung der im CSG-Modell erforderlichen Grundkörper werden die Verfahren Normzellen-Aufzählungsschema, Zellzerlegungsschema, Oktalbäume, Primitiven-Instantiierung und Verschiebegeometrieschema angewendet.

Beim Normzellen-Aufzählungsschema, Bild 4.32, wird der Raum in ein Gitter gleich großer dreidimensionaler Zellen (Voxel, Volume Element), meistens Würfel der Kantenlänge h, aufgeteilt. Ein Körper wird dann durch eine Menge von Zellen dargestellt, wobei eine Zelle durch die Koordinaten ihres Mittelpunktes repräsentiert wird. Ausschlaggebend ist dabei, ob der Mittelpunkt der Zelle im Körper liegt oder nicht. Die erreichbare Genauigkeit ist hier abhängig von der gewählten Kantenlänge h. Je feiner diese ist, desto besser ist die Approximation des gegebenen Körpers.

Beim Zellzerlegungsschema, Bild 4.32, erfolgt der Aufbau des Körpers aus bestimmten, meist parametrisierten Grundobjekten. Die Grundobjekte werden zu komplexeren Gebilden zusammengesetzt. Neben ebenberandeten Grundobjekten können dabei auch Grundobjekte mit gekrümmten Kanten oder Flächen verwendet werden. Durch die größere Vielfalt bei der Wahl der Grundobjekte handelt es sich um eine Verallgemeinerung des Normzellen-Aufzählungsschemas. Zu einem gegebenen Körper lassen sich unter Umständen mehrere Repräsentanten angeben.

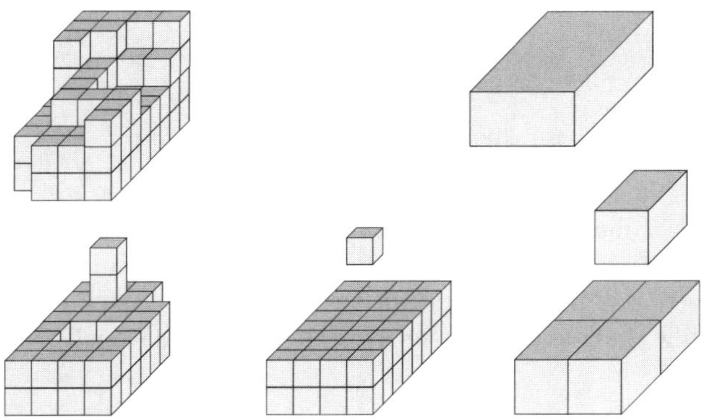

Normzellen-Aufzählungsschema

Zellzerlegungsschema

Bild 4.32 Normzellen-Aufzählungs- und Zellzerlegungsschema

Bei *Oktalbäumen* (Octrees) wird ein hierarchisches und rekursives Schema genutzt, welches so mächtig wie das Aufzählungsschema ist, aber dessen hohen Speicherplatzbedarf vermeidet. Zunächst wird hier ein ausreichend großer, den Körper umschließender Würfel gewählt. Dieser Würfel wird so lange rekursiv in Teilwürfel halber Kantenlänge unterteilt, bis entweder der jeweilige Würfel ganz innerhalb oder ganz außerhalb des darzustellenden Körpers liegt bzw. bis eine vorgegebene Genauigkeit h für die feinste Kantenlänge erreicht ist. Die entscheidende und effizient zu realisierende Operation ist also der Test, ob ein gegebener Würfel innerhalb oder außerhalb des zu beschreibenden Körpers liegt oder dessen Rand schneidet. Das Oktalbaumschema weist jedem Körper einen eindeutigen Repräsentanten zu. Außerdem ist es billiger als das Normzellen-Aufzählungsschema und kann effizient in der Grafik sowie bei vielen Berechnungsalgorithmen eingesetzt werden, zum Beispiel zur Volumen- oder Schwerpunktberechnung.

Die Primitiven-Instantiierung wird dann angewendet, wenn für spezielle Fälle immer dieselben Objekte auftreten. Dann kann es sinnvoll sein, auf Grundfunktionen wie reguläre Mengenoperationen ganz zu verzichten und stattdessen alle auftretenden Objekte zu parametrisierbaren Primitiven zu erklären. Dadurch wird die Modellierung erheblich effizienter. Beispielsweise genügen einige wenige Parameter, um die Zähne von Zahnrädern einer bestimmten Klasse zu beschreiben.

Beim *Verschiebegeometrieschema* (Sweeping) erfolgt die Körperbeschreibung, indem eine vorgegebene Fläche längs einer Verschiebelinie oder allgemeiner längs einer Verschiebekurve bewegt und der überstrichene Raum als Volumen betrachtet wird. Zur Beschreibung dient das Paar (F, L), wobei F die zu bewegende Fläche und L die Verschiebekurve bezeichnet. Auf diese Weise entstehen beispielsweise Translations- und Rotationskörper.

Hybride Modelle

Je nach Anwendung haben die verschiedenen Darstellungsschemata unterschiedliche Vor- und Nachteile. Deswegen verwendet man in Modelliersystemen auch mehrere Schemata und transformiert die einzelnen Objekte bei Bedarf von einer Darstellungsart in eine andere.

Jedoch ergeben sich in einem Hybridschema auf Grund der verschiedenen Mächtigkeiten der Schemata sowohl Gültigkeits- als auch Konsistenzprobleme. Zudem kann nach einer Datenkonversion in ein weniger mächtiges Schema ein Informationsverlust die Folge sein. Ferner ist der Wechsel von einer Darstellungsart in eine andere nicht für alle Schemata gleich gut und einfach möglich. Wichtig ist also, sowohl für die langfristige Datenhaltung als auch für den Austausch von Geometriedaten zwischen verschiedenen Modelliersystemen ein möglichst neutrales Datenaustauschformat zu finden. Gerade dies macht in der Praxis jedoch die meisten Probleme.

4.4.4 OpenGL-Routinen

OpenGL selbst stellt für die Erzeugung von Körpern keine Unterstützung bereit. Dafür bieten die entsprechenden Routinen der Bibliotheken GLU und GLUT einige Möglichkeiten an.

Die Routine zur Darstellung einer Kugel durch die GLU wurde bereits im Abschnitt 4.3.5 bei der Behandlung von Quadriken vorgestellt.

Routinen der Bibliothek GLUT

- Darstellung einer Kugel als Draht- und Flächenmodell

  procedure glutWireSphere(**radius**: ***GLdouble***; **slices**, **stacks**: ***GLint***);
  procedure glutSolidSphere(**radius**: ***GLdouble***; **slices**, **stacks**: ***GLint***);

Parameter
radius Radius der Kugel
slices, stacks Einteilung und Breiten- und Längengrade

- Darstellung eines Kegels als Draht- und Flächenmodell

  procedure glutWireCone(**base**, **height**: ***GLdouble***; **slices**, **stacks**: ***GLint***);
  procedure glutSolidCone(**base**, **height**: ***GLdouble***; **slices**, **stacks**: ***GLint***);

Parameter
base, height Radius und Höhe des Kegels
slices, stacks Einteilung in Umfangs- und Längenrichtung

- Darstellung eines Torus als Draht- und Flächenmodell

  procedure glutWireTorus(**innerRadius**, **outerRadius**: ***GLdouble***; **sides**, **rings**: ***GLint***);
  procedure glutSolidTorus(**innerRadius**, **outerRadius**: ***GLdouble***; **sides**, **rings**: ***GLint***);

Parameter
innerRadius,
outerRadius Innen- und Außenradius des Torus
sides, rings Einteilung in Seiten und Ringe

- Darstellung eines Tetrahedrons (Tetraeder) als Draht- und Flächenmodell

  procedure glutWireTetrahedron;
  procedure glutSolidTetrahedron;

- Darstellung eines Würfels (Hexaeder) als Draht- und Flächenmodell

  procedure glutWireCube(**size**: ***GLdouble***);
  procedure glutSolidCube(**size**: ***GLdouble***);

Parameter
size Kantenlänge des Würfels

- Darstellung eines Octacahedrons (Oktaeder) als Draht- und Flächenmodell

  procedure glutWireOctahedron;
  procedure glutSolidOctahedron;

- Darstellung eines Dodecahedrons (Dodekaeder) als Draht- und Flächenmodell

  procedure glutWireDodecahedron;
  procedure glutSolidDodecahedron;

- Darstellung eines Icosahedrons (Ikosaeder) als Draht- und Flächenmodell
  procedure glutWireIcosahedron;
  procedure glutSolidIcosahedron;

- Darstellung des Utah Teapot als Draht- und Flächenmodell
  procedure glutWireTeapot(**size**: ***GLdouble***);
  procedure glutSolidTeapot(**size**: ***GLdouble***);

Parameter
size Größe des Utah Teapot

4.5 Spezielle Modelle

4.5.1 Partikelsysteme

Einführung

Partikelsysteme werden seit Ende der Siebzigerjahre in der Computergrafik zur Darstellung von Objekten oder Erscheinungen verwendet, deren Form nicht eindeutig definierbar ist [TönLem94], [Ang03]. Hierzu gehören Objekte oder Naturerscheinungen wie Feuer, Wolken, Flüssigkeiten, Explosionen oder auch Textilien. Der Begriff Partikelsystem als Repräsentant für Klassen von *unscharfen Objekten* (Fuzzy Objects) geht auf William Reeves [Reev83] zurück. Man unterscheidet zwei Klassen von Partikelsystemen, die freien und die gebundenen Partikelsysteme, Bild 4.33.

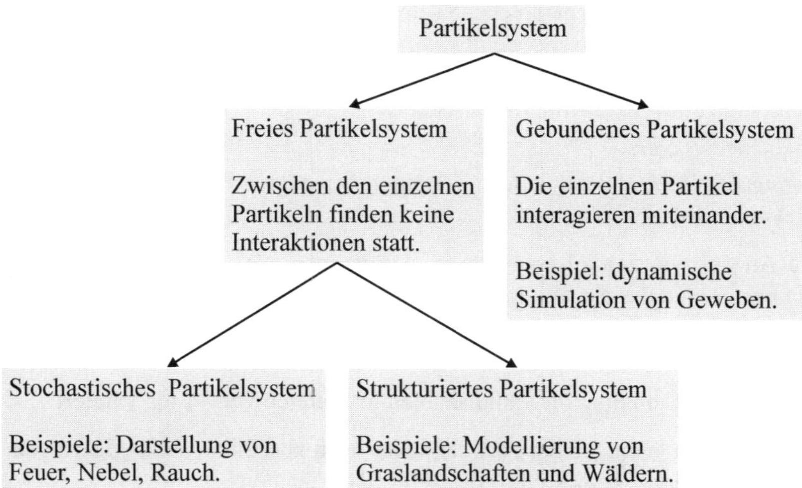

Bild 4.33 Klassen von Partikelsystemen

Freie Partikelsysteme (FPS) sind dadurch charakterisiert, dass keine Interaktion zwischen den einzelnen Partikeln stattfindet. Als Repräsentant dieser Gruppe sind vor allem die zuerst von Reeves vorgestellten stochastischen Partikelsysteme zu nennen. *Gebundene Par-*

tikelsysteme (GPS) zeichnen sich dadurch aus, dass die Partikel untereinander interagieren, indem sich diese beispielsweise abstoßen oder anziehen können. Gebundene Partikelsysteme werden zur Gewebesimulation verwendet.

Nach Reeves enthält ein Partikelsystem die Parameter Initialisierungsposition, Anfangsgeschwindigkeit und -richtung, Anfangsgröße, Anfangsfarbe, Anfangstransparenz, Form und Lebenszeit.

Stochastische Partikelsysteme

Stochastische Partikelsysteme gehören zur Klasse der freien Partikelsysteme (FPS), deren Partikel nicht miteinander interagieren. Der Aufwand zur Aktualisierung eines FPS steigt linear mit der Anzahl der Partikel. Stochastische Partikelsysteme lassen sich wie folgt charakterisieren:

- Die Form von unscharfen Objekten wird durch die Partikeldichteverteilung dargestellt.
- Die Partikeldichteverteilung ändert sich in Abhängigkeit von der Zeit.
- Die Form des Objekts ist nicht eindeutig spezifizierbar.

Jedes Partikel hat als Teil eines sich dynamisch verändernden, stochastischen Partikelsystems nur eine endliche Lebensdauer und weist während dieses Zeitraums die folgenden Zustände auf:

- Ein neues Partikel wird erzeugt (Partikelerzeugung).
- Dem neuen Partikel werden seine individuellen Eigenschaften zugeordnet (Partikelattribute).
- Das Partikel wird inkrementell entsprechend seinen Bewegungsattributen mit allen anderen Partikeln des Systems verschoben und dargestellt (Partikeldynamik).
- Hat ein Partikel seine ihm individuell zugeordnete Lebensdauer erreicht, so wird es aus dem Partikelsystem entfernt (Partikellebensdauer).

Partikelerzeugung. Die Anzahl der zu einem Zeitpunkt t erzeugten Partikel kann stochastisch auf zwei Arten erfolgen.

- Die mittlere Anzahl von neu zu erzeugenden Partikeln $n_{avg}(t)$ sowie deren Varianz $Var\left(n_{avg}(t)\right)$ bestimmen die Anzahl der zum Zeitpunkt t erzeugten Partikel.

$$n_{new}(t) = n_{avg}(t) + random() \cdot Var\left(n_{avg}\right)$$

Hierin ist *random*() eine Funktion, die Zufallszahlen im Bereich von –1 bis 1 liefert.

- Die Anzahl der neu zu erzeugenden Partikel ändert sich zusätzlich abhängig von der Größe des Partikelmodells, gemessen in Bildschirmkoordinaten.

$$n_{new}(t) = n_{avg}(t) + random() \cdot Var\left(n_{avg}\right) \cdot ScreenArea$$

ScreenArea stellt die Größe des Modells in Bildschirmkoordinaten dar.

Partikelmodelle, die eine geringere Ausdehnung auf dem Bildschirm besitzen, werden mit einer entsprechend geringeren Anzahl von Partikeln erzeugt.

Die mittlere Anzahl der neu zu erzeugenden Partikel wird über die Funktion

$$n_{avg}(t) = n(t_0) + \cdot n_{delta} \cdot (t - t_0)$$

bestimmt. Hierin ist t_0 der Startzeitpunkt und n_{delta} die Veränderungsrate der mittleren, neuen Partikelanzahl $n_{avg}(t)$.

Partikelattribute. Für jedes neu erzeugte Partikel müssen die Attribute Anfangsposition, Anfangsgeschwindigkeit und -richtung, Anfangsgröße, Anfangsfarbe und -transparenz, Partikelform und Partikellebensdauer neu bestimmt werden. Für ein Partikelsystem gibt es einen Punkt im Raum, der seinen Ursprung definiert. Mit zwei Rotationswinkeln um die Achsen des Basiskoordinatensystems wird die Orientierung des Partikelsystems festgelegt. Außerdem besitzt jedes Partikelsystem eine initiale Form, die eine Region definiert, innerhalb der sich die Startpartikelverteilung ausbildet. Die Anfangsgeschwindigkeit wird mit

$$n_{ini}(t) = n_{avg}(t) + random() \cdot Var(n_{avg})$$

bestimmt. Auf ähnliche Weise werden auch die initiale Farbe und Transparenz der einzelnen Partikel festgelegt.

Partikeldynamik. Die einzelnen Partikel bewegen sich im dreidimensionalen Raum, wobei sie ihre Farbe, Transparenz und Größe verändern können. Um die Partikelposition zu verändern, wird der jeweilige Geschwindigkeitsvektor zu der jeweils aktuellen Partikelposition addiert. Der aktuelle Geschwindigkeitsvektor kann mit einer Funktion, wie beispielsweise der Beschleunigung im freien Fall, definiert sein. Die Änderung der Farbe und Durchsichtigkeit kann über deterministische oder stochastische Funktionen gesteuert werden. So erfolgt die Änderung der Partikelpositionen zur Darstellung eines Wasserfalls mit Geschwindigkeitsvektoren, die sich zeitabhängig, entsprechend dem Gesetz vom freien Fall ändern.

Partikellebensdauer. Wenn ein Partikel erzeugt wird, so erhält es eine Lebensdauer, die in Zeiteinheiten ausgedrückt wird. Nach jeder neuen Bestimmung des Zustandes des Partikelsystems wird die Lebensdauer aller Partikel um eins dekrementiert.

$$d_n(t+1) = d_n(t) - 1$$

Erreicht $d_n(t)$ den Wert Null oder einen bestimmten Schwellwert, so wird das Partikel gelöscht. Das Partikel kann auch dann gelöscht werden, wenn der Helligkeits- oder Transparenzwert sowie die Partikelgröße die Sichtbarkeitsgrenze unterschreitet.

Rendering von stochastischen Partikelsystemen. Die Darstellung von Partikelsystemen erfolgt mit einer Reihe vereinfachender Annahmen.

- Partikel werden als Punktlichtquellen betrachtet.
- Das Entfernen verdeckter Partikel entfällt.
- Die Helligkeiten von überdeckenden Partikeln werden akkumuliert.

Basierend auf diesen Annahmen kann das Partikelmodell getrennt von der restlichen Szene erzeugt und anschließend in das Bild gemischt werden.

Partikelhierarchie. Für die Simulation besonderer Effekte, wie beispielsweise die Erzeugung eines Feuerwerks oder einer Feuerwand, müssen verschiedene Feuerherde gebildet werden, die ihrerseits wiederum kleinere Feuer entfachen. Hierzu wurden von Reeves hierarchisch organisierte Partikelsysteme entwickelt, die baumartig strukturiert sind. Die Blattknoten sind Partikelsysteme, die selbst nur Partikel generieren. Alle anderen Baumknoten sind Partikelsysteme, die ihrerseits wiederum Partikelsysteme verwalten. Mit dieser Partikelhierarchie ist man in der Lage, neue Partikelsysteme zu erzeugen und zu löschen, die ihrerseits wieder Partikel oder Partikelsysteme generieren und kontrollieren können.

Strukturierte Partikelsysteme

Gräser werden bis auf die fehlenden Verzweigungen wie Bäume erzeugt. Ein Grashalm wird hierbei durch eine Reihe von linearen Segmenten repräsentiert, auf denen die Partikel angesiedelt werden, deren Attribute die typischen Merkmale eines Halmes wie Breite, Länge, Biegung und Farbe aufweisen. Im Gegensatz zu Partikelsystemen, die selbstleuchtende Effekte simulieren (Explosionen, Feuerwerk usw.), reflektieren Blätter und Grashalme lediglich das einfallende Licht. Da allerdings eine Waldszene aus ca. einer Million Partikel besteht, lässt sich in akzeptabler Zeit keine Entfernung der verdeckten Flächen durchführen. Deshalb wurde die Beleuchtungsberechnung mit Wahrscheinlichkeitsmodellen realisiert. Hierbei erfolgt für jedes Partikel in Abhängigkeit seiner Position sowie der Position der Lichtquelle die Bestimmung der Sichtbarkeit, indem die Abschattungswahrscheinlichkeit infolge der Selbstüberdeckung ermittelt wird.

Gebundene Partikelsysteme

Bei den gebundenen Partikelsystemen beeinflussen sich die Partikel gegenseitig. Hierdurch steigt der Rechenaufwand quadratisch zur Partikelzahl, wodurch der Einsatz von speziellen Algorithmen zur Aktualisierung des Partikelsystemzustandes erforderlich ist. Ein typischer Anwendungsfall ist die Gewebesimulation. Ein entsprechendes physikalisch basiertes, gebundenes Partikelsystem wurde 1992 von D. Breen, D. House und P. Getto vorgestellt. Gewebte Stoffe bestehen aus parallel in Schuss- und Kettenrichtung verlaufenden Fäden, die sich wechselseitig überkreuzen. Die Gewebemikrostrukturen bewirken ein spezielles mechanisches Verhalten der einzelnen Fäden des Gewebes, das formalisierbar ist. Mit Hilfe dieser Formalisierung ist die dynamische Charakteristik von Stoffen darstellbar. Um das Gewebe simulieren zu können, werden an den Stellen, an denen sich die Gewebefäden kreuzen, Partikel platziert. Diese Partikel interagieren untereinander mit ihrer Vierer-Nachbarschaft, Bild 4.34.

Benachbarte Partikel können auf drei Arten miteinander interagieren, durch Fadenstreckung und -stauchung, durch Fadenbiegung und durch Fadenverdrehung auf der Stoffebene um den Kreuzungspunkt. Fadenstreckung und -stauchung sind eine Funktion des Abstandes zwischen benachbarten Partikeln. Die Kraft, die zwischen zwei Partikeln wirkt, ist nur dann null, wenn weder eine Fadenstreckung noch eine Fadenstauchung erfolgt. Dieser Fall tritt nur dann auf, wenn die benachbarten Partikel einen bestimmten Abstand zueinander aufweisen. Fadenbiegung zeigt sich, wenn das Gewebe gebogen wird. Eine Fadendrehung auf der Gewebeebene tritt dann auf, wenn das Gewebe vergleichbar einer Scherung verschoben wird. Wirkt eine äußere Kraft, wie die Schwerkraft, auf das Gewebe, so nehmen die Partikel jene Positionen ein, bei denen die zwischen den Partikeln wirkenden Kräfte minimal sind.

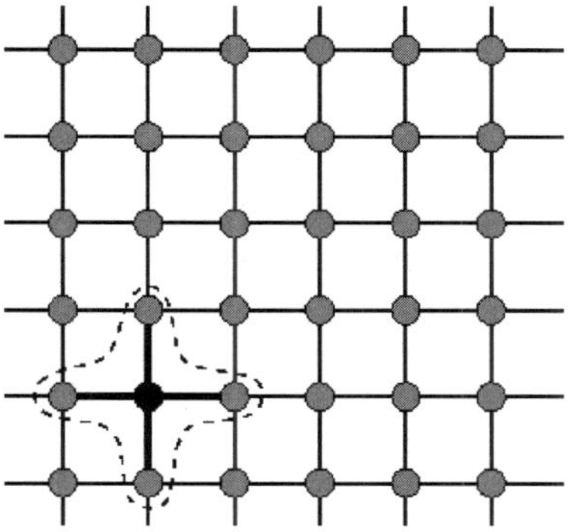

Bild 4.34 Nachbarschaftsbeziehungen bei Gewebepartikeln

Anschließend werden drei Beispiele für freie stochastische Partikelsysteme angegeben.

Beispiel 4.29:
Erzeugung einer Fontäne

Der vollständige Quelltext befindet sich im Projekt PARTIKELSYSTEME.

■

Beispiel 4.30:
Erzeugung von Feuer

Der vollständige Quelltext befindet sich im Projekt PARTIKELSYSTEME.

■

Beispiel 4.31:
Erzeugung von Feuerwerk

Der vollständige Quelltext befindet sich im Projekt PARTIKELSYSTEME.

■

4.5.2 Fraktale Systeme

Charakteristik

In den letzten Jahren ist neben die klassische euklidische die *fraktale Geometrie* getreten. Während sich Erstere dazu eignet, künstliche vom Menschen geschaffene Gebilde zu beschreiben, dient die fraktale Geometrie zur Darstellung natürlicher Formen.

Fraktale Geometrie	Euklidische Geometrie
• neue Disziplin $\cong$ 30 Jahre • keine spezifische Größe oder Skalierung • geeignet zur Beschreibung natürlicher Objekte • Beschreibung durch rekursive Algorithmen	• traditionell $>$ 2000 Jahre • besitzt spezifische Größe und Skalierung • geeignet zur Beschreibung künstlicher Objekte • durch Formeln beschreibbar

Die Entwicklung der fraktalen Geometrie ist besonders mit den Namen Benoît Mandelbrot, Michael Barnsley und Aristid Lindenmayer verknüpft. In der Computergrafik besitzen Fraktale zur Darstellung natürlicher Gebilde, wie Landschaften, Wolken, Pflanzen, Bäume, und zur fraktalen Kompression von Bildern als Voraussetzung für die Übertragung in Netzen wachsende Bedeutung. Fraktale sind eng verbunden mit den Begriffen deterministische und statistische Selbstähnlichkeit, fraktale Dimension und Rekursivität. In diesem Sinne ist ein Fraktal ein Objekt, das aus Teilen besteht, die ihrerseits in gewissem Sinne dem gesamten Objekt ähneln.

Fraktale besitzen eine nicht ganzzahlige Dimension, die fraktale Dimension D. Zerfällt eine selbstähnliche Menge bei einer zentrischen Streckung mit dem Streckfaktor $k = 1/r$ in N gleichartige Teile, so ist die fraktale Dimension

$$D = \frac{\ln(N)}{\ln(1/r)} = \frac{\ln(N)}{\ln(k)}$$

Nicht alle Fraktale sind deterministisch selbstähnlich. In diesen Fällen ist die Bestimmung der fraktalen Dimension D nur im statistischen Mittel möglich. Dazu existieren verschiedene Methoden. Natürliche Objekte besitzen darüber hinaus keine einheitliche fraktale Dimension. Das wichtigste Beispiel dafür ist die Brown'sche Bewegung, aber auch Küstenlinien, Gebirge usw. zählen dazu.

Fraktale Kurven (Auswahl)

Das klassische Beispiel für Fraktale ist die *Kochkurve* (Helge von Koch, schwedischer Mathematiker, 1904). Sie ist eine der so genannten Monsterkurven, die zwar überall stetig, aber an keiner Stelle differenzierbar ist.

Konstruktionsvorschrift:

Initiator:  Dreigeteilte Linie.

Generator: 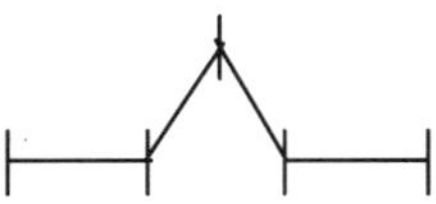 Das Mitteldrittel des Initiators wird durch zwei Schenkel eines gleichseitigen Dreiecks ersetzt. Der Generator wird rekursiv angewandt, d. h. auf jede neue Seite.

Fraktale Dimension:

$N \rightarrow$ Identische Strecken/Objekte des Generators

$$D_{Koch} = \frac{\ln(N)}{\ln(k)} = \frac{\ln(4)}{\ln(3)} = 1.2618\ldots$$

$k \rightarrow$ Skalierungsfaktor des Initiators

Nimmt man als Startobjekt ein gleichseitiges Dreieck (3 Initiatoren) und wendet wiederholt auf jede Seite die Konstruktionsvorschrift an, so erhält man die berühmte Koch'sche Schneeflocke, Bild 4.35.

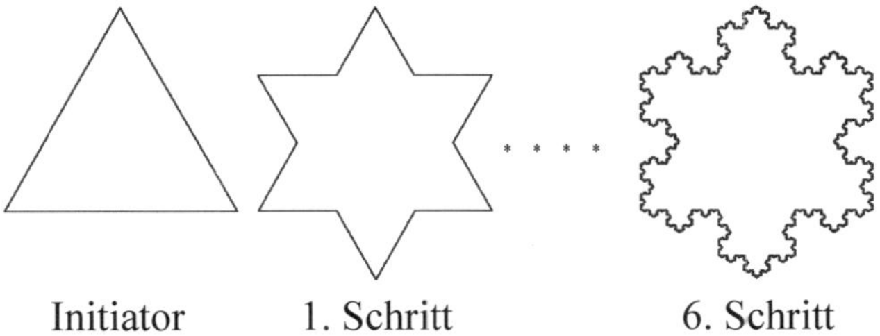

Bild 4.35 Koch-Schneeflocke

Beispiel 4.32:

Darstellung der Koch-Schneeflocke.

Der vollständige Quelltext befindet sich im Projekt FRAKTALE.

Fraktale Brown'sche Bewegung

1827 entdeckte der englische Botaniker Robert Brown unter einem Mikroskop die ungeordneten Zickzackbewegungen, die kleinste, in einer Flüssigkeit schwebende Teilchen vollführen.

Die Brown'sche Bewegung (Brownian Motion, BM) lässt sich als stochastischer Prozess einer eindimensionalen Bewegung auffassen, wenn man nur die Projektion auf eine Ebene betrachtet.

Die Brown'sche Bewegung ist statistisch selbstähnlich und besitzt die fraktale Dimension $D_{BM} = 1.5$, Bild 4.36.

Die Abszisse stellt die Zeit, die Ordinate die Zustände der Bewegung (Verschiebung) dar. Für die Achsen gilt der Zusammenhang $\Delta V(t) = V(t_2) - V(t_1)$ ist proportional zu $\Delta t = \sqrt{t_2 - t_1}$ mit $0 \leq t_1 \leq t_2 \leq 1$. Im Mittel bedingt die Differenz der Verschiebungen $\Delta V(t)$ eine quadratische Änderung der Zeitwerte Δt. Die fraktale Brown'sche Bewegung (fractal Brownian Motion, fBM) ist die von Mandelbrot und van Ness durchgeführte Erweiterung der klassischen Brown'schen Bewegung. Die fBM bildet in der Computergrafik eine Grundlage für die Modellierung von Landschaften und Planeten. Ihre Theorie wird deshalb kurz vorgestellt. Für die fBM gilt jetzt der gegenüber der klassischen BM verallgemeinerte Ansatz

$$\Delta V(t) \approx \Delta t^h \quad \text{mit} \quad 0 \leq t \leq 1$$

Zwischen dem Parameter h, der euklidischen Dimension E und der fraktalen Dimension D besteht die Relation

$$h = 1 + E - D$$

Aus den oben genannten Beziehungen kann man schlussfolgern, dass für einen großen Wert h, also kleinen Wert D, erst eine große Änderung von t eine Änderung von $V(t)$ ergibt. Je kleiner h ist, umso stärker oszilliert $V(t)$.

Gegeben sei die fBM mit t_1, $V(t_1)$, Δt und D, gesucht die Werte von t_2 und $V(t_2)$.

Lösung: $t_2 = t_1 + \Delta t$

$$V(t_2) = V(t_1 + \Delta t) = V(t_1) + \Delta V(t)$$

$$V(t_2) = V(t_1) + \Delta t^h \qquad V(t_2) = V(t_1) + \Delta t^{1+E-D}$$

$$D = 1.2, \Delta t = 0.1 \quad \rightarrow \quad V(t_2) = V(t_1) + 0.1^{0.8} = V(t_1) + 0.158$$

$$D = 1.85, \Delta t = 0.1 \quad \rightarrow \quad V(t_2) = V(t_1) + 0.1^{0.15} = V(t_1) + 0.708$$

Beispiel 4.33:
Darstellung der fraktalen Brown'schen Bewegung.

Der vollständige Quelltext befindet sich im Projekt FRAKTALE.

■

Die fBM ist ein zufälliges Fraktal. Wenn die Bewegung $V(t)$ zu einem bestimmten Zeitpunkt t bekannt ist, lässt sich daraus keine Voraussage über den weiteren Verlauf, wie Richtung und Größenänderung, machen. Die Verschiebung $V(t)$ ist eine normalverteilte Zufallsvariable mit dem Erwartungswert 0 und der Varianz 1. Das entspricht der Gauß'schen Normalverteilung.

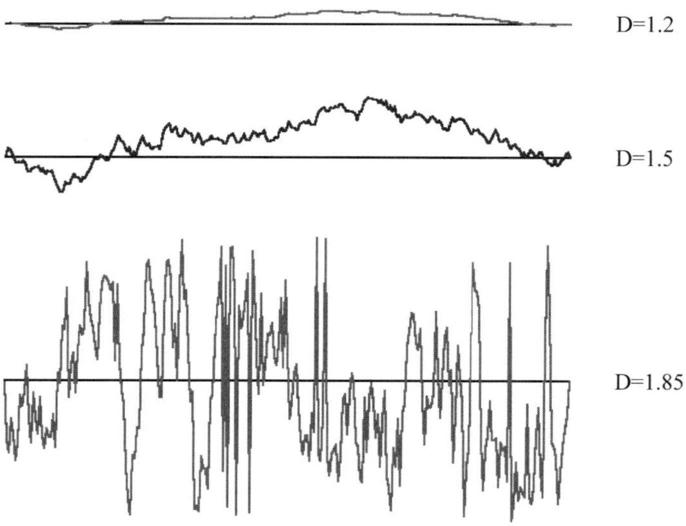

Bild 4.36 Fraktale Brown'sche Bewegung

Eine solche ungleiche Skalierung von t und $V(t)$, wo verschiedene Achsen mit verschiedenen Werten skaliert werden müssen, damit die statistische Selbstähnlichkeit erhalten bleibt, wird als Selbstaffinität bezeichnet. Damit ist die fBM ein selbstaffines fraktales Objekt. Zur Erzeugung von fBM-Kurven gibt es verschiedene Algorithmen. Von diesen wird anschließend der verbreitete Mittelpunkt-Verschiebe-Algorithmus näher beschrieben und danach in die dritte Dimension erweitert. Hier spielt er die zentrale Rolle zur Generierung realistisch wirkender Landschaften, Planeten und Wolken.

Mittelpunkt-Verschiebe-Algorithmus

Der Mittelpunkt zwischen zwei Punkten, also Anfangs- und Endpunkt einer Geraden, wird um einen normal verteilten Zufallswert Δy nach oben oder nach unten verschoben. Dieser Vorgang wird für jede neu entstandene Gerade rekursiv wiederholt, wobei wegen der Konvergenz, also der Forderung nach Beschränktheit, der Zufallswert auf jeder Stufe kleiner werden muss. Das Verfahren wird durch eine gewählte Grenze (Anzahl Rekursionszyklen, Bildschirmauflösung) abgebrochen. Das folgende Bild 4.37 zeigt das Prinzip.

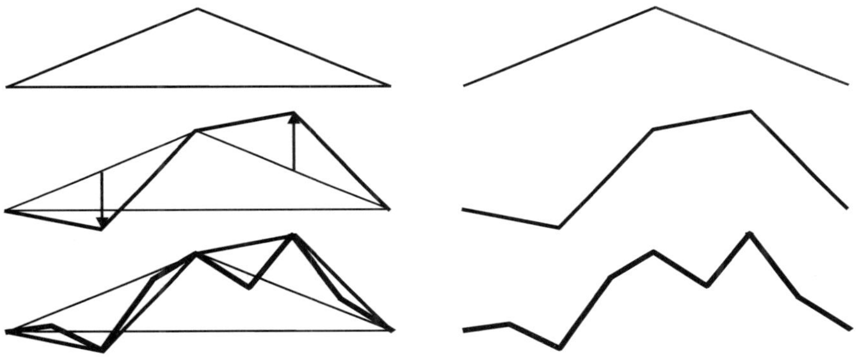

Schrittfolge Ergebnis

Bild 4.37 Prinzip des Mittelpunkt-Verschiebe-Algorithmus

Berechnung der Verschiebungswerte Δy

Entsprechend den bisherigen Ausführungen gilt

- die Verschiebungsänderung $\Delta y(x)$ ist proportional zu Δx^h

$$\Delta y(x) \approx \Delta x^h, 0 \le x \le 1, h = 1 + E - D$$

- die Zufallsvariablen $y(x)$ sind normalverteilt.

Für die Berechnung wird vorausgesetzt:

- $y(0) = 0$
- $y(1)$ = normal verteilter Zufallswert mit der Varianz σ^2 und dem Erwartungswert 0

$$VAR(y(1)) = \sigma^2, EW(y(1)) = 0$$

- $0 \le x \le 1$

Mit diesen Voraussetzungen ergibt sich $\mathrm{VAR}(\Delta y(x)) = (\Delta x^h \cdot \sigma)^2 = \Delta x^{2h} \cdot \sigma^2$. Der Algorithmus berechnet nun im ersten Schritt für $\Delta x = {}^1/_2 \cdot (1-0) = {}^1/_2$ den zugehörigen y-Wert (Mittelpunkt) nach der Beziehung $y({}^1/_2) = y({}^1/_2) - y(0) = {}^1/_2 \cdot [y(1) - y(0)] + \Delta Y_1$. Dabei ist ΔY_1 eine normal verteilte Zufallsvariable mit dem Erwartungswert 0 und der Varianz Δ_1^2. Das Verfahren erfordert die Erfüllung der Bedingungen, dass Erwartungswert und Varianz unverändert bleiben sollen.

Für den Erwartungswert ist die Bedingung erfüllt. Für die Varianz muss zur Erfüllung obiger Bedingung gelten:

$$VAR\left(y\left(\frac{1}{2}\right) - y(0)\right) = \left(\frac{1}{2}\right)^{2h} \cdot \sigma^2$$

Daraus ergibt sich

$$VAR(\Delta y(x)) = (\Delta x)^{2h} \cdot \sigma^2$$

und nach einiger Zwischenrechnung

$$\Delta_1^2 = \left(\frac{1}{2}\right)^{2h} \cdot \sigma^2 \cdot \left(1 - 2^{2h-2}\right)$$

Wegen $VAR(\Delta Y_1) \approx \Delta_1^2$ erhält man für den Verschiebungswert

$$\Delta Y_1 \approx \Delta_1 = \sigma \cdot \left(\frac{1}{2}\right)^{h} \cdot \sqrt{1 - 2^{2h-2}} = \sigma \cdot 2^{-h} \cdot \sqrt{1 - 2^{2h-2}}$$

Führt man den Prozess nun fort, so erhält man im n-ten Unterteilungsschritt

$$\Delta_n = \sigma \cdot 2^{-nh} \cdot \sqrt{1 - 2^{2h-2}}$$

Der Parameter σ kann als Vergrößerungsfaktor interpretiert werden. Mit der Standardabweichung Δ_n sind die Zufallswerte zu multiplizieren, um über die gesamte fBM-Kurve die geforderte Normalverteilung zu erhalten. Da Δ_n mit wachsendem n kleiner wird, ist auch die Bedingung erfüllt, dass die iterativ erzeugte fBM-Kurve konvergiert. Ist ein Punkt verschoben worden, so bleibt er unveränderlich an dieser Position und steht zu seinen Nachbarpunkten in keiner Beziehung mehr.

Erzeugung fraktaler Landschaften

Die Erzeugung von Landschaften setzt ihre mathematische Beschreibung voraus. Wegen der beobachtbaren Selbstähnlichkeit natürlicher Objekte:

- bei Bergen gibt es große und kleine Gipfel, Felsen und Steine, die einander ähnlich sind,
- Bäume besitzen einander ähnliche Äste, Zweige und Blätter,
- an Küsten gibt es Buchten, Einmündungen von Flüssen und Bächen mit einer gewissen Ähnlichkeit,

spielt die Modellierung mit geeigneten Methoden eine entscheidende Rolle. Das Prinzip der Erzeugung von Landschaften besteht darin, ein Gitternetz (x, y) so mit Höhenwerten $z(x,y)$ zu belegen, dass deren Verbindung zu natürlich aussehenden Landschaften führt.

Für die Erzeugung fraktaler Landschaften gibt es prinzipiell die Methoden bzw. Verfahren Erzeugung durch Mittelpunktverschiebung, durch Zerteilung, durch Spektralsynthese und durch Skalierung und Addition. Hier soll nur das erste Verfahren kurz vorgestellt werden. Grundlage aller dieser Verfahren ist das Gitternetz oder Gittermodell einer Landschaft in einem gewählten Koordinatensystem.

Die Erzeugung einer Landschaft durch Mittelpunktverschiebung erweitert den Mittelpunkt-Verschiebe-Algorithmus zur Modellierung der fraktalen Brown'schen Bewegung (fBM) auf die dritte Dimension. Die fBM-Kurve kann dabei als Querschnitt durch eine Landschaft angesehen werden. Der Algorithmus lautet für den Fall, dass man ein rechteckiges Gitternetz voraussetzt:

- Initialisieren der Höhenwerte
- ***repeat*** Zerteilen vorhandener Vierecke durch Halbierung der Seitenlänge in kleinere; Verschieben der neuen Ecken um einen Zufallswert nach oben oder unten
- ***until*** „Landschaft fertig"

Bild 4.38 zeigt die Vorgehensweise.

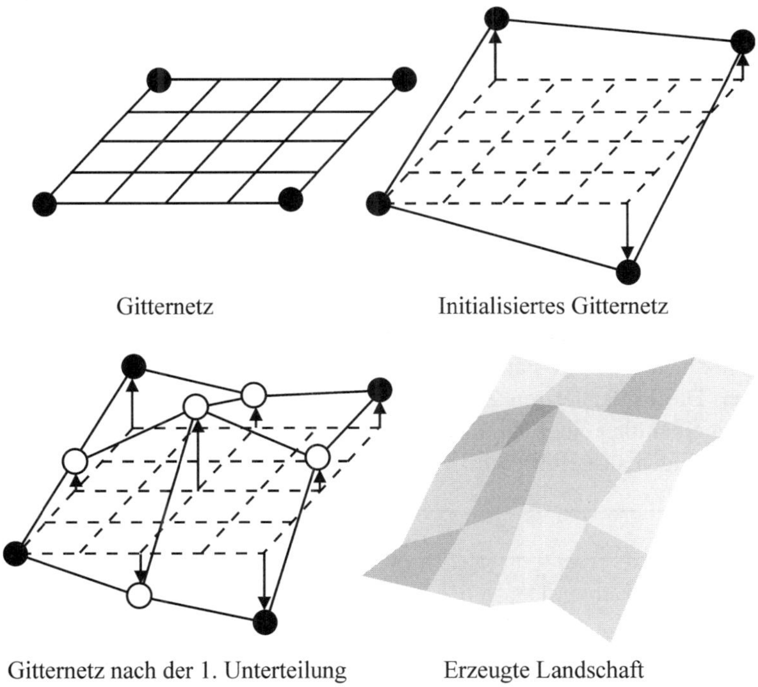

Bild 4.38 Erzeugung fraktaler Landschaften (Prinzip)

Beispiel 4.34:

Erzeugung einer fraktalen Landschaft.

Der vollständige Quelltext befindet sich im Projekt FRAKTALE.

Iterierte Funktionensysteme (IFS)

Iterierte Funktionensysteme [EnStKl97] dienen vor allem als praktisches Werkzeug, um Bilder von Wolken, Landschaften, Pflanzen, wie Farnen, usw. zu erzeugen. Die meisten Modellierungsmethoden für fraktale Objekte haben den Nachteil, dass auf Grund der Parameter zur Beschreibung des Fraktals keine präzise Vorhersage über das fraktale Objekt getroffen werden kann. Bei der Methode der iterierten Funktionensysteme (IFS) kann die Wirkung der Parameter besser kontrolliert werden. Grundsätzlich gibt es zwei Algorithmen zur Berechnung von Fraktalen mit IFS, den deterministischen und den Zufalls-Iterations-Algorithmus. Letzterer soll hier am Beispiel des Barnsley-Farns in der zweidimensionalen Form dargestellt werden.

Fraktale sind Erweiterungen klassischer euklidischer Formen (Linien, Rechtecke, Kreise, ...) mit den folgenden zwei Eigenschaften:

- sichtbar gemacht, sind sie unendlich vergrößerbar mit einer Struktur in jeder Skalierung,
- sie können typischerweise durch kleine, endliche Mengen von Anweisungen und Daten generiert werden.

Ein mathematisches Modell von Fraktalen ist das iterierte Funktionensystem (IFS) der Form

$$\begin{pmatrix} x' \\ y' \end{pmatrix} = \begin{pmatrix} a & b \\ c & d \end{pmatrix} \cdot \begin{pmatrix} x \\ y \end{pmatrix} + \begin{pmatrix} e \\ f \end{pmatrix}$$

Es beschreibt die theoretisch unendlich wiederholte Anwendung einer oder mehrerer kontraktiver affiner Transformationen, um Punkte oder Flächen in sich selbst abzubilden. Für den zweidimensionalen Barnsley-Farn wurden durch Micheal Barnsley 1985 folgende Werte angegeben. Die in der letzten Zeile angegebene Wahrscheinlichkeit $p[i]$ bestimmt zusammen mit einer über einen Zufallsgenerator ermittelten Zufallszahl z, welche der vier affinen Abbildungen ausgeführt wird.

i	1	2	3	4
$a[i]$	0	0.197	–0.155	0.849
$b[i]$	0	–0.266	0.283	0.037
$c[i]$	0	0.226	0.26	–0.037
$d[i]$	0.16	0.197	0.237	0.849
$e[i]$	0	0	0	0
$f[i]$	0	1.6	0.44	1.6
$p[i]$	0.03	0.14	0.27	1.0

Beispiel 4.35:

Darstellung des Barnsley-Farns. Das Projekt enthält den vollständigen Algorithmus und auch die Daten für den drei-dimensionalen Farn. Der zwei- und dreidimensionale Farn sind im Bild 4.39 dargestellt.

Der vollständige Quelltext befindet sich im Projekt FRAKTALE.

Bild 4.39 Zwei- und drei-dimensionaler Barnsley-Farn

4.5.3 Soft Objects, Blobby Models

Blobby Models basieren auf der Überlagerung von räumlichen Feldfunktionen sowie der Extraktion von Isoflächen, die sich aus der Feldwerteverteilung ergeben. Das Blobby-Model-Verfahren wurde erstmals von Blinn 1982 vorgestellt und dient hauptsächlich zur Darstellung von Objekten, deren Form und Topologie sich zeitlich, in Abhängigkeit von vorgegebenen Gesetzmäßigkeiten, ändern kann. Beispiele sind Flüssigkeiten oder zerfließende Objekte. In der Regel wird zur Generierung der räumlichen Feldverteilung die Exponentialfunktion

$$V(x,y,z) = \sum_{i=1}^{n} V_i(x,y,z) = \sum_{i=1}^{n} b_i \cdot e^{-a_i \cdot f_i(x,y,z)}$$

verwendet. Hierin sind $f_i(x,y,z)$ beliebige parametrische Funktionen, die die geometrische Ausprägung der Isoflächen des Felds bestimmen. Die Konstanten a_i und b_i legen den Verlauf der räumlichen Werteverteilung der einzelnen, sich gegenseitig überlagernden, Feldfunktionen $V_i(x,y,z)$ fest. $V_i(x,y,z)$ kann als Primitivum eines Blobby-Modells betrachtet werden, das durch Fusion mit $n-1$ weiteren Verteilungsfunktionen zu einem beliebig komplexen Objekt zusammengefügt werden kann, wobei sich auch die topologische Klasse verändern kann.

Am häufigsten werden konzentrische Verteilungsfunktionen verwendet.

$$f_i(x,y,z) = (x-x_i)^2 + (y-y_i)^2 + (z-z_i)^2$$

Mit $b_i = 2.718$ und $a_i = 4$ würde sich der Verlauf nach Bild 4.40 links ergeben.

Gebräuchlich sind auch Verteilungsfunktionen, deren Form den Superquadriken entspricht, insbesondere superelliptoidische Funktionen

$$f_i(x,y,z) = \left((x-x_i)^{2/\nu_i} + (y-y_i)^{2/\nu_i}\right)^{\nu_i/\mu_i} + (z-z_i)^{2/\mu_i}$$

Bild 4.40 enthält rechts ein Beispiel für die Parameter $b_i = 1.001$, $a_i = 0.001$ und $\nu_i = \mu_i = 0.5$.

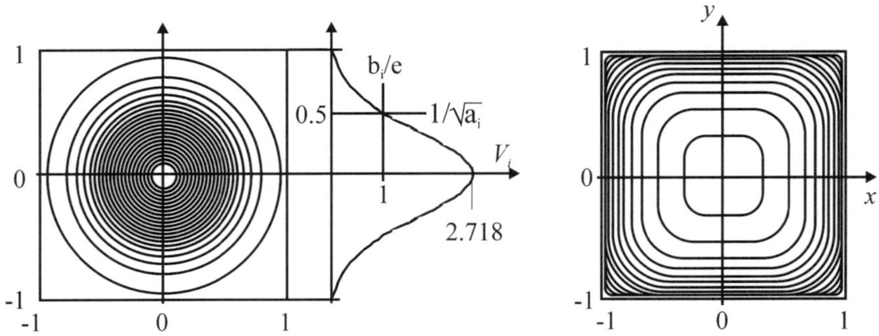

Bild 4.40 Konzentrische und superelliptische Verteilungsfunktion

Die Oberfläche eines Blobby-Modells wird durch die Isoflächen seiner Feldverteilung bestimmt. Hierzu ist die Festlegung eines Schwellenwerts S erforderlich. Alle Koordinaten, die die Gleichung $V(x,y,z) = S$ erfüllen, sind Punkte auf der Oberfläche des Blobby-Modells.

Beispiel 4.36:

Darstellung eines Blobby-Modells

Der vollständige Quelltext befindet sich im Projekt SOFTOBJECT.

■

4.6 Display-Listen, Vertex-Arrays und Clip Planes

4.6.1 Display-Listen

Display-Listen (Darstellungslisten) dienen zur Zusammenfassung mehrerer OpenGL-Routinen. Sie bilden damit sowohl die Voraussetzung für die effektive wiederholte Nutzung der sie enthaltenden grafischen Informationen als auch der Anwendung im über das Netz verfügbaren OpenGL-Server. Der Grund für den letztgenannten Aspekt besteht darin, dass durch die Philosophie des Client-Server-Konzeptes von OpenGL Display-Listen nur einmal in den Server übertragen werden und damit bei wiederholter Nutzung Übertragungsaufwand im Netzverbund gesenkt wird. Vor ihrer Verwendung müssen Display-Listen erzeugt werden. Da dafür keine Änderung des OpenGL-Zustandes erfolgt, kann das jederzeit stattfinden. Die Generierung wird durch die Aufruffolge

```
glNewList(list, mode);
   // Anweisungen
glEndList;
```

veranlasst. Die zwischen glNewList(..) und glEndList vorhandenen Anweisungen bestimmen die Wirkungen beim Aufruf der Display-Liste. Der Parameter **list** ist der Name oder Identifikator der Display-Liste, eine positive ganze Zahl vom Typ GLuint, über den die Liste später aufgerufen wird. Für **mode** ist GL_COMPILE | GL_COMPILE_

AND_EXECUTE zugelassen. Ist GL_COMPILE_AND_EXECUTE wirksam, so werden die Befehle in der Display-Liste gespeichert und sofort ausgeführt, sonst werden sie zunächst nur in die Display-Liste eingetragen und erst später durch

glCallList(**list**);

aufgerufen und abgearbeitet. Eine bereits vollständig erzeugte Display-Liste kann innerhalb einer gerade definierten durch glCallList(..) aktiviert werden. Das erlaubt den Aufbau von Hierarchien. Bei umfangreicheren Programmen ist es schwierig, den Überblick über bereits vergebene Namen zu behalten. Das ist umso gefährlicher, als bei der irrtümlichen Nutzung des gleichen Namens die bereits definierte Display-Liste überschrieben wird. Die OpenGL-Routine zur Generierung einer Anzahl **range** aufeinander folgender Namen lautet

glGenLists(**range**);

Es empfiehlt sich, nicht mit den positiven ganzen Zahlen zu arbeiten, sondern diese sinnvoll gewählten symbolischen Namen zuzuweisen. Beispiel 4.37 zeigt die Vorgehensweise. Da OpenGL eine *Statusmaschine* repräsentiert, sind Änderungen von Attributen oder Transformationen in einer aufgerufenen Display-Liste auch nach der Abarbeitung derselben gültig. In solchen Fällen empfiehlt sich die Verwendung der entsprechenden Attribut- und Matrix-Stacks. Eine einmal geschlossene Display-Liste kann während der Laufzeit nicht wieder geöffnet, editiert oder gelesen werden. Das hat zur Folge, dass Änderungen von Parametern nach der Definition der Display-Liste wirkungslos sind.

Beispiel 4.37:

Definition von zwei Display-Listen. Die erste mit dem Namen ColorCube enthält einen Farbwürfel, die zweite nutzt diese Display-Liste zum Aufbau einer Figur, die aus dem Farbwürfel und einem aufgesetzten Konus besteht. Sie bekommt den Namen Figur. Gleichzeitig wird die Generierung von Namen und deren Zuweisung an vorher deklarierte Variablen gezeigt. Da der Farbwürfel in der ersten Display-Liste ohne Licht dargestellt werden muss, jedoch beim Aufruf derselben die Beleuchtung eingeschaltet sein kann, wird durch den Aufruf glPushAttrib(GL_LIGHTING_BIT) der zugehörige Zustand auf dem Attribut-Stapel gesichert und dann mit glDisable(GL_LIGHTING) die Beleuchtung deaktiviert. Am Ende der Definition der ersten Display-Liste wird der Ursprungszustand durch glPopAttrib wiederhergestellt. Bei der zweiten Display-Liste wird das Prinzip durch glPushMatrix und glPopMatrix für die Transformationen angewendet.

```
var ColorCube,Figur: GLuint;

// Generierung der Display-List-Namen
ColorCube:=glGenLists(2);
Figur:=ColorCube+1;

// Erzeugung der beiden Display-Listen
h:=2;
glNewList(ColorCube,GL_COMPILE);
  glPushAttrib(GL_LIGHTING_BIT);
    glDisable(GL_LIGHTING);
    glBegin(GL_POLYGON); // Unterseite Magenta
      glColor3f(1,0,1);     glNormal3f(0,-1,0);
      glVertex3f(-h,-h, h); glVertex3f( h,-h, h);
      glVertex3f( h,-h,-h); glVertex3f(-h,-h,-h);
```

```
        glEnd;
        // Die restlichen fünf Würfelseiten werden analog definiert.
        // Aus Platzgründen werden sie hier nicht angegeben.
          :
    glPopAttrib;
glEndList;

glNewList(Figur,GL_COMPILE);
    glPushMatrix;
        glCallList(ColorCube);
        glTranslatef(0,2,0);
        glRotatef(-90,1,0,0);
        glutSolidCone(2,4,20,20);
    glPopMatrix;
glEndList;

// Aufruf der erzeugten Display-Listen
glPushMatrix;
    glTranslatef(5,0,0);
    glRotatef(MoveValue,xMove,yMove,zMove);
    glCallList(ColorCube);
glPopMatrix;
glPushMatrix;
    glTranslatef(-5,0,0);
    glRotatef(MoveValue,xMove,yMove,zMove);
    glCallList(Figur);
glPopMatrix;
```

Der vollständige Quelltext befindet sich im Projekt DISPLAYLISTE.

■

Beispiel 4.38:

Die im vorhergehenden Beispiel erzeugte Display-Liste für den Farbwürfel mit dem Namen ColorCube wird gleichzeitig mit der in der Unit GLToolsDelphi definierten Prozedur Farbwuerfel(h) aufgerufen. h wird durch die Änderung des Wertes von Value1 geändert, h=2+0.1·Value1. Wie zu sehen ist, wird die Änderung jedoch nur bei dem mit der Prozedur erzeugten Würfel wirksam, da Parameteränderungen nach der Erzeugung der Display-Liste, sie wurde mit h=2 generiert, keine Wirkung haben. Man müsste hier die Skalierungstransformation glScalef(..) nutzen.

```
h:=2+0.1*Value1;
glDisable(GL_LIGHTING);
glPushMatrix;
    glTranslatef(5,0,0);
    glRotatef(MoveValue,xMove,yMove,zMove);
    glCallList(ColorCube);
glPopMatrix;
glPushMatrix;
    glTranslatef(-5,0,0);
    glRotatef(MoveValue,xMove,yMove,zMove);
    Farbwuerfel(h);
glPopMatrix;
```

Der vollständige Quelltext befindet sich im Projekt DISPLAYLISTE.

■

Das letzte Beispiel zeigt, dass der Einsatz von Display-Listen sehr wohl überlegt sein sollte, wenn die OpenGL-Anwendung nur lokal, also ohne Inanspruchnahme des Netzes erfolgt. Für den Aufbau und die Verwaltung der Display-Listen werden Ressourcen benötigt, so dass der Einsatz von Prozeduren oder Funktionen sinnvoll sein kann. Allerdings lohnt sich der Einsatz von Display-Listen immer dann, wenn die darzustellende Szene Objekte enthält, deren Vertices, Farben usw. erst kompliziert berechnet werden müssen.

Unter Umständen kann sich in einem Programm eine ziemlich große Anzahl von Display-Listen ansammeln. Um zu vermeiden, dass dann der Code seitenweise nur aus glCallList-Anweisungen besteht, empfiehlt es sich, mit dem Befehl

glCallLists(**n**, **type**, @**lists**)

eine Folge von Display-Listen mit einer Anweisung abzuarbeiten. Der Paramter **n** besagt, wie viele Listen zur Abarbeitung gelangen sollen. In **lists** stehen die Identifikatoren der betreffenden Display-Listen. Mit **type** wird der Datentyp der Werte von **lists** angegeben.

4.6.2 Vertex-Arrays

Vertex-Arrays dienen der Definition von Feldern und ihrer effizienten Übertragung zum OpenGL-Server. Sie ermöglichen die einfache Übergabe von Eckpunktkoordinaten, Farben, Normalen, Texturkoordinaten und Flags zur Definition von Konturkanten.

Definition von Vertex-Arrays

OpenGL stellt Routinen zur Definition und Verwaltung von Vektoren für Vertices, Farben, Normalen, Texturkoordinaten und Kantenflags bereit. Diese lauten der Reihe nach

glVertexPointer(**size**, **type**, **stride**, @**data**);
glColorPointer(**size**, **type**, **stride**, @**data**);
glNormalPointer(**type**, **stride**, @**data**);
glTexCoordPointer(**size**, **type**, **stride**, @**data**);
glEdgeFlagPointer(**stride**, @**data**);

size gibt mit einem der Werte 1, 2, 3 oder 4 die Zahl der Komponenten pro Wert an, da diese ein- bis vierdimensional sein können. **type** definiert den Typ der übergebenen Werte. Diese können je nach der Art der in **data** gespeicherten Werte GL_BYTE | GL_SHORT | GL_INT | GL_FLOAT | GL_DOUBLE sein. **stride** gibt an, um wie viele Bytes das jeweils folgende Element in **data** vom vorhergehenden getrennt ist. Weitere Einzelheiten sind im Abschnitt 4.6.4 zusammengefasst.

Mit diesen Befehlen sind nunmehr alle Felder definiert. Auf alle Fälle ist zu beachten, dass der korrekte Zugriff auf die Felder kontrolliert erfolgt. OpenGL stellt keinerlei Sicherungsmechanismen beim Zugriff auf nicht definierte Elemente zur Verfügung.

Die Tatsache, dass Vertex-Arrays die enthaltenen Daten über einen Index aufrufen, führt zu der Vermutung, dass sich so mehrfach vorhandene Vertices optimal zusammenfassen und über einen gemeinsamen Index aufrufen lassen. Allerdings ist dieser Gedanke dann kaum zu realisieren, wenn je nach Verwendung des Vertex, beispielsweise als Eckpunkt eines Würfels, jeweils verschiedene Normalenvektoren benötigt werden. Es ist also in der

Regel erforderlich, auch in Vertex-Arrays bestimmte Vertices mehrfach anzugeben. Vertex-Arrays wurden nicht nur eingeführt, um in vielen Fällen die Mehrfachdefinition von einzelnen Vertices zu vermeiden, sondern auch deshalb, um größere Datenblöcke mit nur wenigen Befehlen an OpenGL zu übergeben.

Aktivierung der Felder

Durch die vorhergehenden OpenGL-Routinen erfolgte lediglich die Definition und Verwaltung der in **data** gespeicherten Datenfelder. Vor der Nutzung muss nun zusätzlich eine Aktivierung einzeln für jedes Feld ausgelöst werden. Die erfolgt durch die OpenGL-Routinen

glEnableClientState(**array**);
glDisableClientState(**array**);

Sowohl bei der Aktivierung als auch bei der Deaktivierung nimmt **array** eine der symbolischen Konstanten GL_VERTEX_ARRAY | GL_COLOR_ARRAY | GL_NORMAL_ARRAY | GL_TEXTURE_COORD_ARRAY | GL_EDGE_FLAG_ARRAY an, die das jeweilige Feld bezeichnen.

Darstellung und Steuerung der Feldelemente

Für die mit **data** definierten Felder gibt es insgesamt vier OpenGL-Routinen, die die Darstellung der Feldinhalte auf verschiedenen Komplexitätsstufen ermöglichen. glArrayElement(..) übergibt an den OpenGL-Server die Aufrufe für alle aktivierten Felder für ein bestimmtes Feldelement. glDrawArrays(..) und glDrawElements(..) generieren gleich eine ganze Folge von entsprechenden Aufrufen. Der komplexeste Aufruf, glInterleaved Arrays(..), aktiviert gleichzeitig eine Kombination von Feldangaben und übergibt entsprechende Werte.

glArrayElement(**i**) generiert für das **i**-te Element der definierten und aktivierten Felder die entsprechenden Aufrufe von glVertex, glColor, glNormal, glTexCoord und glEdgeFlag. Ist das Feld mit den Koordinaten aktiviert, dann erfolgt der Aufruf von glVertex zuletzt, damit OpenGL entsprechend den vorangehenden Parametern einen Eckpunkt generieren kann. Die Aufrufe von glArrayElement(..) müssen zwischen glBegin(..) und glEnd stehen. Beispiel 4.39 zeigt die prinzipielle Vorgehensweise.

glDrawArrays(**mode**, **first**, **count**) erzeugt im Gegensatz zu glArrayElement(..) direkt eine Folge grafischer Primitive einschließlich der Kommandos glBegin(..) und glEnd. Der Parameter **mode** ist dabei identisch zu den symbolischen Konstanten, die für glBegin(..) genutzt werden können. Der Befehl entspricht in seiner Wirkung der folgenden Anweisungssequenz.

```
var i: GLint;
:
glBegin(mode)
{***} for i:=0 to count-1 do glArrayElement(first+i)
glEnd() ;
```

glDrawElements(**mode**, **count**, **type**, **@indices**) ruft **count**-mal glArrayElement(..) auf, diesmal aber nicht in der gespeicherten Reihenfolge, sondern indirekt durch die Indices im Vektor **indices**. Die mit {***} gekennzeichnete Zeile in der vorhergehenden Aufruffolge von glDrawArrays(..) wird hier durch glArrayElement(**indices**[i]) ersetzt. Der Parameter **type** kann die Werte GL UNSIGNED_BYTE | GL_UNSIGNED_SHORT | GL_UNSIGNED_INT annehmen und enthält damit den Typ von **indices**.

glInterleavedArrays(**format**, **stride**, @**data**) ist die komplexeste OpenGL-Routine zur Arbeit mit Vertex-Arrays. Im Feld **data** sind jeweils die Daten aller übergebenen und damit aktivierten Felddaten pro Index direkt hintereinander gespeichert. **stride** gibt wie bisher den Abstand zwischen dem jeweiligen Beginn zweier Feldelemente an. Für **format** sind hier GL_V2F | GL_V3F | GL_C4UB_V2F | GL_C4UB_V3F | GL_C3F_V3F | GL_N3F_V3F | GL_C4F_N3F_V3F | GL_T2F_V3F | GL_T4F_V4F | GL_T2F_C4TUB_V3F | GL_T2F_C3F_V3F | GL_T2F_N3F_V3F | GL_T2F_C4F_N3F_V3F | GL_T4F_C4F_N3F_V4F zugelassen. Der Wert von **format** richtet sich danach, welche Komponenten aktiviert sind. Beispielsweise beschreibt GL_C3F_V3F, dass jedes Element von **data** drei Farbwerte (C3F) und drei Vertex-Koordinaten (V3F) im Format GL_FLOAT in dieser Reihenfolge enthält. Mit diesem Befehl kann sehr kompakt eine Definition von grafischen Primitiven an OpenGL übergeben werden.

Beispiel 4.39:

Definition und Nutzung von Vertex-Arrays. Das Beispiel enthält die Deklaration zweier Vektoren Vertices und Colors mit je 24 Werten. Von diesen werden im Programmfragment zur Darstellung von zwei Quadraten jedoch nur je 12 benötigt, die restlichen sind späteren Anwendungen vorbehalten. Jede Vertex- und Farbkomponente besteht aus 3 Elementen. Nach der Aktivierung und Definition der Arrays erfolgt deren Anwendung erst mit glArrayElement(..) und dann mit glDrawArrays(..).

```
      //Array of Vertices mit den Komponenten x, y und z
var   Vertices: array [0..23] of GLfloat=(-0.5,-0.5, 0.5,
                                           0.5,-0.5, 0.5,
                                           0.5, 0.5, 0.5,
                                          -0.5, 0.5, 0.5,
                                          -0.5,-0.5,-0.5,
                                           0.5,-0.5,-0.5,
                                           0.5, 0.5,-0.5,
                                          -0.5, 0.5,-0.5);
      //Array of Colors mit den Komponenten R, G und B
      Colors:   array [0..23] of GLfloat=( 1.0,0.0,0.0,
                                           0.0,1.0,0.0,
                                           0.0,0.0,1.0,
                                           1.0,1.0,0.0,
                                           0.0,1.0,1.0,
                                           1.0,0.0,1.0,
                                           1.0,1.0,1.0,
                                           0.0,0.0,0.0);

glDisable(GL_LIGHTING);

// Aktivierung und Definition der Vertex-Arrays
glEnableClientState(GL_COLOR_ARRAY);
glEnableClientState(GL_VERTEX_ARRAY);
glColorPointer(3,GL_FLOAT,0,@Colors);
glVertexPointer(3,GL_FLOAT,0,@Vertices);
```

```
// Darstellung mit glArrayElement(..)
glShadeModel(GL_FLAT);
glPushMatrix;
  glTranslatef(-5,0,0);
  glScalef(5,5,5);
  glRotatef(MoveValue,xMove,yMove,zMove);
  glBegin(GL_QUADS);
    glArrayElement(0); glArrayElement(1);
    glArrayElement(2); glArrayElement(3);
  glEnd;
glPopMatrix;

// Darstellung mit glDrawArrays(..)
glShadeModel(GL_SMOOTH);
glPushMatrix;
  glTranslatef(5,0,0);
  glScalef(5,5,5);
  glRotatef(MoveValue,xMove,yMove,zMove);
  glDrawArrays(GL_QUADS,0,4);
glPopMatrix;
```

Der vollständige Quelltext befindet sich im Projekt DISPLAYLISTE.

■

4.6.3 Clip Planes

Oftmals besteht der Wunsch, in das Innere von Körpern hineinsehen zu können. Zu diesem Zweck bietet die OpenGL eine relativ komfortable Unterstützung zusätzlich zu den in den Kapiteln 3 und 5 gegebenen Möglichkeiten des Clipping. So ist es gestattet, mindestens weitere sechs Schnittebenen zu definieren und wahlweise einzusetzen. Diese können beliebig in der Szene platziert werden. Dazu steht die Funktion

glClipPlane(**plane**, @**equation**)

zur Verfügung. Der Parameter **plane** ist der Bezeichner für die entsprechende Schnittebene. Er kann die Werte GL_CLIP_PLANEx mit mindestens $0 \leq x \leq 5$ annehmen. Die zugelassene Anzahl von Clip Planes kann von Implementation zu Implementation schwanken, der Mindestwert ist jedoch sechs. Zur Definition der Lage der Ebene dienen die Parameter A, B, C, D. Sie sind die Koeffizienten der Gleichung

$$A \cdot x + B \cdot y + C \cdot z + D = 0,$$

die die Ebene in Weltkoordinaten definiert und die im Vektor **equation** gespeichert werden. Jede Ebene teilt den Raum in Halbräume, von denen einer den sichtbaren Teil der Szene enthält, der andere den unsichtbaren. Die Punkte X, Y, Z, W in Augpunktkoordinaten, die der Gleichung

$$(A, B, C, D) \cdot M^{-1} \cdot (X, Y, Z, W)^T > 0$$

genügen, sind sichtbar. Dabei ist M^{-1} die Inverse der aktuellen MODELVIEW-Matrix, Kapitel 5. Das Clipping muss für jede definierte Ebene einzeln aktiviert bzw. deaktiviert werden. Das erfolgt wieder mit den Funktionen

glEnable(GL_CLIP_PLANE*x*);
glDisable(GL_CLIP_PLANE*x*);

Bild 4.41 Nutzung der Clip Plane

Beispiel 4.40:

Nutzung einer Clip Plane für eine Szene aus einem Konus, einer Kugel und einem Zylinder, Bild 4.41. Mit Value1 erfolgt die Wahl zwischen normaler Darstellung und Clipping, mit Value2 wird der Winkel der Clip Plane geändert und mit Value3 die *y*-Komponenten der Drehachse.

```
if not odd(Value1) then glDisable(GL_CLIP_PLANE0)
                   else glEnable(GL_CLIP_PLANE0);

ClipPlane[0]:=0; ClipPlane[1]:=0;
ClipPlane[2]:=0; ClipPlane[3]:=0;

glPushMatrix;
  glTranslatef(-6,-3,0);
  glRotatef(-90,1,0,0);
  glutSolidCone(2,6,30,30);
glPopMatrix;
glPushMatrix;
  glTranslatef(0,-1,0);
  glutSolidSphere(2,30,30);
glPopMatrix;
glPushMatrix;
  glTranslatef(6,-3,0);
  glRotatef(-90,1,0,0);
  Quadric:=gluNewQuadric; gluQuadricDrawStyle(Quadric,GLU_FILL);
  gluCylinder(Quadric,2,2,6,50,10);
  gluDeleteQuadric(Quadric);
glPopMatrix;

glPushMatrix;
  glLoadIdentity;
  glTranslatef(0,-10,0);
  glRotatef(-75+0.1*Value2,1,0.2+0.01*Value3,0);
  glClipPlane(GL_CLIP_PLANE0,@ClipPlane);
glPopMatrix;
```

Der vollständige Quelltext befindet sich im Projekt DISPLAYLISTE.

■

4.6.4 OpenGL-Routinen

Nutzung von Display-Listen (Auswahl)

- Aufbau von Display-Listen

  procedure glNewList(**list**: ***GLuint***; **mode**: ***GLenum***);
  procedure glEndList;

Parameter
list Name der Display-Liste.
mode GL_COMPILE | GL_COMPILE_AND_EXECUTE

Kurzbeschreibung
Die Display-Liste fasst zwischen glNewList(..) und glEndList eine Folge von Anweisungen zu einer Einheit unter dem Namen **list** zusammen und speichert sie im OpenGL-Server für spätere Anwendungen. Enthält der Parameter **mode** den Wert GL_COMPILE, so wird die Display-Liste nur gespeichert, enthält er den Wert GL_COMPILE_AND_EXECUTE, so wird sie sofort ausgeführt und gespeichert. Normalerweise wird GL_COMPILE verwendet und die Abarbeitung explizit angefordert. Ist eine Display-Liste durch glEndList einmal geschlossen, so kann sie während der Laufzeit nicht mehr verändert werden. Das bezieht sich auch auf enthaltene Parameter. Wird eine Display-Liste mit dem gleichen Namen definiert wie eine bereits vorhandene, so wird die vorhandene überschrieben. Bereits vorhandene Display-Listen können wie normale OpenGL-Routinen genutzt werden. Der Vollständigkeit halber sei darauf hingewiesen, dass nicht alle OpenGL-Routinen akzeptiert werden, sie werden nicht ausgeführt, lösen aber auch keinen Fehler aus. Der Status von OpenGL wird vor Ausführung der Display-Liste nicht zwischengespeichert und danach wieder gesetzt. Änderungen desselben innerhalb der Display-Liste bleiben also wirksam. Man muss in solchen Fällen von der Verwendung der entsprechenden Attribut- und Matrix-Stacks glPushAttrib(..), glPopAttrib, glPushMatrix und glPopMatrix Gebrauch machen, sich also den Zustand bei Eintritt in die Display-Liste speichern und diesen vor dem Verlassen wiederherstellen.

- Ausführen einer Display-Liste

  procedure glCallList(**list**: ***GLuint***);

Parameter
list Name der Display-Liste.

Kurzbeschreibung
Die unter dem Namen **list** erzeugte Display-Liste wird ausgeführt. Existiert diese nicht, so führt das zu keinem Fehler. Eine Display-Liste kann auch dann zwischen glBegin(..) und glEnd aufgerufen werden, wenn sie keine Anweisungen enthält, die dort verboten sind.

- Generieren von Namen für Display-Listen

  function glGenLists(**range**: ***GLsizei***): ***GLuint***;

Parameter
range Anzahl der zu generierenden aufeinander folgenden Display-List-Namen.

Kurzbeschreibung
Es werden **range** aufeinander folgende Namen für Display-Listen erzeugt. Wird für glGenLists der Wert *n* zurückgegeben, so existieren die Namen *n*, *n*+1, ..., *n*+**range**–1. Für die Nutzung sollte man diesen geeignet gewählte Variablen des Typs GLuint zuweisen. glGenLists(..) darf nicht innerhalb von glBegin(..) und glEnd auftreten.

- Löschen von Display-Listen

  procedure glDeleteLists(**list**: ***GLuint***; **range**: ***GLsizei***);

Parameter

list	Name der ersten zu löschenden Display-Liste.
range	Anzahl der zu löschenden aufeinander folgenden Display-Listen.

Kurzbeschreibung
Ist *d* der Name einer Display-Liste, so werden alle Listen von **list** $\leq d \leq$ **list+range**–1 gelöscht. Der Speicherplatz wird freigegeben und die Namen können wieder benutzt werden. glDeleteList darf nicht zwischen glBegin(..) und glEnd auftreten.

Nutzung von Vertex-Arrays (Auswahl)

- Definition eines Arrays von Vertex-Daten

  procedure glVertexPointer(**size**: ***GLint***; **type**: ***GLenum***; **stride**: ***GLsizei***; **data**: ***pointer***);

Parameter

size	Anzahl der Koordinaten je Vertex, 2, 3 oder 4.
type	Typ der Koordinaten, GL_SHORT I GL_INT I GL_FLOAT I GL_DOUBLE.
stride	Abstand der Vertex-Koordinaten im Vektor.
data	Zeiger auf den Vektor mit den Vertex-Koordinaten.

Kurzbeschreibung
glVertexPointer(..) spezifiziert die Position und das Format eines Vektors mit Vertex-Koordinaten. Die Bedeutung von **stride** besteht darin, in dem Vektor, auf den **data** zeigt, auch andere Daten zu speichern. Sind nur Vertex-Koordinaten vorhanden, so ist **stride** gleich null. Die Nutzung von Vertex-Arrays durch glDrawArrays(..), glDrawElements(..) und glArrayElement(..) muss mit glEnableClientState(GL_VERTEX_ARRAY) zugelassen werden.

Standard ist glDisableClientState(GL_VERTEX_ARRAY).

- Definition eines Arrays von Colordaten

  procedure glColorPointer(**size**: ***GLint***; **type**: ***GLenum***; **stride**: ***GLsizei***; **data**: ***pointer***);

Parameter

size	Anzahl der Farbkomponenten je Vertex, 3 oder 4.
type	Typ der Farbkomponenten, GL_BYTE I GL_UNSIGNED_BYTE I GL_SHORT I GL_UNSIGNED_SHORT I GL_INT I GL_UNSIGNED_INT I GL_FLOAT I GL_DOUBLE.
stride	Abstand der Colordaten im Vektor.
data	Zeiger auf den Vektor mit den Colordaten.

Kurzbeschreibung
glColorPointer(..) spezifiziert die Position und das Format eines Vektors mit Colordaten. Die Bedeutung von **stride** besteht darin, in dem Vektor, auf den **data** zeigt, auch andere Daten zu speichern. Sind nur Colordaten vorhanden, so ist **stride** gleich null. Die Nutzung von Color-Arrays durch glDrawArrays(..), glDrawElements(..) und glArrayElement(..) muss mit glEnableClientState(GL_COLOR_ARRAY) zugelassen werden.

Standard ist glDisableClientState(GL_COLOR_ARRAY).

- Darstellen der in Arrays gespeicherten Daten (1)
  procedure glArrayElement(**i**: ***GLint***);

Parameter
i Index in das aktive Vertex-Array.

Kurzbeschreibung
glArrayElement(..) wird innerhalb von glBegin(..) und glEnd genutzt und dient zur Ausgabe des Vertex, der im Vertex-Array an **i**-ter Position gespeichert ist.

- Darstellen der in Arrays gespeicherten Daten (2)
  procedure glDrawElements(**mode**: ***GLenum***; **count**: ***Glsizei***; **type**: ***GLenum***; **indices**: ***pointer***);

Parameter
mode Art der Darstellung der Primitive, GL_POINTS | GL_LINES | GL_LINE_STRIP | GL_LINE_LOOP | GL_TRIANGLES | GL_TRIANGLE_STRIP | GL_TRIANGLE_FAN | GL_QUADS | GL_QUAD_STRIP | GL_POLYGON.
count Anzahl der zu verarbeitenden Indices.
type Typ der Werte in dem Vektor, auf den **indices** zeigt, GL_UNSIGNED_BYTE | GL_UNSIGNED_SHORT | GL_UNSIGNED_INT.
indices Zeiger auf den Vektor mit den zu verarbeitenden Indices.

Kurzbeschreibung
glDrawElements ermöglicht die Ausgabe der in Vertex-Arrays gespeicherten Daten in der durch **mode** festgelegten Art, ohne den wiederholten Aufruf von Vertices zwischen glBegin(..) und glEnd. Die Wirkung ist gleichbedeutend mit

glBegin(**mode**);
for i:=0 ***to*** **count**-1 ***do*** glArrayElement(indices[i])
glEnd;

- Darstellen der in Arrays gespeicherten Daten (3)
  procedure glDrawArrays(**mode**: ***GLenum***; **first**: ***GLint***; **count**: ***Glsizei***);

Parameter
mode Art der Darstellung der Primitive, GL_POINTS | GL_LINES | GL_LINE_STRIP | GL_LINE_LOOP | GL_TRIANGLES | GL_TRIANGLE_STRIP | GL_TRIANGLE_FAN | GL_QUADS | GL_QUAD_STRIP | GL_POLYGON.
first Anfangindex des zugelassenen Arrays.
count Anzahl der zu verarbeitenden Indices.

Kurzbeschreibung
glDrawArrays(..) ermöglicht die Ausgabe der in Vertex-Arrays gespeicherten Daten in der durch **mode** festgelegten Art ab der Position **first** und endend bei **first+count**–1. Das gilt für jedes zugelassene Vertex-Array. Die Wirkung ist gleichbedeutend mit

> glBegin(**mode**);
> ***for*** i:=0 ***to*** **count**-1 ***do*** glArrayElement(i)
> glEnd;

Nutzung von Clip Planes

- Definition einer Clip Plane
  procedure glClipPlane(**plane**: ***GLenum***; **equation**: ***PGLdouble***);

Parameter
plane Nummer der Clip Plane, GL_CLIP_PLANE**i**, 0≤ **i** ≤ 5 (Standard).
equation Vektor mit den vier Koeffizienten *A*, *B*, *C* und *D* der Clip Plane.

Kurzbeschreibung

ClipPlane(..) definiert beliebig orientierte Ebenen, an denen geclippt wird. Jede Clip Plane unterteilt den Raum in zwei Halbräume, deren grafische Darstellungen sichtbar sind oder nicht. In **equation** stehen die Koeffizienten A, B, C, D der Clip-Plane-Gleichung

$$A \cdot x + B \cdot y + C \cdot z + D = 0.$$

Der Aufruf von ClipPlane(..) führt zur Transfomation mit der Inversen der MODELVIEW-Matrix, Kapitel 5, und speichert das Ergebnis als Augpunktkoordinaten. Folgende Änderungen der MODELVIEW-Matrix haben keinen Einfluss auf die Clip Plane: Das Skalarprodukt der Augpunktkoordinaten eines Vertex mit den gespeicherten Komponenten der Clip Plane entscheidet über die Sichtbarkeit. Ist das Ergebnis ≥ 0, so wird nicht geclippt. Das Clipping an der Clip Plane muss mit glEnable(GL_CLIP_PLANEx) zugelassen und mit glDisable(GL_CLIP_PLANEx) zurückgesetzt werden. glClpiPlane(..) darf nicht zwischen glBegin(..) und glEnd verwendet werden.

Standards sind glDisable(GL_CLIP_PLANEx) und $(0,0,0,0)$ in Augpunktkoordinaten.

4.7 Übungen

Projekt UEBUNG41:
Mit der in der Unit GLUT vorhandenen Routine für den Kegel ist ein Doppelkegel aufzubauen. Es soll zwischen dem Draht- und dem Flächenmodell wählbar sein.

Projekt UEBUNG42:
Mit der in der Unit GLToolsDelphi vorhandenen Routine Dreiecksnetz(..) ist eine elliptische Fläche zu modellieren.

Projekt UEBUNG43:
Mit den in der Unit GLUT vorhandenen Routinen ist eine Spielfigur, bestehend aus einem Kegel und einer Kugel, zu modellieren. Der Kegel soll nicht offen, sondern mit einer Bodenfläche abgeschlossen sein.

5 Transformationen und Projektionen

5.1 Einführung

Die Darstellung von 3D-Objekten auf dem Bildschirm, Drucker oder Plotter setzt neben ihrer Definition voraus, dass geometrische Bedingungen, wie Platzierung und Orientierung der Objekte, Auswahl der Blickrichtung und Entfernung vom Betrachter eingestellt werden können [Hill01], [BenBri03]. Dazu sind die Grundoperationen Translation, Skalierung, Rotation, Scherung, Spiegelung, Parallel- und Perspektivprojektion erforderlich. Zur Realisierung dieser Grundoperationen dienen in der Computergrafik *affine* und *projektive Abbildungen*. Zu den affinen Abbildungen gehören die Translation, Skalierung, Rotation, Scherung, Spiegelung sowie die orthogonale Transformation und Projektion, während die perspektivische Transformation und Projektion zu den projektiven Abbildungen zählen.

Charakteristik affiner Abbildungen:

- Geraden werden auf Geraden abgebildet (Geradentreue)
- Parallele Gerade bleiben parallel (Parallelentreue)
- Teilverhältnisse bleiben erhalten (Teilverhältnistreue)
- Die Punktreihenfolge auf einer Geraden bleibt erhalten
- Ebenen werden auf Ebenen abgebildet.

Charakteristik projektiver Abbildungen:

- Geraden werden auf Geraden abgebildet (Geradentreue)
- Die Punktreihenfolge auf einer Geraden bleibt erhalten
- Ebenen werden auf Ebenen abgebildet.

Da *Transformationsmatrizen* in den folgenden Abschnitten wiederholt verknüpft werden, sind die wichtigsten Gesetze für Matrizenoperationen kurz zusammengefasst dargestellt.

- Algorithmus für die Matrizenmultiplikation

$$\bar{C}_{(m,n)} = \bar{A}_{(m,l)} \cdot \bar{B}_{(l,n)}$$

$$c_{i,j} = \sum_{k=1}^{l} a_{i,k} \cdot b_{k,j} \qquad \begin{array}{l} i = 1(1)m \\ j = 1(1)n \end{array}$$

- Allgemeine Gesetze für die Multiplikation von Transformationsmatrizen
  - Kommutativgesetz $\bar{T} \cdot \bar{S} \neq \bar{S} \cdot \bar{T}$ (bis auf Sonderfälle)
  - Assoziativgesetz $(\bar{T} \cdot \bar{S}) \cdot \bar{R} = \bar{T} \cdot (\bar{S} \cdot \bar{R}) = \bar{T} \cdot \bar{S} \cdot \bar{R}$
  - Distributivgesetz $\bar{T} \cdot (\bar{S} + \bar{R}) = \bar{T} \cdot \bar{S} + \bar{T} \cdot \bar{R}$

- Inverse Transformationsmatrizen dienen dazu, vorher durchgeführte Transformationen wieder rückgängig zu machen. Die Inverse $\bar{M}^{-1}$einer Transformationsmatrix $\bar{M}$ ergibt sich aus der Bedingung $\bar{M} \cdot \bar{M}^{-1} = \bar{E}$. Dabei ist $\bar{E}$ die Einheitsmatrix.

Die Verarbeitung der homogenen Vertex- und der dreidimensionalen Normalenkoordinaten erfolgt entsprechend der im Bild 5.1 angegebenen Reihenfolge. Diese bezeichnet man auch als *Transformationspipeline*.

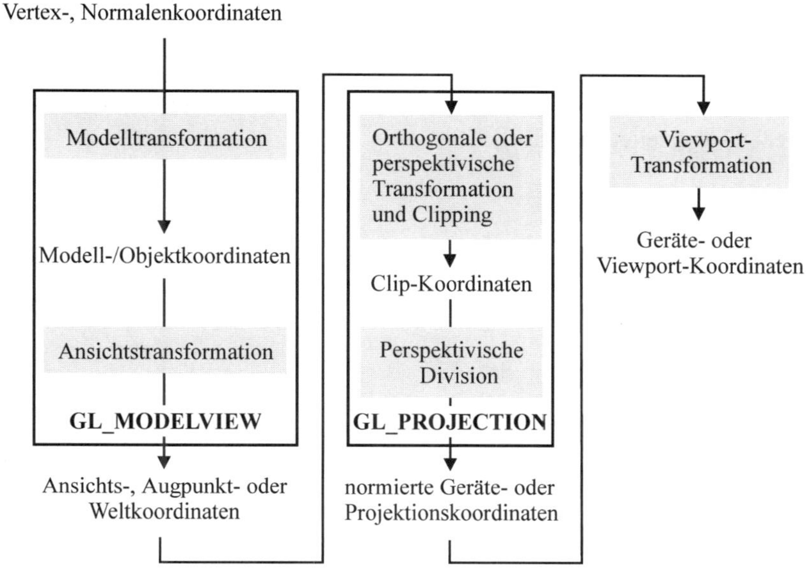

Bild 5.1 Transformationspipeline der OpenGL

Die Modelltransformation dient der Platzierung und Orientierung der durch die Vertices und Normalen definierten grafischen Objekte in der Szene mit Hilfe der Translation, Skalierung, Rotation, Spiegelung und Scherung. Die erzeugten Modell- oder Objektkoordinaten werden im nächsten Schritt der Ansichtstransformation unterzogen, die die Position, Blickrichtung und Drehung des Betrachters berücksichtigt. Diese beiden Transformationen werden in OpenGL einheitlich in einem speziellen Matrizenstapel verwaltet, der durch den Aufruf der Prozedur glMatrixMode(GL_MODELVIEW) aktiviert wird. Ergebnis sind die Ansichts-, Augpunkt- oder Weltkoordinaten. Ein weiterer durch glMatrixMode(GL_PROJECTION) verfügbar gemachter Matrizenstapel enthält die Matrizen zur perspektivischen oder orthogonalen Transformation und Projektion. Gleichzeitig findet hier das Clipping am jeweiligen Sichtvolumen statt, welches die Clip-Koordinaten liefert. Die perspektivische Division wird dann ausgeführt, wenn eine perspektivische Darstellung gewählt wurde. Die entstehenden normierten Geräte- oder Projektionskoordinaten werden schließlich durch die Viewport-Transformation in Geräte-, Bildschirm- oder Viewport-Koordinaten in Pixeln umgewandelt, bevor die Darstellung auf dem Bildschirm erfolgt.

5.2 Modelltransformation

Die *Modell- oder Objekttransformation* dient dazu, die durch Vertices (Eckpunkte) definierten Modelle in der Szene entsprechend der gewünschten Position, Größe und Orientierung zu platzieren. Das erfolgt durch die klassischen Transformationen Translation, Skalierung und Rotation. Weitere Möglichkeiten sind durch die Scherung und die

Spiegelung gegeben. Die einzelnen Transformationen werden durch spezifische (4×4)-Matrizen beschrieben. Ergebnis der Modelltransformation sind die Modell- oder Objektkoordinaten, die danach den Operationen Ansichts- und perspektivische oder orthogonale Transformation unterzogen werden. Die einzelnen Transformationsmatrizen werden anschließend abgeleitet und angegeben.

Translation

Die *Translation* (Verschiebung) eines Punktes erfolgt über einen Translationsvektor $\vec{t}$ mit den Komponenten t_x, t_y und t_z, Bild 5.2.

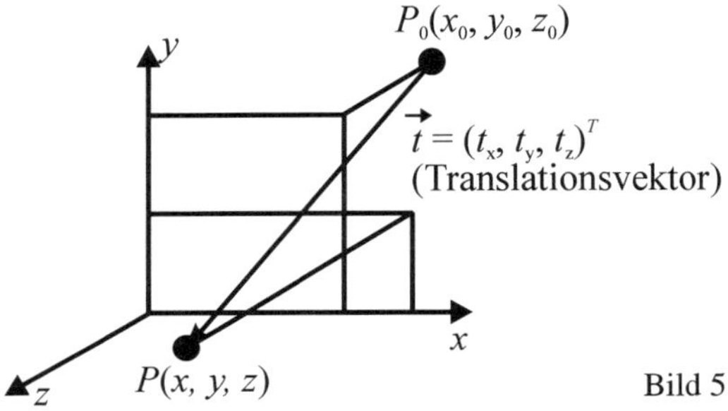

Bild 5.2 Translation eines Punktes

In Komponenten- und Matrizenschreibweise erhält man damit

$$\begin{aligned} x &= x_0 + t_x \\ y &= y_0 + t_y \\ z &= z_0 + t_z \end{aligned} \quad \text{und} \quad \begin{pmatrix} x \\ y \\ z \\ 1 \end{pmatrix} = \begin{pmatrix} 1 & 0 & 0 & t_x \\ 0 & 1 & 0 & t_y \\ 0 & 0 & 1 & t_z \\ 0 & 0 & 0 & 1 \end{pmatrix} \cdot \begin{pmatrix} x_0 \\ y_0 \\ z_0 \\ 1 \end{pmatrix}$$

Die Translationsmatrix und ihre Inverse lauten

$$\bar{T}(\vec{t}) = \begin{pmatrix} 1 & 0 & 0 & t_x \\ 0 & 1 & 0 & t_y \\ 0 & 0 & 1 & t_z \\ 0 & 0 & 0 & 1 \end{pmatrix} \quad \text{und} \quad \bar{T}^{-1}(\vec{t}) = \begin{pmatrix} 1 & 0 & 0 & -t_x \\ 0 & 1 & 0 & -t_y \\ 0 & 0 & 1 & -t_z \\ 0 & 0 & 0 & 1 \end{pmatrix}. \tag{5.1}$$

Es gelten die Beziehungen $\bar{T}^{-1}(\vec{t}) = \bar{T}(-\vec{t})$ und $\bar{T}(\vec{t}_1 + \vec{t}_2) = \bar{T}(\vec{t}_1) \cdot \bar{T}(\vec{t}_2)$.

Beispiel 5.1:

Translation des Punktes $\vec{P}_0(1, 2, 3)$ mit dem Translationsvektor $\vec{t} = (1, -2, 4)^{\mathrm{T}}$.

$$\begin{pmatrix} x \\ y \\ z \\ 1 \end{pmatrix} = \begin{pmatrix} 1 & 0 & 0 & 1 \\ 0 & 1 & 0 & -2 \\ 0 & 0 & 1 & 4 \\ 0 & 0 & 0 & 1 \end{pmatrix} \cdot \begin{pmatrix} 1 \\ 2 \\ 3 \\ 1 \end{pmatrix} = \begin{pmatrix} 2 \\ 0 \\ 7 \\ 1 \end{pmatrix}$$

Der Punkt $\vec{P}_0(1, 2, 3)$ wurde in den Punkt $\vec{P}(2, 0, 7)$ transformiert.

■

Skalierung

Die *Skalierung* (Abstandsänderung) eines Punktes bezüglich des Ursprungs des Koordinatensystems erfolgt über einen Skalierungsvektor $\vec{s}$ mit den Komponenten s_x, s_y und s_z, Bild 5.3.

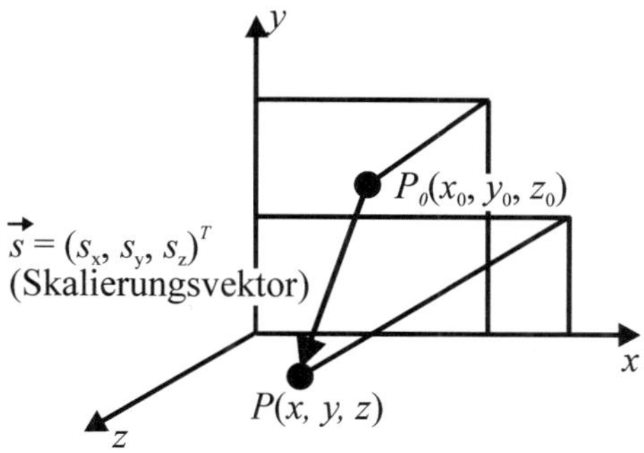

Bild 5.3 Skalierung eines Punktabstandes

In Komponenten- und Matrizenschreibweise erhält man damit

$$x = s_x \cdot x_0 \qquad y = s_y \cdot y_0 \qquad z = s_z \cdot z_0 \quad \text{und} \quad \begin{pmatrix} x \\ y \\ z \\ 1 \end{pmatrix} = \begin{pmatrix} s_x & 0 & 0 & 0 \\ 0 & s_y & 0 & 0 \\ 0 & 0 & s_z & 0 \\ 0 & 0 & 0 & 1 \end{pmatrix} \cdot \begin{pmatrix} x_0 \\ y_0 \\ z_0 \\ 1 \end{pmatrix}$$

Die Skalierungsmatrix und ihre Inverse lauten

$$\bar{S}(s_x, s_y, s_z) = \begin{pmatrix} s_x & 0 & 0 & 0 \\ 0 & s_y & 0 & 0 \\ 0 & 0 & s_z & 0 \\ 0 & 0 & 0 & 1 \end{pmatrix} \quad \text{und} \quad \bar{S}^{-1}(s_x, s_y, s_z) = \begin{pmatrix} \frac{1}{s_x} & 0 & 0 & 0 \\ 0 & \frac{1}{s_y} & 0 & 0 \\ 0 & 0 & \frac{1}{s_z} & 0 \\ 0 & 0 & 0 & 1 \end{pmatrix} \tag{5.2}$$

Es gelten die Beziehungen $\bar{S}^{-1}(s_x, s_y, s_z) = \bar{S}(\frac{1}{s_x}, \frac{1}{s_y}, \frac{1}{s_z})$ und

$$\bar{S}(s_{x1} \cdot s_{x2}, s_{y1} \cdot s_{y2}, s_{z1} \cdot s_{z2}) = \bar{S}(s_{x1}, s_{y1}, s_{z1}) \cdot \bar{S}(s_{x2}, s_{y2}, s_{z2}).$$

Beispiel 5.2:

Translation des Punktes $\vec{P}_0(1, 2, 3)$ mit dem Translationsvektor $\vec{t} = (1, -2, 4)^T$ und nachfolgende Skalierung mit den Skalierungsfaktoren $s_x = 1, s_y = 2, s_z = 3$.

$$\text{Translation} \quad \begin{pmatrix} x \\ y \\ z \\ 1 \end{pmatrix} = \begin{pmatrix} 1 & 0 & 0 & 1 \\ 0 & 1 & 0 & -2 \\ 0 & 0 & 1 & 4 \\ 0 & 0 & 0 & 1 \end{pmatrix} \cdot \begin{pmatrix} 1 \\ 2 \\ 3 \\ 1 \end{pmatrix} = \begin{pmatrix} 2 \\ 0 \\ 7 \\ 1 \end{pmatrix}$$

$$\text{Skalierung} \quad \begin{pmatrix} x \\ y \\ z \\ 1 \end{pmatrix} = \begin{pmatrix} 1 & 0 & 0 & 0 \\ 0 & 2 & 0 & 0 \\ 0 & 0 & 3 & 0 \\ 0 & 0 & 0 & 1 \end{pmatrix} \cdot \begin{pmatrix} 2 \\ 0 \\ 7 \\ 1 \end{pmatrix} = \begin{pmatrix} 2 \\ 0 \\ 21 \\ 1 \end{pmatrix}$$

Der Punkt $\vec{P}_0(1, 2, 3)$ wurde in den Punkt $\vec{P}(2, 0, 21)$ transformiert.

Skalierung des Punktes $\vec{P}_0(1,2,3)$ mit den Skalierungsfaktoren $s_x = 1, s_y = 2, s_z = 3$ sowie der nachfolgenden Translation mit dem Translationsvektor $\vec{t} = (1,-2,4)^T$.

$$\text{Skalierung}\quad \begin{pmatrix} x \\ y \\ z \\ 1 \end{pmatrix} = \begin{pmatrix} 1 & 0 & 0 & 0 \\ 0 & 2 & 0 & 0 \\ 0 & 0 & 3 & 0 \\ 0 & 0 & 0 & 1 \end{pmatrix} \cdot \begin{pmatrix} 1 \\ 2 \\ 3 \\ 1 \end{pmatrix} = \begin{pmatrix} 2 \\ 4 \\ 9 \\ 1 \end{pmatrix}$$

$$\text{Translation}\quad \begin{pmatrix} x \\ y \\ z \\ 1 \end{pmatrix} = \begin{pmatrix} 1 & 0 & 0 & 1 \\ 0 & 1 & 0 & -2 \\ 0 & 0 & 1 & 4 \\ 0 & 0 & 0 & 1 \end{pmatrix} \cdot \begin{pmatrix} 1 \\ 4 \\ 9 \\ 1 \end{pmatrix} = \begin{pmatrix} 2 \\ 2 \\ 13 \\ 1 \end{pmatrix}$$

Der Punkt $\vec{P}_0(1,2,3)$ wurde in den Punkt $\vec{P}(2,2,13)$ transformiert.

Das Beispiel belegt eindeutig die Tatsache, dass die unterschiedliche Reihenfolge der Transformationen zu unterschiedlichen Ergebnissen führt!

■

Beispiel 5.3:

Skalierung des Punktes $\vec{P}_0(1,2,3)$ mit den Skalierungsfaktoren $s_x = 1$, $s_y = 2$ und $s_z = 3$ sowie nachfolgende Translation mit dem Translationsvektor $\vec{t} = (1,-2,4)^T$ in einem Schritt mit der Transformationsmatrix $\bar{M}_{ges} = \bar{T}(\vec{t}) \cdot \bar{S}(s_x, s_y, s_z)$

$$\bar{M}_{ges} = \begin{pmatrix} 1 & 0 & 0 & 1 \\ 0 & 1 & 0 & -2 \\ 0 & 0 & 1 & 4 \\ 0 & 0 & 0 & 1 \end{pmatrix} \cdot \begin{pmatrix} 1 & 0 & 0 & 0 \\ 0 & 2 & 0 & 0 \\ 0 & 0 & 3 & 0 \\ 0 & 0 & 0 & 1 \end{pmatrix} = \begin{pmatrix} 1 & 0 & 0 & 1 \\ 0 & 2 & 0 & -2 \\ 0 & 0 & 3 & 4 \\ 0 & 0 & 0 & 1 \end{pmatrix}$$

$$\begin{pmatrix} x \\ y \\ z \\ 1 \end{pmatrix} = \bar{M}_{ges} \cdot \begin{pmatrix} 1 \\ 2 \\ 3 \\ 1 \end{pmatrix} = \begin{pmatrix} 1 & 0 & 0 & 1 \\ 0 & 2 & 0 & -2 \\ 0 & 0 & 3 & 4 \\ 0 & 0 & 0 & 1 \end{pmatrix} \cdot \begin{pmatrix} 1 \\ 2 \\ 3 \\ 1 \end{pmatrix} = \begin{pmatrix} 2 \\ 2 \\ 13 \\ 1 \end{pmatrix}$$

Der Punkt $\vec{P}_0(1,2,3)$ wurde wie im Beispiel 5.2 in den Punkt $\vec{P}(2,2,13)$ transformiert.

■

Diese Vorgehensweise, also einmalige Bildung einer Gesamttransformationsmatrix $\bar{M}_{ges}$ und deren wiederholte Anwendung bei der Transformation von Punkten ist sehr viel effektiver als die wiederholte Durchführung der Matrizenmultiplikation für jeden Vertex. Es ist zu beachten, dass die zuerst auszuführende Transformation am weitesten rechts stehen muss.

Die bisher angegebene Skalierungsmatrix $\bar{S}(s_x, s_y, s_z)$ bezieht sich auf den Fall, dass der Bezugspunkt mit dem Koordinatenursprung zusammenfällt. Soll die Skalierung jedoch bezüglich eines beliebigen Punktes $\vec{r} = (r_x, r_y, r_z)^T$ ausgeführt werden, so sind drei Schritte erforderlich:

- Translation des Bezugspunktes in den Koordinatenursprung mit $\bar{T}(-\vec{r})$,
- Skalierung um die gewünschten Werte mit der obigen Matrix $\bar{S}(s_x, s_y, s_z)$,
- Rücktranslation des Bezugspunktes an die Ausgangsposition mit $\bar{T}(\vec{r})$.

Die Skalierungsmatrix bezüglich des Punktes $\vec{r}$ errechnet sich dann aus der Multiplikation der drei Matrizen zu

$$\bar{S}_{rel}(\vec{r}, s_x, s_y, s_z) = \bar{T}(\vec{r}) \cdot \bar{S}(s_x, s_y, s_z) \cdot \bar{T}(-\vec{r}) = \begin{pmatrix} s_x & 0 & 0 & r_x \cdot (1 - s_x) \\ 0 & s_y & 0 & r_y \cdot (1 - s_y) \\ 0 & 0 & s_z & r_z \cdot (1 - s_z) \\ 0 & 0 & 0 & 1 \end{pmatrix} \tag{5.3}$$

Spiegelung

Negative Skalierungsfaktoren erzeugen eine Spiegelung. Das soll an den Fällen 1 bis 3 gezeigt werden.

Fall 0: Skalierung des Punktes $\vec{P}_0(1,1,0)$ mit $s_x = 2$, $s_y = 1$ und $s_z = 1$.

$$\begin{pmatrix} x \\ y \\ z \\ 1 \end{pmatrix} = \begin{pmatrix} 2 & 0 & 0 & 0 \\ 0 & 1 & 0 & 0 \\ 0 & 0 & 1 & 0 \\ 0 & 0 & 0 & 1 \end{pmatrix} \cdot \begin{pmatrix} 1 \\ 1 \\ 0 \\ 1 \end{pmatrix} = \begin{pmatrix} 2 \\ 1 \\ 0 \\ 1 \end{pmatrix}$$

Das Ergebnis entspricht der normalen Skalierung.

Fall 1: Skalierung des Punktes $\vec{P}_0(1,1,0)$ mit $s_x = -2$, $s_y = 1$ und $s_z = 1$.

$$\begin{pmatrix} x \\ y \\ z \\ 1 \end{pmatrix} = \begin{pmatrix} -2 & 0 & 0 & 0 \\ 0 & 1 & 0 & 0 \\ 0 & 0 & 1 & 0 \\ 0 & 0 & 0 & 1 \end{pmatrix} \cdot \begin{pmatrix} 1 \\ 1 \\ 0 \\ 1 \end{pmatrix} = \begin{pmatrix} -2 \\ 1 \\ 0 \\ 1 \end{pmatrix}$$

Das Ergebnis entspricht einer Spiegelung an der yz-Ebene.

Fall 2: Skalierung des Punktes $\vec{P}_0(1,1,0)$ mit $s_x = 2$, $s_y = -1$ und $s_z = 1$.

$$\begin{pmatrix} x \\ y \\ z \\ 1 \end{pmatrix} = \begin{pmatrix} 2 & 0 & 0 & 0 \\ 0 & -1 & 0 & 0 \\ 0 & 0 & 1 & 0 \\ 0 & 0 & 0 & 1 \end{pmatrix} \cdot \begin{pmatrix} 1 \\ 1 \\ 0 \\ 1 \end{pmatrix} = \begin{pmatrix} 2 \\ -1 \\ 0 \\ 1 \end{pmatrix}$$

Das Ergebnis entspricht einer Spiegelung an der xz-Ebene.

Fall 3: Skalierung des Punktes $\vec{P}_0(1,1,0)$ mit $s_x = -2$, $s_y = -1$ und $s_z = 1$.

$$\begin{pmatrix} x \\ y \\ z \\ 1 \end{pmatrix} = \begin{pmatrix} -2 & 0 & 0 & 0 \\ 0 & -1 & 0 & 0 \\ 0 & 0 & 1 & 0 \\ 0 & 0 & 0 & 1 \end{pmatrix} \cdot \begin{pmatrix} 1 \\ 1 \\ 0 \\ 1 \end{pmatrix} = \begin{pmatrix} -2 \\ -1 \\ 0 \\ 1 \end{pmatrix}$$

Das Ergebnis entspricht einer Spiegelung an der xz- und der yz-Ebene.

Beispiel 5.4:

Skalierung eines Würfels längs seiner Achsen. Die Skalierung in den Richtungen x, y oder z wird durch den Wert Value1, Value2 oder Value3 gesteuert. Spiegelungen werden erzeugt, wenn Parameter des Aufrufes glScalef(..) negativ sind. Der Farbwürfel ist in der Unit GLToolsDelphi definiert. Das interessierende Programmfragment lautet

```
glDisable(GL_LIGHTING);
xP:=0.1*Value1; yP:=0.1*Value2; zP:=0.1*Value3;
glScalef(1+xP,1+yP,1+zP);
Farbwuerfel(1);
```

Den vollständigen Quelltext enthält das Projekt TRANSFORMATIONEN.

■

Rotation

Für die Rotation um die Koordinatenachsen x, y und z ergeben sich einfache Beziehungen. Für die Rotation um die z-Achse lauten diese entsprechend Bild 5.4 wie folgt.

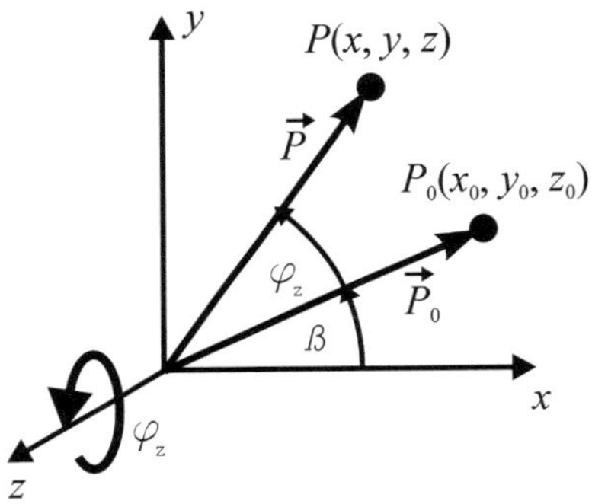

Bild 5.4 Rotation um die z-Achse mit dem Winkel φ_z

Aus Bild 5.4 ergibt sich zunächst

$$x_0 = r \cdot \cos\beta \qquad y_0 = r \cdot \sin\beta \qquad x = r \cdot \cos(\beta + \varphi_z) \qquad y = r \cdot \sin(\beta + \varphi_z)$$

Wendet man die Additionstheoreme

$$\cos(\beta + \varphi_z) = \cos\beta \cdot \cos\varphi_z - \sin\beta \cdot \sin\varphi_z$$
$$\sin(\beta + \varphi_z) = \cos\beta \cdot \sin\varphi_z + \sin\beta \cdot \cos\varphi_z$$

an, so erhält man für die Rotation um die z-Achse mit dem Winkel φ_z

$$\begin{aligned} x &= x_0 \cdot \cos\varphi_z - y_0 \cdot \sin\varphi_z \\ y &= x_0 \cdot \sin\varphi_z + y_0 \cdot \cos\varphi_z \\ z &= z_0 \end{aligned} \quad \text{und} \quad \begin{pmatrix} x \\ y \\ z \\ 1 \end{pmatrix} = \begin{pmatrix} \cos\varphi_z & -\sin\varphi_z & 0 & 0 \\ \sin\varphi_z & \cos\varphi_z & 0 & 0 \\ 0 & 0 & 1 & 0 \\ 0 & 0 & 0 & 1 \end{pmatrix} \cdot \begin{pmatrix} x_0 \\ y_0 \\ z_0 \\ 1 \end{pmatrix}$$

Die Matrix für die Rotation um die z-Achse und ihre Inverse lauten

$$\bar{R}_z(\varphi_z) = \begin{pmatrix} \cos\varphi_z & -\sin\varphi_z & 0 & 0 \\ \sin\varphi_z & \cos\varphi_z & 0 & 0 \\ 0 & 0 & 1 & 0 \\ 0 & 0 & 0 & 1 \end{pmatrix} \quad \text{und} \quad \bar{R}_z^{-1}(\varphi_z) = \begin{pmatrix} \cos\varphi_z & \sin\varphi_z & 0 & 0 \\ -\sin\varphi_z & \cos\varphi_z & 0 & 0 \\ 0 & 0 & 1 & 0 \\ 0 & 0 & 0 & 1 \end{pmatrix} \tag{5.4}$$

Führt man diese Operationen auch für die beiden anderen Achsen aus, so ergeben sich

$$\bar{R}_x(\varphi_x) = \begin{pmatrix} 1 & 0 & 0 & 0 \\ 0 & \cos\varphi_x & -\sin\varphi_x & 0 \\ 0 & \sin\varphi_x & \cos\varphi_x & 0 \\ 0 & 0 & 0 & 1 \end{pmatrix} \quad \text{und} \quad \bar{R}_x^{-1}(\varphi_x) = \begin{pmatrix} 1 & 0 & 0 & 0 \\ 0 & \cos\varphi_x & \sin\varphi_x & 0 \\ 0 & -\sin\varphi_x & \cos\varphi_x & 0 \\ 0 & 0 & 0 & 1 \end{pmatrix} \tag{5.5}$$

und

$$\bar{R}_y(\varphi_y) = \begin{pmatrix} \cos\varphi_y & \sin\varphi_y & 0 & 0 \\ 0 & 1 & 0 & 0 \\ -\sin\varphi_y & \cos\varphi_y & 1 & 0 \\ 0 & 0 & 0 & 1 \end{pmatrix} \quad \text{und} \quad \bar{R}_y^{-1}(\varphi_y) = \begin{pmatrix} \cos\varphi_y & -\sin\varphi_y & 0 & 0 \\ 0 & 1 & 0 & 0 \\ \sin\varphi_y & \cos\varphi_y & 1 & 0 \\ 0 & 0 & 0 & 1 \end{pmatrix} \tag{5.6}$$

Beispiel 5.5:

Rotation des Punktes $\vec{P}_0(1,1,1)$ mit jeweils 90° zuerst um die z- und danach um die x-Achse.

$$\begin{pmatrix} x \\ y \\ z \\ 1 \end{pmatrix} = \bar{R}_x \cdot \bar{R}_z \cdot \begin{pmatrix} x_0 \\ y_0 \\ z_0 \\ 1 \end{pmatrix} = \bar{R}_x \cdot \bar{R}_z \cdot \begin{pmatrix} 1 \\ 1 \\ 1 \\ 1 \end{pmatrix} = \begin{pmatrix} -1 \\ -1 \\ 1 \\ 1 \end{pmatrix}$$

Rotation des Punktes $\vec{P}_0(1,1,1)$ mit jeweils 90° zuerst um die x- und danach um die z-Achse.

$$\begin{pmatrix} x \\ y \\ z \\ 1 \end{pmatrix} = \bar{R}_z \cdot \bar{R}_x \cdot \begin{pmatrix} x_0 \\ y_0 \\ z_0 \\ 1 \end{pmatrix} = \bar{R}_z \cdot \bar{R}_x \cdot \begin{pmatrix} 1 \\ 1 \\ 1 \\ 1 \end{pmatrix} = \begin{pmatrix} 1 \\ 1 \\ 1 \\ 1 \end{pmatrix}$$

■

Die bisher angegebenen Matrizen beziehen sich auf die Fälle, dass die Rotationen jeweils um die Koordinatenachsen stattfinden. Soll jedoch beispielsweise eine Rotation um eine zu diesen Koordinatenachsen parallele Rotationsachse erfolgen, so entspricht die Vorgehensweise prinzipiell der bei der Skalierung gezeigten in den folgenden drei Schritten:

- Translation der Rotationsachse in die entsprechende Koordinatenachse mit $\bar{T}(-\vec{r})$,
- Rotation mit dem gewünschten Winkel um die Koordinatenachse mit $\bar{R}(\varphi_k), k = x|y|z$,
- Rücktranslation der Rotationsachse an die vorherige Position mit $\bar{T}(\vec{r})$.

Beispiel 5.6:

Die Rotationsachse sei durch

$$\vec{a} = (k,0,0,1)^{\mathrm{T}} + \mu \cdot (0,0,1,1)^{\mathrm{T}}$$

gegeben, das entspricht einer zur z-Achse parallelen Drehachse in der xz-Ebene mit dem Abstand k von der z-Achse. Um diese Achse soll eine Rotation mit dem Winkel φ_z erfolgen.

Die dazu erforderliche Rotationsmatrix $\bar{R}_{ges}(\vec{r}, \varphi_z)$ ergibt sich aus den folgenden Operationen.

$$\bar{R}_{ges}(\vec{r}, \varphi_z) = \bar{T}(\vec{r}) \cdot \bar{R}_z(\varphi_z) \cdot \bar{T}(-\vec{r}) \text{ mit } \vec{r} = (k, 0, 0, 1)^{\mathrm{T}}$$

$$\text{zu} \quad \bar{R}_{ges}(\bar{r}, \varphi_z) = \begin{pmatrix} \cos\varphi_z & -\sin\varphi_z & 0 & k\cdot(1-\cos\varphi_z) \\ \sin\varphi_z & \cos\varphi_z & 0 & -k\cdot\sin\varphi_z \\ 0 & 0 & 1 & 0 \\ 0 & 0 & 0 & 1 \end{pmatrix}$$

■

Allgemein besteht jedoch die Aufgabe, eine Rotation um eine beliebige Achse durchzuführen. Dazu ist es zunächst erforderlich, die Rotation um eine beliebige durch den Ursprung des Koordinatensystems verlaufende Drehachse zu definieren. Das ist prinzipiell auf drei verschiedenen Wegen möglich, durch geometrische Operationen, durch Vektoroperationen und durch Quaternionen, speziellen komplexen Zahlen. Wegen der Anschaulichkeit wird hier der zweite Weg angegeben, Bild 5.5.

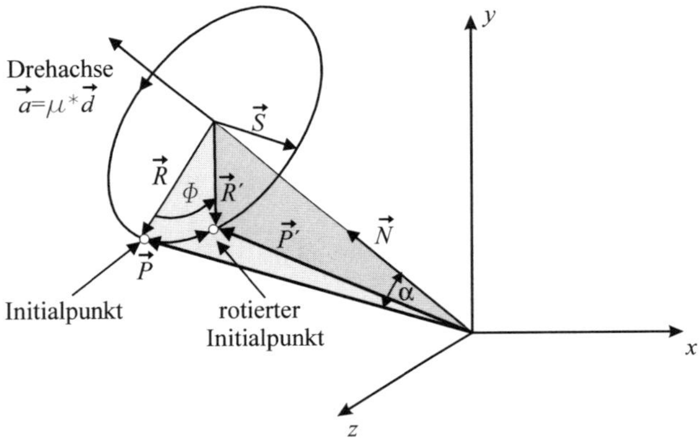

Bild 5.5 Rotation um eine beliebige durch den Ursprung verlaufende Drehachse

Für die folgende Ableitung der Transformationsmatrix gilt

- Der Richtungsvektor $\vec{d}$ der Drehachse $\vec{a}$ ist normiert, $|\vec{d}| = 1$.
- $\vec{N}$ und $\vec{d}$ zeigen in die gleiche Richtung.
- $\vec{P}$ ist der Ortsvektor zum Initialpunkt.
- $\vec{P}'$ ist der Ortsvektor zum rotierten Initialpunkt $\vec{P}$.
- $\vec{R}$ und $\vec{R}'$ stehen senkrecht auf $\vec{d}$ und damit auch auf $\vec{N}$.
- $\vec{S}$ steht senkrecht auf der durch $\vec{P}$, $\vec{N}$ und $\vec{R}$ aufgespannten Ebene.

Die gesuchte Beziehung $\vec{P}' = f(\vec{d}, \vec{P}, \Phi)$ erhält man wie folgt:

$$\vec{N} = |\vec{P}| \cdot \cos\alpha \cdot \vec{d} = |\vec{P}| \left(\vec{d} \cdot \frac{\vec{P}}{|\vec{P}|} \right) \cdot \vec{d} = (\vec{d} \cdot \vec{P}) \cdot \vec{d}$$

$$\vec{R} = \vec{P} - \vec{N} = \vec{P} - (\vec{d} \cdot \vec{P}) \cdot \vec{d}$$

$$\vec{S} = \vec{d} \times \vec{P}$$

$$\vec{R}' = \vec{R} \cdot \cos\Phi + \vec{S} \cdot \sin\Phi$$

$$\vec{P}' = \vec{N} + \vec{R}' = \vec{P} \cdot \cos\Phi + (1 - \cos\Phi) \cdot (\vec{d} \cdot \vec{P}) \cdot \vec{d} + (\vec{d} \times \vec{P}) \cdot \sin\Phi \tag{5.7}$$

Löst man diese Vektorgleichung (5.7) in ihre Komponenten auf, so erhält man die Rotationsmatrix $\bar{R}_{Achse}$ für die Rotation mit dem Winkel Φ um eine durch den Koordinatenursprung verlaufende Rotationsachse $\vec{a} = \mu \cdot \vec{d}$.

Die Rotationsmatrix $\bar{R}_{Achse}$ hat die Form

$$\bar{R}_{Achse} = \begin{pmatrix} (d_y^2 + d_z^2)\cos\Phi + d_x^2 & d_x d_y(1 - \cos\Phi) - d_z \sin\Phi & d_x d_z(1 - \cos\Phi) + d_y \sin\Phi & 0 \\ d_x d_y(1 - \cos\Phi) + d_z \sin\Phi & (d_x^2 + d_z^2)\cos\Phi + d_y^2 & d_y d_z(1 - \cos\Phi) - d_x \sin\Phi & 0 \\ d_x d_z(1 - \cos\Phi) - d_y \sin\Phi & d_y d_z(1 - \cos\Phi) + d_x \sin\Phi & (d_x^2 + d_y^2)\cos\Phi + d_z^2 & 0 \\ 0 & 0 & 0 & 1 \end{pmatrix} \tag{5.8}$$

Die Inverse $\bar{R}_{Achse}^{-1}$ der Rotationsmatrix $\bar{R}_{Achse}$ lautet schließlich

$$\bar{R}_{Achse}^{-1} = \begin{pmatrix} (d_y^2 + d_z^2)\cos\Phi + d_x^2 & d_x d_y(1 - \cos\Phi) + d_z \sin\Phi & d_x d_z(1 - \cos\Phi) - d_y \sin\Phi & 0 \\ d_x d_y(1 - \cos\Phi) - d_z \sin\Phi & (d_x^2 + d_z^2)\cos\Phi + d_y^2 & d_y d_z(1 - \cos\Phi) + d_x \sin\Phi & 0 \\ d_x d_z(1 - \cos\Phi) + d_y \sin\Phi & d_y d_z(1 - \cos\Phi) - d_x \sin\Phi & (d_x^2 + d_y^2)\cos\Phi + d_z^2 & 0 \\ 0 & 0 & 0 & 1 \end{pmatrix}$$

Beispiel 5.7:

Translation eines Würfels auf einer Kreisbahn in der *xy*-Ebene und gleichzeitige Rotation um wählbare Achsen. Die Translationsgeschwindigkeit wird durch den Wert von Value1 gesteuert.

```
glDisable(GL_LIGHTING);
xP:=0.02*MoveValue;
glTranslatef(4*cos(Value1*xP),4*sin(Value1*xP),0);
glRotatef(MoveValue,xMove,yMove,zMove);
Farbwuerfel(1);
```

Den vollständigen Quelltext enthält das Projekt TRANSFORMATIONEN.

Scherung

Die letzte Transformation ist die Scherung. Sie beschreibt die Verschiebung eines Punktes parallel zu den Ebenen *xy*, *xz* und *yz* um die jeweils zugeordneten Scherungsfaktoren s_1 bis s_6.

In Komponenten- und Vektorschreibweise erhält man

$$\begin{pmatrix} x = x_0 + s_1 \cdot y_0 + s_2 \cdot z_0 \\ y = s_3 \cdot x_0 + y_0 + s_4 \cdot z_0 \\ z = s_5 \cdot x_0 + s_6 \cdot y_0 + z_0 \end{pmatrix} \quad \text{und} \quad \begin{pmatrix} x \\ y \\ z \\ 1 \end{pmatrix} = \begin{pmatrix} 1 & s_1 & s_2 & 0 \\ s_3 & 1 & s_4 & 0 \\ s_5 & s_6 & 1 & 0 \\ 0 & 0 & 0 & 1 \end{pmatrix} \cdot \begin{pmatrix} x_0 \\ y_0 \\ z_0 \\ 1 \end{pmatrix}$$

Die Matrix für die Scherung und ihre Inverse lauten

$$\bar{K} = \begin{pmatrix} 1 & s_1 & s_2 & 0 \\ s_3 & 1 & s_4 & 0 \\ s_5 & s_6 & 1 & 0 \\ 0 & 0 & 0 & 1 \end{pmatrix} \quad \text{und} \quad \bar{K}^{-1} = \frac{1}{det} \begin{pmatrix} 1 - s_4 \cdot s_6 & s_2 s_6 - s_1 & s_1 s_4 - s_2 & 0 \\ s_4 s_5 - s_3 & 1 - s_2 \cdot s_5 & s_2 s_3 - s_4 & 0 \\ s_3 s_6 - s_5 & s_1 s_5 - s_6 & 1 - s_1 \cdot s_3 & 0 \\ 0 & 0 & 0 & 1 \end{pmatrix} \tag{5.9}$$

mit $det = 1 + s_1 s_4 s_5 + s_2 s_3 s_6 - s_1 s_3 - s_2 s_5 - s_4 s_6$

5.3 Ansichtstransformation

Eine durch die Modellierung und die Modelltransformationen im Modellkoordinatensystem (x_M, y_M, z_M) erzeugte Szene kann aus verschiedenen Positionen und in verschiedenen Richtungen betrachtet werden, Bild 5.6. Bevor die Szene dann weiterverarbeitet wird, müssen deren Objekte in das neue Ansichts-, Augpunkt-, Observer- oder Weltkoordinatensystem (x_A, y_A, z_A) transformiert werden. Ist $\bar{M}$ die Matrix für die Ansichtstransformation, so lautet die Formel

$$\begin{pmatrix} x_A \\ y_A \\ z_A \\ 1 \end{pmatrix} = \bar{M} \cdot \begin{pmatrix} x_M \\ y_M \\ z_M \\ 1 \end{pmatrix} \tag{5.10}$$

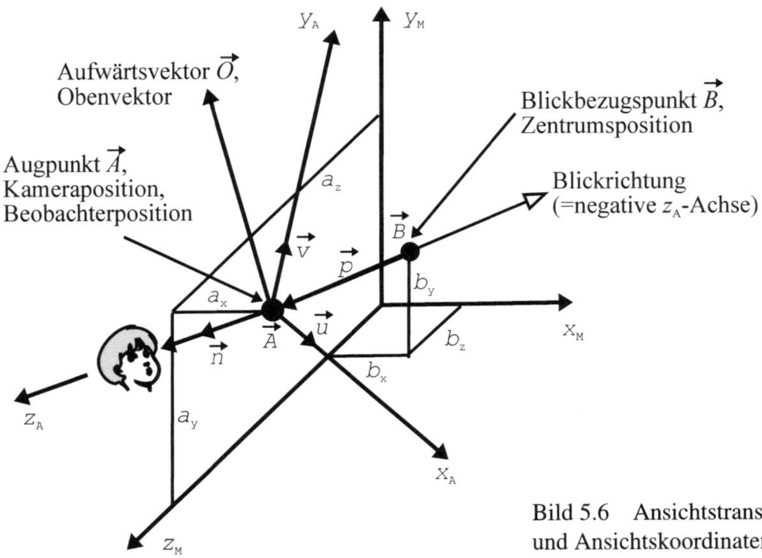

Bild 5.6 Ansichtstransformation, Modell- und Ansichtskoordinatensystem

Zur Beschreibung dieser Ansichtstransformation und zur Bestimmung der Matrix $\bar{M}$ eignet sich gut die Kameraanalogie. Mit dieser wird der Blick auf eine Szene festgelegt durch

- die Kameraposition (Augpunkt) $\vec{A}$,
- die Blickrichtung der Kamera, definiert durch die Kameraposition $\vec{A}$ und den Blickbezugspunkt $\vec{B}$,
- den Aufwärts- oder Obenvektor $\vec{O}$, der die Rotation der Kamera um ihre Blickrichtung angibt. Dieser Vektor bestimmt damit, ob die später auf dem Bildschirm dargestellte Szene gedreht erscheint oder nicht.

Die Positionen $\vec{A}$, $\vec{B}$ und der Obenvektor $\vec{O}$ werden in Modellkoordinaten angegeben. Für die Transformation der Modellkoordinaten (x_M, y_M, z_M) in die Ansichtskoordinaten (x_A, y_A, z_A) sind die nachfolgend dargestellten Schritte erforderlich.

- Translation des Augpunktes $\vec{A}$ in den Ursprung des Modellkoordinatensystems mit der Translationsmatrix $\overline{T}$.
- Definition des normierten Richtungsvektors $\vec{n}$ der z_A-Achse des Ansichtskoordinatensystems durch die Augpunktposition $\vec{A}$ und den Blickbezugspunkt $\vec{B}$.
- Definition des Richtungsvektors $\vec{u}$ der x_A-Achse des Augpunktkoordinatensystems durch $\vec{n}$ und den Obenvektor $\vec{O}$.
- Definition des Richtungsvektors $\vec{v}$ der y_A-Achse des Augpunktkoordinatensystems so, dass x_A, y_A und z_A ein Rechtssystem bilden.

Bei diesen Operationen müssen alle Richtungsvektoren normiert sein.

Die einzelnen Schritte lauten:

- Translationsmatrix

$$\overline{T} = \begin{pmatrix} 1 & 0 & 0 & -a_x \\ 0 & 1 & 0 & -a_y \\ 0 & 0 & 1 & -a_z \\ 0 & 0 & 0 & 1 \end{pmatrix}$$

- Definition des Richtungsvektors $\vec{n}$ der z_A-Achse

Mit $\vec{p} = \begin{pmatrix} p_x \\ p_y \\ p_z \end{pmatrix} = \left(\vec{A} - \vec{B}\right) = \begin{pmatrix} a_x - b_x \\ a_y - b_y \\ a_z - b_z \end{pmatrix}$ ergibt sich der normierte Richtungsvektor $\vec{n}$ zu $\vec{n} = \begin{pmatrix} n_x \\ n_y \\ n_z \end{pmatrix} = \frac{\vec{p}}{\|\vec{p}\|} = \frac{(p_x, p_y, p_z)^{\mathrm{T}}}{\sqrt{p_x^2 + p_y^2 + p_z^2}}$

- Definition des Richtungsvektors $\vec{u}$ der x_A-Achse
Der Obenvektor lautet $\vec{O} = (o_x, o_y, o_z)^{\mathrm{T}}$. Da $\vec{n}$ und $\vec{O}$ in einer Ebene liegen, kann der senkrecht dazu stehende Richtungsvektor $\vec{u}$ durch die Vektorprodukte $\vec{O} \times \vec{n}$ oder $\vec{n} \times \vec{O}$ gebildet werden. Hier wird die erste Form gewählt, da dadurch in Blickrichtung $(-\vec{n})$ der Richtungsvektor $\vec{u}$ und damit die x_A-Achse nach rechts zeigt. Der nicht normierte Richtungsvektor $\vec{u}\,'$ lautet

$$\vec{u}\,' = \vec{O} \times \vec{n} = \begin{pmatrix} u'_x \\ u'_y \\ u'_z \end{pmatrix} = \begin{pmatrix} o_y \cdot n_z - o_z \cdot n_y \\ o_z \cdot n_x - o_x \cdot n_z \\ o_x \cdot n_y - o_y \cdot n_x \end{pmatrix}$$

und normiert

$$\vec{u} = \frac{\vec{u}\,'}{\|\vec{u}\,'\|} = \frac{(u'_x, u'_y, u'_z)^{\mathrm{T}}}{\sqrt{u'^2_x + u'^2_y + u'^2_z}}.$$

- Definition des Richtungsvektors $\vec{v}$ der y_A-Achse
  Damit x_A, y_A und z_A ein Rechtssystem bilden, muss $\vec{v}$ durch das Vektorprodukt $\vec{n} \times \vec{u}$ bestimmt werden.

$$\vec{v} = \vec{n} \times \vec{u} = \begin{pmatrix} v_x \\ v_y \\ v_z \end{pmatrix} = \begin{pmatrix} n_y \cdot u_z - n_z \cdot u_y \\ n_z \cdot u_x - n_x \cdot u_z \\ n_x \cdot u_y - n_y \cdot u_x \end{pmatrix}$$

Fasst man die letzten drei Transformationen ihrerseits zu einer Matrix $\bar{C}$ zusammen, so kann man zunächst schreiben

$$\bar{C} = \begin{pmatrix} u_x & u_y & u_z & 0 \\ v_x & v_y & v_z & 0 \\ n_x & n_y & n_z & 0 \\ 0 & 0 & 0 & 1 \end{pmatrix}$$

Die Matrix $\bar{M}$, Gleichung (5.10), für die Transformation vom Modellkoordinatensystem in das Ansichtskoordinatensystem ergibt sich mit $\bar{M} = \bar{C} \cdot \bar{T}$ zu

$$\bar{M} = \begin{pmatrix} u_x & u_y & u_z & -(a_x \cdot u_x + a_y \cdot u_y + a_z \cdot u_z) \\ v_x & v_y & v_z & -(a_x \cdot v_x + a_y \cdot v_y + a_z \cdot v_z) \\ n_x & n_y & n_z & -(a_x \cdot n_x + a_y \cdot n_y + a_z \cdot n_z) \\ 0 & 0 & 0 & 1 \end{pmatrix}$$

oder kürzer

$$\bar{M} = \begin{pmatrix} u_x & u_y & u_z & d_x \\ v_x & v_y & v_z & d_y \\ n_x & n_y & n_z & d_z \\ 0 & 0 & 0 & 1 \end{pmatrix} \quad \text{mit} \quad \vec{d} = \begin{pmatrix} d_x \\ d_y \\ d_z \end{pmatrix} = \begin{pmatrix} -\vec{A} \cdot \vec{u} \\ -\vec{A} \cdot \vec{v} \\ -\vec{A} \cdot \vec{n} \end{pmatrix} \tag{5.11}$$

Beispiel 5.8:

Bestimmung der Transformationsmatrix $\vec{M}$ für folgende Bedingungen.

Augpunktposition: $\vec{A} = (10, 10, 30)^{\mathrm{T}}$
Blickbezugspunkt: $\vec{B} = (0, 0, 0)^{\mathrm{T}}$
Obenvektor: $\vec{O} = (0, 1, 0)^{\mathrm{T}}$

Mit den gegebenen Werten und den abgeleiteten Formeln berechnen sich zunächst die normierten Richtungsvektoren $\vec{n}, \vec{u}, \vec{v}$ zu

$$\vec{n} = \frac{(\,10,\quad 10,\quad 30\,)^{\mathrm{T}}}{\sqrt{10^2 + 10^2 + 30^2}} = \left(\frac{1}{\sqrt{11}}, \frac{1}{\sqrt{11}}, \frac{3}{\sqrt{11}}\right)^{\mathrm{T}}$$

$$\vec{u} = \frac{\vec{u}\,'}{\|\vec{u}\,'\|} = \left(\frac{3}{\sqrt{10}}, 0, -\frac{1}{\sqrt{10}}\right)^{\mathrm{T}} \quad \text{mit} \quad \vec{u}\,' = \left(\frac{3}{\sqrt{11}}, 0, -\frac{1}{\sqrt{11}}\right)^{\mathrm{T}}$$

$$\vec{v} = \left(-\frac{1}{\sqrt{110}}, \frac{10}{\sqrt{110}}, -\frac{3}{\sqrt{110}}\right)^{\mathrm{T}}$$

Daraus folgen die Werte

$$d_x = -\vec{A} \cdot \vec{u} = 0, \quad d_y = -\vec{A} \cdot \vec{v} = 0, \quad d_z = -\vec{A} \cdot \vec{n} = \frac{110}{\sqrt{11}}$$

und schließlich die Transformationsmatrix $\bar{M}$

$$\bar{M} = \begin{pmatrix} \frac{3}{\sqrt{10}} & 0 & -\frac{1}{\sqrt{10}} & 0 \\ -\frac{1}{\sqrt{110}} & \frac{10}{\sqrt{110}} & -\frac{3}{\sqrt{110}} & 0 \\ \frac{1}{\sqrt{11}} & \frac{1}{\sqrt{11}} & \frac{3}{\sqrt{11}} & \frac{110}{\sqrt{11}} \\ 0 & 0 & 0 & 1 \end{pmatrix}$$

Ein Punkt $\vec{P}_M$ des Modellkoordinatensystems hat dann im Ansichtskoordinatensystem die Werte $\vec{P}_A = \bar{M} \cdot \vec{P}_M$.

■

Beispiel 5.9:

Die Punkte $\vec{P}_{1M} = (0,0,0,1)^{\mathrm{T}}$ und $\vec{P}_{2M} = (-1,1,0,1)^{\mathrm{T}}$ des Modellkoordinatensystems haben in diesem Fall die Ansichtskoordinaten

$$\vec{P}_{1A} = \left(0,\ 0,\ \frac{110}{\sqrt{11}},\ 1\right)^{\mathrm{T}} \text{ und } \vec{P}_{2A} = \left(-\frac{3}{\sqrt{10}}, \frac{11}{\sqrt{110}}, \frac{110}{\sqrt{11}}, 1\right)^{\mathrm{T}}$$

■

Beispiel 5.10:

Das Beispiel enthält durch Veränderung der Augpunkt-Position den Blick aus unterschiedlichen Richtungen auf einen Würfel.

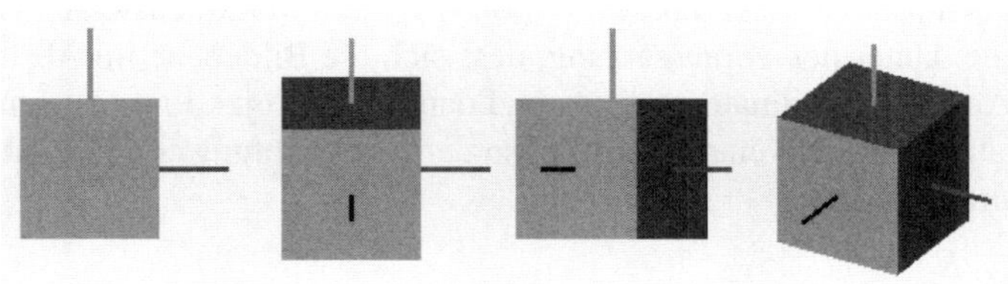

Bild 5.7 Blick auf einen Würfel aus verschiedenen Positionen

Die wesentlichen OpenGL-Aufrufe für die im Bild 5.7 dargestellten Fälle lauten

```
glMatrixMode(GL_PROJECTION);
  glLoadIdentity;
  glOrtho(-2.5,2.5,-2.5,2.5,1,100);
glMatrixMode(GL_MODELVIEW);
  glLoadIdentity;
  glPushMatrix; // Blick von vorn
    gluLookAt(0,0,5,0,0,0,0,1,0);
    glViewport(190,500,200,200);
    glutSolidCube(2);
    if Koordinaten then KoordinatenAchsen(2,2,2,2);
  glPopMatrix;
  glPushMatrix; // Blick von vorn oben
```

```
        gluLookAt(0,2,5,0,0,0,0,1,0);
        glViewport(340,500,200,200);
        glutSolidCube(2);
        if Koordinaten then KoordinatenAchsen(2,2,2,2);
    glPopMatrix;
    glPushMatrix; // Blick von vorn rechts
        gluLookAt(3,0,5,0,0,0,0,1,0);
        glViewport(490,500,200,200);
        glutSolidCube(2);
        if Koordinaten then KoordinatenAchsen(2,2,2,2);
    glPopMatrix;
    glPushMatrix; // Blick von vorn oben rechts
        gluLookAt(3,3,5,0,0,0,0,1,0);
        glViewport(640,500,200,200);
        glutSolidCube(2);
        if Koordinaten then KoordinatenAchsen(2,2,2,2);
    glPopMatrix;
```

Den vollständigen Quelltext enthält das Projekt TRANSFORMATIONEN.

■

5.4 Perspektivische Transformation

Die perspektivische Transformation ist eine Vorstufe der perspektivischen Projektion. Deren Aufgabe ist die Abbildung eines Punktes $\vec{P}_A = (x_A, y_A, z_A)^{\mathrm{T}}$ des Ansichtskoordinatensystems auf den projizierten Punkt $\vec{P}_P = (x_P, y_P)^{\mathrm{T}}$ der zweidimensionalen Sicht- oder Projektionsebene. Unter der Voraussetzung, dass sich die Bildebene im Abstand N vom Ursprung des Ansichtskoordinatensystems und damit des Projektionszentrums befindet, und senkrecht auf der negativen z_A-Achse (also der Blickrichtung) steht, Bild 5.8, ergibt sich aus dem Strahlensatz

$$\frac{x_P}{x_A} = \frac{N}{-z_A} \quad \text{und} \quad \frac{y_P}{y_A} = \frac{N}{-z_A}$$

oder in Vektorschreibweise

$$\begin{pmatrix} x_P \\ y_P \end{pmatrix} = \begin{pmatrix} -N \cdot \dfrac{x_A}{z_A} \\ -N \cdot \dfrac{y_A}{z_A} \end{pmatrix}$$

Diese Darstellung besitzt jedoch zwei wesentliche *Nachteile*:

- Der Abstand z_P des Punktes $\vec{P}_P$ vom Projektionszentrum wird im Vektor nicht explizit mitgeführt und steht damit für die Sichtbarkeitsrechnung nicht zur Verfügung.
- Das Clipping am Sichtvolumen, einer Pyramide, erfolgt nur an den Mantelflächen. Wünschenswert ist jedoch auch das Clippen an der Vorder- und der Rückseite eines Pyramidenstumpfes (Frustum) mit den positiven Abständen N (Nah) und F (Fern).

Der obige Vektor wird deshalb um einen z_P-Wert erweitert, der durch geeignete Wahl von α und β das Clippen an Vorder- und Rückseite des kanonischen Sichtvolumens, Abschnitt 5.6, erlaubt.

$$\begin{pmatrix} x_P \\ y_P \\ z_P \end{pmatrix} = \begin{pmatrix} -N \cdot \dfrac{x_A}{z_A} \\ -N \cdot \dfrac{y_A}{z_A} \\ -\dfrac{\alpha \cdot z_A + \beta}{z_A} \end{pmatrix} \tag{5.12}$$

Gleichung (5.12) zeigt, dass die Ansichtskoordinaten zunächst einer perspektivischen Transformation unterzogen werden, bevor sie später mittels der Matrix für die Parallelprojektion zur perspektivischen Projektion führen.

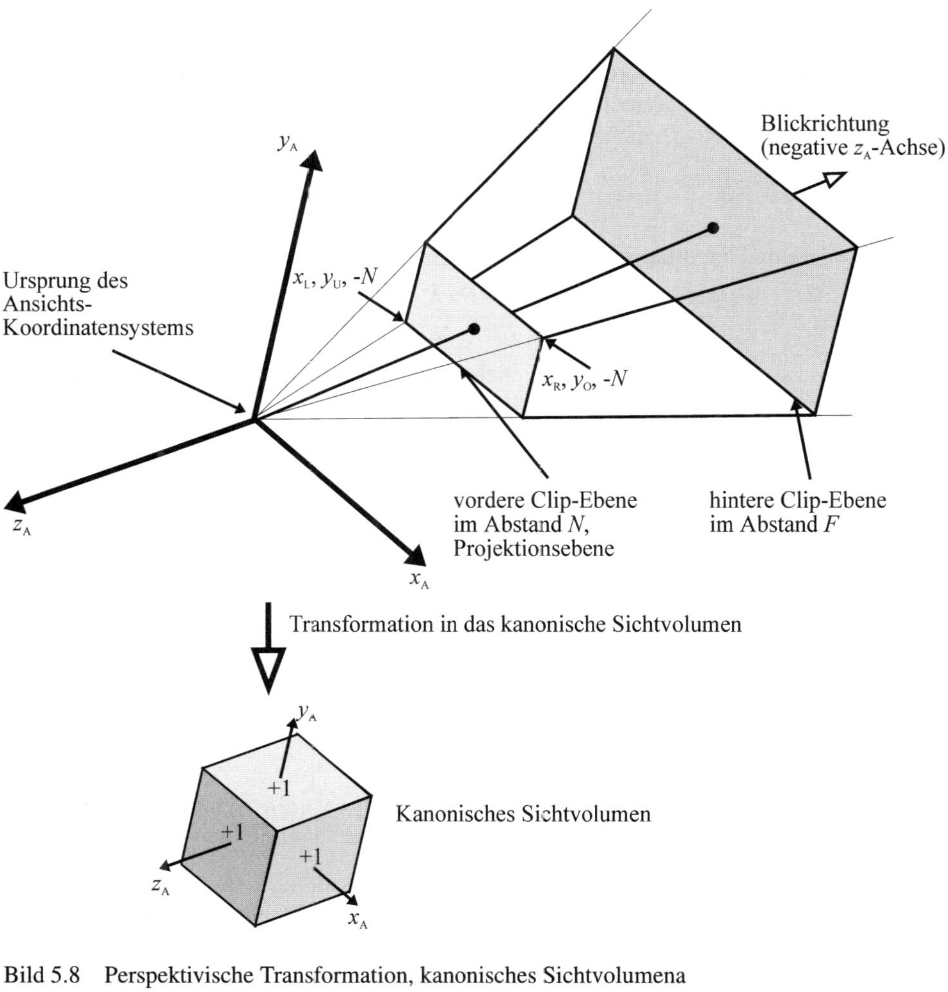

Bild 5.8 Perspektivische Transformation, kanonisches Sichtvolumena

Mit homogenen Koordinaten stellt sich der vorher genannte Vektor nach Gleichung (5.12) wie folgt dar:

$$\begin{pmatrix} x_P \\ y_P \\ z_P \\ w_P \end{pmatrix} = \begin{pmatrix} N \cdot x_A \\ N \cdot y_A \\ \alpha \cdot z_A + \beta \\ -z_A \end{pmatrix} \tag{5.13}$$

In Matrizenschreibweise erhält man aus Gleichung (5.13) schließlich

$$\begin{pmatrix} x_P \\ y_P \\ z_P \\ w_P \end{pmatrix} = \bar{T}_{Perspektivisch} \cdot \begin{pmatrix} x_A \\ y_A \\ z_A \\ 1 \end{pmatrix} \text{ mit } \bar{T}_{Perspektivisch} = \begin{pmatrix} N & 0 & 0 & 0 \\ 0 & N & 0 & 0 \\ 0 & 0 & \alpha & \beta \\ 0 & 0 & -1 & 0 \end{pmatrix} \tag{5.14}$$

Bevor die Ausgabe der grafischen Objekte erfolgt, müssen diese am Sichtvolumen geclippt werden. Dazu wird dieses durch Translation und Skalierung so in ein kanonisches Sichtvolumen transformiert, dass ein Kubus mit den Ausdehnungen von –1 bis +1 in jeder Koordinatenrichtung entsteht. Dadurch wird eine hohe Effizienz beim 3D-Clipping erreicht. Mit dem gewählten linearen Ansatz für z_P kann das zunächst in Blickrichtung erreicht werden. Die Bestimmung der Koeffizienten α und β ergibt dann mit den Bedingungen

$$-1 = -\frac{\alpha \cdot (-N) + \beta}{-N} \quad \text{und} \quad 1 = -\frac{\alpha \cdot (-F) + \beta}{-F}$$

für die vordere und die hintere Clip-Ebene Folgendes:

$$\alpha = -\frac{F + N}{F - N} \quad \text{und} \quad \beta = -\frac{2 \cdot F \cdot N}{F - N} \tag{5.15}$$

Sieht man in Blickrichtung (negative z_A-Achse) auf die vordere Clip-Ebene, so kann sich die im Bild 5.9 dargestellte allgemeine Situation ergeben.

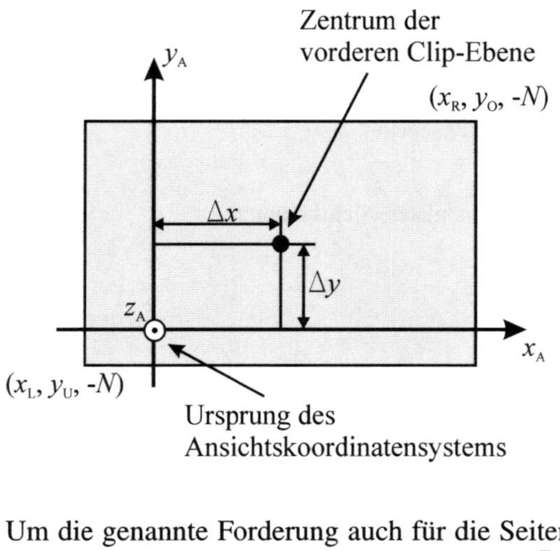

Bild 5.9 Vordere Clip-Ebene und Ansichtskoordinatensystem

Um die genannte Forderung auch für die Seitenflächen des kanonischen Sichtvolumens zu erfüllen, ist die bisher abgeleitete Matrix $\bar{T}_{Perspektivisch}$ noch folgenden Transformationen zu unterziehen.

- Translation in das Zentrum der vorderen Clip-Ebene durch die Matrix

$$\overline{T} = \begin{pmatrix} 1 & 0 & 0 & -\Delta x \\ 0 & 1 & 0 & -\Delta y \\ 0 & 0 & 1 & 0 \\ 0 & 0 & 0 & 1 \end{pmatrix} \text{ mit } \Delta x = \frac{x_R + x_L}{2} \text{ und } \Delta y = \frac{y_O + y_U}{2}$$

- Skalierung zur Erzeugung der Grenzflächen an den Positionen –1 und +1 durch die Matrix

$$\overline{S} = \begin{pmatrix} s_x & 0 & 0 & 0 \\ 0 & s_y & 0 & 0 \\ 0 & 0 & 1 & 0 \\ 0 & 0 & 0 & 1 \end{pmatrix} \text{ mit } s_x = \frac{2}{x_R - x_L} \text{ und } s_y = \frac{2}{y_O - y_U}$$

Die endgültige perspektivische Transformationsmatrix $\overline{T}_{Perspektive}$ erhält man nach Ausführung der Matrizenmultiplikationen

$$\overline{T}_{Perspektive} = \overline{S} \cdot \overline{T} \cdot \overline{T}_{Perspektivisch}$$

zu

$$\overline{T}_{Perspektive} = \begin{pmatrix} \frac{2 \cdot N}{x_R - x_L} & 0 & \frac{x_R + x_L}{x_R - x_L} & 0 \\ 0 & \frac{2 \cdot N}{y_O - y_U} & \frac{y_O + y_U}{y_O - y_U} & 0 \\ 0 & 0 & -\frac{F + N}{F - N} & -\frac{2 \cdot F \cdot N}{F - N} \\ 0 & 0 & -1 & 0 \end{pmatrix} \tag{5.16}$$

Wegen $\begin{pmatrix} x_C \\ y_C \\ z_C \\ w_C \end{pmatrix} = \overline{T}_{Perspektive} \cdot \begin{pmatrix} x_A \\ y_A \\ z_A \\ 1 \end{pmatrix}$

ergeben sich für die perspektivische Transformation die *homogenen Clip-Koordinaten* zu:

$$\begin{pmatrix} x_C \\ y_C \\ z_C \\ w_C \end{pmatrix} = \begin{pmatrix} \frac{2 \cdot N}{x_R - x_L} \cdot x_A + \frac{x_R + x_L}{x_R - x_L} \cdot z_A \\ \frac{2 \cdot N}{y_O - y_U} \cdot y_A + \frac{y_O + y_U}{y_O - y_U} \cdot z_A \\ -\frac{F + N}{F - N} \cdot z_A - \frac{2 \cdot F \cdot N}{F - N} \\ -z_A \end{pmatrix} \tag{5.17}$$

Die inverse Matrix $\overline{T}^{-1}_{Perspektive}$ der perspektivischen Transformation ist erforderlich, wenn die Rücktransformation von Koordinaten benötigt wird, beispielsweise von Bildschirm- in Ansichtskoordinaten.

$$\overline{T}^{-1}_{Perspektive} = \begin{pmatrix} \frac{x_R - x_L}{2 \cdot N} & 0 & 0 & \frac{x_R + x_L}{2 \cdot N} \\ 0 & \frac{y_O - y_U}{2 \cdot N} & 0 & \frac{y_O + y_U}{2 \cdot N} \\ 0 & 0 & 0 & -1 \\ 0 & 0 & -\frac{F - N}{2 \cdot F \cdot N} & \frac{F + N}{2 \cdot F \cdot N} \end{pmatrix}$$

Die Rücktransformation der *kanonischen Clip-Koordinaten* in Ansichtskoordinaten lautet dann

$$\begin{pmatrix} x_A \\ y_A \\ z_A \\ w_A \end{pmatrix} = \bar{T}^{-1}_{Perspektive} \cdot \begin{pmatrix} x_C \\ y_C \\ z_C \\ w_C \end{pmatrix} = \begin{pmatrix} \frac{x_R - x_L}{2 \cdot N} \cdot x_C + \frac{x_R + x_L}{2 \cdot N} \cdot w_C \\ \frac{y_O - y_U}{2 \cdot N} \cdot y_C + \frac{y_O + y_U}{2 \cdot N} \cdot w_C \\ -w_C \\ -\frac{F - N}{2 \cdot F \cdot N} \cdot z_C + \frac{F + N}{2 \cdot F \cdot N} \cdot w_C \end{pmatrix} \tag{5.18}$$

Beispiel 5.11:

Das Sichtvolumen der perspektivischen Transformation sei durch die Werte $x_L = -5, x_R = 5, y_U = -2, y_O = 2, N = 1, F = 10$ definiert. Welche Position hat dann der Punkt $\vec{P}_A = (1, 1, -5, 1)^T$ in Clip-Koordinaten?

Mit der Matrix für die perspektivische Transformation

$$\bar{T}_{Perspektive} = \begin{pmatrix} \frac{1}{5} & 0 & 0 & 0 \\ 0 & \frac{1}{2} & 0 & 0 \\ 0 & 0 & -\frac{11}{9} & -\frac{20}{9} \\ 0 & 0 & -1 & 0 \end{pmatrix}$$

ergeben sich die folgenden Clip-Koordinaten für den Punkt P_A.

$$\begin{pmatrix} x \\ y \\ z \\ w \end{pmatrix}_C = \bar{T}_{Perspektive} \cdot \begin{pmatrix} x \\ y \\ z \\ w \end{pmatrix}_A = \begin{pmatrix} \frac{1}{5} \\ \frac{1}{2} \\ \frac{35}{9} \\ 5 \end{pmatrix}$$

■

5.5 Orthogonale Transformation

Anders als bei der bisher behandelten perspektivischen Transformation liegt bei *orthogonalen Transformationen* das Projektionszentrum im Unendlichen. Damit sind die Projektionsstrahlen parallel, Bild 5.10.

Die Ausgangsmatrix $\overline{T}_{Orthogonal}$ lautet für die orthogonale Transformation mit dem bereits im Abschnitt 5.4 gewählten Ansatz für die z-Koordinaten

$$\overline{T}_{Orthogonal} = \begin{pmatrix} 1 & 0 & 0 & 0 \\ 0 & 1 & 0 & 0 \\ 0 & 0 & \alpha & \beta \\ 0 & 0 & 0 & 1 \end{pmatrix} \tag{5.19}$$

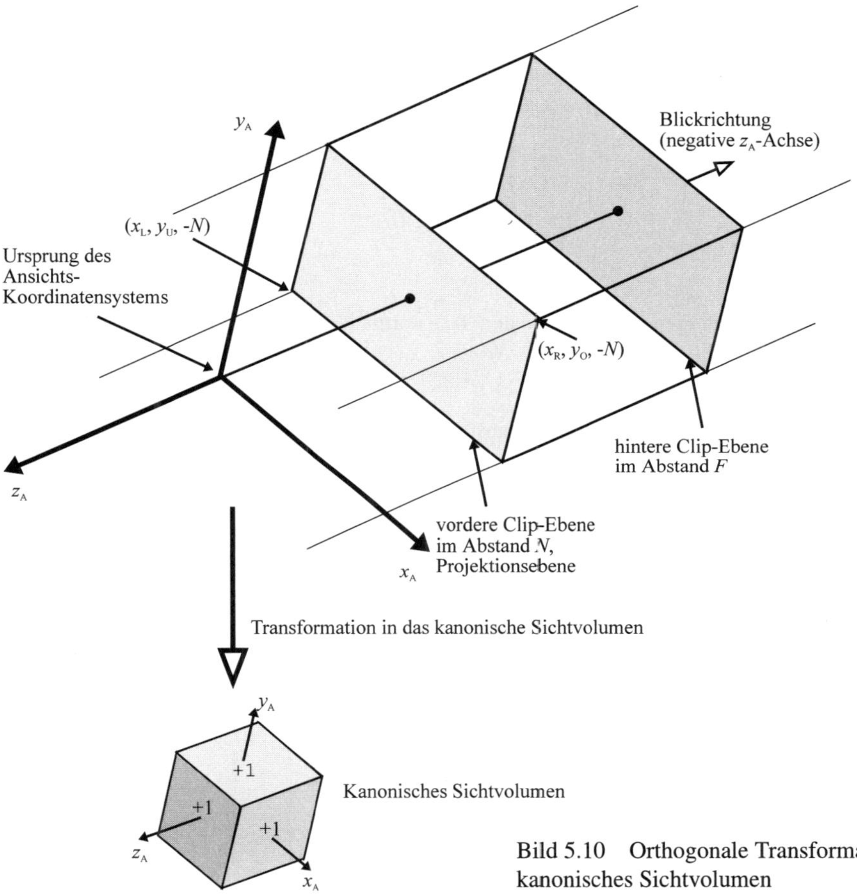

Bild 5.10 Orthogonale Transformation, kanonisches Sichtvolumen

Führt man die Translation und Skalierung wie bei der perspektivischen Transformation durch, so erhält man die gesuchte Matrix zu

$$\overline{T}_{Orthogonal} = \begin{pmatrix} \frac{2}{x_R - x_L} & 0 & 0 & -\frac{x_R + x_L}{x_R - x_L} \\ 0 & \frac{2}{y_O - y_U} & 0 & -\frac{y_O + y_U}{y_O - y_U} \\ 0 & 0 & -\frac{2}{F - N} & -\frac{F + N}{F - N} \\ 0 & 0 & 0 & 1 \end{pmatrix} \tag{5.20}$$

Die *homogenen Clip-Koordinaten* für die orthogonale Transformation ergeben sich wegen

$$\begin{pmatrix} x_C \\ y_C \\ z_C \\ w_C \end{pmatrix} = \overline{P}_{Orthogonal} \cdot \begin{pmatrix} x_A \\ y_A \\ z_A \\ 1 \end{pmatrix} \text{ zu } \begin{pmatrix} x_C \\ y_C \\ z_C \\ w_C \end{pmatrix} = \begin{pmatrix} \frac{2}{x_R - x_L} \cdot x_A - \frac{x_R + x_L}{x_R - x_L} \cdot z_A \\ \frac{2}{y_O - y_U} \cdot y_A - \frac{y_O + y_U}{y_O - y_U} \cdot z_A \\ -\frac{F + N}{F - N} \cdot z_A - \frac{2 \cdot F \cdot N}{F - N} \\ 1 \end{pmatrix}$$

Die inverse Matrix $\bar{T}^{-1}_{Orthogonal}$ lautet schließlich

$$\bar{T}^{-1}_{Orthogonal} = \begin{pmatrix} \frac{x_R - x_L}{2} & 0 & 0 & \frac{x_R + x_L}{2} \\ 0 & \frac{y_O - y_U}{2} & 0 & \frac{y_O + y_U}{2} \\ 0 & 0 & -\frac{F-N}{2} & \frac{F+N}{2} \\ 0 & 0 & 0 & 1 \end{pmatrix} \tag{5.21}$$

Beispiel 5.12:

Das Sichtvolumen der orthogonalen Transformation sei wie bei der perspektivischen Projektion durch $x_L = -5$, $x_R = 5$, $y_U = -2$, $y_O = 2$, $N = 1$ und $F = 10$ definiert. Welche Position hat dann der Punkt $\vec{P}_A = (1, 1, -5, 1)^T$ in Clip-Koordinaten?

Die Matrix für die orthogonale Transformation lautet zunächst

$$\bar{T}_{Orthogonal} = \begin{pmatrix} \frac{1}{5} & 0 & 0 & 0 \\ 0 & \frac{1}{2} & 0 & 0 \\ 0 & 0 & -\frac{2}{9} & -\frac{11}{9} \\ 0 & 0 & 0 & 1 \end{pmatrix}$$

Damit ergeben sich folgende Clip-Koordinaten für den Punkt P_A:

$$\begin{pmatrix} x \\ y \\ z \\ w \end{pmatrix}_C = \bar{T}_{Orthogonal} \cdot \begin{pmatrix} x \\ y \\ z \\ w \end{pmatrix}_A = \begin{pmatrix} \frac{1}{5} \\ \frac{1}{2} \\ -\frac{1}{9} \\ 1 \end{pmatrix}$$

■

5.6 Clippen am kanonischen Sichtvolumen

Nach der perspektivischen bzw. orthogonalen Transformation erhält man die homogenen Clip-Koordinaten (x_C, y_C, z_C, w_C), die nun am kanonischen Sichtvolumen geclippt werden müssen. Da das perspektivische (Frustum) und das orthogonale (Quader) Sichtvolumen durch die vorgenommenen Transformationen (Translation und Skalierung) in das kanonische Sichtvolumen, einen Kubus mit den Begrenzungsflächen

$$x_{LC} = -1, x_{RC} = +1, y_{UC} = -1, y_{OC} = +1, N_C = -1, F_C = +1,$$

umgewandelt wurde, ergeben sich einfache und effiziente Algorithmen für das Clipping von Punkten, Linien und konvexen Polygonen. Das wird letztlich auch dadurch unterstützt, dass durch die perspektivische und orthogonale Transformation Punkte auf Punkte, Linien auf Linien und Polygone auf Polygone abgebildet werden. Auch die Enthaltenseinsregel bleibt bestehen, ein Punkt innerhalb eines Objekts befindet sich auch nach der perspektivischen oder orthogonalen Transformation innerhalb desselben.

5.6.1 Clippen von Punkten

Bezüglich jeder Begrenzungsfläche des kanonischen Sichtvolumens muss festgestellt werden, ob sich der Punkt innerhalb desselben befindet. Sei der Punkt $\vec{V}$ in Augpunktkoordinaten durch $\vec{V_A} = (x_A, y_A, z_A, 1)^{\mathrm{T}}$ gegeben, so besitzt er nach der Multiplikation mit der Matrix für die perspektivische oder orthogonale Transformation die Clip-Koordinaten $\vec{V_C} = (x_C, y_C, z_C, w_C)^{\mathrm{T}}$.

Ist $\vec{V}$ ein Innenpunkt, so muss beispielsweise bezüglich der linken Begrenzungsfläche $x_L = -1$ des kanonischen Sichtvolumens die Bedingung

$$\frac{x_C}{w_C} > -1 \text{ oder } x_C > -w_C \text{ oder } (x_C + w_C) > 0$$

erfüllt sein. Wendet man diesen Test sinngemäß auf alle Flächen des kanonischen Sichtvolumens an, so muss für einen Innenpunkt der logische Ausdruck

$$\begin{aligned}(w_c + x_c > 0) \wedge (w_c - x_c > 0) \wedge (w_c + y_c > 0) \wedge (w_c - y_c > 0)\\ \wedge (w_c + z_c > 0) \wedge (w_c - z_c > 0)\end{aligned}$$

wahr sein. Die einzelnen Vergleiche gelten der Reihe nach für die linke, rechte, untere, obere, vordere und hintere Begrenzungsfläche des kanonischen Sichtvolumens. Damit kann einfach festgestellt werden, wo der Punkt außerhalb liegt.

Für die folgenden Beispiele sei vorausgesetzt, dass ein Dreieck im Ansichtskoordinatensystem mit den Eckpunkten $\vec{P_1} = (1, 1, -5, 1)$, $\vec{P_2} = (30, 0, -5, 1)$, $\vec{P_3} = (10, 20, -5, 1)$ vorliege und das Sichtvolumen wie bisher durch $x_L = -5, x_R = 5, y_U = -2, y_O = 2$, $N = 1, F = 10$ definiert ist.

Beispiel 5.13:

Welche der gegebenen Punkte liegen bei der perspektivischen Transformation innerhalb des Sichtvolumens?

$$\begin{pmatrix} x \\ y \\ z \\ w \end{pmatrix}_C = \bar{T}_{Perspektive} \cdot \begin{pmatrix} x \\ y \\ z \\ w \end{pmatrix}_A = \begin{pmatrix} \frac{1}{5} & 0 & 0 & 0 \\ 0 & \frac{1}{2} & 0 & 0 \\ 0 & 0 & -\frac{11}{9} & -\frac{20}{9} \\ 0 & 0 & -1 & 0 \end{pmatrix} \cdot \begin{pmatrix} x \\ y \\ z \\ w \end{pmatrix}_A = \begin{pmatrix} \frac{1}{5} \cdot x \\ \frac{1}{2} \cdot y \\ -\frac{11}{9} \cdot z - \frac{20}{9} \\ 5 \end{pmatrix}_A$$

Daraus ergeben sich für die Eckpunkte folgende Werte

$$\begin{pmatrix} p_{1x} \\ p_{1y} \\ p_{1z} \\ p_{1w} \end{pmatrix}_C = \begin{pmatrix} \frac{1}{5} \\ \frac{1}{2} \\ \frac{35}{9} \\ 5 \end{pmatrix}, \quad \begin{pmatrix} p_{2x} \\ p_{2y} \\ p_{2z} \\ p_{2w} \end{pmatrix}_C = \begin{pmatrix} 6 \\ 0 \\ \frac{35}{9} \\ 5 \end{pmatrix}, \quad \begin{pmatrix} p_{3x} \\ p_{3y} \\ p_{3z} \\ p_{3w} \end{pmatrix}_C = \begin{pmatrix} 2 \\ 10 \\ \frac{35}{9} \\ 5 \end{pmatrix}.$$

Die Innenpunktbedingungen für die Punkte $\vec{P}_1$, $\vec{P}_2$ und $\vec{P}_3$ lauten der Reihe nach

$$\left(5+\frac{1}{5}>0\right)\wedge\left(5-\frac{1}{5}>0\right)\wedge\left(5+\frac{1}{2}>0\right)\wedge\left(5-\frac{1}{2}>0\right)\wedge\left(5+\frac{35}{9}>0\right)\wedge\left(5-\frac{35}{9}>0\right),$$

$$(5+6>0)\wedge\underline{(5-6>0)}\wedge(5+0>0)\wedge(5-0>0)\wedge\left(5+\frac{35}{9}>0\right)\wedge\left(5-\frac{35}{9}>0\right),$$

$$(5+2>0)\wedge(5-2>0)\wedge(5+10>0)\wedge\underline{(5-10>0)}\wedge\left(5+\frac{35}{9}>0\right)\wedge\left(5-\frac{35}{9}>0\right).$$

Die nicht erfüllten Vergleichsteste sind unterstrichen. Daraus ergibt sich:
$\vec{P}_1$ liegt innerhalb des Sichtvolumens,
$\vec{P}_2$ liegt rechts vom Sichtvolumen,
$\vec{P}_3$ liegt oberhalb des Sichtvolumens.

■

Beispiel 5.14:
Welche der gegebenen Punkte liegen bei der orthogonalen Transformation innerhalb des Sichtvolumens?

$$\begin{pmatrix}x\\y\\z\\w\end{pmatrix}_C = \bar{T}_{Orthogonal}\cdot\begin{pmatrix}x\\y\\z\\w\end{pmatrix}_A = \begin{pmatrix}\frac{1}{5} & 0 & 0 & 0\\ 0 & \frac{1}{2} & 0 & 0\\ 0 & 0 & -\frac{2}{9} & -\frac{11}{9}\\ 0 & 0 & 0 & 1\end{pmatrix}\cdot\begin{pmatrix}x\\y\\z\\w\end{pmatrix}_A = \begin{pmatrix}\frac{1}{5}\cdot x\\ \frac{1}{2}\cdot y\\ -\frac{2}{9}\cdot z-\frac{11}{9}\\ 1\end{pmatrix}_A$$

Daraus ergeben sich für die Eckpunkte folgende Werte:

$$\begin{pmatrix}p_{1x}\\p_{1y}\\p_{1z}\\p_{1w}\end{pmatrix}_C = \begin{pmatrix}\frac{1}{5}\\ \frac{1}{2}\\ -\frac{1}{9}\\ 1\end{pmatrix},\quad \begin{pmatrix}p_{2x}\\p_{2y}\\p_{2z}\\p_{2w}\end{pmatrix}_C = \begin{pmatrix}6\\ 0\\ -\frac{1}{9}\\ 1\end{pmatrix},\quad \begin{pmatrix}p_{3x}\\p_{3y}\\p_{3z}\\p_{3w}\end{pmatrix}_C = \begin{pmatrix}2\\ 10\\ -\frac{1}{9}\\ 1\end{pmatrix}.$$

Führt man den Innenpunkttest durch, so zeigt sich, dass die Eckpunkte $\vec{P}_1$ innerhalb, $\vec{P}_2$ rechts sowie $\vec{P}_3$ rechts und oberhalb vom kanonischen Sichtvolumen liegen.

■

5.6.2 Clippen von Linien

Eine Linie wird durch Anfangs- und Endpunkt, hier mit $\vec{V}$ und $\vec{E}$ bezeichnet, festgelegt. Für diese können sich bezüglich des *kanonischen Sichtvolumens* (Clip-Volumen) in Analogie zum Cohen-Sutherland-Algorithmus folgende Fälle ergeben:

- $\vec{V}$ und $\vec{E}$ befinden sich beide innerhalb des kanonischen Sichtvolumens, dann ist die Linie vollständig sichtbar.
- $\vec{V}$ und $\vec{E}$ befinden sich beide außerhalb derselben Begrenzungsfläche des kanonischen Sichtvolumens, dann ist die Linie vollständig unsichtbar.
- Sind die beiden vorhergehenden Bedingungen nicht erfüllt, dann kann die Linie entweder vollständig unsichtbar oder nur ein Segment von ihr sichtbar sein.

In Vektorform wird die Linie durch $\vec{L} = \vec{V} + (\vec{E} - \vec{V}) \cdot t = \vec{V} + \vec{D} \cdot t,\ 0 \leq t \leq 1$, beschrieben, in Komponentenform durch

$$\vec{L} = \begin{pmatrix} v_x + d_x \cdot t \\ v_y + d_y \cdot t \\ v_z + d_z \cdot t \\ v_w + d_w \cdot t \end{pmatrix} \text{ mit } d_\mu = (e_\mu - v_\mu),\ \mu = x|y|z|w \tag{5.22}$$

Wird die Linie mit der linken und rechten Seitenfläche des kanonischen Sichtvolumens geschnitten, so müssen die Bedingungen

$$\frac{v_x + d_x \cdot t_L}{v_w + d_w \cdot t_L} = -1 \text{ und } \frac{v_x + d_x \cdot t_R}{v_w + d_w \cdot t_R} = +1$$

lauten. Daraus ergeben sich

$$t_L = -\frac{v_w + v_x}{d_w + d_x} \text{ und } t_R = -\frac{v_w - v_x}{d_w - d_x} \tag{5.23}$$

Analoge Formeln erhält man für die untere, obere, vordere und hintere Begrenzungsfläche des kanonischen Sichtvolumens.

$$t_U = -\frac{v_w + v_y}{d_w + d_y} \text{ und } t_O = -\frac{v_w - v_y}{d_w - d_y}$$

$$t_N = -\frac{v_w + v_z}{d_w + d_z} \text{ und } t_F = -\frac{v_w - v_z}{d_w - d_z}$$

Die Linie schneidet eine Begrenzungsfläche des kanonischen Sichtvolumens nur dann, wenn für die zugehörigen Parameter t die Bedingung $0 \leq t \leq 1$ erfüllt ist.

Das im Abschnitt 3.2.1 beschriebene Cohen-Sutherland-Verfahren für das Clipping von Linien an zweidimensionalen rechteckigen Clip-Bereichen lässt sich auf den dreidimensionalen Fall erweitern, indem man jetzt statt des 4-Bit-Outputcodes einen 6-Bit-Outputcode verwendet, Bild 5.11.

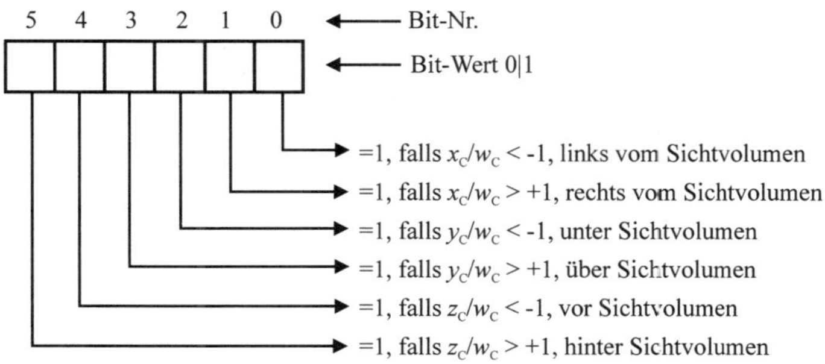

Bild 5.11 6-Bit-Outputcode $K(\vec{P})$ für einen Punkt $\vec{P}$ beim 3D-Clipping

Ist eine Linie durch den Anfangspunkt $\vec{P}_1$ und den Endpunkt $\vec{P}_2$ definiert, so lautet der bitweise Test analog zum Cohen-Sutherland-Algorithmus

- die Linie liegt völlig innerhalb, falls $K(\vec{P}_1) \vee K(\vec{P}_2) = 000000$ ist,
- die Linie liegt völlig außerhalb, falls $K(\vec{P}_1) \wedge K(\vec{P}_2) \neq 000000$ ist,

- sind die beiden vorhergehenden Teste nicht erfüllt, so muss zusätzlich geprüft werden, ob ein Liniensegment innerhalb des Clip-Bereichs liegt.

Beispiel 5.15:

Für die bereits beim Innenpunkttest benutzten Punkte $\vec{P}_1$ und $\vec{P}_2$, Beispiel 5.13, ergeben sich für die Linie $\overline{\vec{P}_1\vec{P}_2}$ die Outputcodes $K(\vec{P}_1) = 000000$ und $K(\vec{P}_2) = 000010$.

Die bitweise durchgeführten Teste liefern die Ergebnisse

- $K(\vec{P}_1) \vee K(\vec{P}_2) = 000010$
- $K(\vec{P}_1)\ 1K(\vec{P}_2) = 000000$

Beide Teste sind nicht erfüllt. Damit verläuft die Linie $\overline{\vec{P}_1\,\vec{P}_2}$ nicht völlig innerhalb des Clip-Volumens. Ob sie völlig außerhalb des Sichtvolumens verläuft oder dieses schneidet, muss durch Schnittpunktberechnungen und entsprechende Teste entschieden werden. Der Outputcode $K(\vec{P}_2) = 000010$ enthält dabei die Aussage, dass sich $\vec{P}_2$ rechts vom Sichtvolumen befindet. Deshalb ist nur die Berechnung des Schnittpunktes der Linie mit der rechten Begrenzungsfläche des kanonischen Sichtvolumens erforderlich. Die Schnittpunktberechnung selbst erfolgt anschließend mit den oben abgeleiteten Formeln.

■

Beispiel 5.16:

Bestimmung des sichtbaren Segments der durch die Punkte $\vec{P}_1$ und $\vec{P}_2$ begrenzten Linie $\overline{\vec{P}_1\vec{P}_2}$ bei perspektivischer Transformation. Aus den vorherigen Berechnungen ergeben sich die Clip-Koordinaten der Punkte $\vec{P}_1$ und $\vec{P}_2$ zu

$$\begin{pmatrix} p_{1x} \\ p_{1y} \\ p_{1z} \\ p_{1w} \end{pmatrix}_C = \begin{pmatrix} \frac{1}{5} \\ \frac{1}{2} \\ \frac{35}{9} \\ \frac{9}{5} \end{pmatrix} \quad \text{und} \quad \begin{pmatrix} p_{2x} \\ p_{2y} \\ p_{2z} \\ p_{2w} \end{pmatrix}_C = \begin{pmatrix} 6 \\ 0 \\ \frac{35}{9} \\ \frac{9}{5} \end{pmatrix}.$$

Daraus folgen $d_x = \frac{29}{5}, d_y = -\frac{1}{2}, d_z = 0, d_w = 0$ und für den Schnitt mit der rechten Seitenfläche des kanonischen Sichtvolumens $t_R = \frac{24}{29}$. Der Schnittpunkt $\vec{S}_{1C}$ hat dann die homogenen Koordinaten

$$\vec{S}_{1C} = \begin{pmatrix} p_{1x} + d_x \cdot t_R \\ p_{1y} + d_y \cdot t_R \\ p_{1z} + d_z \cdot t_R \\ p_{1w} + d_w \cdot t_R \end{pmatrix}_C = \begin{pmatrix} \frac{1}{5} + \frac{29}{5} \cdot t_R \\ \frac{1}{2} - \frac{1}{2} \cdot t_R \\ \frac{35}{9} \\ \frac{9}{5} \end{pmatrix}_C = \begin{pmatrix} \frac{5}{5} \\ \frac{58}{35} \\ \frac{9}{5} \end{pmatrix}_C$$

■

Für die folgenden Beispiele wird das schon vorher benutzte Dreieck mit den Eckpunkten in Ansichtskoordinaten $\vec{P}_1 = (1, 1, -5, 1), \vec{P}_2 = (30, 0, -5, 1), \vec{P}_3 = (10, 20, -5, 1)$ und den Daten des Sichtvolumens $x_L = -5,\ x_R = 5,\ y_U = -2,\ y_O = 2,\ N = 1,\ F = 10$ verwendet. Gesucht sind die Schnittpunkte der transformierten Linien $\vec{L}_{1C} = \overline{\vec{P}_{1C}\vec{P}_{2C}} = \vec{P}_{1C} + (\vec{P}_{2C} - \vec{P}_{1C}) \cdot t$, $\vec{L}_{2C} = \overline{\vec{P}_{2C}\vec{P}_{3C}}$ und $\vec{L}_{3C} = \overline{\vec{P}_{3C}\vec{P}_{1C}}$ mit den Begrenzungsflächen des kanonischen Sichtvolumens.

Beispiel 5.17:

Perspektivische Transformation

Für die Linie $\vec{L}_{1C}$ ergibt sich der schon berechnete Schnittpunkt in homogenen Koordinaten $\vec{S}_{1C} = \left(5, \frac{5}{58}, \frac{35}{9}, 5\right)^{\mathrm{T}}$. Die Linie $\vec{L}_{2C}$ liefert für die rechte Begrenzungsfläche $t_R = \frac{1}{4}$ und den Schnittpunkt $\vec{S}_{2C} = \left(5, \frac{5}{2}, \frac{35}{9}, 5\right)^{\mathrm{T}}$ und für die obere Fläche $t_O = \frac{1}{2}$ sowie $\vec{S}_{3C} = \left(3, 5, \frac{35}{9}, 5\right)^{\mathrm{T}}$. Schließlich erhält man für die Linie $\vec{L}_{3C}$ für die obere Fläche $t_O = \frac{10}{19}$ und den Schnittpunkt $\vec{S}_{4C} = \left(\frac{20}{19}, 5, \frac{35}{9}, 5\right)^{\mathrm{T}}$.

■

Beispiel 5.18:

Orthogonale Transformation

Für die Linie $\vec{L}_{1C}$ ergibt sich $\vec{L}_{1C} = \vec{P}_{1C} + (\vec{P}_{2C} - \vec{P}_{1C}) \cdot t = \begin{pmatrix} \frac{1}{5} + \frac{1}{5} \cdot t \\ \frac{1}{2} - \frac{1}{2} \cdot t \\ -\frac{1}{9} \\ 1 \end{pmatrix}$

Da $\vec{P}_{2C}$ rechts vom kanonischen Sichtvolumen liegt, ist t_R zu berechnen und daraus dann der Schnittpunkt $\vec{S}_{1C}$. Mit den vorn abgeleiteten Formeln erhält man $t_R = \frac{4}{9}$ und damit $\vec{S}_{1C} = \left(1, \frac{25}{29}, -\frac{1}{9}, 1\right)^{\mathrm{T}}$. Für die Linie $\vec{L}_{2C}$ ergibt sich für die rechte Seite $t_R = \frac{5}{4}$ und der Schnittpunkt zu $\vec{S}_{2C} = \left(1, \frac{50}{4}, -\frac{1}{9}, 1\right)^{\mathrm{T}}$. Schließlich erhält man für die Linie $\vec{L}_{3C}$ für die obere Seite $t_O = \frac{1}{10}$ und den Schnittpunkt $\vec{S}_{3C} = \left(\frac{54}{10}, 1, -\frac{1}{9}, 1\right)^{\mathrm{T}}$. Da beide außerhalb der Grenzen –1 bis +1 liegen, schneidet die Linie $\vec{L}_{2C}$ das kanonische Sichtvolumen nicht. Die Linie $\vec{L}_{3C}$ liefert $t_O = \frac{18}{19}$ und mit $\vec{S}_{4C} = \left(\frac{28}{95}, 1, -\frac{1}{9}, 1\right)^{\mathrm{T}}$ einen echten Schnittpunkt.

■

5.6.3 Clippen von konvexen Polygonen

Das Clippen konvexer Polygone erfolgt für jede Polygonkante am kanonischen Sichtvolumen. Es basiert auf dem im vorhergehenden Abschnitt beschriebenen Clippen von Linien. Die dabei entstehenden Schnittpunkte mit dem kanonischen Sichtvolumen werden zu neuen Eckpunkten des geclippten Polygons. Diese werden dann durch neue Polygonkanten verbunden. Dabei sind die entstehenden neuen Polygone allgemein abhängig davon, ob sie einer perspektivischen oder orthogonalen Projektion unterzogen wurden, Bild 5.12.

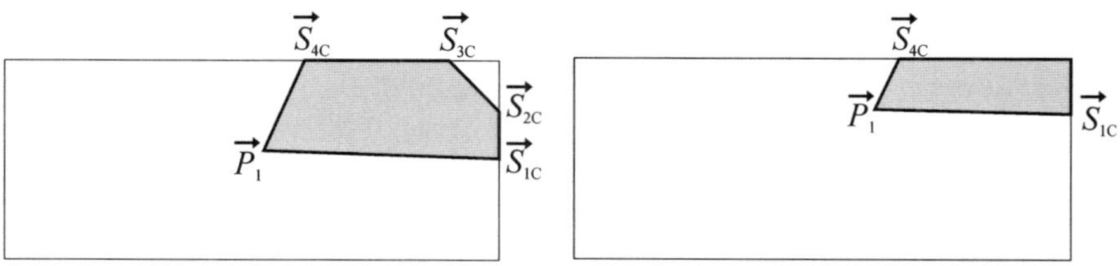

Perspektivische Transformation — Orthogonale Transformation

Bild 5.12 Clippen eines konvexen Polygons

Das beim Linien-Clipping benutzte Dreieck soll jetzt unter dem Aspekt des Polygon-Clippings betrachtet werden.

Beispiel 5.19:

Darstellung des Polygon-Clippings entsprechend Bild 5.12.

Perspektivische Transformation:

Mit den im vorhergehenden Abschnitt berechneten Werten liegt der Fall vor, dass das geclippte Dreieck jetzt aus den Punkten $\vec{P}_1$, $\vec{S}_{1C}$, $\vec{S}_{2C}$, $\vec{S}_{3C}$ und $\vec{S}_{4C}$ besteht, also ein Fünfeck darstellt.

Orthogonale Transformation:

Hier ergibt sich der Fall, dass das geclippte Dreieck jetzt aus den Punkten $\vec{P}_1$, $\vec{S}_{1C}$, der rechten oberen Ecke des kanonischen Sichtvolumens und $\vec{S}_{4C}$ besteht, also ein Viereck darstellt.

Den vollständigen Quelltext enthält das Projekt TRANSFORMATIONEN.

■

5.7 Perspektivische Division

Die perspektivische Division dient dazu, aus den Clip-Koordinaten der perspektivischen Transformation normierte Gerätekoordinaten zu erzeugen, die durch die anschließende Gerätetransformation in Bildschirmkoordinaten überführt werden. Die normierten Gerätekoordinaten ergeben sich aus den Clip-Koordinaten durch Division mit deren vierter Koordinate w_C zu

$$\begin{pmatrix} x_D \\ y_D \\ z_D \\ 1 \end{pmatrix} = \begin{pmatrix} \dfrac{x_C}{w_C} \\ \dfrac{y_C}{w_C} \\ \dfrac{z_C}{w_C} \\ 1 \end{pmatrix} = \begin{pmatrix} -\dfrac{2 \cdot N}{x_R - x_L} \cdot \dfrac{x_A}{z_A} - \dfrac{x_R + x_L}{x_R - x_L} \\ -\dfrac{2 \cdot N}{y_O - y_U} \cdot \dfrac{y_A}{z_A} - \dfrac{y_O + y_U}{y_O - y_U} \\ \dfrac{F + N}{F - N} + \dfrac{2 \cdot F \cdot N}{F - N} \cdot \dfrac{1}{z_A} \\ 1 \end{pmatrix}. \tag{5.24}$$

Die perspektivische Division ist bei der orthogonalen Transformation nicht erforderlich, da hier die Clip-Koordinaten schon den normierten Gerätekoordinaten entsprechen.

5.8 Projektionen

Projektionen dienen in der Computergrafik dazu, dreidimensionale Objekte auf die ebene zweidimensionale Darstellungsfläche des Bildschirms (Viewport) abzubilden. Man spricht in diesem Falle von planaren oder ebenen Projektionen. Diese lassen sich entsprechend Bild 5.13 in Parallel- und Perspektivprojektionen unterteilen. Sie werden in den folgenden Abschnitten näher beschrieben.

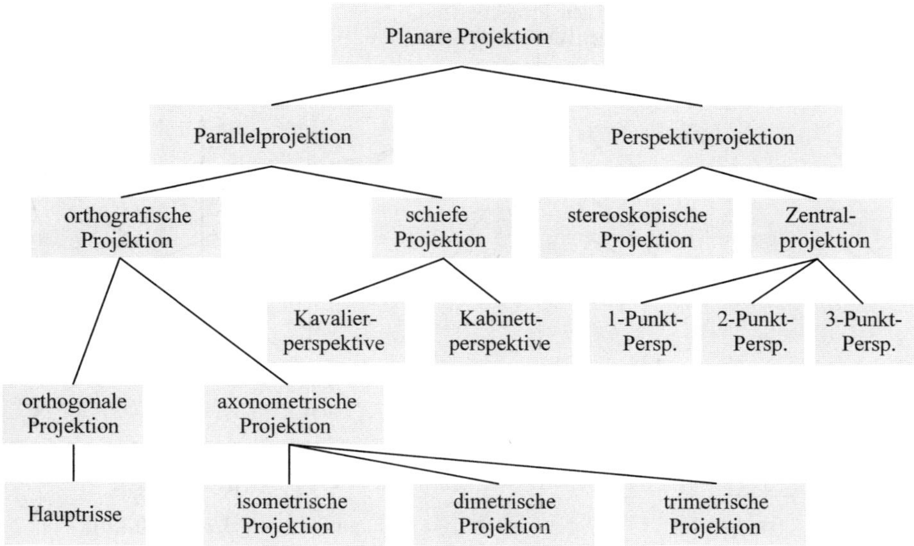

Bild 5.13 Klassifikation planarer Projektionen

5.8.1 Perspektivprojektion

Die Projektionsmatrix $\bar{P}_{Perspektive}$ ergibt sich formal aus der Multiplikation der Matrix $\bar{T}_{Perspektive}$ für die perspektivische Transformation mit der Projektionsmatrix $\bar{P}_{Parallel}$ für die Parallelprojektion.

$$\bar{P}_{Perspektive} = \bar{P}_{Parallel} \cdot \bar{T}_{Perspektive} \text{ mit } \bar{P}_{Parallel} = \begin{pmatrix} 1 & 0 & 0 & 0 \\ 0 & 1 & 0 & 0 \\ 0 & 0 & 0 & 0 \\ 0 & 0 & 0 & 1 \end{pmatrix} \tag{5.25}$$

Diese Operation wird jedoch meist nicht explizit ausgeführt, da sie die z-Koordinate beseitigt, die ihrerseits aber für die Sichtbarkeitsberechnungen, Kapitel 6, benötigt wird.

Charakteristik der Perspektivprojektion

- Die Punkte der Ebene E_1 durch den Augpunkt $z_A = 0$, Bild 5.8, werden auf unendlich ferne Punkte abgebildet. E_1 wird als Sichtebene bezeichnet und der Halbraum $z_A < 0$ ist der Sichtraum. Die Ebene E_1 steht senkrecht auf der z_A-Achse, d. h. sie ist parallel zur $x_A y_A$-Ebene.
- Die Punkte der Ebene E_2 im Abstand $z_A = -N$, das ist die zur $x_A y_A$-Ebene parallele Projektionsebene, bleiben unverändert.
- Im Ansichtskoordinatensystem parallele Kanten bleiben nur dann parallel, wenn sie parallel zur Projektionsebene E_2 liegen. Alle anderen parallelen Geraden laufen in einem Fluchtpunkt zusammen.
- Schneidet die Projektionsebene E_2 eine, zwei oder drei Koordinatenachsen des Ansichtskoordinatensystems x_A, y_A oder z_A, so entstehen die 1-Punkt-, 2-Punkt- oder 3-Punkt-Perspektive, Bild 5.14.

Perspektivische Projektion mit
gluPerspective(120,1,1,100);

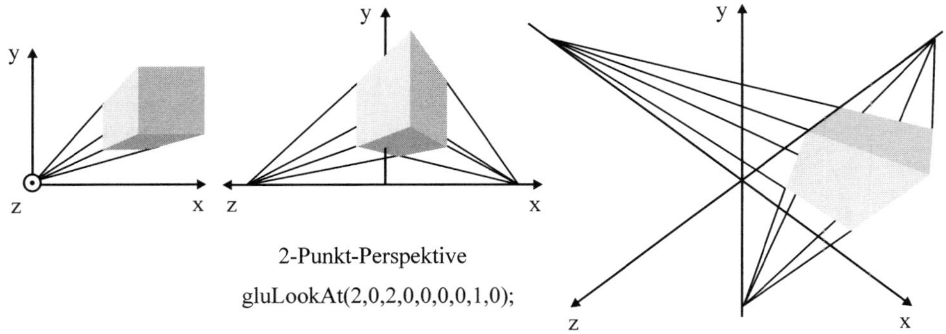

2-Punkt-Perspektive
gluLookAt(2,0,2,0,0,0,0,1,0);

1-Punkt-Perspektive
gluLookAt(0,0,3,0,0,0,0,1,0);

3-Punkt-Perspektive
gluLookAt(2,3,2,0,0,0,0,1,0);

Bild 5.14 1-, 2- und 3-Punkt-Perspektive

Beispiel 5.20:

Darstellung der 1-, 2- und 3-Punkt-Perspektive entsprechend dem Bild 5.14.

Den vollständigen Quelltext enthält das Projekt TRANSFORMATIONEN.

■

5.8.2 Parallelprojektion

Hinsichtlich der Parallelprojektion gelten sinngemäß die für die Perspektivprojektion gemachten Aussagen. Man unterscheidet folgende Spezialfälle:

- Isometrische Projektion: Die Winkel zwischen der Projektionsrichtung z_A und den Achsen des Modellkoordinatensystems x_M, y_M und z_M sind gleich.
- Dimetrische Projektion: Die Winkel zwischen der Projektionsrichtung z_A und zwei der Koordinatenachsen x_M, y_M und z_M sind gleich.
- Trimetrische Projektion: Die Winkel zwischen der Projektionsrichtung z_A und allen drei Koordinatenachsen x_M, y_M, z_M sind verschieden.

Im Bild 5.15 sind die Spezialfälle am Beispiel eines Würfels dargestellt.

Beispiel 5.21:

Darstellung der isometrischen, dimetrischen und trimetrischen Projektion entsprechend dem Bild 5.15.

Den vollständigen Quelltext enthält das Projekt TRANSFORMATIONEN.

■

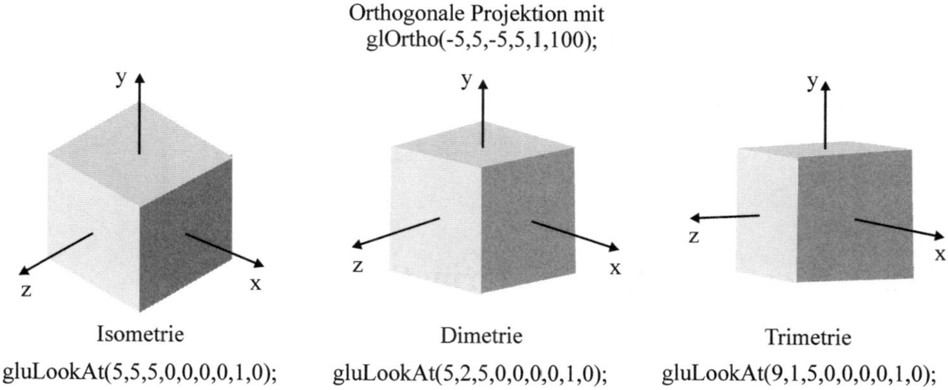

Bild 5.15 Isometrische, dimetrische- und trimetrische Projektion

5.9 Viewporttransformation

Als Viewport wird das Darstellungsfeld für die Ausgabe grafischer Objekte bezeichnet. Es kann maximal die verfügbare Bildschirmgröße annehmen. Die Viewporttransformation überführt die normierten Gerätekoordinaten x_D, y_D und z_D in physische Geräte- oder Bildschirmkoordinaten x_B, y_B und z_B, also in Pixel. Das Gerätekoordinatensystem hat seinen Ursprung in der linken unteren Ecke des Bildschirms, Bild 5.16.

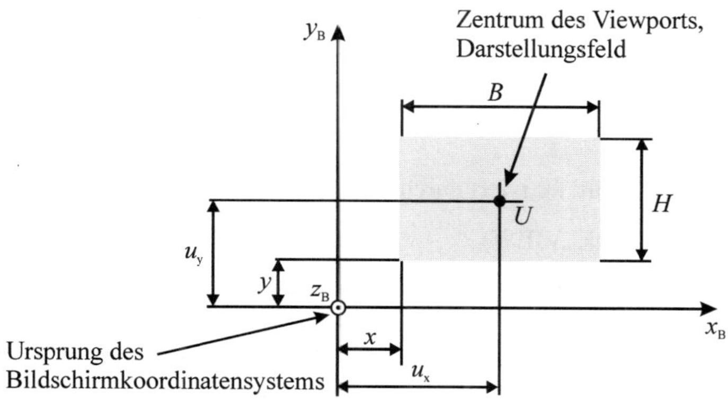

Bild 5.16 Viewport-Definition, Bildschirmkoordinaten

Die Größe und Position des aktiven Bildschirmbereichs wird durch dessen Breite B, die Höhe H und die Koordinaten des Zentrums U bestimmt. Diese Werte sind alle in Pixeln, also ganzzahlig, anzugeben.

$$\begin{pmatrix} x_B \\ y_B \\ z_B \end{pmatrix} = \begin{pmatrix} (B/2) \cdot x_D + u_x \\ (H/2) \cdot y_D + u_y \\ [(f-n)/2] \cdot z_D + (f+n)/2 \end{pmatrix} \tag{5.26}$$

In der Bildschirmkoordinate z_B wird die dem Pixel (x_B, y_B) zugeordnete Tiefe des dargestellten Objekts abhängig von n und f gespeichert. Standardmäßig sind n und f mit 0 und 1 voreingestellt. Sie können durch Aufruf der OpenGL-Routine glDepthRange geändert werden. Da z_D in den Grenzen –1 bis +1 liegt, wird damit z_B in die Grenzen 0 bis 1 transformiert.

5.10 Hierarchische Transformationen

In den vorangegangenen Abschnitten wurden für die Modell-, Ansichts- und Projektionstransformationen eine Vielzahl unterschiedlicher Transformationsmatrizen, die je nach Anwendung in einer bestimmten Reihenfolge angegeben werden müssen, benötigt. Dabei bezogen sich die behandelten Fälle immer auf ein Grafikobjekt. Wesentlich komplizierter wird das Problem jedoch dann, wenn die Transformation eines Grafikobjekts von der eines anderen abhängt. Ein Beispiel dafür ist das vereinfachte Sonnensystem, bei dem die Erde um die Sonne und der Mond um die Erde kreist, wobei sich die Erde noch um ihre Achse dreht. In diesem Fall liegt eine hierarchische Transformation vor. Dabei definiert man das komplexe Modell aus Submodellen in eigenen lokalen Koordinatensystemen. Da es notwendig ist, sich die Transformationen auf die übergeordneten Koordinatensysteme zu merken, wurden Stacks (Stapel) eingeführt, in denen die erzeugten Matrizen wie auf einem Stapel gespeichert werden, Bild 5.17. Die oberste Matrix ist jeweils die aktuelle Matrix, mit der alle Operationen ausgeführt werden. OpenGL stellt drei Matrix-Stacks zur Verfügung:

- den MODELVIEW-Matrix-Stack für die Modell- und Ansichtstransformationen,
- den PROJECTION-Matrix-Stack für die Projektionstransformationen und
- den TEXTURE-Matrix-Stack für Texturtransformationen.

MODELVIEW-Matrix-Stack

Der MODELVIEW-Matrix-Stack wird aktiviert durch

glMatrixMode(GL_MODELVIEW)

und enthält die erzeugte Matrix für die Modell- und Ansichtstransformationen. Jede weitere Ansichts- oder Modelltransformation wird mit der aktuellen Matrix ausgeführt und verändert diese. Die daraus resultierende Matrix ist also die Gesamttransformationsmatrix. Der MODELVIEW-Matrix-Stack wird mit der Einheitsmatrix initialisiert. Er kann mindestens 32 Matrizen speichern. Die oberste Matrix ist stets die aktuelle.

PROJECTION-Matrix-Stack

Der PROJECTION-Matrix-Stack ist für die Speicherung der Matrix für die Projektionstransformation vorgesehen. Er wird mit

glMatrixMode(GL_PROJECTION)

aktiviert und enthält mindestens zwei Matrizen. Initialisiert wird der PROJECTION-Matrix-Stack mit der Einheitsmatrix. Die oberste Matrix ist stets die aktuelle.

TEXTURE-Matrix-Stack

Der TEXTURE-Matrix-Stack ist für die Speicherung der Matrix für die Transformation von Texturkoordinaten vorgesehen. Er wird mit

glMatrixMode(GL_TEXTURE)

aktiviert und kann mindestens zwei Matrizen enthalten. Initialisiert wird der TEXTURE-Matrix-Stack mit der Einheitsmatrix. Die oberste Matrix ist stets die aktuelle.

Nutzung der Matrizenstapel

Bei komplexen Objekten ist es nötig, auf unterschiedliche Teile des Objekts verschiedene Transformationen anzuwenden. Dazu bieten sich die genannten Matrix-Stacks an. Mit dem Aufruf:

glPushMatrix

kann man die aktuelle Transformationsmatrix in dem aktivierten Matrix-Stack speichern. Das erfolgt in der Form, dass, wie im Bild 5.17 dargestellt, die aktuelle Transformationsmatrix kopiert und auf dem höchsten Niveau des Stacks nochmals gespeichert wird. Mit dieser Matrix kann nun beliebig gearbeitet werden. Möchte man zur vorhergehenden Matrix zurückkehren, so ist das möglich mit dem Aufruf:

glPopMatrix

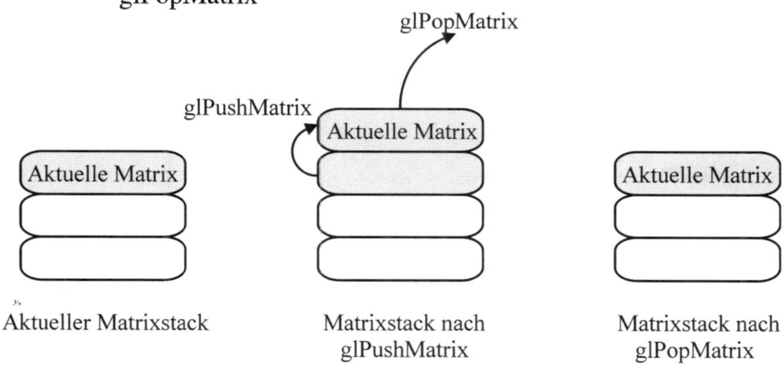

Bild 5.17 Prinzip der Matrix-Stacks in OpenGL

Das Beispiel 5.21 enthält eine Anwendung von glPushMatrix und glPopMatrix.

Beispiel 5.22:

In x-Richtung schwingender Würfel, um den ein zweiter Würfel in der xy-Ebene eine Translation auf einer Kreisbahn ausführt und dabei um die ausgewählten Achsen rotiert.

```
glMatrixMode(GL_MODELVIEW);
glPushMatrix;
  glLoadIdentity;
  gluLookAt(10,10,30,0,0,0,0,1,0);
  glPushMatrix;
    glTranslatef(5*cos(0.01*MoveValue),0,0);
    Farbwuerfel(1);
    glPushMatrix;
```

```
        glTranslatef(3*cos(0.1*MoveValue),
                     3*sin(0.1*MoveValue),0);
        glRotatef(MoveValue,xMove,yMove,zMove);
        Farbwuerfel(0.5);
      glPopMatrix;
    glPopMatrix;
  glPopMatrix;
```

Den vollständigen Quelltext enthält das Projekt TRANSFORMATIONEN.

Beispiel 5.23:

Darstellung des vereinfachten Sonnensystems.

In diesem Beispiel ist das Sonnensystem als Vertreter einer hierarchischen Transformation dargestellt. Mit dem Wert von *Value1* kann zwischen der Darstellung der Himmelskörper gewählt werden. *Value2* erlaubt das Drehen der Bewegungsebene von Erde und Mond um die *x*-Achse.

Den vollständigen Quelltext enthält das Projekt TRANSFORMATIONEN.

Beispiel 5.24:

Darstellung eines einfachen Roboters als ein etwas komplexeres Beispiel einer hierarchischen Transformation und Animation. Ein Prototyp ist im Bild 5.18 dargestellt.

Bild 5.18 Prototyp eines Roboters

Den vollständigen Quelltext enthält das Projekt TRANSFORMATIONEN.

Beispiel 5.25:

Darstellung einer aus einzelnen Würfeln bestehenden rotierenden Würfelmenge. Das Ergebnis ist im Bild 5.19 dargestellt.

Den vollständigen Quelltext enthält das Projekt TRANSFORMATIONEN.

Bild 5.19 Rotierende Würfelmenge

5.11 Nicht lineare Transformation

Einer der ersten Ansätze zur geometrischen Modellierung und computergrafischen Animation von Deformationsvorgängen an festen Körpern ist auf die Arbeiten von Alan Barr [Barr84] Anfang der Achtzigerjahre zurückzuführen. Ausgehend von linearen geometrischen Transformationen, wie Skalierung, Translation und Rotation, lässt sich eine globale Deformation geometrisch beschreibbarer Objekte u. a. mittels nicht linearer geometrischer Transformationen modellieren. Dazu wird die jeweilige Transformationsvorschrift während der Anwendung auf das Objekt geändert. Sie wird somit selbst zu einer Funktion des Ortes, an dem sie ausgeführt wird.

Im mathematischen Sinne kann eine globale Deformation eines 3D-Objekts durch eine Funktion D beschrieben werden, über die sich alle Raumkoordinaten der objektbeschreibenden Punkte P modifizieren lassen. Bei diesen Punkten kann es sich sowohl um objektzugehörige Punkte als auch um formbeschreibende Kontrollpunkte des undeformierten Objekts handeln. Die resultierende Form des deformierten Objekts ergibt sich aus der Gesamtheit aller Punkte P'.

$$P' = D(P)$$

Folgende Vorgänge lassen sich mit diesem Verfahren, allerdings ohne Anspruch auf physikalische Korrektheit, simulieren bzw. animieren:

- Dehnung, Verjüngung (Tapering)
- Biegung, Krümmung (Bending)
- Verdrehung, Torsion (Twisting)

Tapering (Dehnung, Verjüngung)

Eine Verjüngung kann z. B. durch Komprimierung hervorgerufen werden oder aus der Dehnung eines Materials resultieren. Bei der Dehnung eines festen, elastischen Körpers verringert sich dessen Querschnitt längs der Dehnungsrichtung unter Beibehaltung seines Volumens (Bild 5.20). Der Grad der Verjüngung hängt dabei zum einen von der Längenänderung durch die Krafteinwirkung und zum anderen von der Elastizität des Materials ab. Wird auf Grund zu hoher Kräfte der elastische Bereich überschritten, so wird das Material bleibend deformiert bzw. zerstört.

Mathematisch handelt es sich bei diesem Vorgang um eine Skalierung der Querschnittsfläche, bei der der Grad der Skalierung in Abhängigkeit von einer Raumkoordinate variiert wird. Der funktionale Zusammenhang kann allerdings um zusätzliche, physikalische Parameter erweitert werden, die in Kombination mit der aktuellen Längenänderung zu einer genaueren, materialabhängigen Modellierung führen.

$$\vec{P'} = \bar{M}_{Tapering} \cdot \vec{P}$$

$$\begin{pmatrix} x' \\ y' \\ z' \end{pmatrix} = \begin{pmatrix} s_x(y) & 0 & 0 \\ 0 & 1 & 0 \\ 0 & 0 & s_z(y) \end{pmatrix} \cdot \begin{pmatrix} x \\ y \\ z \end{pmatrix}$$

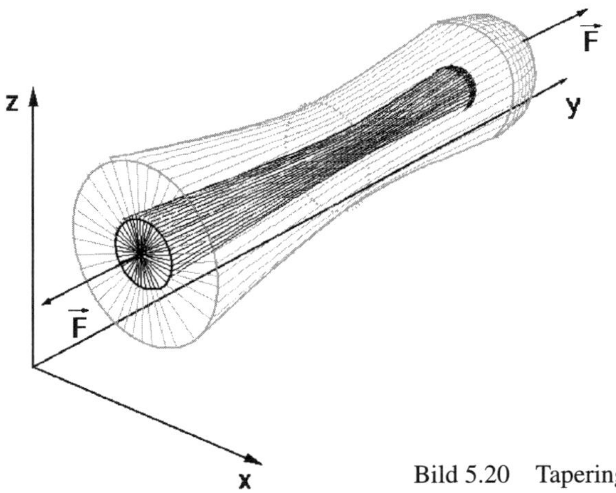

Bild 5.20 Tapering

Bending (Biegung, Krümmung)

Die Biegung von Materialien lässt sich ebenfalls durch nicht lineare, geometrische Transformationen modellieren. Dazu müssen Kraftansatzpunkte definiert werden, über deren Abstand zueinander ein Biegebereich vorgegeben wird. In diesem Bereich findet eine Deformation des Materials statt. Je näher die Kraftansatzpunkte beieinander liegen, desto geringer ist der Biegeradius.

Betrachtet man die Biegung eines Objekts entlang einer zur *Y*-Achse parallelen Mittelachse *M* innerhalb der Ebene, die durch die *Y*- und *Z*-Achse aufgespannt wird, so bleibt die *X*-Koordinate der Objektpunkte unverändert, während die *Y*- und *Z*-Koordinaten einer Transformation unterzogen werden (Bilder 5.21, 5.22). Die Mittelachse *N* des Objekts repräsentiert die neutrale Faser des Materials, deren Länge sich bei der Biegung nicht ändert. Diese Faser erfährt im Gegensatz zu allen anderen Abschnitten im Biegebereich weder Stauchungs- noch Dehnungskräfte. Außerhalb des Biegebereichs bleibt die Materialanordnung erhalten und wird höchstens in ihrer Gesamtheit um die Kraftansatzpunkte rotiert und verschoben.

Mathematisch entspricht diese Transformation einer kombinierten Rotation und Translation in der yz-Ebene. Innerhalb des Biegebereichs (y_1, y_2) erfolgt eine Rotation um eine zur x-Achse parallele Rotationsachse R, wobei sich der Biegeradius und der Winkel Φ aus der Ausdehnung des Biegebereichs ergeben. Die Bestimmungsgleichungen für die Koordinaten der modifizierten Objektpunkte unterscheiden sich dabei je nachdem, ob es sich um eine Deformation im Biegebereich oder um eine lineare, geometrische Transformation links- oder rechtsseitig des Biegebereichs handelt.

$$x' = x$$

$$y' = \begin{cases} -\sin\Phi \cdot (z-r) + y_r & \text{für } y_1 \leq y \leq y_2 \\ -\sin\Phi \cdot (z-r) + y_r + \cos\Phi \cdot (y-y_1) & \text{für } y < y_1 \\ -\sin\Phi \cdot (z-r) + y_r + \cos\Phi \cdot (y-y_2) & \text{für } y > y_2 \end{cases}$$

$$z' = \begin{cases} -\cos\Phi \cdot (z-r) + r & \text{für } y_1 \leq y \leq y_2 \\ -\cos\Phi \cdot (z-r) + r + \sin\Phi \cdot (y-y_1) & \text{für } y < y_1 \\ -\cos\Phi \cdot (z-r) + r + \sin\Phi \cdot (y-y_2) & \text{für } y > y_2 \end{cases}$$

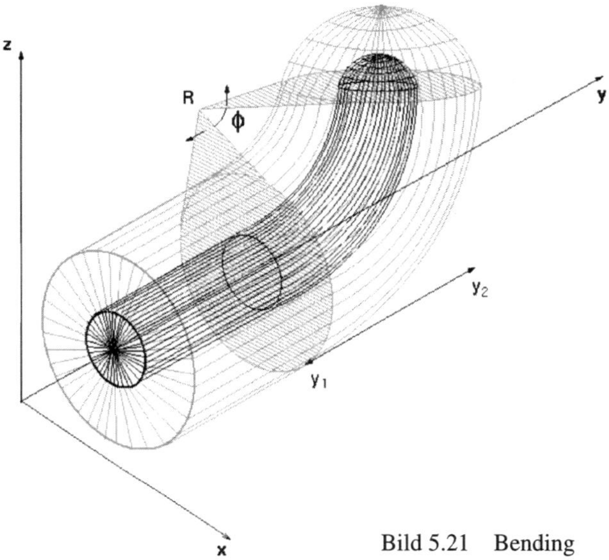

Bild 5.21 Bending

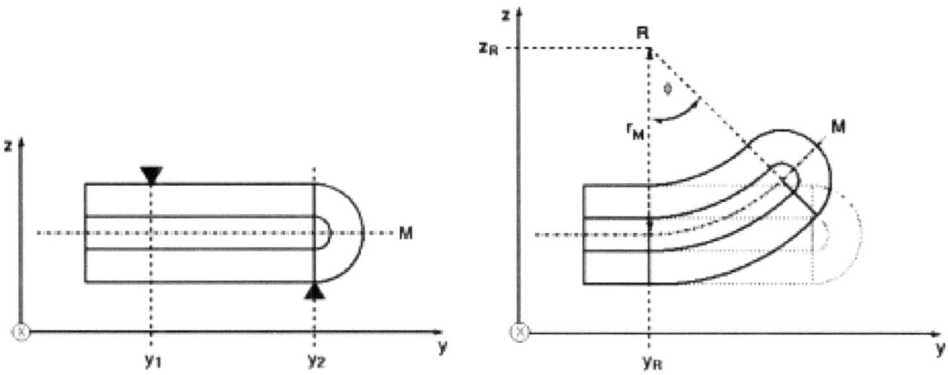

Bild 5.22 Bezeichnung für das Bending

Für den Winkel Φ gilt der Ansatz $\Phi = \dfrac{\bar{y} - y_r}{r}$ mit $\bar{y} = \begin{cases} y_1 & \text{für } y \leq y_1 \\ y & \text{für } y_1 \leq y \leq y_2 \\ y_2 & \text{für } y \geq y_2 \end{cases}$.

Dabei ist y_r das Zentrum des Biegeradius r.

Twisting (Verdrehung, Torsion)

Soll ein Material entlang einer Raumachse um den Winkel Φ verdreht werden (Torsion), so ist ein Drehmoment M aufzubringen. Im elastischen Bereich des Materials ist das Drehmoment M proportional zur Winkeländerung dΦ, analog zur Spannkraft einer elastischen Feder. Im Bild 5.23 ist eine Torsion um die y-Achse dargestellt, die sich mathematisch durch eine lineare Variation des Rotationswinkels Φ in Abhängigkeit von der y-Koordinate beschreiben lässt. Dieser Zusammenhang stellt allerdings nur für isotrope Materialien und sehr kleine Winkeländerungen dΦ eine brauchbare Näherung dar.

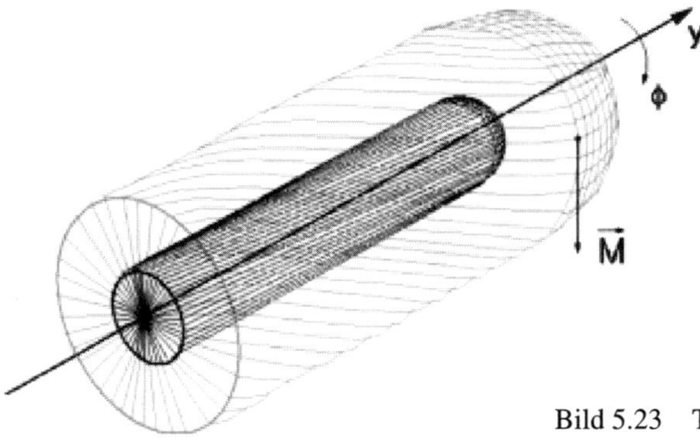

Bild 5.23 Twisting

$$\vec{P'} = \bar{M}_T \cdot \vec{P}$$

$$\begin{pmatrix} x' \\ y' \\ z' \end{pmatrix} = \begin{pmatrix} \cos\Phi(y) & 0 & -\sin\Phi(y) \\ 0 & 1 & 0 \\ \sin\Phi(y) & 0 & \cos\Phi(y) \end{pmatrix} \cdot \begin{pmatrix} x \\ y \\ z \end{pmatrix}$$

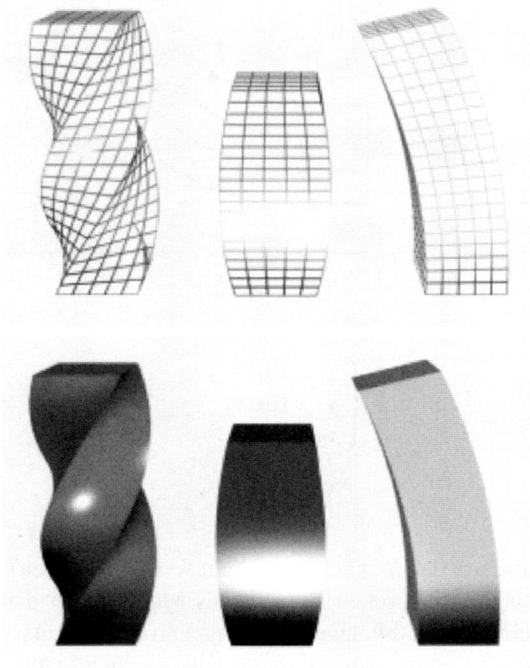

Bild 5.24 Twisting, Tapering und Bending eines Stabes

5.12 OpenGL-Routinen

- Setzen des aktuellen Matrizenmodus

  procedure glMatrixMode(**mode**: ***GLenum***);

Parameter

mode GL_MODELVIEW | GL_PROJECTION | GL_TEXTURE

Kurzbeschreibung

OpenGL stellt für Matrizenoperationen Matrizenstapel (Stack-Speicher) bereit, deren oberstes Element die jeweils aktuelle Transformationsmatrix enthält. Es gibt solche Stapel für die Kombination aus Modell- und Ansichtstransformation (GL_MODELVIEW), für die perspektivische und orthogonale Transformation (GL_PROJECTION) und für Texturtransformationen (GL_TEXTURE). Diese Matrizenstapel haben für hierarchische Transformationen grundlegende Bedeutung. Initialisiert werden diese Matrizenstapel mit der Einheitsmatrix.

Standard ist GL_MODELVIEW.

- Bearbeiten des Matrizenstapels

  procedure glLoadIdentity;

  Ersetzt die aktuelle Matrix durch die Einheitsmatrix.

  procedure glPushMatrix;

  Dupliziert die aktuelle Matrix, speichert sie als neues oberstes Element auf den aktuellen Matrizenstapel.

  procedure glPopMatrix;

  Löscht die oberste Matrix des aktuellen Matrizenstapels. Die darunter liegende ist jetzt die aktuelle Matrix.

  procedure glLoadMatrixf(**M**: ***PGLfloat***);

  Ersetzt die aktuelle Matrix durch die als Parameter übergebene (4×4)-Matrix **M**.

- Matrizen für die Modelltransformation

  procedure glRotatef(**angle**, **x**, **y**, **z**: ***GLfloat***);

  Rotation um die durch den Ursprung gehende Achse. Winkel angle in Grad, Richtung x, y, z.

  procedure glTranslatef(**x**, **y**, **z**: ***GLfloat***);

  Translation um die Werte x, y, z.

  procedure glScalef(**x**, **y**, **z**: ***GLfloat***);

  Skalieren bezüglich des Ursprungs mit den Skalierungsfaktoren x, y, z.

  procedure glMultMatrixf(**M**: ***PGLfloat***);

  Multiplikation der aktuellen Matrix mit der Matrix **M**. Die Matrix hat den folgenden Aufbau

$$\bar{M} = \begin{pmatrix} m_0 & m_4 & m_8 & m_{12} \\ m_1 & m_5 & m_9 & m_{13} \\ m_2 & m_6 & m_{10} & m_{14} \\ m_3 & m_7 & m_{11} & m_{15} \end{pmatrix}$$

  Für die Scherung stellt OpenGL keine Routine bereit. Bei Bedarf müsste diese gesondert definiert werden.

- Definition der Ansichtstransformation

  procedure gluLookAt(**eyeX**, **eyeY**, **eyeZ**, **centerX**, **centerY**, **centerZ**, **upX**, **upY**, **upZ**: ***GLdouble***);

Parameter

eyeX, **eyeY**, **eyeZ**	Koordinaten der Betrachterposition
centerX, **centerY**, **centerZ**	Koordinaten des Blickbezugspunktes
upX, **upY**, **upZ**	Koordinaten des Aufwärtsvektors

Kurzbeschreibung

Die Ansichtstransformation bestimmt durch *eyeX*, *eyeY* und *eyeZ* die Position des Betrachters (Augpunkt), durch *centerX*, *centerY* und *centerZ* den Blickbezugspunkt und durch *upX*, *upY* und *upZ* den Aufwärtsvektor, Bild 5.6.

Standards:	*eyeX*=0.0	*centerX*=0.0	*upX*=0.0
	eyeY=0.0	*centerY*=0.0	*upY*=1.0
	eyeZ=0.0	*centerZ*=-100.0	*upZ*=0.0

- Definition der perspektivischen Transformation

  procedure glFrustum(**left**, **right**, **bottom**, **top**, **zNear**, **zFar**: ***GLdouble***);
  procedure gluPerspective(**angle**, **aspect**, **zNear**, **zFar**: ***GLdouble***);

Parameter

left, **right**	Koordinaten der linken und rechten Begrenzungsfläche des Sichtvolumens
bottom, **top**	Koordinaten der unteren und oberen Begrenzungsfläche des Sichtvolumens
zNear, **zFar**	Koordinaten der vorderen und hinteren Clip-Ebene des Sichtvolumens
angle	Öffnungswinkel (Kameraanalogie)
aspect	Verhältnis von Breite zu Höhe der vorderen Clip-Ebene

Kurzbeschreibung

Die erste Routine definiert den Kegelstumpf (Frustum) für die Perspektivtransformation. In der Bibliothek GLU ist eine weitere, der Kameraanalogie entsprechende Routine vorgesehen. Hier bedeuten **angle** den Öffnungswinkel in Grad, **aspect** das Verhältnis von Breite zu Höhe der vorderen Clip-Ebene und **zNear** bzw. **zFar** den Abstand der vorderen bzw. hinteren Clip-Ebene vom Ursprung des Ansichtskoordinatensystems (Projektionszentrum).

Zwischen den Parametern beider Formen gelten folgende Beziehungen:

top	= **zNear** · tan(**angle**/2)
bottom	= -**top**
right	= **aspect** · **top**
left	= -**right**

Der wesentliche Unterschied zwischen glFrustum(...) und gluPerspective(...) besteht inhaltlich darin, dass mit der ersten Art ein unsymmetrisches Sichtvolumen erzeugt werden kann, während die zweite Art nur die Definition eines symmetrischen Sichtvolumens erlaubt.

- Orthogonale Transformation

  procedure glOrtho(**left**, **right**, **bottom**, **top**, **zNear**, **zFar**: ***GLdouble***);

Parameter

left, **right**	Koordinaten der linken und rechten Begrenzungsfläche des Sichtvolumens
bottom, **top**	Koordinaten der unteren und oberen Begrenzungsfläche des Sichtvolumens
zNear, **zFar**	Koordinaten der vorderen und hinteren Clip-Ebene des Sichtvolumens

Kurzbeschreibung

Mit dem Aufruf der Routine wird ein kanonisches Clip-Volumen aus den linken, rechten, unteren, oberen, vorderen und hinteren Begrenzungsflächen gebildet.

- Viewport-Transformation

procedure glViewport(**x**, **y**: ***GLint***; **width**, **height**: ***GLsizei***);

Parameter

x, **y**	Koordinaten des linken unteren Eckpunktes
width, **height**	Breite und Höhe des Viewport

Kurzbeschreibung

Die Prozedur dient zum Setzen des Ausgabebereichs auf dem Bildschirm (Viewport).

5.13 Übungen

Projekt UEBUNG51:

Das Beispiel 5.6 ist mit OpenGL-Routinen für den in der Unit GLToolsDelphi definierten Farbwürfel zu formulieren. Der Translationsvektor $\vec{t} = (x, y, z)^T$ soll dabei in allen drei Komponenten veränderbar sein, x durch Value1, y durch Value2 und z durch Value3.

Projekt UEBUNG52:

Zur Demonstration der Wirkung der Perspektivprojektion ist der Farbwürfel zu nutzen. Durch Value1 soll der Abstand in z-Richtung einstellbar sein, durch Value2 der Öffnungswinkel und durch Value3 das Seitenverhältnis des Darstellungsfelds.

Projekt UEBUNG53:

Modellierung des im Bild 5.25 angegebenen Schubkurbelgetriebes. Die bei der Rotation der Kurbel l_2 entstehende Kurve des Koppelpunktes K soll dabei dargestellt werden. Die Berechnungsformeln sind unten angegeben.

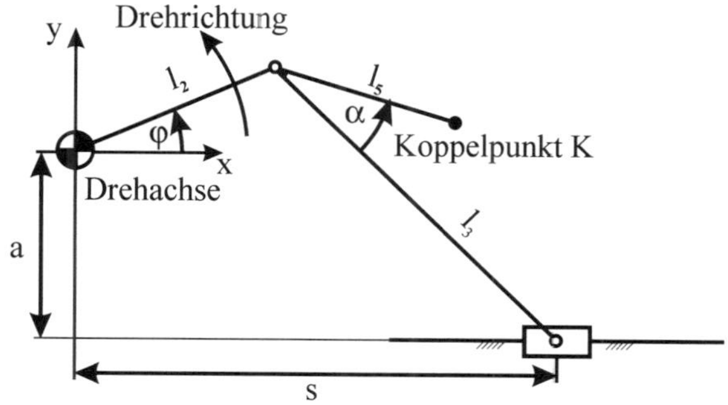

Bild 5.25 Schubkurbelgetriebe

$$
\begin{aligned}
s &= l_2 \cdot \cos\varphi + \sqrt{l_3^2 - a^2 - l_2 \cdot \sin\varphi \cdot (2 \cdot a + l_2 \cdot \sin\varphi)} \\
x_K &= l_2 \cdot \cos\varphi + \frac{l_5}{l_3} \cdot [\sin\alpha \cdot (a + l_2 \cdot \sin\varphi) + \cos\alpha \cdot (s - l_2 \cdot \cos\varphi)] \\
y_K &= l_2 \cdot \sin\varphi - \frac{l_5}{l_3} \cdot [\cos\alpha \cdot (a + l_2 \cdot \sin\varphi) - \sin\alpha \cdot (s - l_2 \cdot \cos\varphi)]
\end{aligned}
$$

Mit den Werten von Value1, Value2 und Value3 sind die Parameter a, α und l_5 zu verändern.

6 Sichtbarkeit

6.1 Vorbemerkungen, Klassifizierung

Die Bestimmung und Berücksichtigung verdeckter Kanten und Flächen ist ein klassisches Problem der Computergrafik. Es ergibt sich aus den Forderungen

- Erzeugung eindeutig interpretierbarer Bilder,
- Erzeugung realitätsnaher Bilder.

Das Bild 6.1 enthält beispielsweise mögliche Interpretationen eines Drahtmodells, das erst durch die Beseitigung verdeckter Kanten und Flächen eindeutig wird. Die Verfahren dazu werden als *Sichtbarkeits-*, *Visibilitäts-* oder *HLHSR-Algorithmen* bezeichnet. HLHSR steht für Hidden Line Hidden Surface Removal.

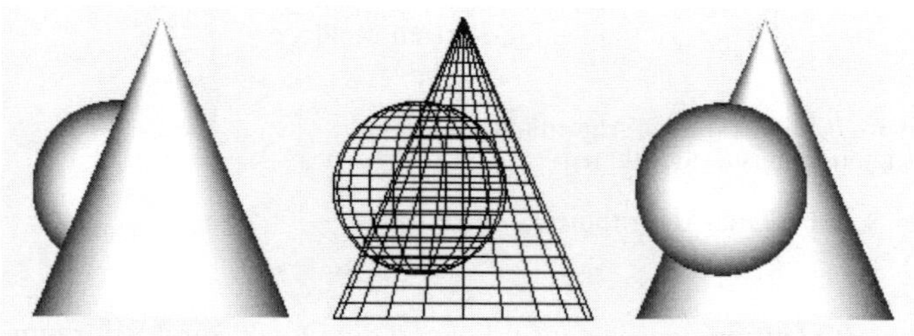

Bild 6.1 Interpretationsmöglichkeiten von Drahtmodellen

Die verwendeten Verfahren basieren auf unterschiedlichen Lösungsansätzen und differieren auch in Komplexität und Ressourcenbedarf. Häufig genügt es, einen möglichst dreidimensionalen Eindruck eines Objekts ohne die tatsächliche Beseitigung der verdeckten Bildteile zu gewinnen. Hierfür wurden in der Vergangenheit verschiedene Sehhilfen genutzt, die unter dem Begriff *Depth Cueing* (Tiefenschärfe) zusammengefasst werden. Dazu gehören

- Nutzung der Perspektive,
- tiefenabhängige Abschwächung der Helligkeit,
- tiefenabhängige Abschwächung der Linienbreite.

Heute besitzt, bedingt durch die Hardwareentwicklung, der z-Buffer (Tiefenpuffer) dominante Bedeutung. Er wird detailliert dargestellt, während einige klassische Verfahren nur angerissen werden.

Für die *Einteilung der HLHSR-Algorithmen* gibt es mehrere Möglichkeiten:

- Unterscheidung nach dem Raum, in dem die Algorithmen arbeiten (Objektraum-, Bildraum-Algorithmen und Mischformen daraus), Bild 6.2,
- Unterscheidung nach der Art der Nutzung von Kohärenz, also des räumlichen und zeitlichen Zusammenhangs (Kanten-, Flächen-, Objektraum-Kohärenz),

- Unterscheidung der Algorithmen nach den verdeckten Objekten Punkt, Linie und Fläche (punkt-, linien- und flächenorientierte Algorithmen),
- Unterscheidung der Algorithmen nach den verdeckenden Objekten, wobei die Dimension der verdeckten Objekte immer gleich oder kleiner als die Dimension der verdeckenden Objekte ist (Punkt verdeckt Punkt, Linie verdeckt Linie oder Punkt, Fläche verdeckt Fläche oder Linie oder Punkt).

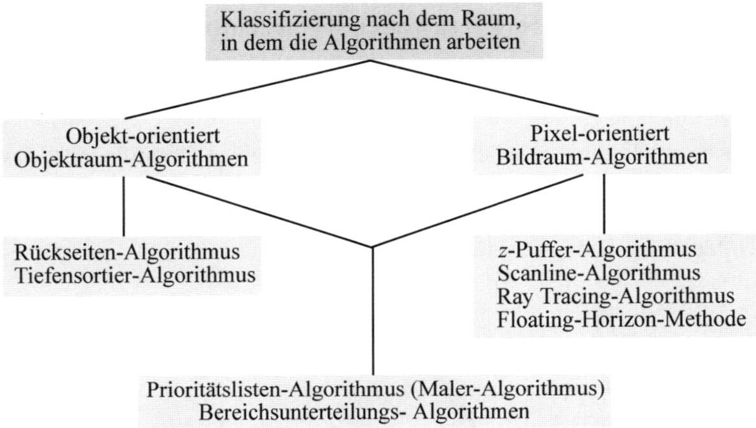

Bild 6.2 Klassifizierung der Sichtbarkeits-Algorithmen

Wegen ihrer grundsätzlichen Bedeutung werden anschließend die Objekt- und Bildraum-Algorithmen im Prinzip angegeben.

Objektraum-Algorithmus

```
for jedes Objekt der Szene do
begin
 Bestimmung der nicht verdeckten Objektteile
   {durch sich selbst oder andere Objekte};
   Ausgabe dieser Teile in der entsprechenden Farbe
end {Objektraum-Algorithmus}
```

Objektraum-Algorithmen arbeiten im Weltkoordinatensystem. Die Genauigkeit der Berechnung entspricht der Prozessorgenauigkeit. Lokale Skalierungen erfordern deshalb keine erneute Berechnung.

Bildraum-Algorithmus

```
for jedes Bildschirmpixel do
begin
   Bestimmung des dem Beobachter am nächsten gelegenen
   Objekts {Pixel};
   Pixelfarbe entsprechend setzen
end {Bildraum-Algorithmus}
```

Bildraum-Algorithmen arbeiten im Gerätekoordinatensystem. Die Genauigkeit der Berechnung entspricht der Bildschirmauflösung. Lokale Skalierungen erfordern eine erneute Berechnung.

6.2 *z*-Buffer-Algorithmus

Der Tiefenspeicher (Depth Buffer) gehört zu den Bildraum-Algorithmen und speichert für jedes Pixel den Tiefenwert [BuGrZe02]. Er wird auch mit *z*-Buffer bezeichnet, weil im Allgemeinen die *x*- und *y*-Werte die horizontale und die vertikale Richtung auf dem Bildschirm angeben, während die *z*-Werte die Richtung in die Tiefe anzeigen. Die Auswertung der Tiefenwerte der Objekte ist unentbehrlich für die Lösung des Sichtbarkeitsproblems. Mit Hilfe der *z*-Komponenten wird die Entfernung eines jeden Pixels zum Augpunkt ermittelt. So werden Pixel, die weiter vom Augpunkt entfernt sind, von Pixeln, die näher am Augpunkt liegen, überschrieben. Der *z*-Buffer-Algorithmus wurde bereits 1974 durch Catmull vorgeschlagen, konnte aber damals wegen seiner hohen Anforderungen an den Speicherplatz nicht realisiert werden.

Die klassische Arbeitsweise des *z*-Buffers besteht darin, dass neben dem Farbwert für jedes Pixel auch ein *z*-Wert gespeichert wird. Dieser wird benutzt, um das dem Betrachter am nächsten liegende Pixel (kleinster *z*-Wert) zu bestimmen. Dieses ist sichtbar und wird in den Bildspeicher geschrieben. Der prinzipielle Algorithmus ist nachfolgend angegeben.

```
for alle Bildschirmpixel do
begin
   Initialisieren des Bildspeichers mit der Hintergrundfarbe;
   Initialisieren des z-Buffers mit dem entferntesten Wert zmax;
end;

for alle Objekte der Szene do
begin
   Bestimmung des z-Wertes für Pixel P(x,y) des Objektes;
   if |z| < |zmax| then
   begin
      zmax:=z;
      Speichern der zugehörigen Farbe in den Bildspeicher
   end;
end;
```

Der Tiefentest und damit der *z*-Buffer gehören in OpenGL zu den Fragment-Operationen. Deren Position in der Rendering-Pipeline und innerhalb der verfügbaren Fragment-Operationen ist in den Bildern 2.1 und 2.2 des Kapitels 2 dargestellt.

Der *z*-Buffer wird mit glEnable(GL_DEPTH_TEST) verfügbar gemacht und vor der ersten Verwendung durch den Aufruf glClear(GL_DEPTH_BUFFER_BIT) auf den Standardwert 1 bzw. auf den durch glClearDepth(**depth**) gesetzten Wert gelöscht. Mit der Routine glDepthFunc(**func**) kann der *z*-Buffer über den Wert von **func** gesteuert werden.

Damit wird die Vergleichsoperation zwischen den im Speicher bereits vorhandenen Werten z_{alt} und den Werten z_{neu} der hinzukommenden Fragmente spezifiziert. Für die klassische Wirkung des z-Buffers ist **func** = GL_LESS erforderlich, das ist auch die Standardeinstellung.

Beispiel 6.1:

Die im Bild 6.1 dargestellten Objekte Konus und Kugel werden unterschiedlichen Einstellungen des z-Buffers unterzogen.

Den vollständigen Quelltext enthält das Projekt SICHTBARKEIT.

■

Beispiel 6.2:

Verschlungene Tori, definiert in der Prozedur Tori, mit und ohne Tiefentest.

```
procedure Tori;
begin
  glMaterialfv(GL_FRONT_AND_BACK,GL_AMBIENT_AND_DIFFUSE,@Rot);
  glutSolidTorus(0.6,2,100,100);
  glMaterialfv(GL_FRONT_AND_BACK,GL_AMBIENT_AND_DIFFUSE,@Blau);
  glTranslatef(-2.8,0,0);
  glRotatef(90,1,0,0);
  glutSolidTorus(0.6,2,100,100);
end {Tori};
  :
glEnable(GL_DEPTH_TEST);
glClearDepth(1.0);
glPushMatrix;
  glTranslatef(-4.5,0,0);
  glRotatef(MoveValue,xMove,yMove,zMove);
  Tori;
glPopMatrix;
glDisable(GL_DEPTH_TEST);
glPushMatrix;
  glTranslatef( 4.5,0,0);
  glRotatef(MoveValue,xMove,yMove,zMove);
  Tori;
glPopMatrix;
```

Den vollständigen Quelltext enthält das Projekt SICHTBARKEIT.

■

Beispiel 6.3:

Verschlungene Tori, Löschwert für den z-Buffer auf 0.98 gesetzt. Die Wirkung ist bei der Rotation um die z-Achse bzw. um alle Achsen zu erkennen.

```
glEnable(GL_DEPTH_TEST);
glClearDepth(0.98);
glPushMatrix;
  glRotatef(MoveValue,xMove,yMove,zMove);
  glTranslatef(-4.5,0,0);
  Tori;
glPopMatrix;
```

Den vollständigen Quelltext enthält das Projekt SICHTBARKEIT.

■

Vorteile des z-Buffers

- Bildpunkte können unabhängig voneinander in beliebiger Reihenfolge erzeugt werden.
- Jede beliebige Szene kann unabhängig von ihrer Komplexität bearbeitet werden.
- In eine fertige Szene können nachträglich Objekte eingefügt werden, falls deren z-Werte bekannt sind.
- Spezielle Objekte (3D-Kursor, ...) können in der Szene mit exakter Verdeckung dargestellt werden.
- Nutzung als rasterlinienorientiertes Verfahren für jeweils nur eine Bildzeile ist möglich.

Nachteile des z-Buffers

- Da je Pixel nur ein Objekt gespeichert wird, sind Antialiasing und Transparenz nur durch zusätzliche spezielle Verfahren realisierbar.
- Die beschränkte Genauigkeit des Zahlenbereichs kann dazu führen, dass weit entfernte getrennte Objekte im z-Buffer denselben z-Wert erhalten.

6.3 Historische Sichtbarkeitsverfahren (Kurzüberblick)

Prioritätslisten-Algorithmus

Dieser Algorithmus wird auch als *Maler-Algorithmus* (Painters Algorithm) bezeichnet. Er stellt eine Mischung zwischen Objektraum- und Bildraumverfahren dar und arbeitet nach folgendem Prinzip:

- Im Objektraum werden die Objekte nach abnehmendem Abstand vom Betrachter sortiert und in eine so genannte Prioritätsliste eingetragen (Prioritätslisten-Algorithmus, das erste Listenelement hat größten Abstand vom Augpunkt).
- Im Bildraum wird das Sichtbarkeitsproblem dadurch gelöst, dass die Ausgabe entsprechend der Prioritätsliste erfolgt. Die am weitesten vom Betrachter entfernten Objekte werden zuerst ausgegeben und sukzessive durch die näher liegenden überschrieben. Das entspricht der Art und Weise, wie ein Maler sein Ölgemälde vom Hintergrund her darstellt, daher der Name des Algorithmus. Soll das Verfahren in seiner einfachsten Form exakte Ergebnisse liefern, so dürfen sich die Polygone nicht durchdringen, zyklisch oder wechselseitig überlappen, Bild 6.3.

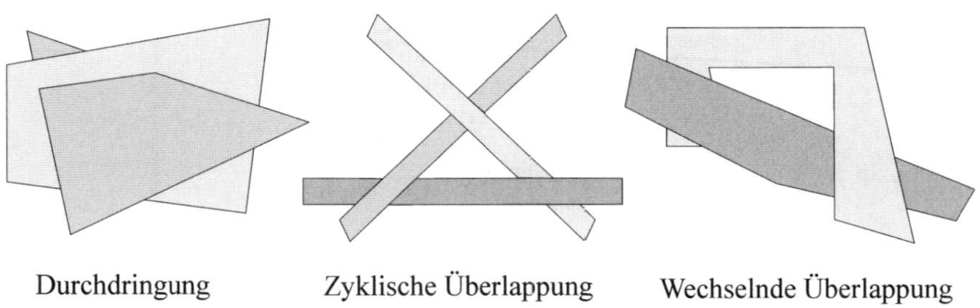

Bild 6.3 Spezialfälle des Prioritätslisten-Algorithmus

Sind die genannten Bedingungen nicht erfüllt, so ist eine Vorverarbeitung erforderlich. Dafür sind geeignete Algorithmen entwickelt worden. Das Ziel derselben besteht darin, die genannte Prioritätsliste aufzustellen, um danach die Szene auf dem Bildschirm in der ermittelten Reihenfolge auszugeben.

Flächenunterteilungs-Algorithmus

Das Prinzip dieser Algorithmen besteht darin, nach grafischen Elementen zu suchen, die einfach genug sind, um sofort ausgegeben zu werden. Man bezeichnet diese Art auch als Bereichsunterteilungs-Algorithmen, da sie auf dem Prinzip „Teile und Herrsche“ (divide and conquer) beruhen. Zwei typische Vertreter sind der Warnock- und der Weiler-Atherton-Algorithmus. Beim 1969 entwickelten *Warnock-Algorithmus* wird jeder Bereich in gleich große oder nicht gleich große Quadrate bzw. Rechtecke unterteilt, Bild 6.4. Auf jeder Stufe der rekursiven Unterteilung gibt es vier Möglichkeiten der relativen Lage von Polygon (Fläche) und Fenster (Quadrat/Rechteck). In vier Fällen der relativen Lage von Polygon und Fenster ist eine einfache Entscheidung möglich und das Fenster muss nicht weiter unterteilt werden.

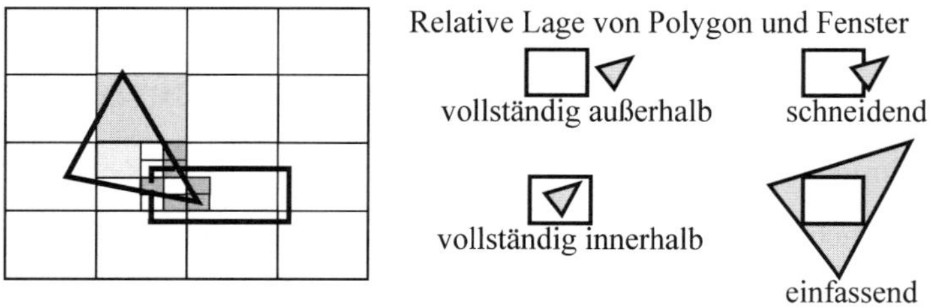

Bild 6.4 Prinzip des Warnock-Algorithmus

Der Weiler-Atherton-Algorithmus beginnt mit dem Aufbau einer Prioritätsliste, geordnet nach zunehmendem Abstand der Objekte vom Betrachter. Danach folgt die Unterteilung des polygonalen Fensters an den projizierten Kanten des Polygons P_0 mit der geringsten Tiefe in einen inneren und einen äußeren Bereich. Die geschnittenen Flächen werden entlang der Begrenzungskanten des Polygons P_0 geteilt (Bild 6.5). Dem folgt die Überprüfung der Bedingungen des Warnock-Algorithmus für beide Bereiche. Ist für einen Bereich keine Bedingung erfüllt, so wird rekursiv weitergearbeitet.

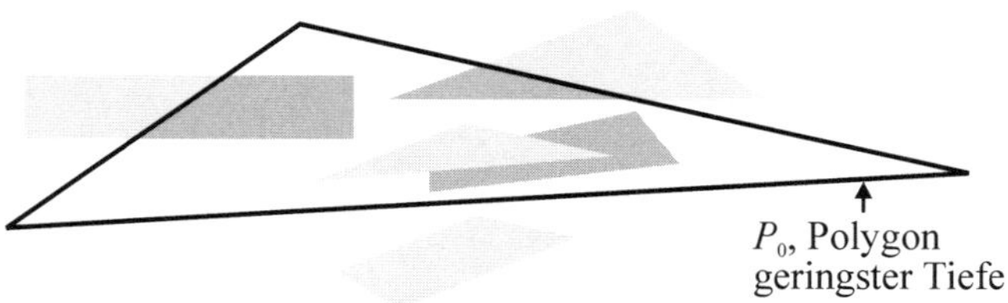

Bild 6.5 Prinzip des Weiler-Atherton-Algorithmus

Scan-Line-Algorithmen

Scan-Line-Algorithmen arbeiten im Bildraum. Sie können als eine Modifizierung des z-Buffer-Algorithmus angesehen werden. Als Datenstruktur dient eine einzige *Scan-Line*

(Abtastzeile), wodurch sich der Speicherbedarf erheblich reduziert. Man kann zwei wesentliche Vertreter von Scan-Line-Algorithmen unterscheiden. Der Scan-Line-z-Buffer-Algorithmus ist wie folgt zu charakterisieren:

- Jede aktive Fläche wird durch eine Liste von Polygonkantenpaaren dargestellt,
- die Berechnung der Sichtbarkeit erfolgt durch Vergleich aller Kantenpaare mit dem Tiefenpuffer,
- die Kantenpaare innerhalb der Liste sind nicht sortiert.

Für den Spanning-Scan-Line-Algorithmus besteht die Liste der aktiven Polygone aus nach x-Werten aufsteigend sortierten Polygonkanten. Zusätzlich existiert eine Liste von Flags, die angibt, ob die Scan-Line-Position inner- oder außerhalb des Polygons liegt.

6.4 Culling

Neben dem z-Buffer-Verfahren bietet OpenGL die global wirkende Möglichkeit der Beseitigung von Vorder- oder/und Rückseiten von Flächen und Körpern. Dadurch können beispielsweise Rückseiten von der weiteren Berechnung ausgeschlossen werden. Eine Erhöhung der Bilderzeugungsgeschwindigkeit ist die Folge, da im Mittel nur 50 % der Szene sichtbar sind. Das Culling (Auslese) muss mit glEnable(GL_CULL_FACE) aktiviert werden. Sollen dann die Rückseiten beseitigt werden, so ist der Aufruf glCull Face(GL_BACK) erforderlich. Das Culling kann auch genutzt werden, um interessante Effekte zu erzeugen. Die folgenden Beispiele zeigen einige dieser Effekte.

Beispiel 6.4:

Ein Würfel, innen grün und außen rot, enthält im Innern eine blaue Kugel. Er wird mit verschiedenen Culling-Arten dargestellt.

Den vollständigen Quelltext enthält das Projekt SICHTBARKEIT.

■

Beispiel 6.5:

Die bereits im Beispiel 3.10 genutzte Kirche soll jetzt mit und ohne Culling der Vorderseite dargestellt werden.

```
glEnable(GL_DEPTH_TEST);
glEnable(GL_CULL_FACE);
if odd(Value1) then glCullFace(GL_FRONT)
                else glCullFace(GL_BACK);
glPushMatrix;
  gluLookAt(10,10,30,0,0,0,0,1,0);
  glTranslatef(0,-5,10);
  glRotatef(MoveValue,xMove,yMove,zMove);
  Kirche(GL_POLYGON);
glPopMatrix;
```

Den vollständigen Quelltext enthält das Projekt SICHTBARKEIT.

■

6.5 EXACT-Algorithmus

Die bisher genannten Probleme werden mit dem 1993 von Schilling und Straßer [SchStr93], [EnStKl96] entwickelten EXACT-Algorithmus (EXact Area Coverage calculaTion) beseitigt, da er sowohl das Sichtbarkeits- als auch das Aliasing-Problem löst. Der EXACT-Algorithmus berücksichtigt sowohl die Größe als auch die Lage der durch ein Fragment überdeckten Pixelfläche. Für die Visibilitätsberechnung wird eine Prioritätsmaske (Subpixelmaske *P*) benutzt. Diese gibt an, in welchem Gebiet des Pixels ein Objekt 1 vor einem Objekt 2 liegt. Außerdem werden die Subpixelmasken der Fragmente benötigt, die die Lage und Anzahl der überdeckten Subpixel enthalten. Man kann nachweisen, dass es bei 4×4 Subpixeln in Abhängigkeit des Abstandes der Polygonkante vom Pixelzentrum und von der Kantenneigung nur 32 unterscheidbare Prioritätsmasken gibt.

Für die Berechnung der überdeckten Pixelfläche $F(E, \mu)$ ist die Kenntnis

- des Abstandes *E* der Polygonkante vom Pixelmittelpunkt und
- der Neigung der Polygonkante, $\tan(\mu)$,

ausreichend.

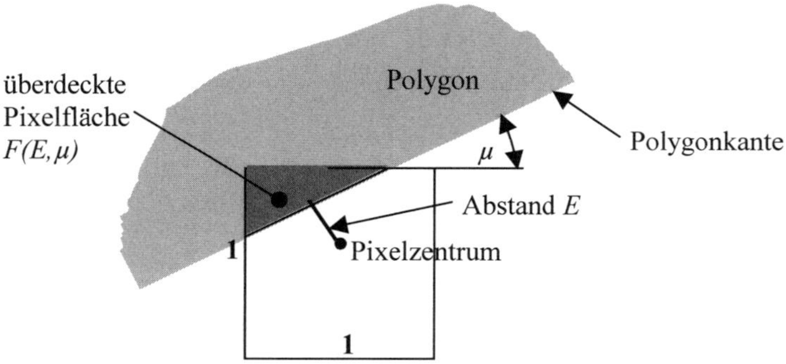

Die Tatsache, dass es bei 4×4 Subpixeln nur 32 Subpixel- bzw. Prioritätsmasken gibt, kann man zum Aufbau einer Tabelle (Look Up Table, LUT) nutzen, die nur einmal berechnet zu werden braucht.

$$\text{Prioritätsmaske} = f\,(\text{Kantenabstand, Kantenneigung}) = f\,(E, \mu)$$

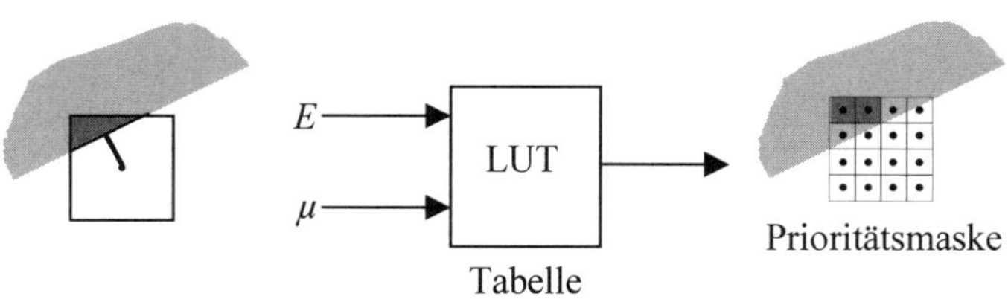

Dabei berechnet sich μ aus $\tan\mu = \Delta Y/\Delta X$. Zum Aufbau und zum Zugriff auf die LUT ist eine Kantenfunktion erforderlich, die den Abstand *E* eines Pixels (Pixelmittelpunkt) von der Polygonkante einfach zu berechnen gestattet. Diese Funktion lautet

$$E(x, y) = \Delta E_x \cdot (x - X_a) + \Delta E_y \cdot (y - Y_a)$$

mit $\Delta E_x = \dfrac{\partial E(x,y)}{\partial x} \quad \Delta E_y = \dfrac{\partial E(x,y)}{\partial y}$

X_a, Y_a = Startpixel der Polygonkante
X_e, Y_e = Endpixel der Polygonkante
x, y = Koordinaten eines beliebigen Pixels

Für die Polygonkante gilt

$$\Delta X = X_e - X_a \qquad \Delta Y = Y_e - Y_a$$

und, da jeder Punkt auf der Polygonkante den Abstand null hat, nach obiger Formel für $E(x, y)$ mit $x = X_e$ und $y = Y_e$

$$\Delta E_x \cdot \Delta X + \Delta E_y \cdot \Delta Y = 0$$

Diese Bedingung ist erfüllt für

$$\Delta E_x = \Delta Y \quad \text{oder:} \quad \Delta E_x = -\Delta Y$$

$$\Delta E_y = -\Delta X \qquad\qquad \Delta E_y = \Delta X$$

Die Wahl der beiden Möglichkeiten bestimmt das Vorzeichen der Kantenfunktion *E(x,y)*. Mit diesem kann festgestellt werden, ob das betrachtete (Sub)Pixel *P(x,y)* inner- oder außerhalb des Polygons liegt.

Soll *E(x,y)* den Abstand des Punktes von der Kante angeben, so müssen ΔE_x und ΔE_y noch mit $\sqrt{\Delta X^2 + \Delta Y^2}$ normiert werden.

Wählt man $\Delta E_x = \Delta Y$, $\Delta E_y = -\Delta X$ und $\sqrt{\Delta X^2 + \Delta Y^2}$ für die Normierung, so lautet die Kantenfunktion (Abstandsfunktion)

$$E(x,y) = \frac{\Delta Y \cdot (x - X_a) - \Delta X \cdot (y - Y_a)}{\sqrt{\Delta X^2 + \Delta Y^2}}$$

Beispiel 6.6:

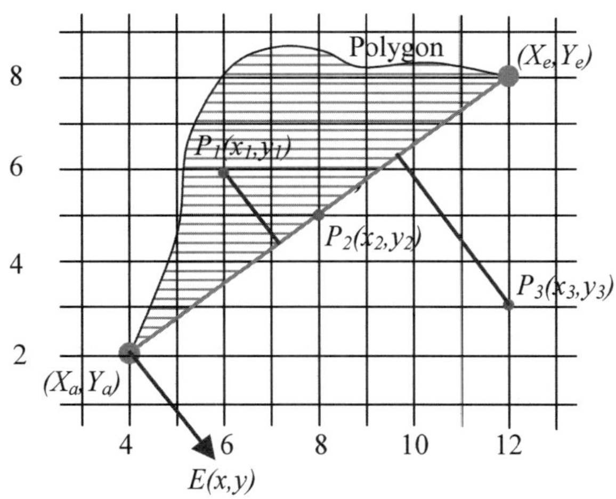

Für das Beispiel gilt:

$X_a = 4 \qquad Y_a = 2$
$X_e = 12 \qquad Y_e = 8$
$\Delta X = 8 \qquad \Delta Y = 6 \qquad \sqrt{\Delta X^2 + \Delta Y^2} = 10$

Damit lautet die Kantenfunktion

$E(x, y) = 0.6 \cdot (x - X_a) - 0.8 \cdot (y - Y_a) = 0.6(x - 4) - 0.8(y - 2) = 0.6x - 0.8y - 0.8$

Für die Punkte P_1 bis P_3 hat die Kantenfunktion folgende Werte:

$P_1(x_1, y_1)$: $E(x_1, y_1) = -2$ $\Rightarrow$ Punkt innerhalb des Polygons
$P_2(x_2, y_2)$: $E(x_2, y_2) = 0$ $\Rightarrow$ Punkt auf der Polygonkante
$P_3(x_3, y_3)$: $E(x_3, y_3) = 4.8$ $\Rightarrow$ Punkt außerhalb des Polygons

Die Kantenfunktion besitzt mit den Bedingungen $\Delta E_x = \Delta Y$ und $\Delta E_y = -\Delta X$ damit folgende Eigenschaft:

$E(x, y) < 0$ Pixel (bzw. Subpixel) innerhalb des Polygons
$E(x, y) = 0$ „ „ „ auf der Polygonkante
$E(x, y) > 0$ „ „ „ außerhalb des Polygons

■

Soll nur festgestellt werden, wo ein Pixelmittelpunkt (bzw. Subpixelmittelpunkt) bezüglich eines Polygons liegt, so kann die Normierung entfallen.

Sind die Prioritätsmasken bestimmt, so kann mit dem EXACT-Algorithmus über eine Prioritätsmaske sowohl das Verdeckungs- als auch das Antialiasing-Problem gelöst werden.

Für die Prioritätsmaske gilt: Liegt Objekt 1 vor Objekt 2, so wird das dem Subpixel entsprechende Bit auf 1 gesetzt, sonst auf null.

Aus den ursprünglichen Subpixelmasken A und B der Objekte 1 und 2, diese geben die überdeckte Pixelfläche an, werden durch logische Verknüpfungen mit der Prioritätsmaske P die aktuellen Subpixelmasken A_{akt} und B_{akt} bestimmt.

$$B' = A \wedge B \wedge \bar{P} \qquad A_{akt} = A \wedge \bar{B}'$$
$$A' = A \wedge B \wedge P \qquad B_{akt} = B \wedge \bar{A}'$$

Die folgende Tabelle enthält für die möglichen Kombinationen von $A \wedge B$ und P die Zwischenmasken A' und B'.

$A \wedge B$	P	$B' = A \wedge B \wedge P$	$A' = A \wedge B \wedge P$
0	0	0	0
1	0	1	0
0	1	0	0
1	1	0	1

Die Berechnung der Prioritätsmaske P beruht auf der Annahme, dass die Fragmente innerhalb des Pixels mit guter Näherung durch Ebenen ersetzt werden können.

Werden die Neigungen dieser Ebene in x- und y-Richtung mit

$$\Delta z_x = \frac{\partial z(x,y)}{\partial x} \quad \text{und} \quad \Delta z_y = \frac{\partial z(x,y)}{\partial y}$$

bezeichnet, so lautet die Ebenengleichung für das betrachtete Fragment bezüglich eines jetzt im Pixelmittelpunkt beginnenden Koordinatensystems x' y'

$$z(x', y') = z(0, 0) + \Delta z_x \cdot x' + \Delta z_y \cdot y'$$

Für zwei Fragmente 1 und 2 heißen die Gleichungen

$$z_1(x', y') = z_1\,(0, 0) + \Delta z_{x1} \cdot x' + \Delta z_{y1} \cdot y'$$

$$z_2(x', y') = z_2\,(0, 0) + \Delta z_{x2} \cdot x' + \Delta z_{y2} \cdot y'$$

oder mit

$$z(x', y') = z_1(x', y') - z_2(x', y')$$

$$\Delta z_x = \Delta z_{x1} - \Delta z_{x2}$$

$$\Delta z_y = \Delta z_{y1} - \Delta z_{y2}$$

$$z(0, 0) = z_1(0, 0) - z_2\,(0, 0)$$

jetzt

$$z(x', y') = z(0, 0) + \Delta z_x \cdot x' + \Delta z_y \cdot y'$$

Die Schnittkante der beiden Fragmente ergibt sich aus der Bedingung

$$z(x', y') = 0$$

Das entspricht der eingeführten Kantenfunktion $E(x, y)$.

Nach Normierung mit $\sqrt{\Delta z_x^2 + \Delta z_y^2}$ kann aus der LUT die Prioritätsmaske P entnommen werden.

Der Test auf Sichtbarkeit der Fragmente ist durch die Eigenschaft der definierten Ebene

$z(x', y') > 0 \rightarrow$ Fragment 1 befindet sich vor Fragment 2
$z(x', y') = 0 \rightarrow$ Schnittkante
$z(x', y') < 0 \rightarrow$ Fragment 2 befindet sich vor Fragment 1

einfach durchführbar.

Bisher wurden zwei das Pixel überdeckende Fragmente betrachtet. Sind mehr als zwei Fragmente vorhanden, so müssen gegebenenfalls mehrere Prioritätsmasken nacheinander berechnet werden.

In solchen Fällen wird man versuchen, das auf die absolut notwendigen Fälle zu beschränken. Diese sind durch die Bedingungen

- $A \wedge B \neq 0$ $\rightarrow$ ja, dann Überlappung
- $|z_1 - z_2| < (|z_{x1} - z_{x2}| + |z_{y1} - z_{y2}|)$ $\rightarrow$ ja, dann Schnitt innerhalb des Pixels

gekennzeichnet. Die erste Bedingung prüft, ob sich die Subpixelmasken überlappen. Die zweite, ob ein Schnitt innerhalb des Pixels stattfindet. Dieser zweite Test ist nur erforderlich, wenn der erste Test erfüllt ist.

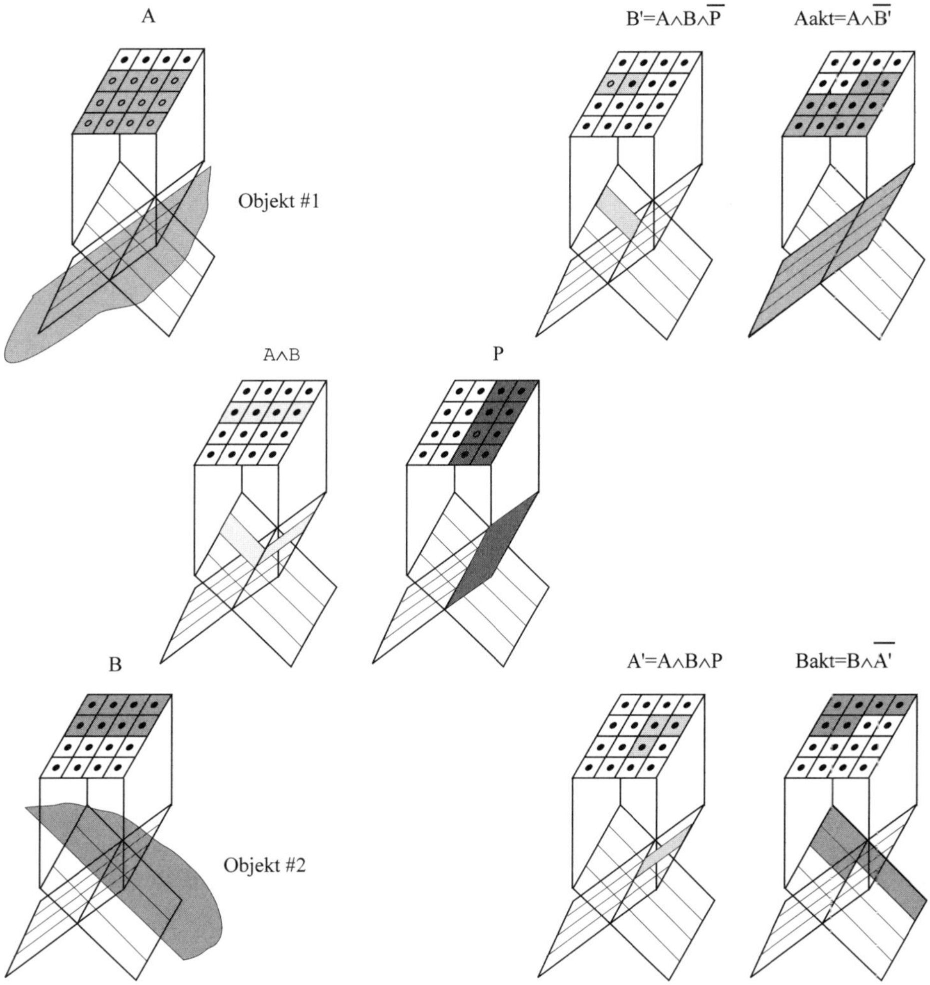

Bild 6.6 Wirkung der Prioritätsmaske *P* auf die Subpixelmasken *A* und *B*

6.6 OpenGL-Routinen

Der *z*-Buffer muss vor seiner Nutzung durch glEnable(GL_DEPTH_TEST) aktiviert werden. Standard ist glDisable(GL_DEPTH_TEST).

- Setzen des Löschwerts für den *z*-Buffer

  procedure glClearDepth(**depth:** ***GLclampd***);

Parameter

depth gibt den Wert an, mit dem der *z*-Buffer durch glClear(..) gelöscht wird. Standard ist **depth** =1.

- Löschen des *z*-Buffers

  procedure glClear(**mask:** ***GLbitfield***);

Parameter
mask gibt an, welcher Buffer gelöscht werden soll. Für den *z*-Buffer gilt GL_DEPTH_BUFFER_BIT.

- Definition von Vergleichsfunktionen

  procedure glDepthFunc(**func:** ***GLenum***);

Parameter
func definiert die Vergleichsoperationen zwischen den bereits im Speicher vorhandenen Werten z_{alt} und den Werten z_{neu} der ankommenden Fragmente.

Kurzbeschreibung
Nur wenn das Ergebnis des Vergleiches wahr ist, wird der Wert z_{neu} im *z*-Buffer gespeichert.

GL_NEVER:	z_{neu} wird nicht gespeichert.
GL_ALWAYS:	z_{neu} wird immer gespeichert.
GL_LESS:	z_{neu} wird gespeichert, wenn $\|z_{neu}\| < \|z_{alt}\|$ gilt.
GL_LEQUAL:	z_{neu} wird gespeichert, wenn $\|z_{neu}\| \leq \|z_{alt}\|$ gilt.
GL_EQUAL:	z_{neu} wird gespeichert, wenn $\|z_{neu}\| = \|z_{alt}\|$ gilt.
GL_GEQUAL:	z_{neu} wird gespeichert, wenn $\|z_{neu}\| \geq \|z_{alt}\|$ gilt.
GL_GREATER:	z_{neu} wird gespeichert, wenn $\|z_{neu}\| > \|z_{alt}\|$ gilt.
GL_NOTEQUAL:	z_{neu} wird gespeichert, wenn $\|z_{neu}\| \neq \|z_{alt}\|$ gilt.

Standard ist **func** = GL_LESS.

- Setzen der Grenzwerte des *z*-Buffers

  procedure glDepthRange(**zNear**, **zFar**: ***GLclampd***);

Parameter
zNear und **zFar** bestimmen den minimalen bzw. maximalen Wert, der im *z*-Buffer gespeichert werden kann.

Standards sind **zNear** = 0 und **zFar** =1.

- Beseitigung von Rück- oder/und Vorderseiten

  procedure glCullFace(**mode**: ***GLenum***);

Parameter
Zulässige Werte von **mode** sind GL_FRONT | GL_BACK | GL_FRONT_AND_BACK.

Kurzbeschreibung
Mit glCullFace(..) können Vorder- oder/und Rückseiten automatisch entfernt werden. Das automatische Entfernen muss mit glEnable(GL_CULL_FACE) aktiviert bzw. mit glDisable(GL_CULL_FACE) deaktiviert werden.

Standards sind **mode**=GL_BACK und glDisable(GL_CULL_FACE).

6.7 Übungen

Projekt UEBUNG61:

Eine in x-Richtung schwingende Kugel soll einen rotierenden Quader durchdringen. Die Vergleichsfunktionen **func** sollen dabei über den Wert von Value1 wählbar sein. Der Wert von Value2 soll für den Quader die Beseitigung der Vorderflächen steuern.

Projekt UEBUNG62:

Es ist eine geeignete Bézier-Fläche darzustellen. Eine senkrecht zur z-Achse orientierte Ebene soll in z-Richtung durch Value1 bewegt werden. Dadurch erhält man je nach gegenseitiger Lage von Fläche und Ebene die Schnittkurven oder Höhenlinien.

7 Beleuchtung und Schattierung

7.1 Einführung

Zur Erzeugung realitätsnaher Darstellungen müssen die Beziehungen zwischen dem Licht, repräsentiert durch *Lichtquellenmodelle*, und dem Material der Objekte, repräsentiert durch Materialeigenschaften, bekannt sein. Dazu existieren Beleuchtungsmodelle, die zur Berechnung der Farbe einer Fläche an einem bestimmten Punkt dienen. Lichtquellen mit ihrer Farbe, Helligkeit und Art, die Positionen des Objekts und des Beobachters und die Materialeigenschaften des Objekts werden dabei berücksichtigt. Man unterscheidet prinzipiell lokale und globale Beleuchtungsmodelle. Ergebnisse des Beleuchtungsmodells sind anschließend die Grundlage der *Schattierungsmodelle*. Ein Schattierungsmodell beschreibt erweiterte Verfahren, die Beleuchtungsmodelle umfassen. Beispielsweise kann ein bestimmtes Schattierungsmodell ein Beleuchtungsmodell für alle Pixel einer Fläche anwenden, während andere nur für manche Pixel ein Beleuchtungsmodell verwenden und die Farbe der restlichen Pixel durch Interpolation bestimmen. Zur Vereinfachung der Berechnungen werden in der Computergrafik die zu Grunde liegenden Regeln der Optik und Wärmestrahlung oft nur angenähert. Deshalb enthalten viele der traditionellen Beleuchtungs- und Schattierungsmodelle eine Reihe von Approximationen der Realität. Es gibt verschiedene Näherungen, die ansprechende Ergebnisse liefern.

7.2 Beleuchtungsmodelle

7.2.1 Lichtquellenmodelle

Licht als physikalisches Phänomen ist so komplex, dass es nicht mit einem mathematischen Modell vollständig beschrieben werden kann. Stattdessen bedient man sich bei der Analyse und Synthese des Lichts immer nur bestimmter Teilaspekte. So wird Licht je nach der Anwendung als Welle, Quant, Strahl, Energie oder einfach nur als Helligkeit untersucht. Es ist also nicht möglich, das Licht physikalisch exakt zu simulieren. Vielmehr werden stark vereinfachte Modelle gewisser Teilaspekte der Lichterscheinung verwendet. Diese sind stets nur bestmögliche Annäherung an die tatsächliche Wirkung des Lichts in der Realität. Dieses synthetische Licht wird in der Computergrafik durch Lichtquellenmodelle beschrieben. Man unterscheidet dabei Lichtquellen, die ambientes Licht, direktionales Licht (Richtungslicht), isotropes Punktlicht (Positionslicht) oder nicht isotropes Punktlicht (Strahler) erzeugen, Bild 7.1 zeigt die prinzipiellen Lichtarten.

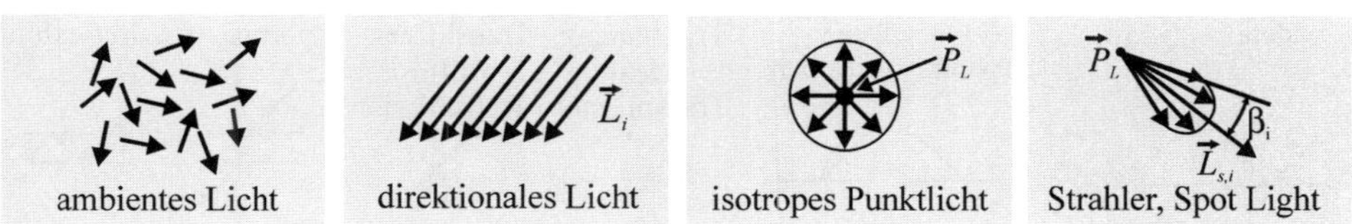

Bild 7.1 Lichtarten in der Computergrafik

Ambientes Licht hat weder eine lokalisierbare Quelle noch eine Richtung. Es erzeugt eine gleichmäßige Beleuchtung durch Streulicht (Hintergrundlicht, Ambient Light) von mikroskopischen Partikeln in der Atmosphäre. Da beispielsweise im Weltraum oder auf dem Mond keine Atmosphäre vorhanden ist, gibt es dort kein ambientes Licht. Deshalb erscheinen dort Objekte auf der Schattenseite schwarz.

Die Lichtquelle von *direktionalem* Licht (Richtungslicht, Directional Light) liegt im Unendlichen, so dass die Lichtstrahlen parallel sind. Sie besitzt keine Position, sondern nur eine Richtung. Mit guter Näherung kann man sich die Sonne als eine solche Lichtquelle vorstellen. *Isotropes Punktlicht* (Positionslicht, Omni Light) geht von einer punktförmigen Lichtquelle an einer bestimmten Position $\vec{P}_L$ aus. Die Lichtstrahlen haben ihren Ursprung an dieser Position. Sie strahlen in alle Richtungen mit der gleichen Intensität. Der *Strahler* (Spotlicht, Spot Light) unterscheidet sich vom isotropen Punktlicht dadurch, dass das Licht wie bei einer Taschenlampe oder einem Scheinwerfer durch einen Kegel begrenzt ist. Außerhalb dieses Kegels ist kein Licht vorhanden. Der Strahler wird definiert durch seine Position $\vec{P}_L$, die Hauptstrahlrichtung $\vec{L}_{s,i}$, den halben Öffnungswinkel β_i des Lichtkegels und die Helligkeitsverteilung innerhalb des Lichtkegels. Wie bereits im Abschnitt 3.3 angegeben werden je nach Anwendungsgebiet drei Arten der Betrachtung von Licht unterschieden, die Strahlenoptik für den makroskopischen Bereich, die Wellenoptik für den mikroskopischen Bereich und die Quantenoptik. Die Strahlenoptik, auch als geometrische Optik bezeichnet, findet in der Computergrafik Anwendung. Sie bietet einen einfachen mathematischen Zugang und ist durch folgende *Charakteristik* gekennzeichnet:

- Lichtstrahlen sind geradlinig und beeinflussen sich nicht gegenseitig,
- Lichtstrahlen üben nur innerhalb ihrer Bahn Wirkung aus,
- Lichtstrahlen können beim Auftreffen auf eine Oberfläche je nach Materialeigenschaften reflektiert, transmittiert oder absorbiert werden,
- die Richtung reflektierter Lichtstrahlen wird durch das Reflexionsgesetz, die transmittierter Lichtstrahlen durch das Brechungsgesetz von Snellius bestimmt,
- Lichtstrahlen und ihre reflektierten bzw. transmittierten Teile liegen in einer Ebene.

7.2.2 Materialeigenschaften

Die Wechselwirkung zwischen Licht und Oberflächen wird wesentlich durch die Eigenschaften des Materials bestimmt. Bild 7.2 ist zu entnehmen, dass diese einerseits sehr vielfältiger Natur sein können, aber andererseits in der theoretisch reinen Form nie auftreten. So gibt es keine ideale und diffuse Reflexion, da eine Oberfläche durch ihre mikroskopische Struktur stets spiegelnde und diffuse Anteile enthält. Die gleichen Aussagen gelten auch für die Absorbtion, die Transmission und die Refraktion.

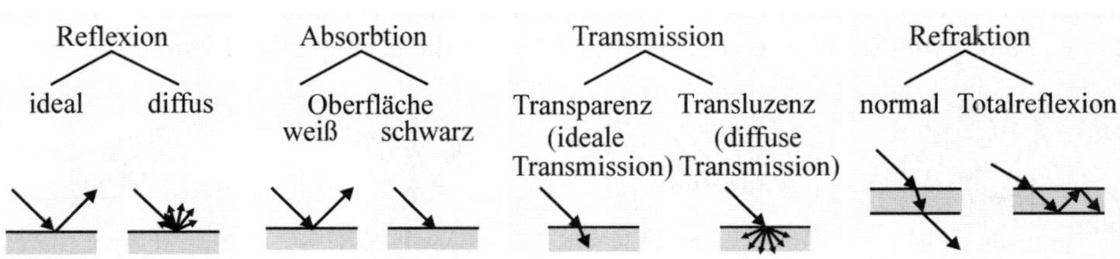

Bild 7.2 Materialeigenschaften

Das Problem für die Beleuchtungsberechnung besteht letztlich darin, die Realität annähernd beschreibende und effiziente Algorithmen zu finden. Diesem Bereich wurde und wird große Aufmerksamkeit gewidmet. Die folgenden elementaren Beleuchtungsmodelle sind nur ein Ausschnitt aus der existierenden Vielfalt. Außerdem wurden jene Verfahren ausgewählt, die auch in OpenGL implementiert sind.

7.2.3 Elementare Beleuchtungsmodelle

Ein Beleuchtungsmodell wird mit einer Beleuchtungsgleichung beschrieben, deren Zustände dem jeweiligen Punkt auf der Oberfläche des grafischen Objekts zugeordnet sind. Einfache Modelle betrachten einen einzelnen Punkt einer Fläche und wie das darauf scheinende Licht zusammen mit den Materialeigenschaften wirkt. Die Berechnung muss dabei sowohl die Materialfarbe und als auch verschiedenfarbige Lichtquellen berücksichtigen können. Die Komplexität der Beleuchtungsgleichungen steigt mit der Forderung nach Realitätsnähe. Am einfachsten ist das Modell der *ambienten Reflexion*, womit jedoch alle Flächen ohne Helligkeitsunterschiede dargestellt werden. Danach folgt die *diffuse Reflexion* (Lambert-Reflexion) des Lichts und schließlich die *spiegelnde Reflexion*. Diese erzeugt mehr oder weniger natürliche Glanzbereiche auf der Oberfläche. Für das Positions- und das Spotlicht kann zusätzlich noch die Abnahme der Intensität berücksichtigt werden. Auch die Wirkung von Nebel kann simuliert werden.

Die hier betrachteten Beleuchtungsmodelle beruhen weniger auf physikalischen Grundlagen, sondern vielmehr auf empirischen Ansätzen der Computergrafik. Weiterführende Arbeiten, wie beispielsweise die Modelle von Cook und Torrance, sind in [FolDam94] dargestellt.

Ambiente Reflexion

Das Modell, in dem es keine direkte Lichtquelle gibt, geht davon aus, dass das Licht aus allen Richtungen gleichmäßig einfällt und in alle Richtungen gleichmäßig diffus reflektiert wird. Dadurch erscheinen die grafischen Objekte als einfarbig ausgefüllte Silhouette. So ist beispielsweise bei ambienter Beleuchtung kein Unterschied zwischen einer Kreisscheibe und einer Kugel feststellbar. Die Gleichung für dieses einfache Modell lautet

$$\vec{C}_{amb,\,i} = \vec{C}_{M,\,amb} \cdot \vec{C}_{Li,\,amb} \tag{7.1}$$

$\vec{C}_{amb,\,i}$ ist die resultierende *RGB-Farbe* des betrachteten Punktes, $\vec{C}_{M,\,amb}$ die ambiente Materialfarbe und $\vec{C}_{Li,\,amb}$ die Farbe des ambienten Lichts i. Der Gleichung ist zu entnehmen, dass die ambiente Beleuchtung ortsunabhängig ist und deshalb für jede Szene oder jedes Objekt nur einmal ausgewertet werden muss. Die ambiente Beleuchtung wird zur Erzeugung einer Grundhelligkeit (Hintergrundbeleuchtung) für ein Objekt oder eine ganze Szene genutzt.

Diffuse Reflexion

Bei matten Flächen tritt diffuse Reflexion auf, auch als *Lambert-Reflexion* bezeichnet. Diffuse Reflexion bewirkt, dass Flächen aus allen Richtungen betrachtet gleich hell erscheinen, da sie das Licht mit gleicher Intensität in alle Richtungen gleichförmig reflektieren. Die Helligkeit eines Punktes hängt nur vom Cosinus des Winkels θ zwischen dem

Vektor $\vec{L}_i$ in Richtung der Lichtquelle i und der Flächennormalen $\vec{N}$ ab, Bild 7.3. Ursachen dafür sind Mikrofacetten einer rauhen Materialoberfläche. Der Lichtvektor $\vec{L}_i$ und der Normalenvektor $\vec{N}$ werden als normiert vorausgesetzt. In diesem Fall gilt $\cos\theta = \vec{N} \cdot \vec{L}_i$.

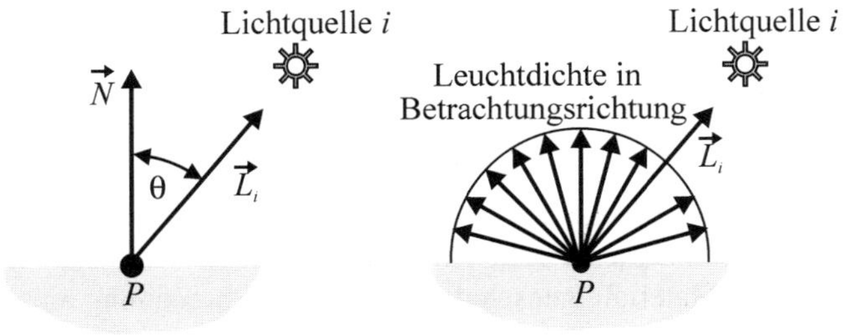

Bild 7.3 Diffuse Reflexion

Die Gleichung für die diffuse Beleuchtung des Punktes P mit den Materialeigenschaften $\vec{C}_{M,diff}$ durch die Lichtquelle i mit der diffusen Farbe $\vec{C}_{Li,diff}$ lautet

$$\vec{C}_{diff,i} = \vec{C}_{M,diff} \cdot \vec{C}_{Li,diff} \cdot \max\left(\vec{N} \cdot \vec{L}_i, 0\right) \tag{7.2}$$

$\vec{C}_{diff,i}$ ist die resultierende *RGB*-Farbe des betrachteten Punktes P bei diffuser Beleuchtung.

Spiegelnde Reflexion

Bei der spiegelnden oder specularen Reflexion wird Licht an der Oberfläche gespiegelt, im Idealfall also in die Richtung des Reflexionsvektors $\vec{R}_i$ zurückgeworfen, Bild 7.4. Es gibt jedoch keine ideal spiegelnden Oberflächen. Deshalb wird Licht auch in leicht vom Reflexionsvektor $\vec{R}_i$ abweichende Richtungen zurückgestrahlt.

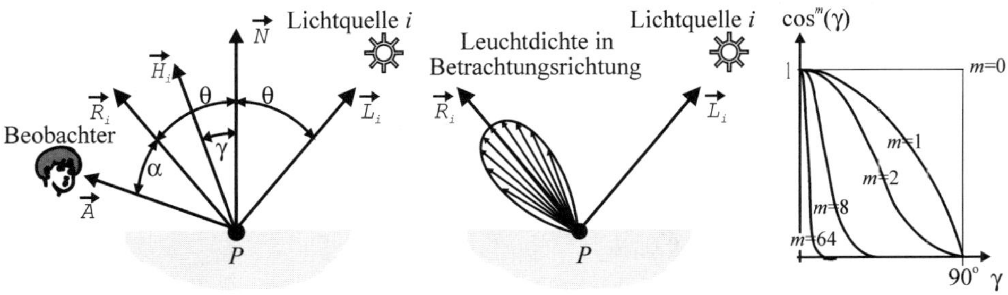

Bild 7.4 Spiegelnde Reflexion

Die im Bild 7.4 verwendeten Vektoren und Winkel haben folgende Bedeutung und Werte:

$\vec{N}$ normierter Normalenvektor am beleuchteten Punkt P

$\vec{L}_i$ normierter Lichtvektor vom Punkt P zur Lichtquelle i

$\vec{R}_i$ normierter Reflexionsvektor des Lichtvektors $\vec{L}_i$, $\vec{R}_i = \dfrac{2 \cdot \left(\vec{N} \cdot \vec{L}_i\right) \cdot \vec{N} - \vec{L}_i}{\left|2 \cdot \left(\vec{N} \cdot \vec{L}_i\right) \cdot \vec{N} - \vec{L}_i\right|}$

$\vec{A}$ normierter Augpunkt- oder Sichtvektor vom Punkt P zum Beobachter

$\vec{H}_i$ normierter so genannter Halfway-Vektor zwischen $\vec{L}_i$ und $\vec{A}$. $\vec{H}_i = \dfrac{\vec{A} + \vec{L}_i}{|\vec{A} + \vec{L}_i|}$

Θ Winkel zwischen dem Licht- und Normalenvektor

α Winkel zwischen dem Sicht- und Reflexionsvektor

γ Winkel zwischen dem Halfway- und Normalenvektor

m Spiegelexponent

Die Gleichung für die spiegelnde Reflexion am Punkt P mit den Materialeigenschaften $\vec{C}_{M,spec}$ und dem Spiegelexponenten m durch die Lichtquelle i mit der spiegelnden Farbe $\vec{C}_{Li,spec}$ lautet

$$\vec{C}_{spec,i} = \vec{C}_{M,spec} \cdot \vec{C}_{Li,spec} \cdot \begin{cases} \left\{\max\left(\vec{A} \cdot \vec{R}_i, 0\right)\right\}^m & \text{für } (\vec{N} \cdot \vec{L}_i) > 0 \\ 0 & \text{sonst} \end{cases} \tag{7.3}$$

oder

$$\vec{C}_{spec,i} = \vec{C}_{M,spec} \cdot \vec{C}_{Li,spec} \cdot \begin{cases} \{\max(\vec{N} \cdot \vec{H}_i, 0)\}^m & \text{für } (\vec{N} \cdot \vec{L}_i) > 0 \\ 0 & \text{sonst} \end{cases} \tag{7.4}$$

Gleichung (7.3) wurde von Phong [Phong75] angegeben, Gleichung (7.4) von Blinn [Blinn77]. Da beiden Formeln verschiedene Winkel zu Grunde liegen, ergeben sich bei gleichem Spiegelexponenten m unterschiedliche Glanzeffekte. Meist, so auch in OpenGL, wird das zuletzt genannte Modell benutzt, da es die wiederholte Berechnung des Reflexionsvektors $\vec{R}_i$ vermeidet. Der Spiegelexponent m bestimmt die Größe der entstehenden Glanzflächen. Je größer er ist, umso kleiner und schärfer ausgeprägt erscheinen diese.

Spotlicht-Effekt

Wird Licht von der Position $\vec{P}_L$, Bild 7.1, innerhalb eines Kegels mit dem Öffnungswinkel $2 \cdot \beta_i$ abgestrahlt, so spricht man von einem *Strahler* oder *Spotlicht*. Die Lichtintensität kann innerhalb des Lichtkegels variieren. Die Wirkung des Spotlichts wird durch den Spotlichtkoeffizienten $s(\beta_i)$, Gleichung (7.5), beschrieben.

$$s(\beta_i) = \begin{cases} 1 & \text{falls kein Spotlicht, d. h. } \beta_\mathrm{i} = 180^\circ (\text{Standard}) \\ 0 & \text{falls Punkt außerhalb des Lichtkegels} \\ \{\max(\vec{L}_i \cdot \vec{L}_{s,i}, 0)\}^k & \text{falls Punkt innerhalb des Lichtkegels} \end{cases} \tag{7.5}$$

$\vec{L}_{s,i}$ ist der Vektor in Hauptstrahlrichtung des Spotlichts i, $\vec{L}_i$ der normierte Lichtvektor zum betrachteten Punkt P und k ist der Exponent des Spotlichts. Er bestimmt die Intensitätsverteilung innerhalb des Lichtkegels.

Abschwächung des Lichts

Die Entfernung eines betrachteten Objekts oder Punktes zur Lichtquelle ist in den bisherigen Gleichungen nicht aufgetreten. Es ist aber bekannt, dass die Leuchtdichte mit zunehmendem Abstand r_i von einer Punktlichtquelle theoretisch quadratisch abnimmt. Abweichend von dieser Tatsache wird ein Abschwächungsfaktor $f(r_i)$ für die Lichtquelle eingeführt, der nicht nur die quadratische, sondern auch die lineare oder konstante Lichtabschwächung zulässt, Gleichung (7.6).

$$f(r_i) = \min(\frac{1}{k_{quad} \cdot r_i^2 + k_{lin} \cdot r_i + k_{konst}}, 1) \tag{7.6}$$

Die Parameter k_{quad}, k_{lin} und k_{konst} für die quadratische, die lineare und die konstante Abschwächung müssen entsprechend der Anwendung geeignet gewählt werden. Für große Abstände ändert sich der Abschwächungskoeffizient nur sehr gering, während er bei naher Lichtquelle stark ansteigt. Dadurch werden die Flächen bei gleichem Winkel sehr unterschiedlich schattiert. Das ist zwar für punktförmige Lichtquellen theoretisch korrekt, aber in der Natur werden Objekte typischerweise nicht von punktförmigen Lichtquellen beleuchtet und schon gar nicht mit vereinfachten Beleuchtungsmodellen der Computergrafik schattiert. Dieser Abschwächungskoeffizient kann die Abnahme der Energiedichte von der Lichtquelle zum Objekt hin simulieren. Die Gleichung stellt einen Kompromiss dar und ermöglicht darüber hinaus mehr Effekte als die quadratische Abschwächung. Der Nenner muss immer größer als eins sein, wenn eine Abschwächung des Lichts wirksam werden soll.

Berücksichtigung atmosphärischer Einflüsse

Neben der abstandsabhängigen Abschwächung des Lichts kann auch Nebel als atmosphärischer Einfluss berücksichtigt werden. Obwohl dieser im engeren Sinn nicht zur Beleuchtungsberechnung zählt, soll er hier wegen seiner Nähe zu diesem Problemkreis behandelt werden. Die Nebelberechnung, Bild 7.5, gehört zur Fragment-Operation, Bild 2.2, und wird erst nach der Schattierung ausgeführt. Standardmäßig ist die Nebelberechnung mit glDisable(GL_FOG) deaktiviert, muss also bei Bedarf mit glEnable (GL_FOG) aktiviert werden.

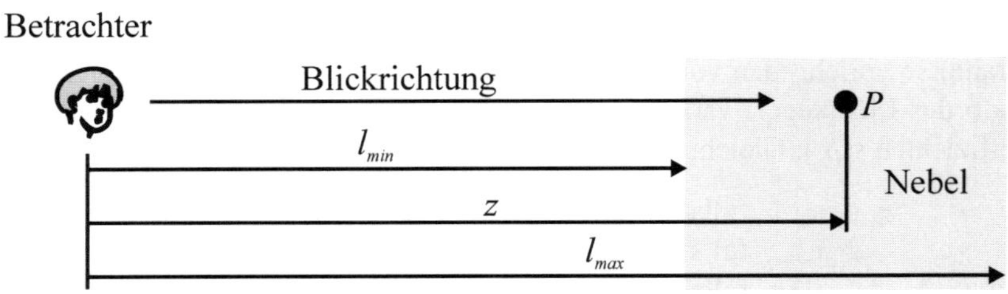

Bild 7.5 Nebelberechnung

Die Berechnung der Farbe $\vec{C}_{Objekt}$ wird durch

$$\vec{C}_{Objekt} = f \cdot \vec{C}_{Fragment} + (1-f) \cdot \vec{C}_{Nebel} \tag{7.7}$$

erzielt, wobei $\vec{C}_{Fragment}$ die im Bildspeicher vorhandene Fragmentfarbe, $\vec{C}_{Nebel}$ die Farbe des Nebels und $\vec{C}_{Objekt}$ die resultierte Objektfarbe ist. Der Gewichtungsfaktor f wird je nach Wahl der im Abschnitt 7.4 angegebenen OpenGL-Routinen wie folgt bestimmt:

- Lineare Gewichtung $\quad f = \dfrac{l_{max} - z}{l_{max} - l_{min}}$
- Exponentielle Gewichtung $\quad f = \mathrm{e}^{-f_D \cdot z}$
- Quadratisch exponentielle Gewichtung $\quad f = \mathrm{e}^{-(f_D \cdot z)^2}$

f_D ist die Nebeldichte und z die Entfernung des Objektpunktes vom Betrachter.

7.2.4 Lokale Beleuchtungsmodelle

Ein lokales Beleuchtungsmodell ist dadurch gekennzeichnet, dass ein Lichtstrahl nur bis zum Auftreffen auf ein Objekt betrachtet und dann seine Wirkung berechnet wird. Ein diffus oder spiegelnd reflektierter Strahl wird also nicht weiter verfolgt. Damit ist es weder möglich, Schatten direkt zu berechnen noch Spiegelungen oder Transmissionen zu bestimmen. Diese Effekte können erst durch globale Beleuchtungsmodelle, wie das Ray Tracing oder das Radiosity erzeugt werden.

Beleuchtungsmodell von Phong für *n* Lichtquellen

Von Phong Bui-Tuong wurde ein häufig genutztes Beleuchtungsmodell für nicht perfekte Reflexionen angegeben. Mit den bisher genannten elementaren Beleuchtungsmodellen, Gleichungen (7.1) bis (7.3), lautet dieses für n Lichtquellen

$$\vec{C}_{Phong} = \sum_{i=0}^{n-1} \left\{ \vec{C}_{amb,i} + \vec{C}_{diff,i} + \vec{C}_{spec,i} \right\} \tag{7.8}$$

und enthält die ambienten, diffusen und spiegelnden Anteile der Beleuchtung.

Beleuchtungsmodell der OpenGL für *n* Lichtquellen

Anschließend wird das von OpenGL verwendete lokale Beleuchtungsmodell angegeben. Gegenüber dem Phong-Modell wurde dieses um folgende Komponenten erweitert:

- Emission einer Materialfarbe $\vec{C}_{M,emi}$ ohne Lichteigenschaften,
- Definition einer globalen ambienten Beleuchtung $\vec{C}_{amb}$ für eine ganze Szene,
- Berücksichtigung der abstandsabhängigen Lichtabschwächung bei Positionslicht und Strahlern mit der Funktion $f(r_i)$,
- Koeffizient $s(\beta_i)$ zur Berechnung der Wirkung von Strahlern

Die in der Gleichung (7.9) verwendeten Indices haben folgende Bedeutung: *Li* steht für Lichtquelle *i*, *M* für Material, *emi* für Emission, *amb* für ambient, *diff* für diffus und *spec* für spiegelnd oder specular.

$$\vec{C}_{OpenGL} = \vec{C}_{M,emi} + \vec{C}_{amb} + \sum_{i=0}^{n-1} f(r_i) \cdot s(\beta_i) \cdot \left\{ \vec{C}_{amb,i} + \vec{C}_{diff,i} + \vec{C}_{spec,i} \right\} \tag{7.9}$$

$\vec{C}_{M,emi}$ Emission des Materials

$\vec{C}_{amb} = \vec{C}_{M,amb} \cdot \vec{C}_{ambglobal}$ globale ambiente Beleuchtung

$\vec{C}_{amb,i} = \vec{C}_{M,amb} \cdot \vec{C}_{Li,amb}$ lokale ambiente Beleuchtung

$\vec{C}_{diff,i} = \vec{C}_{M,diff} \cdot \vec{C}_{Li,diff} \cdot \max(\vec{N} \cdot \vec{L}_i, 0)$ lokale diffuse Beleuchtung

$$\vec{C}_{spec,i} = \vec{C}_{M,spec} \cdot \vec{C}_{Li,spec} \cdot \begin{cases} \left\{\max(\vec{N} \cdot \vec{H}_i, 0)\right\}^m & \text{für } (\vec{N} \cdot \vec{L}_i) > 0 \\ 0 & \text{sonst} \end{cases}$$

lokale speculare Beleuchtung

$$f(r_i) = \min\left(\frac{1}{k_{quad} \cdot r_i^2 + k_{lin} \cdot r_i + k_{konst}}, 1\right)$$ Abschwächungsfaktor

$$s(\beta_i) = \begin{cases} 1 & \text{falls kein Spotlicht, d. h. } \beta_i = 180^\circ \text{(Standard)} \\ 0 & \text{falls Punkt } P \text{ außerhalb des Lichtkegels} \\ \left\{\max(\vec{L}_i \cdot \vec{L}_{s,i}, 0)\right\}^k & \text{falls Punkt } P \text{ innerhalb des Lichtkegels} \end{cases}$$

Zum Einstellen der ambienten, diffusen und spiegelnden Beleuchtung mit den zugehörigen Licht- und Materialfarben, des Spiegelexponenten, der Eigenschaften eines Strahlers und der abstandsabhängigen Lichtabschwächung stellt OpenGL einen unfangreichen Satz spezifischer Routinen bereit, Abschnitt 7.4. Diese werden in den folgenden Beispielen verwendet.

Standardmäßig sind weder die Beleuchtungsrechnung noch eine Lichtquelle i aktiviert. Mit glEnable(GL_LIGHTING) und glEnable(GL_LIGHTi), $i = 0 \ldots (n-1)$, müssen diese aktiviert bzw. mit den analogen glDisable(...) deaktiviert werden. Wie den Angaben des Abschnitts 7.4 zu entnehmen ist, ist nur die Lichtquelle 0 mit Werten vorbelegt.

Beispiel 7.1:

Darstellung eines Würfels ohne und mit Beleuchtung, wobei dafür das vordefinierte Licht 0 benutzt werden soll.

```
glEnable(GL_LIGHTING);
glDisable(GL_LIGHT0);
glTranslatef(-5,0,0);  glutSolidCube(5);
glEnable(GL_LIGHT0);
glTranslatef(10,0,0);  glutSolidCube(5);
```

Das Ergebnis zeigt ohne Beleuchtung einen weißen Würfel und mit dem Licht 0 einen grauen Würfel mit diffuser Beleuchtung. Die Ursache dafür besteht in den Standardwerten für die Farben, die Materialfarben und das Licht 0, Abschnitte 3.3.6 und 7.4.

Den vollständigen Quelltext enthält das Projekt BELEUCHTUNG.

■

Beispiel 7.2:

Darstellung einer grünen Kugel mit ambienter, diffuser und spiegelnder Beleuchtung durch Richtungs- und Positionslicht, wobei dafür das im Prototyp OPENGLPROJEKT definierte Licht 1 benutzt werden soll. Für Änderungen der x- und y-Komponenten der Positionen bzw. Richtungen des Lichts sollen die Werte von Value1 und Value2 dienen. Value3 soll zur Änderung der Polygonanzahl der Kugel dienen.

```
var Licht: record x,y,z,w: GLfloat end;
  :
glDisable(GL_LIGHT0);
glEnable(GL_LIGHT1);
glMaterialfv(GL_FRONT,GL_AMBIENT_AND_DIFFUSE,@Gruen50);
glMaterialfv(GL_FRONT,GL_SPECULAR,@Weiss);
glMaterialf(GL_FRONT,GL_SHININESS,128);
Licht.x:=Value1; Licht.y:=Value2; Licht.z:=5; Licht.w:=0;
glPushMatrix;
  glTranslatef(-5,0,0);
  glLightfv(GL_LIGHT1,GL_POSITION,@Licht);
  glutSolidSphere(3,50+5*Value3,50+5*Value3);
glPopMatrix;

Licht.w:=1;
glPushMatrix;
  glTranslatef( 5,0,0);
```

```
    glLightfv(GL_LIGHT1,GL_POSITION,@Licht);
    glutSolidSphere(3,50+5*Value3,50+5*Value3);
glPopMatrix;
```

Beide Kugeln werden gleichzeitig dargestellt. Wie erwartet, zeigen sie ein etwas unterschiedliches Bild in Abhängigkeit davon, ob die Parallel- oder die Perspektivprojektion aktiv ist.

Den vollständigen Quelltext enthält das Projekt BELEUCHTUNG.

Beispiel 7.3:

Um einen rotierenden Würfel bewegt sich auf einer elliptischen Bahn eine weiße Punktlichtquelle. Die *x*- und *y*-Achsen der elliptischen Bahn sollen durch Value1 und Value2 geändert werden können. Die Lichtquelle selbst wird durch eine graue Kugel dargestellt.

```
glDisable(GL_LIGHT0);
glEnable(GL_LIGHT1);
glMaterialfv(GL_FRONT,GL_AMBIENT_AND_DIFFUSE,@Gruen50);
glMaterialfv(GL_FRONT,GL_SPECULAR,@Weiss);
glMaterialf(GL_FRONT,GL_SHININESS,128);
Licht.x:=(6+0.1*Value1)*cos(pi*MoveValue/180);
Licht.y:=(4+0.1*Value2)*sin(pi*MoveValue/180);
Licht.z:=10; Licht.w:=1;
glPushMatrix;
    glLightfv(GL_LIGHT1,GL_POSITION,@Licht);
    glTranslatef(Licht.x,Licht.y,Licht.z);
    glMaterialfv(GL_FRONT,GL_AMBIENT_AND_DIFFUSE,@Grau);
    glutSolidSphere(0.2,10,10);
    glMaterialfv(GL_FRONT,GL_AMBIENT_AND_DIFFUSE,@Gruen50);
glPopMatrix;
glPushMatrix;
    glRotatef(-MoveValue+10,1,1,1);
    glutSolidCube(4);
glPopMatrix;
```

Es ist zu beachten, dass die Position und die Richtung einer Lichtquelle wie die anderer Objekte den aktuell wirksamen Transformationen unterzogen werden.

Den vollständigen Quelltext enthält das Projekt BELEUCHTUNG.

Beispiel 7.4:

Um eine Kegelfläche rotiert eine weiße Punktlichtquelle. Die Farben der Mantelfläche sind außen grün und innen rot. Durch das gewählte Lichtmodell wird die Beleuchtungsrechnung auf beide Seiten der Mantelfläche angewendet.

```
glEnable(GL_LIGHTING); glEnable(GL_LIGHT1);
glDisable(GL_LIGHT0);
glLightfv(GL_LIGHT1,GL_POSITION,@Licht);
glLightModelf(GL_LIGHT_MODEL_TWO_SIDE,1);
Quadric:=gluNewQuadric;
gluQuadricDrawStyle(Quadric,GLU_FILL);
glMaterialfv(GL_FRONT,GL_AMBIENT_AND_DIFFUSE,@Gruen50);
glMaterialfv(GL_BACK,GL_AMBIENT_AND_DIFFUSE,@Rot50);
```

```
glMaterialfv(GL_FRONT_AND_BACK,GL_SPECULAR,@Weiss);
glMaterialf(GL_FRONT_AND_BACK,GL_SHININESS,80);
Licht.x:=5*cos(pi*MoveValue/180)
Licht.y:=5*sin(pi*MoveValue/180); Licht.z:=2; Licht.w:=1;
glPushMatrix;
  glLightfv(GL_LIGHT1,GL_POSITION,@Licht);
  glTranslatef(Licht.x,Licht.y,Licht.z);
  glMaterialfv(GL_FRONT,GL_AMBIENT_AND_DIFFUSE,@Grau);
  glutSolidSphere(0.2,10,10);
  glMaterialfv(GL_FRONT,GL_AMBIENT_AND_DIFFUSE,@Gruen50);
glPopMatrix;
glPushMatrix;
  glRotatef(220,1,1,1); glTranslatef(2,0,0);
  gluCylinder(Quadric,2,0,4,100,100);
glPopMatrix;
gluDeleteQuadric(Quadric);
```

Den vollständigen Quelltext enthält das Projekt BELEUCHTUNG.

■

7.2.5 Globale Beleuchtungsmodelle

Ein globales Beleuchtungsmodell erweitert das lokale Beleuchtungsmodell um die aus der Reflexion und Transmission an anderen Objekten stammenden Lichtanteile. Hier wird also ein Lichtstrahl nicht nur bis zum Auftreffen auf ein Objekt betrachtet, sondern auch die dabei entstehenden Reflexions- und Transmissionsstrahlen, die nun ihrerseits weitere Objekte treffen können. Dadurch werden Schatten, gegenseitige Spiegelungen und Lichtbrechung bei Berücksichtigung von Transmission automatisch erzeugt. Die Gleichung für dieses Modell lautet

$$\vec{C}_{global} = \vec{C}_{M,emi} + \vec{C}_{amb} + \sum_{i=0}^{n-1} f(r_i) \cdot s(\beta_i) \times \left\{ \vec{C}_{amb,i} + \vec{C}_{diff,i} + \vec{C}_{spec,i} \right\} + \vec{C}_{Reflexion} + \vec{C}_{Transmission} \tag{7.10}$$

$\vec{C}_{Reflexion}$ und $\vec{C}_{Transmission}$ bedeuten jene Anteile an der Gesamtfarbe einer Fläche, die durch die Reflexion und Transmission des ihrerseits reflektierten und transmittierten Lichts anderer Flächen entstehen. Der erhebliche Aufwand bei globalen Beleuchtungsmodellen besteht in der rekursiven Berechnung dieser beiden Anteile, da diese mit aufwändigen Schnittpunkt- und Lichtstrahlberechnungen verbunden sind.

7.3 Schattierungsmodelle

7.3.1 Vorbemerkungen

Schattierungsmodelle dienen dazu, die Farbe der Pixel zu bestimmen. Sie nutzen hierfür die vorgestellten Beleuchtungsmodelle in zwei möglichen Arten. Entweder werden nur die Farben für bestimmte Pixel berechnet und die restlichen Pixel durch spezielle

Verfahren interpoliert oder es wird die Farbe jedes Pixels durch das Beleuchtungsmodell direkt berechnet. Die Anwendung der ersten Art ist bei den lokalen Beleuchtungsmodellen üblich und wird unter dem Begriff inkrementelle Berechnung zusammengefasst. Die zweite Art ist typisch für das Ray Tracing, welches das globale Beleuchtungsmodell nutzt.

7.3.2 Inkrementelle Berechnung

Zu den inkrementellen Schattierungsverfahren gehören das Flat-Shading, das Gouraud-Shading und das Phong-Shading.

Beim *Flat-Shading* wird das Beleuchtungsmodell genau einmal je Polygon, üblicherweise also ein Dreieck, angewendet. Entsprechend den gewählten Werten für die Emission, die ambiente, die diffuse und die spiegelnde Reflexion wird die Farbe berechnet und das Polygon einheitlich eingefärbt. Für die Berechnung wird die Flächennormale $\vec{N}$ des Polygons benutzt. Da sich üblicherweise diese Normale beim Übergang auf angrenzende Polygone ändert, entstehen deutlich sichtbare Farbsprünge, die durch den bekannten *Mach-Band-Effekt* noch verstärkt werden. Ein annähernd kontinuierlicher Farbverlauf ist damit nur durch sehr kleine Polygone erreichbar, was aber zu einem deutlichen Anstieg an Berechnungsaufwand führt.

Das Gouraud- und das Phong-Shading basieren auf den gemittelten Normalen an den Eckpunkten der Polygone. Diese werden aus den Flächennormalen der Polygone berechnet, die den gemeinsamen Eckpunkt besitzen. Sind das *n* Polygone, so wird der resultierende normierte Normalenvektor nach Gleichung (7.11) berechnet.

$$\vec{N}_{res} = \frac{\sum\limits_{i=1}^{n} \vec{N}_i}{\left|\sum\limits_{i=1}^{n} \vec{N}_i\right|} \tag{7.11}$$

Mit diesem Normalenvektor wird nun auf unterschiedliche Weise weitergearbeitet. Beim *Gouraud-Shading* wird die resultierende Farbe für jeden Eckpunkt berechnet und diese dann über die Polygonfläche interpoliert. Ist das Polygon ein Dreieck, so gilt die im Bild 7.6 und den Gleichungen (7.12) angegebene Berechnungsvorschrift.

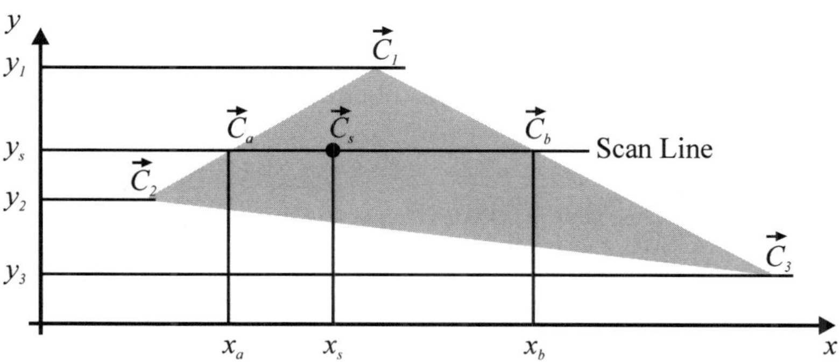

Bild 7.6 Gouraud-Shading

$$\vec{C}_a = \vec{C}_1 - \left(\vec{C}_1 - \vec{C}_2\right)\frac{y_1 - y_s}{y_1 - y_2},\quad \vec{C}_b = \vec{C}_1 - \left(\vec{C}_1 - \vec{C}_3\right)\frac{y_1 - y_s}{y_1 - y_3}$$
$$\vec{C}_s = \vec{C}_b - \left(\vec{C}_b - \vec{C}_a\right)\frac{x_b - x_s}{x_b - x_a} \tag{7.12}$$

Beim *Phong-Shading* werden im Gegensatz zum Gouraud-Shading nicht die Farben interpoliert, sondern die Normalen. Mit diesen werden dann die Farben durch Anwendung des Beleuchtungsmodells berechnet. Damit ist das Phong-Shading deutlich langsamer als das Gouraud-Shading. Wie bereits im Abschnitt 3.3.6 angegeben, unterstützt OpenGL die beiden Modelle für das Flat- und das Gouraud-Shading, hier SMOOTH-Shading genannt. Diese werden durch glEnable(GL_FLAT) oder glEnable(GL_SMOOTH) aktiviert und durch glDisable(GL_FLAT) oder glDisable(GL_SMOOTH) deaktiviert. Standard ist glEnable(GL_SMOOTH).

Beispiel 7.5:

Darstellung einer durch ein Punktlicht beleuchteten Kugel im Flat- und Smooth-Modus. Mit Value1 und Value2 werden die x- und y-Positionen des Lichts, mit Value3 die Aufteilung der Kugel in Polygone verändert

```
glEnable(GL_LIGHT1);
glMaterialfv(GL_FRONT,GL_AMBIENT_AND_DIFFUSE,@Magenta50);
glMaterialfv(GL_FRONT,GL_SPECULAR,@Weiss);
glMaterialf(GL_FRONT,GL_SHININESS,128);
Licht.x:=-0.1*Value1; Licht.y:=0.1*Value2;
Licht.z:=5; Licht.w:=1;
glShadeModel(GL_FLAT);

glPushMatrix;
  glTranslatef(-5,0,0);
  glLightfv(GL_LIGHT1,GL_POSITION,@Licht);
  glRotatef(MoveValue,xMove,yMove,zMove);
  glutSolidSphere(3,Value3,Value3);
glPopMatrix;
glShadeModel(GL_SMOOTH);
glPushMatrix;
  glTranslatef( 5,0,0);
  glLightfv(GL_LIGHT1,GL_POSITION,@Licht);
  glRotatef(MoveValue,xMove,yMove,zMove);
  glutSolidSphere(3,Value3,Value3);
glPopMatrix;
```

Den vollständigen Quelltext enthält das Projekt BELEUCHTUNG.

■

Beispiel 7.6:

Darstellung einer durch ein Spotlicht beleuchteten Ebene. Mit Value1 und Value2 werden die x- und y-Richtungen des Lichts, mit Value3 der Abstand des Lichts in z-Richtung verändert. Die Viereckebene wurde mit Hilfe der in der Unit GLToolsDelphi vorhandenen Unit Dreiecksnetz erzeugt. Die dazu erforderliche Prozedur Viereckebene lautet

```
procedure ViereckEbene(s,t: GLfloat; Param: array of GLfloat;
                       var x,y,z: GLfloat);
```

```
begin
     x:=Param[0]*(s-0.5);
     y:=Param[1]*(t-0.5);
     z:=0;
end;
```

Das Programmfragment für die Beleuchtung hat die Form

```
glEnable(GL_LIGHT2);
glMaterialfv(GL_FRONT,GL_AMBIENT_AND_DIFFUSE,@Rot);
Licht.x:=0; Licht.y:=0; Licht.z:=5+0.1*Value3; Licht.w:=1;
SpotDir.x:=0.1*Value1; SpotDir.y:=0.1*Value2;
SpotDir.z:=-5;         SpotDir.w:=1;

glLightfv(GL_LIGHT2,GL_AMBIENT,@Weiss);
glLightfv(GL_LIGHT2,GL_DIFFUSE,@Weiss);
glLightfv(GL_LIGHT2,GL_POSITION,@Licht);
glLightfv(GL_LIGHT2,GL_SPOT_DIRECTION,@SpotDir);
glLightf(GL_LIGHT2,GL_SPOT_CUTOFF,15);
glLightf(GL_LIGHT2,GL_SPOT_EXPONENT,0);
Param[0]:=20; Param[1]:=10;
glPolygonMode(GL_FRONT_AND_BACK,GL_FILL);
glEnable(GL_LIGHTING);
glPushMatrix;
   glRotatef(MoveValue,xMove,yMove,zMove);
   Dreiecksnetz(120,120,Param,Viereckebene);
glPopMatrix;
```

Den vollständigen Quelltext enthält das Projekt BELEUCHTUNG.

■

Beispiel 7.7:

Rotierende Körper mit einstellbaren Materialparametern werden mit ausgewählten Lichtfarben durch Positions- und Richtungslicht beleuchtet.

Den vollständigen Quelltext enthält das Projekt BELEUCHTUNG.

■

OpenGL bietet als besondere Möglichkeit die automatische Übernahme der mit glColor*(..) aktuell definierten Farbe für ausgewählte Materialparameter mit der Routine

glColorMaterial(**face, mode**);

face spezifiziert die Flächen, für die die durch glColor*(..) gesetzte Farbe übernommen werden soll. Möglich sind GL_FRONT, GL_BACK und GL_FRONT_AND_BACK. **mode** dient der Festlegung, von welchen der verschiedenen Materialeigenschaften die aktuelle Farbe übernommen werden soll. Möglich sind GL_AMBIENT, GL_DIFFUSE, GL_SPECULAR, GL_AMBIENT_AND_DIFFUSE und GL_EMISSION. Die Nutzung dieser Möglichkeit muss mit dem Aufruf glEnable(GL_COLOR_MATERIAL) nach dem Aufruf von glColorMaterial(..) aktiviert werden. glColorMaterial(..) darf nicht innerhalb von glBegin(..) und glEnd aufgerufen werden. Das folgende Beispiel 7.8 gibt einen Eindruck von der Nutzung dieser Möglichkeit.

Beispiel 7.8:

Nutzung der Routine glColorMaterial(..) am Beispiel des Utah Teapot.

```
glEnable(GL_LIGHTING); glEnable(GL_LIGHT1);
glColor3f(1,0,0);
glColorMaterial(GL_FRONT,GL_AMBIENT);
glEnable(GL_COLOR_MATERIAL);
glFrontFace(GL_CW);
glPushMatrix;
  glRotatef(MoveValue,xMove,yMove,zMove);
  glutSolidTeapot(3);
glPopMatrix;
glDisable(GL_COLOR_MATERIAL);
```

Den vollständigen Quelltext enthält das Projekt BELEUCHTUNG.

■

In manchen Fällen möchte man besondere Effekte durch ein möglichst realitätsnahes Aussehen von Objekten aus bestimmten Materialien, wie Gold und Silber, haben. In [Reynolds97] sind dafür Materialparameter angegeben worden. Einige sind anschließend auf drei Stellen gerundet genannt.

	Ambienter Teil			Diffuser Teil			Specularer Teil			Exp.
Material	R	G	B	R	G	B	R	G	B	*n*
Schwarzes Plastik	0.000,	0.000,	0.000	0.010,	0.010,	0.010	0.500,	0.500,	0.500	32
Chrom	0.250,	0.250,	0.250	0.400,	0.400,	0.400	0.775,	0.775,	0.775	76.8
Kupfer	0.191,	0.074,	0.023	0.704,	0.270,	0.083	0.257,	0.138,	0.086	12.8
Messing	0.329,	0.224,	0.027	0.780,	0.569,	0.114	0.992,	0.941,	0.808	27.9
Bronze	0.213,	0.128,	0.054	0.714,	0.428,	0.181	0.394,	0.272,	0.167	25,6
Zinn	0.106,	0.059,	0.114	0.427,	0.471,	0.541	0.333,	0.333,	0.522	9,8
Silber	0.192,	0.192,	0.192	0.508,	0.508,	0.508	0.508,	0.508,	0.508	51,2
Silber, poliert	0.232,	0.232,	0.232	0.278,	0.278,	0.278	0.774,	0.774,	0.774	89,6
Gold	0.247,	0.200,	0.075	0.752,	0.610,	0.226	0.628,	0.556,	0.366	51,2

Beispiel 7.9:

Objekte aus Gold, Silber, Chrom usw.

Den vollständigen Quelltext enthält das Projekt BELEUCHTUNG.

■

Beispiel 7.10:

Nutzung der durch OpenGL bereitgestellten Möglichkeiten für den Einfluss von Nebel auf die grafische Darstellung von Objekten.

Den vollständigen Quelltext enthält das Projekt BELEUCHTUNG.
Im Bild 7.7 ist der optische Einfluss des Nebels unter OpenGL zu sehen.

Bild 7.7 Mini-Szene ohne und mit Nebel

7.3.3 Ray Tracing (Überblick)

Ray Tracing (Strahlverfolgung) ist ein wirkungsvolles, aber bezüglich Rechenzeit und Speicherplatz aufwändiges Verfahren zur Berechnung fotorealistischer Bilder. Die Entwicklung geht bis auf das Jahr 1968 zurück. 1979 (D. S. Kay und D. Greenberg) und 1980 (T. Whitted) wurden erstmals Verfahren vorgestellt. Diese arbeiten mit globalen Beleuchtungsmodellen, Gleichung (7.10), die die spiegelnde Reflexion sowie die Transmission zwischen den verschiedenen Objekten einbeziehen. Die diffuse Reflexion wird nur näherungsweise erfasst. Das Prinzip besteht im Gegensatz zur physikalischen Natur darin, vom Betrachterstandpunkt aus Sichtstrahlen durch jedes Pixel zu schicken und den Weg derselben durch die Szene zu verfolgen. In diese Berechnungen werden neben dem *Primärstrahl* (Sichtstahl, Augstrahl) auch *Sekundärstrahlen* zu den vorhandenen Lichtquellen (Schattenstrahlen) und zu/von anderen beleuchteten Objekten (Reflexions- und Transmissionsstrahlen) einbezogen. Dadurch wird einerseits festgestellt, ob der betrachtete Punkt im Schatten liegt, und andererseits werden sich gegenseitig beleuchtende Objekte berücksichtigt. Das führt dann zum rekursiven Ray Tracing, Bild 7.8. Damit stellt sich die Frage, bis zu welcher Tiefe die Rekursion durchgeführt werden soll, wann das Verfahren also abzubrechen ist. Prinzipiell können drei Fälle unterschieden werden:

- der Primärstrahl trifft kein Objekt oder kein Objekt mehr,
- die Lichtintensität ist so schwach geworden, dass sie keinen sichtbaren Anteil am Endergebnis mehr hat,
- die Anzahl der Reflexionen/Refraktionen (Grad, Verfolgungs- oder Trace-Tiefe) wird festgelegt und bestimmt das Ende der Rekursion.

Ray Tracing wird vorzugsweise dort eingesetzt, wo

- Objekte spiegelnde Oberflächen besitzen,
- transparente Objekte vorhanden sind,
- die Rückwirkung anderer Objekte berücksichtigt werden soll,
- Schatten automatisch erzeugt werden soll.

Bild 7.9 zeigt zwei Szenen, die unter Nutzung des Ray Tracing erzeugt wurden.

Um den Berechnungsaufwand zu senken, wurden und werden verbesserte Ray-Tracing-Techniken entwickelt.

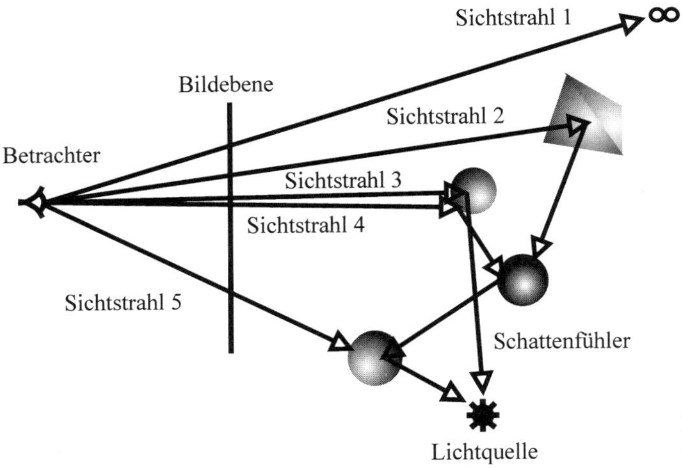

Bild 7.8 Ray Tracing (vereinfachtes Prinzip)

Bild 7.9 Beispiele für Ray Tracing

Supersampling soll die Anfälligkeit für das Aliasing beim konventionellen Ray Tracing senken, da dort je Pixel nur ein Strahl abgeschickt wird. Die Idee des Supersampling beruht auf Überlegungen, zur Verminderung von Aliasing-Effekten die Aufteilung eines Pixels in Subpixel durchzuführen und durch jedes Subpixel einen Strahl zu senden. Die ermittelten Subpixelfarben werden dann gemittelt und zur Farbe des Pixels.

$$\vec{C}_{Pixel} = \frac{1}{n}\sum_{i=1}^{n} \vec{C}_{Subpixel,\,i}$$

Der Berechnungsaufwand steigt dadurch mit der Anzahl der Subpixel.

Beim adaptiven Supersampling wird zur Senkung des Berechnungsaufwandes nur dort eine Pixelunterteilung durchgeführt, wo deutliche Farb- und Intensitätsunterschiede vorliegen, also beispielsweise an Kanten.

Das *stochastische Ray Tracing* wurde erstmals in [Kaji86] als eine Erweiterung des konventionellen Ray Tracing vorgestellt. Die Grundidee besteht in einer stochastischen

Veränderung der Strahlrichtungen innerhalb eines Pixels. Dabei ist die stochastische Verteilung der Strahlen entweder gleichförmig (weißes Rauschen) oder eine Poisson-Verteilung, die einen Mindestabstand zwischen zwei benachbarten Strahlrichtungen garantiert. Bei diesem Verfahren werden pro Schnittpunkt jeweils nur ein Strahl zur Berechnung der lokalen Beleuchtung und ein Strahl zur Berechnung der globalen Beleuchtung gestartet. Der Strahl für die lokale Beleuchtung wird auf eine zufällig gewählte Position, die auf einer zufällig gewählten Lichtquelle liegt, gesendet und, falls der Schnittpunkt nicht im Schatten liegt, der Beitrag dieser Lichtquelle berechnet. Der Strahl für die globale Beleuchtung wird entsprechend einer der oben genannten Verteilungen in eine zufällige Richtung weiterverfolgt, um den globalen Anteil der Beleuchtung zu ermitteln. Dieser Prozess wird wiederholt und dann abgebrochen, wenn die vorgegebene Rekursionstiefe erreicht ist, der Strahl für die globale Beleuchtung ins Leere trifft oder der Anteil der globalen Beleuchtung unwesentlich geworden ist. Prinzipiell ist es möglich, mit dem Verfahren diffuse Interreflexionen und indirekte Beleuchtung über spiegelnde Oberflächen zu simulieren.

Das *verteilte Ray Tracing* wurde 1984 in [CookPC84] vorgestellt. Dazu wurden die bereits beschriebenen Ansätze verwendet und erweitert. Insbesondere wurden das oben beschriebene Supersampling und das stochastische Ray Tracing benutzt und die Subpixelunterteilung jetzt auch für die Reflexions-, Transmissions- und Lichtstrahlen angewendet. Der Nachteil dieses Verfahrens liegt im erhöhten Rechenaufwand, der Vorteil in einer deutlich verbesserten Bildqualität gegenüber dem konventionellen Ray Tracing.

7.3.4 Radiosity (Überblick)

Beim bisher behandelten Ray Tracing basierte das Berechnungsverfahren auf der Strahlenoptik. Der Weg eines Primärstrahls durch die Szene wurde rekursiv verfolgt, indem an einer Trefferstelle Reflexions-, Transmissions- und Schattenstrahlen berechnet und die ersten beiden nun ihrerseits als Primärstrahlen betrachtet wurden. Der Vorteil des Ray Tracing besteht in der guten Wiedergabe spiegelnder Reflexion, der große Nachteil aber in der vom Rechenaufwand her nicht beherrschbaren diffusen Reflexion. Zur Berechnung der diffusen Reflexion wählt das *Radiosity-Verfahren* (Strahlungsverfahren) einen anderen Ansatz, nämlich das Energiegleichgewicht zwischen strahlenden und diffus reflektierenden Objekten. Es wurde erstmals 1983 von Goral, Torrance, Greenberg und Battaile vorgestellt. Ebenso wie das Ray Tracing ist Radiosity ein globales Beleuchtungsverfahren, es werden also nicht nur die Wechselwirkungen der Oberflächen mit den Lichtquellen berücksichtigt, sondern auch die Wechselwirkungen der Oberflächen untereinander. Das Modell beschreibt das Gleichgewicht von emittierter, reflektierter und absorbierter (in Wärme umgewandelter) Lichtenergie innerhalb eines geschlossenen Systems durch ein Gleichungssystem. Grundlage bilden die Hauptsätze der Thermodynamik. Die wesentliche Annahme bei dieser Methode ist, dass alle Strahlungs- und Reflexionsprozesse ideale diffuse Reflektoren im Sinne des Gesetzes von Lambert sind. Beim Radiosity-Verfahren ist die Modellierung flächiger Lichtquellen möglich. Eine Fläche strahlt Primärenergie (Lichtquelle) oder Sekundärenergie (zurückgestrahlte Energie) ab. Annahmen für das Radiosity-Verfahren sind

- alle Flächen einer Szene reflektieren ideal diffus,
- alle Flächen sind bezüglich ihrer Eigenschaften homogen,
- die Szene ist abgeschlossen, Energie wird weder zu- noch abgeführt.

Für eine Fläche A_i gilt

abgestrahlte Energie = emittierte Energie + reflektierte Energie,
emittierte Energie = Primärenergie,
reflektierte Energie = Sekundärenergie.

$$A_i \cdot B_i = A_i \cdot E_i + R_i \cdot \sum_{j=1}^{n} A_j \cdot B_j \cdot F_{j,i} \qquad 1 \leq n \leq i$$

$$B_i = E_i + R_i \cdot \sum_{j=1}^{n} \frac{\cdot A_j}{\cdot A_i} \cdot B_j \cdot F_{j,i} \qquad 1 \leq n \leq i$$

Da die reziproke Relation $A_i \cdot F_{i,j} = A_j \cdot F_{j,i}$ gilt, ergibt sich schließlich die Gleichung für das Energiegleichgewicht zu

$$B_i = E_i + R_i \cdot \sum_{j=1}^{n} B_j \cdot F_{i,j} \qquad 1 \leq n \leq i$$

Dabei bedeuten

B_i = Energiedichte der Fläche i in W/m^2
E_i = Eigenenergiedichte der Fläche i in W/m^2
R_i = Reflektivität der Fläche i ($R_i = 0 \ldots 1$)
B_j = Energiedichte der Fläche j in W/m^2
$F_{i,j}$ = Formfaktor, der angibt, welcher Teil der Energiedichte einer Fläche i auf die Fläche j übergeht
n = Anzahl der Flächen in der Szene.

Die Lösung des Gleichungssystems ergibt für jede Fläche A_i der Szene die Energiedichte B_i ($i = 1 \ldots n$), die letztendlich der auf dem Bildschirm vorhandenen Intensität entspricht. Das entscheidende Problem ist die Berechnung der $n \cdot (n-1)/2$ Formfaktoren $F_{i,j}$. Diese sind nur von der Geometrie der Szene abhängig, Bild 7.10.

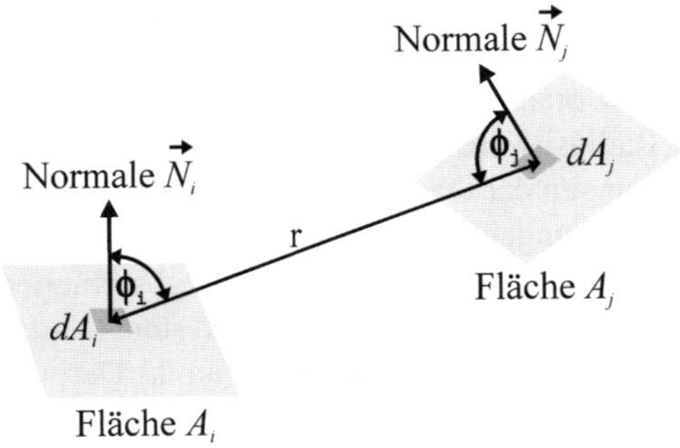

Bild 7.10 Definition der Formfaktoren $F_{i,j}$

Die Vorschrift für die Berechnung des Formfaktors $F_{i,j}$ lautet, wobei zunächst angenommen wird, dass die Flächen nicht durch andere partiell oder vollständig verdeckt werden:

$$F_{i,j} = \frac{1}{A_i} \int\limits_{A_i} \int\limits_{A_j} \frac{\cos \Theta_i \cdot \cos \Theta_j}{\pi \cdot r^2} \cdot \mathrm{d}A_j \cdot \mathrm{d}A_i$$

Mit	$\mathrm{d}A_i$, $\mathrm{d}A_j$, A_i	= differenzielle und endliche Flächen i und j
	r	= Abstand beider differenzieller Flächen
	Φ_i, Φ_j	= Winkel zwischen der Flächennormalen der betrachteten Fläche und dem Abstandsvektor beider Flächen.

Im Bild 7.11 ist der prinzipielle Ablauf der Radiosity-Berechnung angegeben. Charakteristisch ist, dass das Gleichungssystem zur Bestimmung der Energiedichtewerte B_i nur dann erneut gelöst werden muss, wenn sich die Farben oder Intensitäten ändern. Die Beobachterposition hat darauf keinen Einfluss.

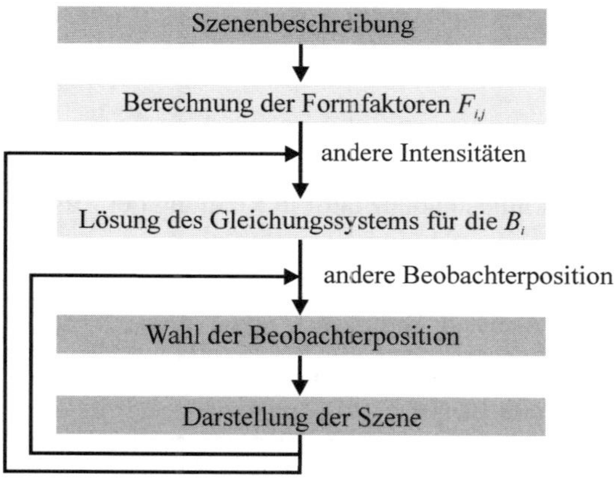

Bild 7.11 Prinzipieller Radiosity-Algorithmus

Das größte Problem beim Radiosity besteht hinsichtlich des Aufwandes und der Genauigkeit bei der Berechnung der Formfaktoren $F_{i,j}$. Hierfür sind viele unterschiedliche Verfahren im Einsatz, von denen die *Hemi-Sphere-Methode,* die *Hemi-Cube-Methode* und die *Single-Plane-Methode* genannt sein sollen. Auch für die Lösung des Gleichungssystems werden unterschiedlichste Verfahren eingesetzt. Hier sind das Jacobi-Iterationsverfahren, das klassische Gauß-Seidel-Verfahren, das daraus durch Modifikation entstandene Southwell-Verfahren sowie das Progressive Refinement genannt. Dieses ist seinerseits eine Modifikation des Southwell-Verfahrens mit der Zielstellung, den aktuellen Radiosity-Vektor nach jedem Iterationsschritt darzustellen. Dabei sollte das Verfahren am Anfang schnell konvergieren, um bald eine erste Visualisierung zu erzeugen. Im Bild 7.12 ist das Prinzip dargestellt.

Bild 7.12 Progressives Radiosity

Im Bild 7.13 ist eine mit Radiosity erzeugte Galerie gezeigt, um einen groben Eindruck von der Leistungsfähigkeit des Verfahrens zu vermitteln.

Bild 7.13 Mit Radiosity erzeugte Galerie

Abschließend sind die beiden auf unterschiedlichen physikalischen Grundlagen basierenden Verfahren gegenübergestellt. Die Entwicklungstendenz läuft in Richtung der Zusammenführung beider Verfahren.

Ray-Tracing-Verfahren	Radiosity-Verfahren
Basieren auf strahlenoptischen Grundlagen.	Basieren auf strahlungsphysikalischen Grundlagen.
Berechnen die Beleuchtung während der Bildsynthese.	Berechnen die Beleuchtung vor der Bildsynthese.
Berechnen die Beleuchtung punktweise.	Berechnen die Beleuchtung flächenweise.
Benutzen Objektmodelle, für die ein Schnittpunkttest und eine Normalenberechnung formuliert werden kann (z. B. algebraische Oberflächen, Polygone, CSG-Modelle, ...).	Benutzen als Objektmodell Polygone (meistens Dreiecke oder Rechtecke).
Haben einen Aufwand an Rechenzeit, der abhängig von der Anzahl der Objekte der Szene und der Anzahl der Bildpunkte ist.	Haben einen Aufwand an Rechenzeit, der quadratisch abhängig von der Anzahl der Flächenstücke ist. (Unter der Voraussetzung, dass ein iteratives Verfahren, wie z. B. das Gauß-Seidel-Verfahren, zur Lösung des Gleichungssystems benutzt wird. Bei direkten Lösungsverfahren (z. B. Matrixinversion) ist der Aufwand kubisch.)
Haben einen Verbrauch an Speicherplatz, der abhängig von der Anzahl der Objekte der Szene ist.	Haben einen Verbrauch an Speicherplatz, der quadratisch von der Anzahl der Flächenstücke abhängt.

Ray-Tracing-Verfahren	Radiosity-Verfahren
Erfordern ein komplettes Neuberechnen des Bildes, wenn der Standort des Beobachters, die Beleuchtungssituation oder die Geometrie der Szene geändert.	Erfordern nur eine Neudarstellung des Bildes, wenn der Standort des Beobachters verändert wird. Bei geänderter Beleuchtungssituation muss die Beleuchtung nur teilweise neu berechnet werden (erneutes Lösen des Gleichungssystems). Wenn die Geometrie der Szene geändert wird, muss die Berechnung komplett neu durchgeführt werden.

7.4 OpenGL-Routinen

- Aktivieren/Deaktivieren der Beleuchtungsrechnung
  glEnable (GL_LIGHTING);
  glDisable (GL_LIGHTING); Standard: glDisable (GL_LIGHTING);
- Aktivieren/Deaktivieren der Lichtquelle i , $i = 0 \ldots 7$
  glEnable (GL_LIGHTi) Standard: glDisable(GL_LIGHTi);
  glDisable (GL_LIGHTi)
- Definition der Lichtquellen
  procedure glLightfv(**light, pname: *GLenum;* param**: ***PGLfloat***);
  procedure glLightf(**light, pname: *GLenum;* param: *GLfloat***);

Parameter **light**	Bedeutung	Standard
GL_LIGHTi	Lichtquelle i ($i = 0 \ldots 7$)	GL_LIGHT0

Parameter **pname**	Bedeutung	Standard
GL_AMBIENT	ambiente Lichtquellenfarbe $\vec{C}_{Li,amb}$	(0,0,0,1)
GL_DIFFUSE	diffuse Lichtquellenfarbe $\vec{C}_{Li,diff}$	GL_LIGHT0: (1,1,1,1) sonst: (0,0,0,0)
GL_SPECULAR	spiegelnde Lichtquellenfarbe $\vec{C}_{Li,spec}$	GL_LIGHT0: (1,1,1,1) sonst: (0,0,0,0)
GL_POSITION	Position bzw. Strahlrichtung	(0,0,1,0)
GL_SPOT_DIRECTION	Spot- Strahlrichtung $\vec{L}_{s,i}$	(0,0,–1)
GL_SPOT_CUTOFF	halber Öffnungswinkel β_i in Grad	180°
GL_SPOT_EXPONENT	Konzentrationsexponent k	0
GL_CONSTANT_ATTENUATION	konstante Lichtabschwächung k_{konst}	1
GL_LINEAR_ATTENUATION	lineare k_{lin}	0
GL_QUADRATIC_ATTENUATION	quadratische k_{quad}	0

Standardeinstellungen

- Die Beleuchtung ist standardmäßig mit glDisable(GL_LIGHTING) ausgeschaltet. Eingeschaltet wird sie mit glEnable(GL_LIGHTING).
- Lichtquellen werden mit glEnable(GL_LIGHTi), $i = 0 \ldots 7$, ein- und mit glDisable(GL_LIGHTi) ausgeschaltet. Standardmäßig ist keine Lichtquelle eingeschaltet.

- Definition der Materialparameter

  procedure glMaterialfv(**face, pname:** ***GLenum;*** **params:** ***PGLfloat***);

  procedure glMaterialf(**face, pname:** ***GLenum;*** **param:** ***GLfloat***);

Parameter **face**	Bedeutung	Standard
GL_FRONT GL_BACK GL_FRONT_AND_BACK	Vorderseite Rückseite Vorder- und Rückseite	GL_FRONT
Parameter **pname**	Bedeutung	Standard **params**
GL_AMBIENT GL_DIFFUSE GL_SPECULAR GL_AMBIENT_AND_DIFFUSE GL_EMISSION	ambient reflektierte Farbe $\vec{C}_{M,amb}$ diffus reflektierte Farbe $\vec{C}_{M,diff}$ spiegelnd reflektierte Farbe $\vec{C}_{M,spec}$ gemeinsame Definition $\vec{C}_{M,amb} = \vec{C}_{M,diff}$ Emissionsfarbe$\vec{C}_{M,emi}$	(0.2,0.2,0.2,1.0) (0.8,0.8,0.8,1.0) (0.0,0.0,0.0,1.0) (0.0,0.0,0.0,1.0)
Parameter **pname**	Bedeutung	Standard **param**
GL_SHININESS	Spiegelexponent m $(0 \ldots 128)$	0.0

- Definition des Beleuchtungsmodells

  procedure glLightModelfv(**pname:** ***GLenum;*** **params:** ***PGLfloat***);

  procedure glLightModelf(**pname:** ***GLenum;*** **param:** ***GLfloat***);

Parameter **pname**	Bedeutung	Standard **params/param**
GL_LIGHT_MODEL_AMBIENT	globales ambientes Licht $\vec{C}_{ambglobal}$	(0.2,0.2,0.2,1.0)
GL_LIGHT_MODEL_TWO_SIDE	Beleuchtung beider Seiten	0 (nur Vorderseite)
GL_LIGHT_MODEL_LOCAL_VIEWER	lokaler Augpunkt	0 (globaler Augpunkt im Unendlichen, Blickrichtung $-z$)

- Automatische Übernahme der aktuellen Farbe für ausgewählte Materialparameter

  procedure glColorMaterial(**face, mode:** ***GLenum***);

Parameter

face Spezifikation der Flächen, für die die durch glColor*(..) gesetzte Farbe übernommen werden soll. Möglich sind GL_FRONT, GL_BACK und GL_FRONT_AND_BACK.

mode Festlegung, von welchen der verschiedenen Materialeigenschaften die aktuelle Farbe übernommen werden soll. Möglich sind GL_AMBIENT, GL_DIFFUSE, GL_SPECULAR, GL_AMBIENT_AND_DIFFUSE und GL_EMISSION.

Kurzbeschreibung

Die mit glColor*(..) definierte Farbe wird für die durch **face** und **mode** spezifizierten Parameter als Materialeigenschaft übernommen. Die Nutzung dieser Möglichkeit muss mit dem Aufruf glEnable(GL_COLOR_MATERIAL) nach dem Aufruf von glColor Material(..) aktiviert werden. glColorMaterial(..) darf nicht innerhalb von glBegin(..) und glEnd aufgerufen werden.

Standards sind GL_FRONT_AND_BACK und GL_AMBIENT_AND_DIFFUSE.

- Aktivieren/Deaktivieren der Nebelberechnung

  glEnable (GL_FOG);

  glDisable (GL_FOG); Standard: glDisable (GL_FOG);

- Definition von Nebel

  procedure glFogfv(**pname: *GLenum;* params: *PGLfloat***);

  procedure glFogf(**pname: *GLenum;* param: *GLfloat***);

Wert von **pname**	Bedeutung von **params/param**	Standard **params/param**
GL_FOG_MODE	Gewichtsfunktionen f GL_LINEAR, GL_EXP, GL_EXP2	 GL_EXP
GL_FOG_DENSITY	Nebeldichte f_D	1.0
GL_FOG_START	Anfangswert l_{min} des Nebels	0.0
GL_FOG_END	Endwert l_{max} des Nebels	1.0
GL_FOG_COLOR	Nebelfarbe $\vec{C}_{Nebel}$	(0.0,0.0,0.0,0.0)

- Qualität der Nebelberechnung

  procedure glHint(**target, mode: *Glenum***);

Wert des Parameters **target**: GL_FOG_HINT

Wert von **mode**	Bedeutung	Standard
GL_FASTEST	niedrigste Qualität	GL_FASTEST
GL_NICEST	höchste Qualität	
GL_DONT_CARE	systemabhängige Qualität	

7.5 Übungen

Projekt UEBUNG71:

Eine Lichtquelle mit wählbarer Farbe soll um einen Quader rotieren. Die Lichtquelle selbst soll als kleine Kugel der gewählten Farbe dargestellt werden.

Projekt UEBUNG72:

Das Beispiel 7.6 ist so zu modifizieren, dass nicht eine Ebene, sondern eine Kugel mit dem Spotlicht beleuchtet wird.

Projekt UEBUNG73:

Eine Kugel soll im Nebel in z-Richtung bewegt werden. Die Nebel- und die Kugelfarbe sollen einstellbar sein.

8 Texturen

8.1 Einführung

Bisher wurde das Aussehen von erzeugten Flächen und Körpern durch Farben, Farbverläufe und Beleuchtungseffekte bestimmt. Diese wirken dadurch glatt und unnatürlich. Allerdings gibt es auch Fälle, bei denen diese Effekte gewünscht sind, wie beispielsweise bei Metallkugeln oder Kunststoff-Bausteinen, die glatte und spiegelnde Oberflächen aufweisen. Probleme treten aber dann auf, wenn natürliche Oberflächen dargestellt werden sollen, wie etwa die Dachziegel und das Mauerwerk eines Hauses oder die Schale einer Orange. Das wäre theoretisch auf zwei prinzipiell verschiedenen Wegen erreichbar. Der erste bestände darin, die darzustellende Oberfläche geometrisch zu modellieren, indem man sie in sehr viele kleine Dreiecke oder Polygone zerlegt und diese dann durch geeignete Verfahren unterschiedlich einfärbt. Es ist sicherlich sofort zu sehen, dass der dafür erforderliche Modellierungsaufwand gewaltig und bald nicht mehr überschaubar ist. Als zweiter Weg bietet sich an, die modellierten Flächen, Körper oder Hintergründe von Szenen mit einer passenden Textur (Oberflächenstruktur) zu versehen, ohne die Geometrie ändern zu müssen. Die Computergrafik liefert dazu mit den Texturen ein leistungsfähiges Hilfsmittel [GonzWi87], [Watt02]. Damit ist es möglich, eine große Informationsmenge über die natürliche Beschaffenheit der Oberfläche sichtbar zu machen und den gewünschten realistischen Eindruck wesentlich zu verstärken. Eine Textur ist dabei als die natürliche oder produktionstechnisch bedingte Struktur einer Oberfläche aufzufassen. Im Sinne der 3D-Darstellung kann damit eine Textur als ein Attribut des verwendeten Materials bzw. seiner Oberfläche aufgefasst werden. Die Auswertung der für die Visualisierung relevanten geometrischen Aspekte, also die Verbindung von Textur und geometrischem Objekt, erfolgt erst während des Darstellungsprozesses. Man unterscheidet ein-, zwei- und dreidimensionale Texturen, von denen hier wegen ihrer Bedeutung nur die zweidimensionalen Texturen (2D-Texturen) behandelt werden.

8.2 Prozedurale und diskrete 2D-Texturen

Es existieren zwei Arten von Texturen, prozedurale und diskrete Texturen. Erstere werden durch mathematische Algorithmen definiert. Für einfache Texturen, wie beispielsweise das Schachbrettmuster, ist die mathematische Beschreibung noch kein Problem, für komplizierte Texturen, wie Holzmaserungen, Marmorstrukturen oder andere natürliche Oberflächen, stellt sie oftmals ein unüberwindbares Hindernis dar. Die Vorteile prozeduraler Texturen sind der geringe Speicherplatzbedarf, die exakte Berechnung der Texturwerte an jeder gewünschten Position (u, v) und der durch den Algorithmus vorgegebene Definitionsbereich. Diesen Vorteilen steht jedoch der bereits genannte gravierende Nachteil gegenüber, dass komplexe Texturen schwer durch mathematische Formeln zu beschreiben sind. Genutzt werden hier oft Methoden der Fourier-Synthese und der fraktalen Geometrie.

Aus diesen Gründen werden überwiegend diskrete Texturen, also Bitmaps, benutzt. Bitmaps sind Pixelbilder, die heute leicht durch Digitalkameras aufgenommen oder durch Digitalisierungen analoger Bilder erzeugt werden können. Die Beschreibung einer Textur erfolgt durch Koordinaten in einem Texturkoordinatensystem (u,v). 2D-Texturen werden in einem Texturraum, einem Quadrat oder Rechteck, mit eigenen Texturkoordinaten beschrieben. Die Koordinaten werden üblicherweise in beiden Richtungen auf den Bereich $0\ldots1$ normiert. Diskrete 2D-Texturen werden allgemein durch eine Matrix $\bar{C}_{(n,m)}$ mit n Zeilen und m Spalten beschrieben. Die Elemente $c_{i,j}$, $(1 \leq i \leq n, 1 \leq j \leq m)$, dieser Matrix enthalten dabei die Farbkomponenten (R,G,B) bzw. (R,G,B,A) und werden als *Texel* (Texture Element) bezeichnet. Der Vorteil diskreter Texturen besteht darin, dass sie mittels Digitalkameras, Scannern und individuellen Definitionen in nahezu unbegrenzter Anzahl existieren bzw. erzeugt werden können. Als Nachteile sind zu nennen, dass

- beim Aufbringen von Texturen (*Mapping*) auf beliebige Flächen Verzerrungen und dadurch bedingt Aliasing-Probleme auftreten,
- Bilder mit hoher Auflösung $n \times m$ und damit großen Texturmatrizen einen entsprechenden Speicherplatzbedarf haben,
- der in den Texturen dargestellte Kontext, wie Sonnenstand, Schattenwurf usw., im Widerspruch zur dargestellten oder geplanten Szene stehen kann,
- Texturwerte $T(u,v)$ an beliebigen Positionen (u,v) der Texturebene interpoliert werden müssen. Möglichkeiten dazu werden anschließend beschrieben.

Wie bereits ausgeführt ist es üblich, die Texturebene auf das Einheitsquadrat abzubilden.

Deshalb müssen die Texturwerte $T(u,v)$ durch Interpolation der Werte der Texturmatrix $\bar{C}_{(n,m)}$ bestimmt werden. Für die Interpolation werden allgemein zwei Methoden angewandt. Die erste Methode nutzt den nächstgelegenen Nachbarn, während die zweite auf vier nächstgelegene Nachbarn zurückgreift.

- Wahl des nächstgelegenen Nachbarn

$$T(u,v) = \begin{cases} \bar{C}[[u \cdot n - 0.5], [v \cdot m - 0.5]] & \text{für } u < 1, v < 1 \\ \bar{C}[u \cdot n - 1, [v \cdot m - 0.5]] & \text{für } u = 1, v < 1 \\ \bar{C}[[u \cdot n - 0.5], v \cdot m - 1] & \text{für } u < 1, v = 1 \\ \bar{C}[u \cdot n - 1, v \cdot m - 1] & \text{für } u = 1, v = 1 \end{cases}$$

- Interpolation aus den vier nächstgelegenen Nachbarn (bilineare Interpolation)

$$\begin{aligned}
\hat{u} &= u \cdot n - 0.5 - \lfloor u \cdot n - 0.5 \rfloor \\
\hat{v} &= v \cdot m - 0.5 - \lfloor v \cdot m - 0.5 \rfloor \\
T_0(u,v) &= \hat{u} \cdot \bar{C}[\lfloor u \cdot n - 0.5 \rfloor + 1, \lfloor v \cdot m - 0.5 \rfloor] + (1 - \hat{u}) \cdot \bar{C}[\lfloor u \cdot n - 0.5 \rfloor, \lfloor v \cdot m - 0.5 \rfloor] \\
T_1(u,v) &= \hat{u} \cdot \bar{C}[\lfloor u \cdot n - 0.5 \rfloor + 1, \lfloor v \cdot m - 0.5 \rfloor + 1] + (1 - \hat{u}) \cdot \bar{C}[\lfloor u \cdot n - 0.5 \rfloor, \lfloor v \cdot m - 0.5 \rfloor + 1] \\
T(u,v) &= \hat{v} \cdot T_1(u,v) + (1 - \hat{v}) \cdot T_0(u,v)
\end{aligned}$$

Anmerkungen:

- Für die Randbereiche müssen Sonderregelungen getroffen werden.

- Der Operator $[\ ]$ bedeutet Rundung zum nächstgelegenen Wert, der Operator $\lfloor\ \rfloor$ Rundung zum nächst kleineren Wert.
- Zur Berechnung der Texturwerte $T(u,v)$außerhalb des Gültigkeitsbereichs müssen spezielle Festlegungen getroffen werden.

OpenGL enthält für die Spezifikation einer 2D-Textur die Routine

glTexImage2D(**target**, **level**, **internalformat**, **width**, **height**, **border**, **format**, **type**, **pixels**)

glTexImage2D(..) ist im Beispiel 8.1 für die Erzeugung und Ausgabe einer prozeduralen Schachbrett-Textur und im Beispiel 8.2 für eine diskrete oder Bitmap-Textur genutzt worden. Diese Routine generiert die aktuell gültige Textur. Als **target** muss für 2D-Texturen GL_TEXTURE_2D angegeben werden. Der zweite Parameter **level** kennzeichnet die Ebene der Textur. OpenGL unterstützt eine spezielle Technik, genannt *Mipmapping*. Dabei können verschiedene Texturebenen mit unterschiedlichen Größen bereitgestellt werden, aus denen OpenGL unter Berücksichtigung der aktuellen Darstellungsparameter jeweils die optimale auswählt. Level 0 entspricht der Originaltextur. OpenGL unterstützt Mipmapping mit der Routine gluBuild2DMipmaps(..), Abschnitt 8.4. Die zu verarbeitende Farbinformation der Textur wird durch den Parameter **internalformat** bestimmt, für den hier GL_RGB oder GL_RGBA gewählt wird. Mit der Routine g1TexEnv(..) kann festgelegt werden, ob die Texturwerte die jeweiligen Oberflächenwerte ersetzen oder in einer bestimmten Weise modulieren. Der Parameter **width** erhält die Breite der Textur zuzüglich der doppelten Randbreite **border**. Analog wird für **height** die Höhe plus die doppelte Randbreite angegeben. Der Parameter **border** kann benutzt werden, um die Verwendung mehrerer kleiner Texturen an Stelle einer großen besonders zu unterstützen. Dies kann notwendig werden, wenn die gewünschte Texturgröße die maximal mögliche übersteigt. Um dabei an den Ecken und Kanten der einzelnen Texturen weiche Übergänge zu ermöglichen, kann mittels **border** ein Randbereich festgelegt werden. Wenn nun der Randbereich einer Textur mit dem Inhalt der an dieser Kante anschließenden Textur übereinstimmt, ergeben sich bei linearer Mittelung der Texel die korrekten Ergebnisse. Von dieser Möglichkeit wird hier jedoch kein Gebrauch gemacht. Das Format und der Datentyp der Pixeldaten werden über die Parameter **format** und **type** spezifiziert. In **pixels** selbst sind schließlich die Texel der Textur gespeichert. Wie dem Beispiel 8.1 zu entnehmen ist, kann mit der Routine glBindTexture(**target**, **texture**) ein so genanntes Texturobjekt erzeugt und später beliebig oft modifiziert und genutzt werden. Der Parameter **target** ist auch hier GL_TEXTURE_2D, **texture** gibt den Texturnamen an. Dieser sollte mit glGenTextures(**n**, **textures**) gebildet werden. Hier gibt **n** die Anzahl der zu generierenden Texturnamen, Werte vom Typ GLuint, an, während **textures** der Zeiger auf einen Vektor mit den generierten *Texturnamen* ist. Natürlich könnte man auch einen Texturnamen direkt angeben und verwenden. Das birgt aber die Gefahr mehrfacher Vergabe in sich. Deshalb sollte glGenTextures(..) verwendet werden. Im Abschnitt 8.6 sind die Routinen zusammengefasst und beschrieben.

8.3 Mapping-Verfahren

Die Technik des Aufbringens von 2D-Texturen auf Flächen und Körper wird als Mapping bezeichnet. Dabei wird festgelegt, wie die Koordinaten der Textur den geometrischen Koordinaten des Objekts zugeordnet werden. Für das Mapping gibt es verschiedene Verfahren, das Texture-Mapping, die indirekten Formen Reflection-Mapping und Environment-Mapping sowie das Bump-Mapping.

Texture-Mapping

Das Texture-Mapping wurde erstmals von Catmul [Catm74] vorgestellt. Es enthält einen Algorithmus, der es ermöglicht, eine Fläche oder einen Körper mit einer prozedural oder diskret erzeugten 2D-Textur zu überziehen. Die *Verzerrungen* einer Textur an beliebig geformten Körpern, wie etwa einer Kugel, berücksichtigt der Algorithmus. Dabei werden die Texel einer 2D-Textur aus dem Texturkoordinatensystem in Pixel des Bildschirmkoordinatensystems der Fläche oder des Körpers transformiert.

Bild 8.1 zeigt ein Beispiel zur Illustration dieses Problems. Eine Textur ist hier auf einen Zylinder abzubilden. Dazu wird diese zunächst einer Transformation mit der Matrix $\bar{M}_{TO}$ (Texturkoordinaten nach Objektkoordinaten) unterzogen, die die Texturwerte $(u,v)^T$ auf die Punkte $(x,y,z)^T$ der Objektoberfläche abbildet, $(x,y,z)^T = \bar{M}_{TO} \cdot (u,v)^T$. Dann erfolgt die Transformation dieser Punkte in Bildschirmkoordinaten mit der Matrix $\bar{M}_{OB}$ (Objektkoordinaten nach Bildschirmkoordinaten). Danach ist ein Punkt $(x,y,z)^T$ auf der Objektoberfläche an der Pixelposition $(x_B,y_B)^T = \bar{M}_{OB} \cdot (x,y,z)^T$ des Bildschirms zu sehen. Fasst man beide Transformationen zusammen, so erhält man die Abbildung der Texturkoordinaten auf die Bildschirmkoordinaten mit der Transformation $(x_B,y_B)^T = \bar{M}_{OB} \cdot \bar{M}_{TO} \cdot (u,v)^T$.

Der Darstellungsprozess geht jedoch den entgegengesetzten Weg, bei dem für jedes Pixel entschieden werden muss,

- welcher Punkt $(x,y,z)^T$ der Oberfläche mit welchen Pixelkoordinaten $(x_B,y_B)^T$ und
- welche Texturkoordinaten $(u,v)^T$ mit den Koordinaten $(x,y,z)^T$ des Objekts

korrespondieren.

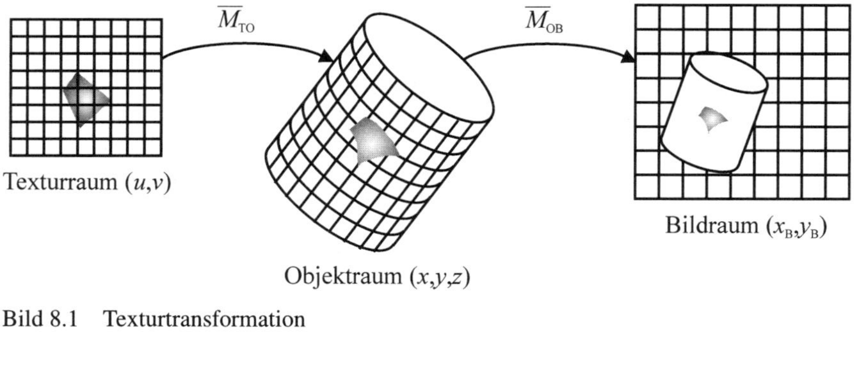

Bild 8.1 Texturtransformation

Daraus ergibt sich, dass die inverse Transformation zur oben beschriebenen angewendet werden muss. Diese lautet $(u,v)^T = \bar{M}_{TO}^{-1} \cdot \bar{M}_{OB}^{-1} \cdot (x_B,y_B)^T$ und stellt eine Verbindung der

Bildschirm- und der Texturkoordinaten her. Diese Transformation kann je nach der Komplexität der Objektoberflächen einfach bis sehr kompliziert sein. So ist die Abbildungsvorschrift für das Aufbringen einer Textur auf ein Dreieck oder ein Viereck kein Problem, während die Texturierung eines beliebig geformten Objekts anspruchsvoll ist.

OpenGL stellt mit den hier ausgewählten Routinen glTexCoord2f(*u*, *v*) im Zusammenhang mit glVertex3f(*x*, *y*, *z*) eine einfache Möglichkeit bereit, Textur- und Objektkoordinaten zu verbinden. Das folgende Beispiel 8.1 nutzt diese Möglichkeit und zeigt die prinzipielle Vorgehensweise bei der Erzeugung und Anwendung eines einfachen Schachbrettmusters, hier bestehend aus je zwei schwarzen und weißen Feldern.

Beispiel 8.1:

Definition des Schachbrettmusters als prozedurale Textur. Das angegebene Programmfragment enthält nur die wesentlichen Angaben. Im Projekt TEXTUREN sind weitere Optionen vorhanden, so die Vervielfachung der Textur und die Beseitigung von Verzerrungen, die bei der perspektivischen Projektion entstehen können.

```
      // Deklaration der benötigten Größen
      const  TexH=32;         TexB=32;
      type   Farben4=         record R,G,B,A: GLfloat end;
      var    SchachTextur:    array [1..TexB,1..TexH] of Farben4;
             TexturNamen:     array [1..2] of GLuint;
             bx,by,bz:        GLfloat;

      // Prozedurale Definition des Schachbrettmusters
      procedure CreateTexturSchach(Alfa: GLfloat); // Schachbrett
        var i,j: glByte;
      begin
        for i:=1 to TexB div 2 do
        for j:=1 to TexH div 2 do
        with SchachTextur[i,j] do begin R:=0; G:=0; B:=0; A:=Alfa end;
        for i:=TexB div 2+1 to TexB do
        for j:=TexH div 2+1 to TexH do
        with SchachTextur[i,j] do begin R:=0; G:=0; B:=0; A:=Alfa end;
        for i:=TexB div 2+1 to TexB do
        for j:=1 to TexH div 2 do
        with SchachTextur[i,j] do begin R:=1; G:=1; B:=1; A:=Alfa end;
        for i:=1 to TexB div 2 do
        for j:=TexH div 2+1 to TexH do
        with SchachTextur[i,j] do begin R:=1; G:=1; B:=1; A:=Alfa end;
      end {CreateTexturSchach};

      // Generierung von zwei Texturnamen
      glGenTextures(2,@TexturNamen);

      // Erzeugung eines Texturobjekts mit der prozeduralen
      // Textur des Schachbretts
{1}   glBindTexture(GL_TEXTURE_2D,TexturNamen[1]); // Schachbrett
{2}   CreateTexturSchach(1);
{3}   glTexImage2D(GL_TEXTURE_2D,0,GL_RGBA,TexB,TexH,0,
      GL_RGBA,GL_FLOAT,@ SchachTextur);
      glTexParameterf(GL_TEXTURE_2D,GL_TEXTURE_MAG_FILTER,
                              GL_NEAREST);
```

```
        glTexParameterf(GL_TEXTURE_2D,GL_TEXTURE_MIN_FILTER,
                        GL_NEAREST);
        glTexParameterf(GL_TEXTURE_2D,GL_TEXTURE_WRAP_S,GL_REPEAT)
        glTexParameterf(GL_TEXTURE_2D,GL_TEXTURE_WRAP_T,GL_REPEAT)

        // Ausgabe des Texturobjekts
        bx:=4; by:=bx; bz:=0;
        glEnable(GL_TEXTURE_2D);
{4}     glBindTexture(GL_TEXTURE_2D,TexturNamen[1]); // Schachbrett
        glbegin(GL_POLYGON);
          glTexCoord2f(1,0); glVertex3f( bx,-by,bz);
          glTexCoord2f(1,1); glVertex3f( bx, by,bz);
          glTexCoord2f(0,1); glVertex3f(-bx, by,bz);
          glTexCoord2f(0,0); glVertex3f(-bx,-by,bz);
        glEnd;
        glDisable(GL_TEXTURE_2D);
```

Der vollständige Quelltext befindet sich im Projekt TEXTUREN.

■

Im Progammfragment sind die Eckpunkte von Textur und Viereck einander zugeordnet, also die Texturkoordinaten (1, 0) den Objektkoordinaten (bx, – by, bz) usw. Liegen die Texturkoordinaten außerhalb ihres Definitionsbereichs, so muss entschieden werden, ob die Textur wiederholt werden soll (GL_REPEAT) oder nicht (GL_CLAMP). Dazu gibt es die OpenGL-Routinen für die beiden Texurkoordinaten.

glTexParameterf(GL_TEXTURE_2D,GL_TEXTURE_WRAP_S, **param**)
glTexParameterf(GL_TEXTURE_2D,GL_TEXTURE_WRAP_T, **param**)

mit **param**=GL_REPEAT | GL_CLAMP. Für die Darstellung im Bild 8.2 wurde beispielsweise die Wiederholung zugelassen und für die Textureckpunkte jeweils der Wert 4 gesetzt. Dadurch wird die definierte Textur vervierfacht, es entsteht das ganze Schachbrett. Dieses wurde einer perspektivischen Projektion unterzogen. Links ist deutlich die Verzerrung der Textur zu sehen, während die rechte Abbildung keine solche zeigt. Ursache dafür ist die Nutzung der Hinweisfunktion glHint(. .). Diese lautet

glHint(GL_PERSPECTIVE_CORRECTION_HINT, **mode**)

mit **mode**=GL_FASTEST | GL_NICEST | GL_DONT_CARE. GL_FASTEST liefert die niedrigste Qualität, GL_NICEST die höchste. Die Wirkung von GL_DONT_CARE ist implementationsabhängig. Das linke Schachbrett wurde mit GL_DONT_CARE erzeugt, das rechte mit GL_NICEST.

Bild 8.2 Perspektivische Verzerrung

Nachdem im Beispiel 8.1 eine prozedurale Textur erzeugt und dargestellt wurde, soll jetzt eine diskrete verarbeitet werden. Diese stellt den Dresdner Zwinger als Bitmap Zwinger256.bmp mit einer Auflösung von 256×256 Pixeln mit RGB-Farben im bmp-Format dar. Dieses Format kann durch OpenGL jedoch nicht direkt verarbeitet werden. Deshalb enthält die Unit GLToolsDelphi die im Abschnitt 8.6 beschriebene Prozedur CreateImageBMP(..), der der Filename der bmp-Bitmap übergeben wird und die deren Breite, Höhe und den Zeiger auf die erzeugte OpenGL-Textur zurückliefert.

Beispiel 8.2:

Erzeugung einer diskreten Textur aus der Bitmap Zwinger256.bmp und Darstellung in der gleichen Art wie im Beispiel 8.1. Um das zu erreichen ist es nur erforderlich, die Variablendeklaration für den Zeiger PBitmap einzufügen und die gekennzeichneten Anweisungen auszutauschen.

```
      var PBitmap: Pointer;

{1}   CreateImageBMP('Zwinger256.bmp',Breite,Hoehe,PBitmap);
{2}   glBindTexture(GL_TEXTURE_2D,TexturNamen[2]);
{3}   glTexImage2D(GL_TEXTURE_2D,0,GL_RGB,Breite,Hoehe,0,
                            GL_RGB,GL_UNSIGNED_BYTE,PBitmap);

{4}   glBindTexture(GL_TEXTURE_2D,TexturNamen[2]);
```

Der vollständige Quelltext befindet sich im Projekt TEXTUREN.

■

Im Bild 8.3 sind die definierte prozedurale Textur (Schachbrettmuster) und die diskrete Textur (Dresdner Zwinger) dargestellt.

Bild 8.3 Prozedurale und diskrete Textur

Wie den bisherigen Texturbeispielen zu entnehmen ist, erfordert die Darstellung einer Textur die Verbindung von Textur- und Vertex-Koordinaten. Diese erfolgt analog zu Farbwerten oder Normalenvektoren. Beispiel 8.3 soll die prinzipielle Vorgehensweise bei der Texturierung eines Würfels mit der prozeduralen und der diskreten Textur nochmals verdeutlichen.

Beispiel 8.3:

Erzeugung eines mit den bisher definierten beiden Texturen versehenen Würfels. Die obere und untere Fläche sollen die Schachbretttextur mit vierfacher Wiederholung, die Seitenflächen die Bitmap-Textur enthalten.

Der vollständige Quelltext befindet sich im Projekt TEXTUREN.

■

Neben der direkten Spezifikation der Texturkoordinaten gibt es auch die Möglichkeit, Texturkoordinaten automatisch von OpenGL generieren zu lassen. Dabei werden die Koordinaten beispielsweise entsprechend den Modellkoordinaten über eine von OpenGL unterstützte Vorschrift abgeleitet. Hierfür existieren die im Abschnitt 8.6 beschriebenen Routinen glTexGenf(**coord, pname, param**) und glTexGenfv(**coord, pname, params**).

Als Parameter sind **coord**=GL_S | GL_T, **pname**=GL_TEXTURE_GEN_MODE | GL_OBJECT_PLANE | GL_EYE_PLANE, **param**=GL_OBJECT_LINEAR | GL_EYE_LINEAR | GL_SPHERE_MAP und **params**=Zeiger auf ein Feld mit Werten der Generierungsebene zugelassen. **coord** spezifiziert die zu berechnenden Texturkoordinaten, **pname** legt den Namen der Funktion zur Berechnung der Texturkoordinaten fest, **param** bestimmt den symbolischen Namen für die Art der Generierung der Texturkoordinaten und **params** enthält einen Zeiger auf ein Feld der erforderlichen Werte für die Generierung der Texturkoordinaten. Ausführlichere Angaben enthält Abschnitt 8.6.

Beispiel 8.4:

Automatische Generierung der Texturkoordinaten für den Utah Teapot.

Der vollständige Quelltext befindet sich im Projekt TEXTUREN.

■

Die Quadriken der Utility-Library GLU sind in der Lage, selbst Texturkoordinaten zu generieren. Das wird mit der Routine gluQuadricTexture(**quad**, **texture**) veranlasst, indem dem Parameter **texture** der Wert GL_TRUE zugewiesen wird. Der Parameter **quad** ist der Zeiger auf das vorher erzeugte Quadrik-Objekt.

Beispiel 8.5:

Texturierung von Quadriken der GLU. Die in der GLU vorhandenen Quadriken gluSphere(..), gluCylinder(..), gluDisk(..) und gluPartialDisk(..) werden wahlweise mit der prozeduralen oder der diskreten Textur versehen.

Der vollständige Quelltext befindet sich im Projekt TEXTUREN.

■

Ähnlich den Vertex-Koordinaten können die Texturkoordinaten Transformationen unterzogen werden. Dazu ist die Routine glMatrixMode(GL_TEXTURE) aufzurufen. Alle nachfolgenden Operationen beziehen sich dann auf den Texturmatrixen-Stack. Die Texturkoordinaten werden mit der Texturmatrix, die wie die Modellierungs- und Projektionsmatrix die Dimension 4×4 hat, multipliziert. Auf diese Weise kann die Textur zusätzlich transformiert werden.

Beispiel 8.6:

Transformation einer Textur. Hier werden wahlweise die beiden Texturen auf einem Polygon und einem Zylinder verwendet und verschiedenen Transformationen unterzogen.

Der vollständige Quelltext befindet sich im Projekt TEXTUREN.

■

Parametrisierte Flächen der Form $F(s, t)$ mit $0 \leq s \leq 1, 0 \leq t \leq 1$, wie Drei- und Vierecke, Bezier-, B-Spline-, NURBS-Flächen usw., können auf natürliche Weise texturiert werden, indem den normierten Koordinaten (u, v) der Texturebene die normierten Parameter (s, t) der mit einer Textur zu versehenden Fläche unmittelbar zugeordnet werden. Dazwischen kann man jedoch auch noch affine oder beliebige andere Abbildungen schalten.

Reflection-Mapping

Die Grundidee des Reflection-Mapping besteht darin, eine Szene mit einer virtuellen Kugel zu umgeben, auf deren Innenseite die Szenenumgebung als zweidimensionale Textur (Reflection-Map) aufgetragen ist, Bild 8.4. Diese wird über die Kugelkoordinaten adressiert.

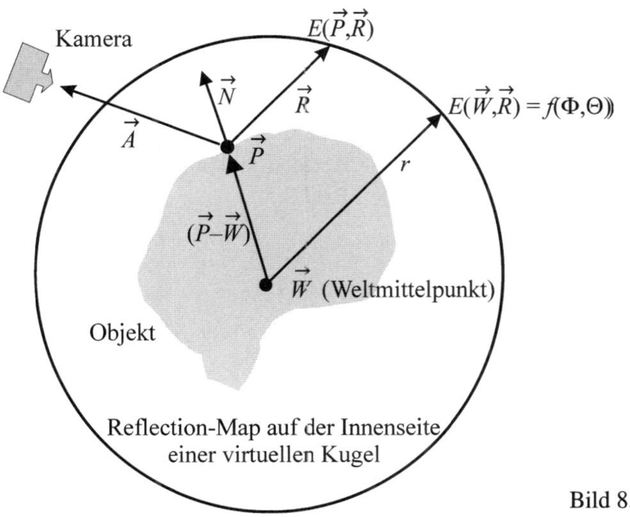

Bild 8.4 Reflection-Mapping

Bei der Beleuchtungsberechnung kann der Reflexionsvektor $\vec{R}$, wie bereits bei den Beleuchtungsmodellen angegeben, durch die Beziehung

$$\vec{R} = 2 \cdot \left(\vec{A} \cdot \vec{N}\right) \cdot \vec{N} - \vec{A}$$

berechnet werden. Aus Bild 8.4 ist ersichtlich, dass der Reflexionsvektor $\vec{R}$ die virtuelle Kugel bei $E\left(\vec{P}, \vec{R}\right)$ schneidet. Ist $\left|\vec{P} - \vec{W}\right| << r$, so kann näherungsweise mit dem

Schnittpunkt $E(\vec{W},\vec{R}) = f(\Phi,\Theta)$ gearbeitet werden. Damit entfallen aufwändige Berechnungen.

Das erweiterte Phong-Modell lautet nun für jede Farbkomponente

$$L_{Phong} = L_{ambient} + \sum_{i=1}^{n} \left(L_{diffues} + L_{specular}\right) + r_r \cdot L_{ReflectionMap}(\Phi,\ \Theta)$$

Das Reflection-Mapping ist relativ schnell zu berechnen und liefert dann akzeptable Ergebnisse, wenn die Textur (Himmel, Horizont) entsprechend weit entfernt ist. Es gibt jedoch einige Probleme, die anschließend aufgeführt sind.

- Die Generierung der Reflection-Map über Ray Tracing oder mit einer Kamera ist sehr zeitaufwändig.
- Mit zunehmendem Abstand des Objektpunktes vom Kugelzentrum erhöht sich die Verzerrung bei der Texturdarstellung.
- Auch die Berechnung der Kugelkoordinaten (Φ,Θ) ist wegen der trigonometrischen Funktionen zeitintensiv.
- Für jeden Objektpunkt P wird nur ein einziger Abtastpunkt E berechnet. Dadurch können verstärkt Aliasing-Probleme auftreten.
- Es wird nicht berücksichtigt, dass der Reflexionsstrahl R auf ein blockierendes Objekt treffen kann.
- Szenenobjekte können sich nicht gegenseitig reflektieren. Das ist nicht Bestandteil des Algorithmus.

Environment-Mapping

Das Environment-Mapping ist eine Erweiterung des Reflection-Mapping. Es löst bzw. mildert die Probleme des Letzteren. Im Gegensatz zum Reflection-Mapping werden hier Sichtpyramiden statt diskreter Sichtstrahlen verwendet, Bild 8.5.

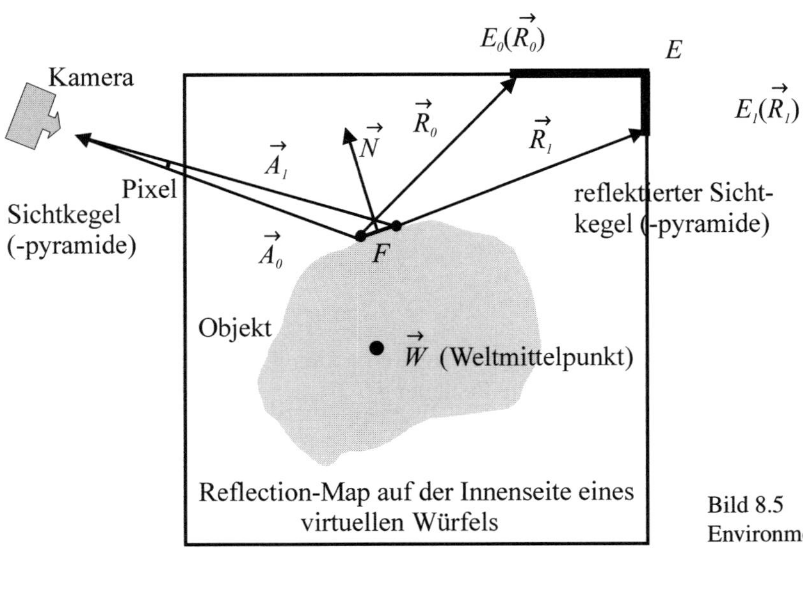

Bild 8.5
Environment-Mapping

Die primäre Sichtpyramide wird durch die vier Strahlen $\vec{A}_0$, $\vec{A}_1$, $\vec{A}_2$, $\vec{A}_3$ begrenzt, von denen hier wegen der Übersichtlichkeit nur zwei dargestellt sind. Die Strahlen laufen von der Kamera aus durch die vier Eckpunkte eines Pixels der virtuellen Bildebene. Die reflektierte Sichtpyramide entsteht ihrerseits durch die Spiegelung an dem Flächenelement *F*. Der Schnitt dieser reflektierten Strahlen mit dem Umgebungswürfel ergibt dann eine ausgedehnte Fläche *E*. Damit kann bei Berücksichtigung dieser Fläche das Aliasing-Problem deutlich gemildert werden.

Die Verwendung des virtuellen Würfels statt einer Kugel hat folgende praktische Gründe:

- Die Texturgenerierung auf den sechs Innenflächen des Würfels ist wesentlich einfacher als für die Kugel.
- Der Schnitt eines Richtungsvektors mit dem achsenparallelen Würfel ist einfacher zu berechnen als der mit einer Kugel.
- Die sechs Umgebungstexturen auf den Würfelinnenseiten können leicht vorgefiltert werden. Das Filtern aller Texturwerte der Schnittfläche *E* erfordert dann nur noch einen konstanten Rechenaufwand.
- Nachteilig ist jedoch, dass sich die Schnittfläche *E* über mehr als eine Würfelinnenseite erstrecken kann.

Das erweiterte Phong-Beleuchtungsmodell lautet jetzt

$$L_{Phong} = L_{ambient} + \sum_{i=1}^{n} \left(L_{diffues} + L_{specular}\right) + r_r \cdot L_{EnvironmentMap}\left(\vec{R}_0, \vec{R}_1, \vec{R}_2, \vec{R}_3\right)$$

Das Environment-Mapping kann jedoch das auch beim Reflection-Mapping schon genannte Problem nicht beseitigen, welches sich beim gegenseitigen Verdecken und/oder Spiegeln ergibt. Außerdem tritt auf Grund der Approximation gekrümmter Objektoberflächen durch planare Polygone das weitere Problem auf, dass die reflektierten Sichtpyramiden benachbarter Pixel nicht nahtlos aneinander schließen.

Beispiel 8.7:

Demonstration des Environment-Mapping mit einer Landschaft. Dieses spezielle Mapping erfordert für jeden Mapping-Würfel eine Textur. Für eine Landschaft ist diese im Bild 8.6 gezeigt. Die sechs Texturen gelten von unten nach oben für die vordere, die untere, die hintere und die obere Seite des Würfels. Links ist die Textur der linken Seitenfläche, rechts die der rechten angegeben.

Der vollständige Quelltext befindet sich im Projekt TEXTUREN.

■

Bump-Mapping

Die bisher beschriebenen Texturen variieren Materialparameter und Beleuchtungsergebnisse. Dadurch sehen beleuchtete Flächen zwar variantenreicher und ansprechender aus, erscheinen aber immer noch zu glatt. Diesen Mangel durch gezielte geometrische Modellierung beheben zu wollen, ist wegen des enormen Aufwandes unakzeptabel. Ein effektiver Ausweg bietet sich hier in der gezielten oder stochastischen Veränderung der Richtung der Flächennormalen an, da nur diese und nicht die Oberfläche selbst in die

Beleuchtungsrechnung nach Phong eingeht. Die Idee der Bump-Mapping-Technik besteht deshalb darin, die Geometrie der Fläche durch eine geeignete Störfunktion $h(u, v)$ mathematisch zu ändern, diese aber ohne Beachtung derselben darzustellen und nur für die Beleuchtungsrechnung die gestörten Normalenvektoren zu berücksichtigen. Bild 8.7 zeigt ein Beispiel für das Bump-Mapping.

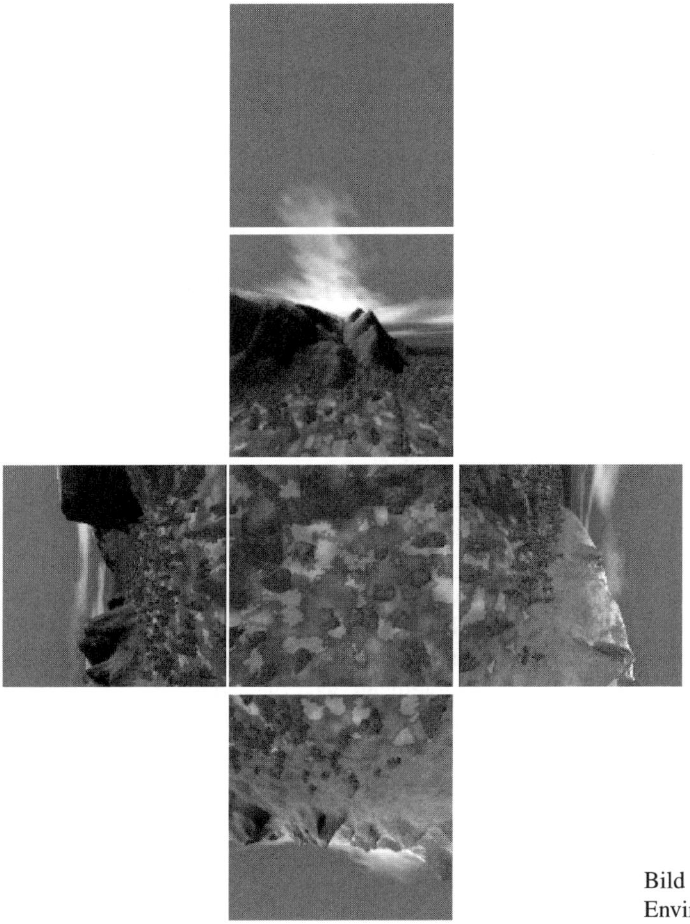

Bild 8.6 Texturseiten des Environment-Würfels

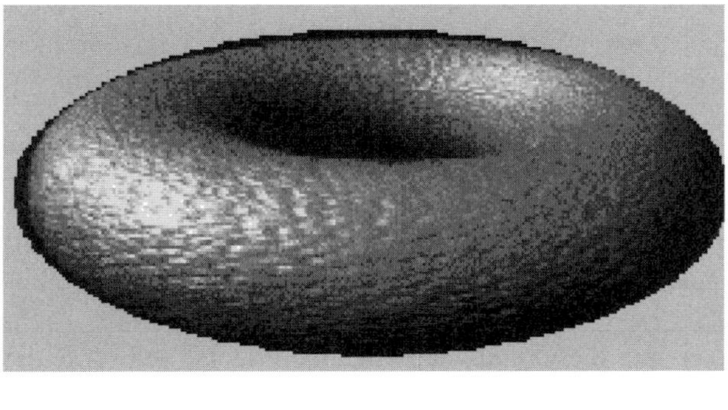

Bild 8.7 Bump-Mapping auf einem Torus

Mit dem Ansatz für die durch die Störfunktion $h(u,v)$ beeinflusste Oberfläche

$$\vec{P}'(u,v) = \vec{P}(u,v) + h(u,v)\frac{\vec{N}(u,v)}{|\vec{N}(u,v)|}$$

ergibt sich der gestörte Normalenvektor zu

$$\vec{N}' = \frac{\partial \vec{P}'(u,v)}{\partial u} \times \frac{\partial \vec{P}'(u,v)}{\partial v} \quad \text{oder kürzer } \vec{N}' = \vec{P}'_u \times \vec{P}'_v$$

Dabei bedeuten $\vec{P}'_u$und $\vec{P}'_v$ die entsprechenden partiellen Ableitungen.

$$\vec{P}'_u = \vec{P}_u + h_u \cdot \left(\frac{\vec{N}}{|\vec{N}|}\right) + h \cdot \left(\frac{\vec{N}}{|\vec{N}|}\right)_u \quad \text{und } \vec{P}'_v = \vec{P}_v + h_v \cdot \left(\frac{\vec{N}}{|\vec{N}|}\right) + h \cdot \left(\frac{\vec{N}}{|\vec{N}|}\right)_v$$

Für kleine Werte $h(u,v)$ können die jeweils letzten Terme vernachlässigt werden. Damit erhält man

$$\vec{P}'_u = \vec{P}_u + h_u \cdot \left(\frac{\vec{N}}{|\vec{N}|}\right) \quad \text{und } \vec{P}'_v = \vec{P}_v + h_v \cdot \left(\frac{\vec{N}}{|\vec{N}|}\right)$$

Der gestörte Normalenvektor $\vec{N}'$ hat dann zunächst die Form

$$\vec{N}' = \vec{P}_u \times \vec{P}_v + h_u \cdot \left(\frac{\vec{N}}{|\vec{N}|} \times \vec{P}_v\right) + h_v \cdot \left(\vec{P}_u \times \frac{\vec{N}}{|\vec{N}|}\right) + h_u \cdot h_v \cdot \left(\frac{\vec{N} \times \vec{N}}{|\vec{N}|^2}\right)$$

oder wegen $\vec{N} \times \vec{N} = 0$ schließlich

$$\vec{N}' = \vec{N} + \frac{h_u \cdot (\vec{N} \times \vec{P}_v) - h_v \cdot (\vec{N} \times \vec{P}_u)}{|\vec{N}|}$$

Anmerkungen:

- Die zweidimensionale Bump-Map wird oft als diskretes Zahlenfeld gespeichert. In diesem Fall werden die Ableitungen durch die folgenden Formeln approximiert.

$$h_u(u,v) = \frac{h(u+\Delta u, v) - h(u,v)}{\Delta u} \quad \text{und } h_v(u,v) = \frac{h(u, v+\Delta v) - h(u,v)}{\Delta v}$$

- Bump-Mapping ist nur für solche Verfahren zur Beleuchtungsberechnung geeignet, die explizit jeden Punkt betrachten, also insbesondere für das Ray Tracing. Sie lassen sich näherungsweise jedoch auch für die Gouraud- und Phong-Interpolation anwenden.

Beispiel 8.8:

Beispiel für das Bump-Mapping.

Der vollständige Quelltext befindet sich im Projekt TEXTUREN.

8.4 Antialiasing bei Texturen

Die bisher vorgestellten Texturierungsmöglichkeiten haben den Problemkreis Aliasing unberücksichtigt gelassen. Die erforderliche Abtastung von grafischem Objekt und Textur und ihre gegenseitige Zuordnung führt jedoch dann zu deutlich sichtbaren visuellen Effekten, wenn das Verhältnis von Texel- und Pixelgröße sich wesentlich von 1 unterscheidet. In diesem Fall können zwei Zustände auftreten, die *Magnification* (Vergrößerung) und die *Minification* (Verkleinerung). Magnification liegt dann vor, wenn ein Texel mehrere Pixel überdeckt, Minification, wenn mehrere Texel ein Pixel überdecken, Bild 8.8. Die Pixelfarbe kann in beiden Fällen durch die Farbe des nächstgelegenen Texels oder durch Mittelung von Farben mehrerer Texel bestimmt werden. Für diese Fälle existiert die im Abschnitt 8.6 näher beschriebene OpenGL-Routine glTexParameterf(**target, pname, param**) zum Setzen der Parameter für die Filterung mit den hier wichtigen Parametern **target**=GL_TEXTURE_2D,

pname=GL_TEXTURE_MIN_FILTER | GL_TEXTURE_MAG_FILTER und **param**= GL_NEAREST | GL_LINEAR. Die Wirkung kann dem Beispiel 8.3 entnommen werden. Sie zeigt sich besonders deutlich, wenn der texturierte Würfel rotiert wird.

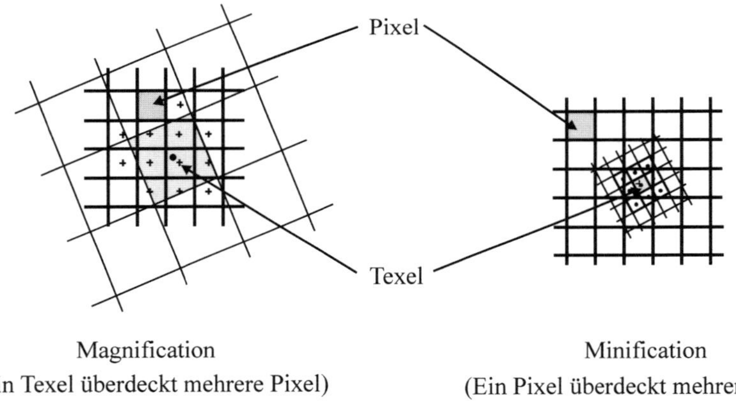

Bild 8.8 Abbildung von Texeln auf Pixel

Neben den soeben genannten Möglichkeiten zur Minderung von Aliasing-Problemen bei Texturen gibt es weitere unterschiedliche Ansätze. Diese gehen meist von der Projektion des quadratischen Pixels an der Position (x_B, y_B) mit der normierten Kantenlänge 1 auf die Texturebene mit den Koordinaten (u,v) aus. Dieser Abdruck wird Footprint genannt und ist näherungsweise ein Parallelogramm, das von den Vektoren

$$\vec{r}_1 = \left(\frac{\partial u}{\partial x_B}, \frac{\partial v}{\partial x_B}\right)^T \text{ und } \vec{r}_2 = \left(\frac{\partial u}{\partial y_B}, \frac{\partial v}{\partial y_B}\right)^T$$

aufgespannt wird. Bei den Näherungsverfahren für das Antialiasing wird dieser Footprint durch einfachere Flächen angenähert. Beim wichtigsten und am weitesten verbreiteten Verfahren, dem Mipmapping (mip = „multum in parvo“, lat.: „viele in einem“), wird dieser Footprint durch ein Quadrat angenähert. Eine Mipmap $\bar{C}^d_{Mip}[i, j]$ speichert eine n-reihige quadratische Textur $\bar{C}[i, j]$, wobei $n = 2^k$ eine Zweierpotenz sein muss. In der ersten

Ebene $d = 0$ entspricht die Mipmap genau der Originaltextur, während jede weitere Ebene d in jeder Richtung halbiert und die Texturwerte gefiltert werden.

$$\bar{C}^0_{Mip}[i,j] = \bar{C}[i,j] \quad \text{für } 0 \le i,j < 2^k \text{ und}$$

$$\bar{C}^d_{Mip}[i,j] = \Big(\bar{C}^{d-1}_{Mip}[2\cdot i, 2\cdot j] + \bar{C}^{d-1}_{Mip}[2\cdot i+1, 2\cdot j] + \bar{C}^{d-1}_{Mip}[2\cdot i, 2\cdot j+1] + \bar{C}^{d-1}_{Mip}[2\cdot i+1, 2\cdot j+1]\Big)/4$$

$$\text{für } 1 \le d < (k-1) \text{ und } 0 \le i,j < 2^{(k-d)}$$

Auf jeder Ebene d der Textur werden also 2^{2d} Texel der Originaltextur als ein einziges gefiltertes Texel dargestellt. Das Prinzip ist im Bild 8.9 gezeigt.

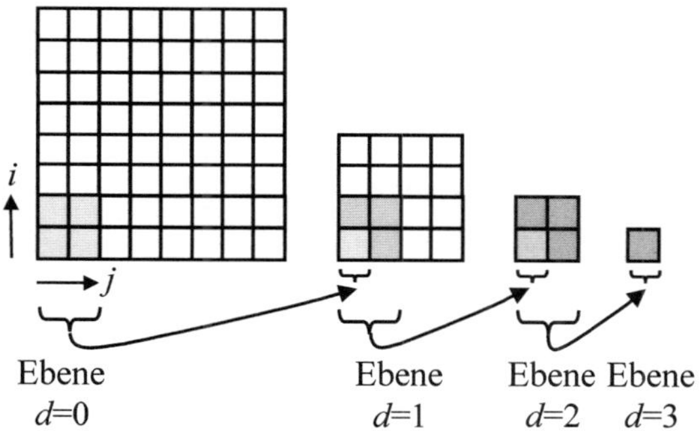

Bild 8.9 Prinzip des Mipmapping

Die Mipmaps aller Ebenen werden für eine Textur nur einmal berechnet und stehen dann für die Texturierung beliebiger Flächenelemente zur Verfügung. Der verwendete Algorithmus ist anschließend sinngemäß angegeben.

- Bestimmung des Pixelmittelpunktes im Texturkoordinaten (u,v) sowie deren partieller Ableitungen $\partial u/\partial x_B$, $\partial v/\partial x_B$, $\partial u/\partial y_B$ und $\partial v/\partial y_B$.
- Berechnung der Kantenlängen der Projektion des quadratischen Pixels, also des Footprints, nach den Formeln
$$a = \sqrt{(\partial u/\partial x_B)^2 + (\partial v/\partial x_B)^2} \text{ und } b = \sqrt{(\partial u/\partial y_B)^2 + (\partial v/\partial y_B)^2}$$
- Mipmapping setzt per Definition einen quadratischen Footprint voraus. Als Seitenlänge L desselben wird meist $L = \max(a, b)$ gewählt, weil die entstehende zusätzliche Verschmierung des Ergebnisbildes durch zu große Footprints eher akzeptiert werden kann als das Aliasing durch zu kleine Footprints.
- Unter diesen Voraussetzungen kann der Texturwert auf der Ebene $d = \log_2(L)$ durch $\bar{C}^d_{Mip}[i,j]$ aus $\bar{C}[i,j]$ berechnet werden. Allerdings setzt das voraus, dass d ganzzahlig ist.
- Für den häufigeren Fall, dass d reellwertig ist, muss d entweder zum nächsten ganzzahligen Wert gerundet (GL_NEAREST) oder zwischen den beiden nächstgelegenen ganzzahligen Werten $\lfloor d \rfloor$ und $\lfloor d \rfloor+1$ linear (GL_LINEAR) interpoliert werden.

Mipmapping wird durch OpenGL unterstützt, Abschnitt 8.6. Die Routine zum Generieren von Mipmaps oder Ebenen für eine Textur lautet

gluBuild2DMipmaps(**target, components, width, height, format, type, data**) mit den hier interessierenden Parametern **target**=GL_TEXTURE_2D, **components**= GL_RGB | GL_RGBA, **width**=Texturbreite, **height**=Texturhöhe, **format**=GL_FLOAT | GL_UNSIGNED_BYTE, **type**=GL_RGB | GL_RGBA und **data**=Zeiger auf die Textur. gluBuild2DMipmaps(..) erzeugt alle 2D-Mipmaps einer gegebenen Textur mit abnehmender Auflösung. Mipmaps werden für das Antialiasing bei Texturen eingesetzt. Der Aufruf von gluBuild2DMipmaps(..) liefert den Wert 0 zurück, wenn die Erzeugung erfolgreich war.

Die Nutzung der Mipmaps erfolgt durch die speziellen Werte des Parameters **param** beim Aufruf der Routine glTexParameterf(**target, pname, param**), wenn **target**= GL_TEXTURE_2D und **pname**=GL_TEXTURE_MIN_FILTER sind. **param** kann hier neben den bereits genannten die Werte GL_NEAREST_MIPMAP_NEAREST | GL_LINEAR_MIPMAP_NEAREST | GL_NEAREST_MIPMAP_LINEAR | GL_LINEAR_MIPMAP_LINEAR annehmen. Der letzte liefert das beste Ergebnis.

Beispiel 8.9:

Beispiel für die Wirkung des Mipmapping bei Texturen.

Der vollständige Quelltext befindet sich im Projekt TEXTUREN.

■

8.5 Texturen und Beleuchtungsrechnung

Die bisherigen Texturanwendungen führten dazu, dass die Texturfarben die bereits vorhandenen überschrieben haben. Das war dadurch bedingt, dass durch den Aufruf glTex Envf(GL_TEXTURE_ENV, GL_TEXTURE_ENV_MODE, GL_REPLACE) der GL_REPLACE-Modus ausgewählt wurde. Wie der Zusammenfassung im Abschnitt 8.6 zu entnehmen ist, führt dieser Modus dazu, dass die neuen Fragmentfarben gleich denen der Textur sind, vorher dort vorhandene Farben also vollständig überschrieben werden. Ergebnisse der Beleuchtungsrechnung oder gewünschte Farbmischungen würden damit keinen Einfluss auf die Textur haben. OpenGL stellt deshalb neben dem angegebenen Modus weitere bereit. Diese sind GL_MODULATE | GL_DECAL | GL_BLEND. Die Umgebungsparameter für Texturen beeinflussen die Art und Weise der Berechnung der Fragmentfarbe auf der Basis der bereits vorhandenen Fragment- und Texturfarben. Der Modus GL_MODULATE führt zur Multiplikation der Textur- und Fragmentfarben. Für das interne Format GL_RGBA erfolgt das auch für die Alpha-Werte. Im Modus GL_DECAL überschreiben die Texturwerte die der Fragmente, wenn die Textur aus RGB-Werten besteht. Alternativ kann auch eine Textur mit RGBA-Werten in diesem Modus verwendet werden. Der zusätzliche Alpha-Wert der Textur steuert die Wichtung zwischen den Fragment- und Texturfarben. Der Modus GL_BLEND führt zu einer Farbmischung zwischen den Fragment- und Texturfarben und der anschließenden Addition des Produktes aus Textur- und Umgebungsfarbe. Diese kann mit **pname**=GL_TEXTURE_ENV_COLOR durch den Parameter **params** gesetzt werden.

Das folgende Beispiel 8.7 zeigt die Wirkung der interessanten Modi GL_MODULATE und GL_BLEND.

Beispiel 8.10:

Anwendung der Umgebungsparameter GL_MODULATE und GL_BLEND auf die Bitmap-Textur.

Der vollständige Quelltext befindet sich im Projekt TEXTUREN.

■

WWW

8.6 Simulation mit Texturen

Texturen kann man auch benutzen, um Bewegungen zu simulieren. Existieren beispielsweise Bitmaps von Feuer oder Wasserbewegungen, so können diese zeitlich aufeinander folgend in geeigneter Form sichtbar gemacht werden und so den Eindruck einer fast natürlichen Erscheinung hervorrufen. Im Beispiel 8.11 ist die Vorgehensweise für ein kleines Feuer dargestellt. Dafür werden die 17 vorhandenen Bitmaps Feuer0.jpg, Feuer25.jpg usw. bis Feuer400.jpg genutzt und daraus entsprechend dem folgenden Programmfragment die Texturobjekte TextureObject[0] bis TextureObject[16] erzeugt.

```
glGenTextures(25,@TextureObject);
for i:=0 to 16 do
  begin
    glBindTexture(GL_TEXTURE_2D,TextureObject[i]);
    CreateImageJPG('Feuer'+IntToStr(25*i)+'.jpg',Breite,Hoehe,PJPG);
    glTexParameteri(GL_TEXTURE_2D,GL_TEXTURE_MIN_FILTER,GL_NEAREST);
    glTexParameteri(GL_TEXTURE_2D,GL_TEXTURE_MAG_FILTER,GL_NEAREST);
    glTexImage2D(GL_TEXTURE_2D,0,GL_RGB,Breite,Hoehe,0,GL_RGB,
                        GL_UNSIGNED_BYTE,PJPG);
  end;
```

Diese werden dann durch die Anweisungsfolge

```
glPushMatrix;
  glBindTexture(GL_TEXTURE_2D,TextureObject[random(17)]);
  glTexEnvf(GL_TEXTURE_ENV,GL_TEXTURE_ENV_MODE,GL_DECAL);
  glScalef(3,5,1);
  glRotatef(MoveValue,xMove,yMove,zMove);
  glBegin(GL_POLYGON);
    glTexCoord2f(0.3,0); glVertex3f(-1,-1,0);
    glTexCoord2f(0.7,0); glVertex3f( 1,-1,0);
    glTexCoord2f(0.7,0.7); glVertex3f( 1, 1,0);
    glTexCoord2f(0.3,0.7); glVertex3f(-1, 1,0);
  glEnd;
glPopMatrix;
```

ausgegeben. Der aufgerufene Zufallszahlengenerator Random(17) erzeugt im Bereich 0…16 ganze Zahlen, die ihrerseits dafür sorgen, dass die erzeugten Texturobjekte in zufälliger Reihenfolge aufgerufen werden. Im Bild 8.10 sind einige Texturen des Feuers zusammengefasst.

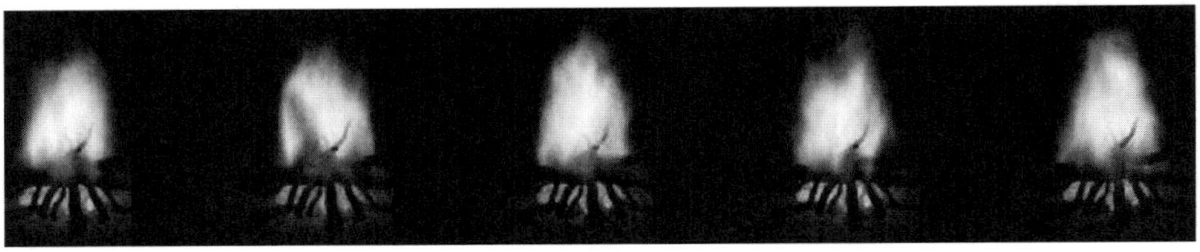

Bild 8.10 Einige der verwendeten Feuertexturen

Beispiel 8.11:

Simulation von Feuer mit Texturen.

Der vollständige Quelltext befindet sich im Projekt TEXTUREN.

■

8.7 OpenGL-Routinen

- Aktivieren/Deaktivieren der 2D-Texturierung

  glEnable(GL_TEXTURE_2D);
  glDisable(GL_TEXTURE_2D);

- Generierung von Texturobjekt-Namen und Texturobjekten

  procedure glGenTextures(**n:** ***GLsizei;*** **textures:** ***PGLuint***);
  procedure glBindTexture(**target:** ***GLenum;*** **texture:** ***GLuint***);

Parameter

n Anzahl der zu generierenden Texturobjekt-Namen
textures Vektor mit den generierten Texturobjekt-Namen
target Art der zu bindenden Textur, hier GL_TEXTURE_2D
texture Texturobjekt-Name, erzeugt mit glGenTextures(..)

Kurzbeschreibung

Texturobjekte speichern die Textur sowie wichtige hierfür angegebene Einstellungen. Die Definition erfolgt mit dem Aufruf von glBindTexture(..). Die eindeutige Bezeichnung wird festgelegt durch den Texturobjekt-Namen **texture**, der durch glGenTextures(..) erzeugt wurde. Texturobjekte können jederzeit geändert werden. Ein Texturobjekt wird durch die OpenGL-Routinen glTexlmage*(..), glCopyTexlmage*(..), glTexparameter*(..) und gluBuild*Mipmaps*(..) direkt gesteuert. glTexEnv*(..) und glTexGen*(..) arbeiten dagegen unabhängig von Texturobjekten.

- Spezifikation einer 2D-Textur

  procedure glTexImage2D (**target:** ***GLenum;*** **level, internalformat:** ***GLint;***
  width, height: ***GLsizei;*** **border:** ***GLint;***
  format, type: ***GLenum;*** **pixels:** ***Pointer***);

Parameter

target	Texturart, hier GL_TEXTURE_2D
level	Texturebene bei MipMapping, 0 ist die Originaltextur
internalformat	Anzahl der Farbkomponenten der Textur, GL_RGB I GL_RGBA
width	Texturbreite, 2^n (oder 2^n+2, wenn Testurrand vorhanden)
height	Texturhöhe, 2^m (oder 2^m+2, wenn Texturrand vorhanden)
border	Texturrand, 0 oder 1
format	Format der Texturdaten, GL_UNSIGNED_BYTE I GL_FLOAT
type	Typ der Texturdaten, GL_RGB I GL_RGBA
pixels	Zeiger auf die Textur

Kurzbeschreibung
Die Spezifikation einer zweidimensionalen Textur erfolgt durch Angabe der Texturebene, des internen Formats, der Breite und Höhe der Textur, des Texturrandes, des Formats und der Textur selbst. Die Textur muss in einer durch OpenGL verarbeitbaren Form vorliegen, wobei Quadrate und Rechtecke zugelassen sind.

- Setzen der Umgebungsparameter für Texturen

  procedure glTexEnvf(**target, pname:** ***GLenum;*** **param:** ***GLfloat***);
  procedure glTexEnvfv(**target, pname:** ***GLenum;*** **params:** ***PGLfloat***);

Parameter

target	vorgegebener Parameter, hier	GL_TEXTURE_ENV
pname	vorgegebener Parameter,	GL_TEXTURE_ENV_MODE I GL_TEXTURE_ENV_COLOR
param	symbolische Konstanten	GL_MODULATE I GL_DECAL I GL_BLEND I GL_REPLACE
params	Zeiger auf einen Vektor mit RGBA-Werten	

Kurzbeschreibung
Umgebungsparameter für Texturen beeinflussen die Art und Weise der Berechnung der Fragmentfarbe auf der Basis der bereits im Bildspeicher vorhandenen Fragmentfarbe und der hinzukommenden Texturfarbe. Die Wirkung von **param** ist in der folgenden Tabelle angegeben.

Internes Format	Wirkung des Parameters **param**			GL_ REPLACE
	GL_ MODULATE	GL_DECAL	GL_BLEND	
GL_RGB	$C = C_T \cdot C_F$ $A = A_F$	$C = C_T$ $A = A_F$	$C = (1 - C_T) \cdot C_F + C_T \cdot C_C$ $A = A_F$	$C = C_T$ $A = A_F$
GL_RGBA	$C = C_T \cdot C_F$ $A = A_T \cdot A_F$	$C = (1 - A_T) \cdot C_F + A_T \cdot C_T$ $A = A_F$	$C = (1 - C_T) \cdot C_F + C_T \cdot C_C$ $A = A_T \cdot A_F$	$C = C_T$ $A = A_T$

In der Tabelle bedeuten

C_F = Fragmentfarbe	A_F = Alpha-Wert des Fragments
C_T = Texturfarbe	A_T = Alpha-Wert der Textur
C_C = Texturumgebungsfarbe	
C = Ergebnisfarbe	A = Ergebnis-Alpha-Wert

Wie bereits erwähnt, kann auch die Relation zwischen der bereits vorhandenen Fragmentfarbe und der hinzukommenden Texturfarbe festgelegt werden. Ist **pname**= GL_TEXTURE_ENV_MODE, so kann **param** die Werte GL_MODULATE | GL_DECAL | GL_BLEND | GL_REPLACE annehmen.

Der Modus GL_MODULATE führt zur Multiplikation der Textur- und Fragmentfarben. Für das interne Format GL_RGBA erfolgt das auch für die Alpha-Werte.

Im Modus GL_DECAL überschreiben die Texturwerte die der Fragmente, wenn die Textur aus RGB-Werten besteht. Alternativ kann auch eine Textur mit RGBA-Werten in diesem Modus verwendet werden. Der zusätzliche Alpha-Wert der Textur steuert die Wichtung zwischen den Fragment- und Texturfarben. Der Alpha-Wert des Fragments bleibt erhalten.

Der Modus GL_BLEND führt zu einer Farbmischung zwischen den Fragment- und Texturfarben und der anschließenden Addition des Produktes aus Textur- und Umgebungsfarbe. Diese kann mit **pname**=GL_TEXTURE_ENV_COLOR durch den Parameter **params** gesetzt werden.

Der Modus GL_REPLACE wirkt für das interne Format GL_RGB wie GL_DECAL.

Standards: Für GL_TEXTURE_ENV_MODE: GL_MODULATE,
für GL_TEXTURE_ENV_COLOR: (0, 0, 0, 0).

- Setzen der Parameter für Texturebenen und Filterung

procedure glTexParameterf(**target, pname:** ***GLenum;*** **param:** ***Glfloat***);

Parameter

target Texturart, hier GL_TEXTURE_2D
pname symbolischer Name für einen Texturparameter
param Spezifikation des Werts von **pname**

Kurzbeschreibung

Festlegung der Parameter für das Aufbringen von Texturen auf Flächen, u. a. der Abbildungsvorschrift für Texturen, die im Verhältnis zur Fläche zu groß bzw. zu klein sind (Mipmapping), und einer Festlegung, ob und wie Fortsetzungen von Texturen möglich sind. Die folgende Tabelle gibt die Werte von **pname** und die jeweils möglichen zugehörigen Werte von **param** an.

Werte von **pname**	Werte von **param**
GL_TEXTURE_MIN_FILTER	GL_NEAREST | GL_LINEAR | GL_NEAREST_MIPMAP_NEAREST | GL_LINEAR_MIPMAP_NEAREST | GL_NEAREST_MIPMAP_LINEAR| GL_LINEAR_MIPMAP_LINEAR
GL_TEXTURE_MAG_FILTER	GL_NEAREST | GL_LINEAR
GL_TEXTURE_WRAP_S	GL_CLAMP | GL_REPEAT
GL_TEXTURE_WRAP_T	GL_CLAMP | GL_REPEAT

Die Statusvariable GL_TEXTURE_MAG_FILTER steuert die Filterung bei Magnification, GL_TEXTURE_MIN_FILTER entsprechend die Minification. Das einfachste Verfahren wird durch GL_NEAREST wirksam. Dabei wird das Texturelement, dessen Koordinaten denen des Pixels am nächsten liegen, ausgewählt. Dieses Verfahren erfordert den geringsten Berechnungsaufwand. Die Qualität ist aber geringer im Vergleich zu einer gewichteten 2×2-Mittelung, die mit GL_LINEAR eingestellt werden kann. GL_NEAREST und GL_LINEAR werden sowohl bei Magnification wie Minification unterstützt. Darüber hinaus gibt es für die Minification weitere Filtervarianten, wobei sogar mehrere Mipmap-Versionen ausgewertet werden können. Bei der Magnification wird stets die Originaltextur (Level 0) verwendet.

GL_TEXTURE_MIN_FILTER und GL_NEAREST geben den Wert des Texels zurück, das dem Zentrum des zu texturierenden Pixels am nächsten liegt (Manhattan-Abstand).

GL_TEXTURE_MIN_FILTER und GL_LINEAR geben den gemittelten Wert der vier Texel zurück, die dem Zentrum des zu texturierenden Pixels am nächsten liegen (Manhattan-Abstand). GL_TEXTURE_MIN_FILTER und GL_NEAREST_MIPMAP_NEAREST wählen automatisch die richtige Mipmap und geben den gemittelten Wert der vier Texel zurück, die dem Zentrum des zu texturierenden Pixels am nächsten liegen (Manhattan-Abstand). Das beste, aber auch mit dem höchsten Aufwand zu berechnende Ergebnis liefert GL_LINEAR_MIPMAP_LINEAR.

- Generierung von Mipmaps (Texturebenen) für eine Textur

  function gluBuild2 DMipmaps(**target:** ***GLenum;*** **components:** ***GLint;***
  width, height: ***GLsizei;*** **format,**
  type: ***GLenum;*** **data:** ***Pointer***): ***Glint;***

Parameter

target	Texturart, hier GL_TEXTURE_2D
components	Farbkomponenten, GL_RGB | GL_RGBA
width	Texturbreite
height	Texturhöhe
format	Format der Texturdaten, GL_UNSIGNED_BYTE | GL_FLOAT
type	Typ der Texturdaten, GL_RGB | GL_RGBA
data	Zeiger auf die Textur

Kurzbeschreibung

gluBuild2DMipmaps(..) erzeugt alle 2D-Mipmaps einer gegebenen Textur mit abnehmender Auflösung. Mipmaps werden für das Antialiasing bei Texturen eingesetzt. Der Aufruf liefert den Wert 0 zurück, wenn die Erzeugung erfolgreich war.

- Definition der Texturkoordinaten

  procedure glTexCoord2f(**s, t:** ***GLfloat***);
  procedure glTexCoord2fv(**v:** ***PGLfloat***);

Parameter

s, t	Spezifikation der Texturkoordinaten der 2D-Textur
v	Spezifikation der Texturkoordinaten der 2D-Textur als Vektor

Kurzbeschreibung
Definition der aktuellen Texturkoordinaten, die mit den Vertices von Polygonen assoziiert werden.

- Erzeugung von Texturkoordinaten

  procedure glTexGenf(**coord, pname:** ***GLenum;*** **param:** ***GLfloat***);
  procedure glTexGenfv(**coord, pname:** ***GLenum;*** **params:** ***PGLfloat***);

Parameter

coord Spezifikation der zu berechnenden Texturkoordinaten, GL_S | GL_T
pname Name der Funktion zur Berechnung der Texturkoordinaten, GL_TEXTURE _GEN_MODE | GL_OBJECT_PLANE | GL_EYE_PLANE
param symbolischer Name für die Art der Generierung der Texturkoordinaten, GL_OBJECT_LINEAR | GL_EYE_LINEAR | GL_SPHERE_MAP
params Zeiger auf ein Feld der Parameter für die Generierung der Texturkoordinaten

Kurzbeschreibung
Die Routine berechnet die Texturkoordinaten in *s*- oder *t*-Richtung, festgelegt durch den Wert von **coord**. Hat der Parameter **pname** den Wert GL_TEXTURE_GEN_MODE, so muss für **param** eine der drei Konstanten GL_OBJECT_LINEAR | GL_EYE_LINEAR | GL_SPHERE_MAP angegeben werden, die jeweils eine vordefinierte Generierungsfunktion auswählt. GL_OBJECT_LINEAR führt zu einer Generierungsfunktion, die sich aus einer linearen Kombination der homogenen Vertex-Koordinaten $(x_O, y_O, z_O, w_O)^T$ und vier normalisierten Werten $(p_1, p_2, p_3, p_4)^T$ ergibt, die die Generierungsebene in Objektkoordinaten beschreiben. Die Werte müssen parallel für **pname**=GL_OBJECT_PLANE über den Parameter **params** angegeben werden. Die generierten Texturkoordinaten ergeben sich aus der Beziehung $(p_1 \cdot x_O, p_2 \cdot y_O, p_3 \cdot z_O, p_4 \cdot w_O)^T$.

Bei Spezifikation des zweiten Parameters mit GL_EYE_LINEAR wird die Texturgenerierung im Augpunktkoordinatensystem durchgeführt. Die vier Werte werden hierbei als Argumente für **pname**=GL_EYE_PLANE angegeben und mit der inversen Modellierungsmatrix multipliziert. An Stelle der Objektkoordinaten werden Augpunktkoordinaten verwendet.

Die dritte Konstante GL_SPHERE_MAP kann verwendet werden, um das Environment-Mapping durchzuführen. Dieses dient dazu, spiegelnde Körper zu simulieren. Ausgangspunkt ist ein Bild, das auf eine sehr spezifische Weise gewonnen wird: Eine spiegelnde Kugel wird von hinreichender Entfernung fotografiert, wodurch das gesamte Panorama erfasst wird. Die dadurch gewonnene 2D-Textur kann dann für das Mapping verwendet werden. Ausgangspunkt für die Texturkoordinatengenerierung ist, dass die Auswahl der Texturkoordinate allein von der Richtung des Reflexionsstrahls abhängt. Dies ist sicherlich nur eine Approximation, andererseits eine effizient einsetzbare Technik, um auch in einem ursprünglich lokalen Beleuchtungsmodell Spiegelungen zu realisieren. Besitzt **pname** den Wert GL_OBJECT_PLANE, so muss als Argument **params** eine Liste von vier Skalaren übergeben werden, die für eine objektabhängige Generierung der Texturkoordinaten benötigt werden. Für GL_EYE_PLANE muss als Argument **params** eine Liste von vier Skalaren übergeben werden, die für eine augpunktabhängige Generierung der Texturkoordinaten benötigt werden.

Die Generierung der Texturkoordinaten wird separat für jede Dimension über die Routine glEnable(GL_TEXTURE_GEN_S) bzw. glEnable(GL_TEXTURE_GEN_T) aktiviert oder über die analogen glDisable-Routinen deaktiviert.

- Texturkoordinaten von Quadriken

  procedure gluQuadricTexture(**quad:** ***PGLUquadric;*** **texture:** ***GLboolean***);

Parameter

quad Spezifikation des mit gluNewQuadric(..) erzeugten Quadrik-Objekts
texture logischer Wert, GL_TRUE | GL_FALSE

Kurzbeschreibung

Die Routine erzeugt Texturkoordinaten für die Quadrik **quad**. Die Art und Weise der Generierung von Texturkoordinaten ist abhängig von der genutzten Quadrik. Die Generierung wird nur durchgeführt, wenn **texture** den Wert GL_TRUE besitzt.

8.8 Übungen

Projekt UEBUNG81:

Im Verzeichnis Texturen befindet sich die Textur der Erdoberfläche Erde.jpg. Diese ist auf eine Kugel aufzubringen.

Projekt UEBUNG82:

Es ist ein einfaches Haus zu modellieren, wobei das Dach mit den als Bitmap gegebenen Dachziegeln Dachziegel128.bmp zu versehen ist.

9 Transparenz

9.1 Transparenzmodelle

Im Kapitel 7 wurden bei der Beleuchtungsrechnung stets opake, also lichtundurchlässige grafische Objekte vorausgesetzt. Dort werden Lichtstrahlen nur diffus bzw. spiegelnd reflektiert oder absorbiert, nicht aber durch das Material hindurchgelassen. Kommen jedoch mehr oder weniger durchsichtige Materialien zum Einsatz, so muss diese Eigenschaft bei der Beleuchtungsrechnung berücksichtigt werden. Man unterscheidet dabei zwischen transparenten, also voll durchsichtigen Materialien wie Glas bestimmter Farbe, durch die Objekte deutlich gesehen werden können, und ebenfalls lichtdurchlässigen oder transluzenten Materialien, die aber, wie etwa Milchglas, die Erkennbarkeit von Objekten herabsetzen oder vollständig verhindern. Hier soll nur die Transparenz betrachtet werden. Bei der exakten Behandlung der Transparenz muss das *Brechungsgesetz* von *Snellius* Anwendung finden, das das Verhalten des Lichts über Grenzflächen hinweg beschreibt. Bekanntlich lautet dieses:

Einfallender Strahl, Flächennormale und austretender Strahl liegen in einer Ebene. Der Sinus des Einfallswinkels steht zum Sinus des Brechungswinkels in einem konstanten Verhältnis, das nur von der Dichte der beiden betroffenen Medien an der Grenzfläche abhängt.

Das Gesetz von Snellius lautet mit den im Bild 9.1 angegebenen Bezeichnungen

$$\frac{\sin\eta}{\sin\psi} = \frac{\eta_2}{\eta_1}.$$

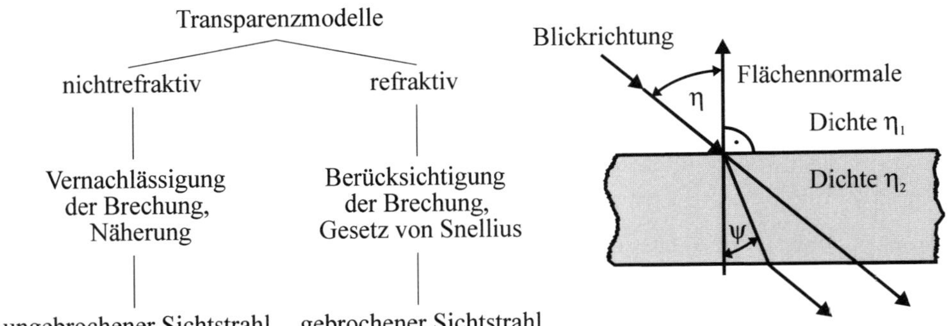

Bild 9.1 Transparenzmodelle

Das Problem bei der Berechnung des Transparenzeffektes liegt im damit verbundenen Rechenaufwand. Abhängig von den Brechungseigenschaften einer *Grenzfläche* müssen bei der Betrachtung des Objekts verschiedene dahinter liegende Objekte in die Bestimmung der Farbe mit einbezogen werden. Erschwerend kommt hinzu, dass die Beugung von der Wellenlänge abhängt, wie an der Streuung des Lichts beim Durchgang durch ein Prisma zu sehen ist. Außerdem müssen Effekte wie die totale innere Reflexion berücksichtigt werden. Weiterhin ist eine Reduzierung der *Lichtintensität* vorhanden. Diese wird durch den Transparenzkoeffizienten T angegeben.

$$T = t \cdot e^{-a \cdot d}$$

Dabei ist d die Länge des Strahls innerhalb des transparenten Objekts. Der Durchlässigkeitsfaktor t gibt den Anteil der nicht reflektierten Lichtmenge an. Der Absorptionsfaktor a schließlich zeigt an, wie schnell das Licht von einem Material geschwächt wird. a und t sind Materialeigenschaften. Die genaue Berechnung ist aber nur dann möglich, wenn der Lichtstrahl exakt verfolgt wird. Das wiederum kann nur ein Strahlverfolgungsverfahren leisten, wie beispielsweise das Ray Tracing. Dieses gehört zu den globalen Beleuchtungsmodellen und wird durch OpenGL nicht unterstützt. Deshalb ist es mit OpenGL nur möglich, einfachere Modelle zur angenäherten Realisierung von Transparenz zu verwenden, die die Beugung des Lichts nicht berücksichtigen. Es werden dafür drei Ansätze unterschieden, die interpolierte Transparenz, die Screen-Door-Transparenz und die gefilterte Transparenz, Bild 9.2. Im Folgenden befinde sich ein transparentes Objekt 1 vor einem opaken Objekt 2.

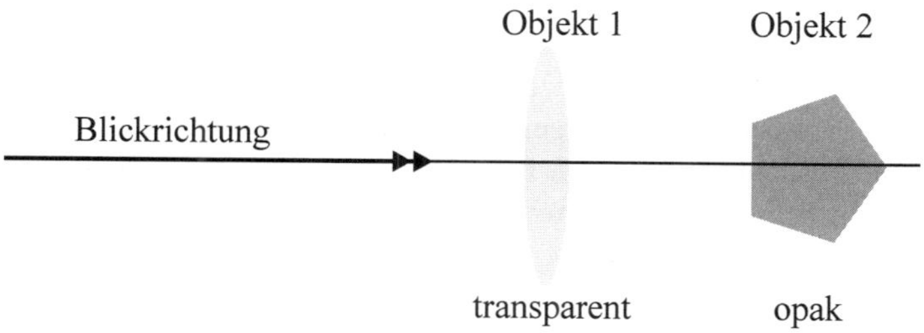

1. Interpolierte Transparenz: $I_P = (1-k_t) \cdot I_1 + k_t \cdot I_2$
2. Screen-Door-Transparenz: $I_P \in \{I_1, I_2\}$ →

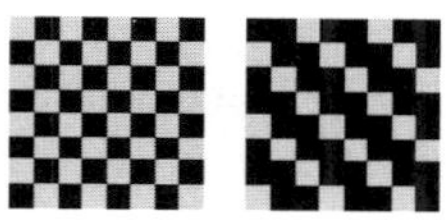

3. Gefilterte Transparenz: $I_{P,\lambda} = I_1 + k_t(\lambda) \cdot I_2$

Bild 9.2 Ansätze für Transparenz bei lokalen Beleuchtungsmodellen

Bei der *interpolierten Transparenz* wird die resultierende Intensität I_P eines Pixels berechnet, wobei I_1 bzw. I_2 die aus dem verwendeten Beleuchtungsmodell resultierenden Intensitäts- bzw. Farbwerte in dem betreffenden Pixel für Objekt 1 bzw. Objekt 2 bezeichnen. Der so genannte Transmissionskoeffizient k_t gibt an, wie durchsichtig das Material von Objekt 1 ist. Falls k_t den Wert 1 hat, so ist Objekt 1 völlig transparent und somit unsichtbar, im anderen Extremfall $k_t = 0$ ist Objekt 1 opak, also lichtundurchlässig, Objekt 2 ist dann je nach Überdeckungsbereich unsichtbar.

Abhängig von der Lichtdurchlässigkeit werden bei der *Screen-Door-Transparenz* manche Pixel mit dem Intensitäts- bzw. Farbwert I_1 des Objekts 1 besetzt, andere mit dem Wert I_2 von Objekt 2. Im Bild 9.2 sind exemplarisch zwei Beispiele angegeben. Bei diesem Verfahren können sich Probleme bei mehreren hintereinander liegenden transparenten Objekten ergeben, wenn sich die jeweiligen Muster ungünstig überlagern.

Bei der *gefilterten Transparenz* kann das Objekt 1 als Filter wirken und Licht bestimmter Farbe bevorzugt durchlassen. Der Transmissionskoeffizient $k_t(\lambda)$ hängt von der Wellenlänge ab. Damit lässt sich als Material von Objekt 1 etwa rotes Glas modellieren. Im Rotbereich ist $k_t(\lambda)$ dann sehr klein, im komplementären Cyanbereich dagegen groß.

Von den möglichen Verfahren zur angenäherten Berücksichtigung von Transparenz unter OpenGL sollen hier zwei vorgestellt werden. Das erste beruht auf der Farbmischung von Objekten mit Hilfe der α-Komponente, das zweite auf einer Maskierung im Stencil-Buffer. Beide können in OpenGL mit relativ geringem Aufwand auf verschiedene Weise realisiert werden.

Das erste Verfahren nutzt die letzte Komponente aller in OpenGL angegebenen Farben, die α-Komponente. Durch sie wird durch *Überblenden* von Objekten ein transparenter Effekt erreicht. Diese Vorgehensweise wurde bereits im Abschnitt 3.3 als Blending (Mischen) von Farben vorgestellt. Die zugehörige Operation, das Blending, wird in diesem Kapitel noch detaillierter beschrieben. *Blending* gehört zu den so genannten Fragment-Operationen. Bei dieser Art der Simulation von Transparenz müssen jedoch einige Dinge beachtet werden:

- Wenn transparente Objekte in den Bildspeicher geschrieben werden, dürfen sie den z-Buffer nicht verändern. Würde der z-Wert angepasst, so würden nachfolgende, dahinter liegende opake Objekte nicht mehr in den Bildspeicher geschrieben, obwohl sie durch die transparente Fläche hindurch sichtbar sind. Daher sollten transparente und opake Objekte nicht in beliebiger Reihenfolge in den Speicher geschrieben werden. Empfehlenswert ist, zuerst alle opaken und anschließend alle transparenten ohne Änderung des z-Wertes zu schreiben. Ideal, aber nur aufwändig realisierbar wäre die Ausgabe entsprechend dem Maler-Algorithmus, also von hinten nach vorn. Das würde aber ein unter Umständen kompliziertes Sortieren der auszugebenden Objekte voraussetzen.
- Je mehr transparente Flächen unsortiert übereinander gelegt werden, desto verfälschter wird das Ergebnis. Nur vorsortiert gespeicherte Objekte oder solche mit konstanter halber Transparenz erscheinen einigermaßen korrekt.
- Bei Animationen fallen die oben genannten Effekte noch störender auf. Verändert sich die Reihenfolge der geschriebenen Objekte von Bild zu Bild, so erscheinen diese im Extremfall unterschiedlich hell.

Die zweite Lösung ist das bereits genannte Screen-Dooring. Dieses ist in der Anwendung robuster, liefert aber visuell weniger befriedigende Ergebnisse. Im konkreten Fall wird beim Screen-Dooring eine Bit-Maske für jede Transparenzstufe gespeichert. Enthält die Maske für ein zu setzendes Pixel eine 1, so wird dieses gesetzt. Das Screen-Dooring kann mit zweierlei Ansätzen berechnet werden: Entweder wird das Objekt, also in OpenGL eine Fläche, mit einer Stipplemaske versehen dargestellt oder der Stencil-Buffer wird für die Erzeugung der Maske genutzt. Die erste Lösung ist die weniger aufwändige, da für jedes Objekt lokal eine Maske definiert wird. Für die zweite hingegen muss bei jedem Objekt bzw. für eine Gruppe von Objekten der *Stencil-Buffer* jeweils umgeladen werden. Dafür besteht bei dieser Lösung eine größere Flexibilität in der Gestaltung der Masken. Damit ist beispielsweise eine zufällige Auswahl der Masken realisierbar und die zyklische Wiederholung von Masken wird vermieden. Der Vorteil dieses Verfahrens besteht darin, dass die Objekte in beliebiger Reihenfolge in den Bildspeicher geschrieben, der z-Wert gesetzt und bei der Verdeckung berücksichtigt werden kann. Nachteilig wirkt sich die Verwendung gleicher Masken für alle Objekte mit gleicher Durchlässigkeit und die Wiederholung der Maske aus. Qualitativ sind die erzeugten Bilder schlechter, denn auch mit diesem Verfahren wird versucht, mangelnde farbliche Gestaltung auf Kosten der räumlichen Genauigkeit zu simulieren. Verbesserungen sind beispielsweise durch die zufällige Wahl der Masken pro Objekt zu erreichen.

Beide hier beschriebenen Verfahren zur Simulation transparenter Objekte können in OpenGL realisiert werden. Die folgenden Beispiele nutzen die α-Komponente und damit das Blending. Bekanntlich gehört dieses zu den so genannten Fragment-Operationen. Ankommende Farben werden als Quelle bezeichnet und mit bereits im Bildspeicher vorhandenen, dem Ziel, kombiniert. Das erfolgt in einem zweistufigen Prozess. Zuerst wird die Berechnung der Quell- und Zielfaktoren spezifiziert, dann werden diese komponentenweise multipliziert. Danach werden die zwei korrespondierenden Sätze der RBGA-Komponenten addiert. Ausführlichere Angaben enthält der Abschnitt 9.2.

Beispiel 9.1:

Ein undurchsichtiges rotes und ein transparentes blaues Dreieck werden in unterschiedlicher Reihenfolge ausgegeben (Bild 9.3). Die Reihenfolge kann durch Value1 gesteuert werden. Das führt zu unterschiedlichen Ergebnissen in der Darstellung. Das folgende Programmfragment zeigt die wesentlichen Einzelheiten.

```
  :
procedure RotesDreieck;
begin
  glBegin(GL_TRIANGLES); // Rotes Dreieck opak
    glColor4f(1,0,0,1);
    glVertex2f(-5,-5); glVertex2f(5,-5); glVertex2f(-5,5);
  glEnd();
end;

procedure BlauesDreieck;
begin
  glBegin(GL_TRIANGLES); // Blaues Dreieck, 50 % transparent
    glColor4f(0,0,1,0.5);
    glVertex2f(5,5); glVertex2f(0,-5); glVertex2f(-5,10);
  glEnd();
end;
  :
glDisable(GL_LIGHTING);
glDisable(GL_DEPTH_TEST);
glEnable(GL_BLEND);
glBlendFunc(GL_SRC_ALPHA, GL_ONE_MINUS_SRC_ALPHA);
glPushMatrix;
  glRotatef(MoveValue,xMove,yMove,zMove);
  if odd(value1) then begin RotesDreieck; BlauesDreieck; end
                 else begin BlauesDreieck; RotesDreieck; end;
glPopMatrix;
  :
```

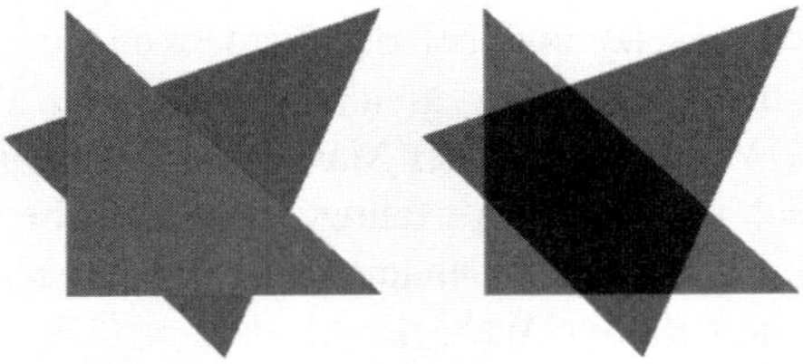

Bild 9.3 Reihenfolge bei der Ausgabe eines opaken und eines transparenten Dreiecks

Der vollständige Quelltext befindet sich im Projekt TRANSPARENZ.

■

Beispiel 9.2:

Darstellung von drei transparenten Dreiecken mit verschiedenen Farben. Der Blendingfaktor α kann für jedes Dreieck durch Value1, Value2 und Value3 verändert werden. Das folgende Programmfragment zeigt die wesentlichen Einzelheiten, Bild 9.4.

```
  :
glEnable(GL_DEPTH_TEST);
glDepthFunc(GL_ALWAYS);
glEnable(GL_BLEND);
glBlendFunc(GL_SRC_ALPHA, GL_ONE_MINUS_SRC_ALPHA);
glPushMatrix;
  glRotatef(MoveValue,xMove,yMove,zMove);
  glBegin(GL_TRIANGLES);
    glColor4f(1,0,0,0.5);
    glVertex2f(-5,5); glVertex2f(5,5); glVertex2f(0,-5);
    glColor4f(0,1,0,0.5);
    glVertex2f(-5,5); glVertex2f(5,0); glVertex2f(-5,-5);
    glColor4f(0,0,1,0.5);
    glVertex2f(5,5); glVertex2f(-5,0); glVertex2f(5,-5);
  glEnd();
  glDisable(GL_BLEND);
glPopMatrix;
```

Bild 9.4 Drei transparente Dreiecke

:

Der vollständige Quelltext befindet sich im Projekt TRANSPARENZ.

■

Beispiel 9.3:

Darstellung eines transparenten Würfels und einer opaken Kugel. Der Blendingfaktor α des Würfels kann mit Value1 verändert werden, Bild 9.5.

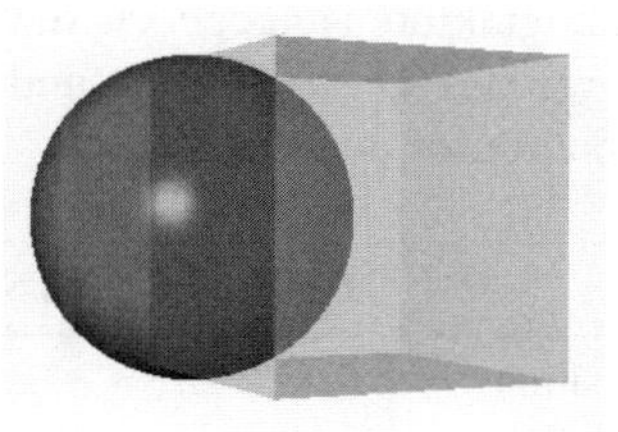

Bild 9.5 Transparenter Würfel vor einer opaken Kugel

Der vollständige Quelltext befindet sich im Projekt TRANSPARENZ.

■

Beispiel 9.4:

Darstellung eines transparenten Würfels, in dem sich eine opake Kugel befindet. Der Blendingfaktor α des Würfels kann mit Value1 verändert werden. Das folgende Programmfragment zeigt die wesentlichen Einzelheiten.

```
glPushMatrix;
   glMaterialfv(GL_FRONT_AND_BACK,GL_DIFFUSE,@Blau);
   glutSolidSphere(0.5,100,100);
   Gruen[3]:=0.05*Value1;
   glMaterialfv(GL_FRONT_AND_BACK,GL_DIFFUSE,@Gruen);
   glEnable(GL_BLEND);
   glBlendFunc(GL_SRC_ALPHA, GL_ONE_MINUS_SRC_ALPHA);
   glutSolidCube(4);
   glDisable(GL_BLEND);
glPopMatrix;
```

Der vollständige Quelltext befindet sich im Projekt TRANSPARENZ.

■

9.2 OpenGL-Routinen

- Definition der Blendingfunktion

  procedure glBlendFunc(**sfactor, dfactor: *GLenum***)

Parameter

sfactor, dfactor Konstanten für die Berechnung der Blendingfaktoren für Source und Destination

Kurzbeschreibung

Die Berechnung erfolgt mit den Blendingfaktoren (S_R, S_G, S_B, S_A) und (D_R, D_G, D_B, D_A) und den Farbkomponenten (R_S, G_S, B_S, A_S) und (R_D, G_D, B_D, A_D) von Quelle und Ziel entsprechend der Vorschrift

$$(R_S S_R + R_D D_R,\ G_S S_G + G_D D_G,\ B_S S_B + B_D D_B,\ A_S S_A + A_D D_A)$$

Jede Komponente wird im Bedarfsfall auf 0 . . . 1 begrenzt (Clamp). Die OpenGL-Routine glBlendFunc(**sfactor, dfactor**) bestimmt, wie die ankommenden Farbwerte im Fragment (Source) mit den schon im Bildspeicher (Destination) vorhandenen kombiniert werden. **sfactor** bestimmt die Berechnung des Blendingfaktors der Quelle, **dfactor** die des Ziels. Die möglichen Werte für die beiden Parameter sind anschließend dargestellt.

In der folgenden Zusammenfassung sind die Blendingfaktoren angegeben, die beim Aufruf von glBlendFunc(**sfactor**, **dfactor**) berechnet werden. Die Indices S_F und D_F stehen für die Blendingfaktoren der Farbkomponenten von Source und Destination.

Konstante für **sfactor** und **dfactor**	Gültigkeitsbereich	Blendingfaktoren S_F oder D_F
GL_ZERO	source oder destination	(0, 0, 0, 0)
GL_ONE	source oder destination	(1, 1, 1, 1)
GL_DST_COLOR	source	(R_D, G_D, B_D, A_D)
GL_SRC_COLOR	destination	(R_S, G_S, B_S, A_S)
GL_ONE_MINUS_DST_COLOR	source	$(1, 1, 1, 1)\text{-}(R_D, G_D, B_D, A_D)$
GL_ONE_MINUS_SRC_COLOR	destination	$(1, 1, 1, 1)\text{-}(R_S, G_S, B_S, A_S)$
GL_SRC_ALPHA	source oder destination	(A_S, A_S, A_S, A_S)
GL_ONE_MINUS_SRC_ALPHA	source oder destination	$(1, 1, 1, 1)\text{-}(A_S, A_S, A_S, A_S)$
GL_DST_ALPHA	source oder destination	(A_D, A_D, A_D, A_D)
GL_ONE_MINUS_DST_ALPHA	source oder destination	$(1, 1, 1, 1)\text{-}(A_D, A_D, A_D, A_D)$
GL_SRC_ALPHA_SATURATE	source	$(f, f, f, 1); f = \min(A_S, 1 - A_D)$

Blending muss durch den Aufruf glEnable(GL_BLEND) aktiviert oder durch glDisableGL_BLEND) deaktiviert werden.

9.3 Übungen

Projekt UEBUNG91:

Vor eine Kugel ist eine Glasscheibe zu setzen. Diese soll zunächst voll transparent sein und, gesteuert durch Value1, in Schritten von 0.05 weiß opak werden.

Projekt UEBUNG92:

Zwei transparente Kugeln sollen umeinander rotieren. Die Transparenz soll durch Value1 gesteuert werden.

10 Interaktion

10.1 Einführung

Der Computer ist ein Kommunikationsmedium. Er zeichnet sich dadurch aus, dass der Mensch die Möglichkeit hat, Anwendungen interaktiv zu beeinflussen. Interaktionen sind inhärent mit grafischen und multimedialen Anwendungen verbunden. Prinzipiell können vier Teilgebiete der Kommunikation zwischen Mensch und Computer unterschieden werden, Computer-Computer-Kommunikation (e-Mail), Mensch-Mensch-Kommunikation (Multimedia via Computer), Computer-Mensch-Kommunikation (passive Informationsausgabe, Fernsehen) und Mensch-Computer-Kommunikation (Informationseingabe und -verarbeitung). In diesem Kapitel wird die Mensch-Computer-Kommunikation oder auch Mensch-Computer-Interaktion behandelt.

10.2 Selektion und Rückkopplung

Die bisherigen Beispiele nutzen den Standardmodus GL_RENDER für die Ausgabe von grafischen Informationen auf den Bildschirm. Für die zwei möglichen Interaktionsmechanismen von OpenGL, die Selektion und die Rückkopplung, gibt es die Modi GL_SELECT und GL_FEEDBACK. Die Nutzung dieser *Interaktionsmodi* erfordert, zunächst in den Darstellungsmodus GL_RENDER zu schalten und die Szene auf dem Bildschirm darzustellen. Danach muss der gewünschte Modus gewählt werden. Im Fall einer Interaktion durch Selektion können Namen an grafische Objekte vergeben werden. Danach wird ein begrenzter Bereich auf dem Bildschirm definiert, in dem die Selektion stattfinden soll. Das wird normalerweise ein Bereich um die Position der Maus als Interaktionswerkzeug sein. Dann wird die Szene im Modus GL_SELECT erneut gerendert, wobei nur eine Liste der Namen von Objekten, die sich im *Selektionsbereich* befinden, erzeugt wird. Diese Namen können für einzelne Objekte oder auch Gruppen vergeben werden. Anschließend kann die Anwendung, die dann Kenntnis über die Zuordnung von Namen und Objekten hat, bestimmen, was auf Grund dieser Selektion passieren soll. Beispielsweise können selektierte Objekte mit einer anderen Farbe dargestellt oder mit der Maus verschoben werden.

Bei der Interaktion durch Rückkopplung können spezifische Daten von Fragmenten erfasst werden. Zunächst wird ebenfalls eine Darstellung im normalen Darstellungsmodus GL_RENDER aktiviert und durchgeführt. Anschließend wird diesmal auf den Rückkopplungsmodus GL_FEEDBACK umgeschaltet und ein im Allgemeinen kleinerer Darstellungsbereich ausgewählt. Im Gegensatz zum Selektionsmodus werden jetzt jedoch keine Namen, sondern eine Liste von Fragmentinformationen geliefert. Zusätzlich können auch hier Marken, also abstrakte Namen, gesetzt werden. In beiden Formen muss durch glSelectBuffer(..) oder glFeedbackBuffer(..) zusätzlich Speicher reserviert sein, um die Interaktionsdaten speichern zu können.

Der Befehl glRenderMode(**mode**) dient zum Einschalten des gewünschten Modus und ist eine Funktion, die einen ganzzahligen positiven Rückgabewert liefert. Der Parameter **mode** legt mit GL_RENDER, GL_SELECT oder GL_FEEDBACK einen der drei Modi fest. Der jeweilige Rückgabewert der Funktion glRenderMode(..) hängt vom vorher aktuellen Modus ab. War dieser GL_RENDER, dann ist der Rückgabewert immer 0. War er dagegen GL_SELECT, so gibt der Rückgabewert die Anzahl der selektierten Datensätze an. War der vorangegangene Modus GL_FEEDBACK, so wird die Anzahl der Werte im Rückkopplungsspeicher geliefert.

Diese Information kann dann innerhalb der Anwendung ausgewertet werden.

Für die Anwendung der Rückkopplung werden nur zwei Befehle benötigt: glFeedbackBuffer(..) und glPassThrough.

glFeedbackBuffer(**size**, **type**, @**buffer**)

Dieser Aufruf übergibt einen Speicherbereich **buffer** der Größe **size** und des Typs **type** an OpenGL. Wird anschließend in den Rückkopplungsmodus geschaltet, so werden die auftretenden Daten in diesen Speicherbereich geschrieben. Als Typen sind zugelassen:

- GL_2D — Die x- und y-Koordinaten werden gespeichert.
- GL_3D — Die x-, y- und z-Koordinaten werden gespeichert.
- GL_3D_COLOR — Die x-, y- und z-Koordinaten und die RGBA-Werte werden gespeichert.
- GL_3D_COLOR_TEXTURE — Die x-, y- und z-Koordinaten, die RGBA-Werte und die vier Texturkoordinaten werden gespeichert.
- GL_4D_COLOR_TEXTURE — Zusätzlich wird auch die w-Koordinate gespeichert.

Mit Hilfe von glPassThrough kann zur Ergänzung dieser Inhalte an beliebiger Stelle noch eine Marke in Form einer Gleitpunktzahl angegeben werden.

glPassThrough(**token**);

Die in den Rückkopplungsspeicher geschriebenen Werte genügen einer Grammatik, die das anschließende Interpretieren des Speicherbereichs vereinfacht. Weitere Details sind dem Beispiel 10.3 zu entnehmen.

Die prinzipielle Behandlung der Selektion verläuft ganz analog zur Rückkopplung. Mit glSelectBuffer(..) wird zunächst ein Speicherbereich für die Selektionsdaten zur Verfügung gestellt.

glSelectBuffer(**size**, @**buffer**)

Danach wird mit glRenderMode(GL_SELECT) in den Selektionsmodus umgeschaltet. In den Speicherbereich **buffer** werden die Ergebnisse der Selektion im Selektionsmodus geschrieben und können anschließend ausgewertet werden. Nach Darstellung im Selektionsmodus kann mit Hits:=glRenderMode(GL_RENDER) die Zahl der selektierten Elemente festgestellt werden. Um diese Zahl nicht beliebig groß werden zu lassen, empfiehlt es sich, vor Aufruf des Selektionsmodus den zu untersuchenden Bereich möglichst klein zu wählen. Im Allgemeinen genügen dazu wenige Pixel um die Position des *Selektionswerkzeugs* Maus herum. Die Namen der selektierten Objekte werden über das aktuelle Element auf dem Stapel von Namen festgelegt. Die Zuordnung mehrerer Primitive zu einem Namen ist möglich und muss bei der Auswertung entsprechend berücksichtigt werden. Zur Definition von Namen steht ein Stapel von Namen, der *Name-Stack*, zur Verfügung, der in der hierarchischen Modellierung analog zu den zusammengesetzten Matrizen genutzt wird. Dieser Stapel wird mit glInitNames in seinen leeren Ursprungszustand versetzt. Seine aktuelle Größe kann mit

glGetIntegerv(GL_NAME_STACK_DEPTH,@NameDepht),

seine maximale Größe mit

glGetIntegerv(GL_MAX_NAME_STACK_DEPTH,@MaxNameDepht)

erfragt werden. Einzelne Elemente werden mit g1LoadName, g1PushName und g1PopName analog zu den Matrizenoperationen behandelt.

glLoadName(**name**);

glLoadName(..) ersetzt den obersten Eintrag des Namensstapels durch den Wert **name.** Alle im Folgenden dargestellten Primitive erhalten diesen Namen.

glPushName(**name**);

Im Gegensatz zu den Matrizenstapeln wird mit glPushName(..) tatsächlich nicht das oberste Element des Stapels dupliziert, sondern das neue Element **name** darauf abgelegt. Es wird damit zum aktuellen Element, der Stapel wird also um ein Element größer.

glPopName;

glPopName bewirkt, dass der oberste Eintrag des Stapels von diesem entfernt wird und somit verloren geht.

Zusammengefasst sieht der Ablauf einer Selektion wie folgt aus:

- Bereitstellen eines Speicherbereichs für die Selektionsinformationen mit glSelectBuffer(..).
- Umschalten in den Selektionsmodus mit glRenderMode(GL_SELECT).
- Rendern der Szene im Selektionsmodus unter Ausnutzung der eindeutigen Namensvergabe und unter Berücksichtigung eines kleinen Darstellungsbereichs.
- Umschalten in den Darstellungsmodus mit Hits:=glRenderMode(GL_RENDER) und dabei Bestimmung der Anzahl Treffer von selektierten Objekten.
- Auswertung und Verarbeitung der im Selektionsspeicher erzeugten Informationen.

Beispiel 10.1:

Die drei Körper Kugel, Quader und Torus werden durch einen Mausklick identifiziert. Das Ergebnis der Selektion wird in einem Mitteilungsfenster ausgegeben. Das Prinzip der Selektion kann dem folgenden Programmfragment entnommen werden.

```
  :
const BufSize=512;
  :
procedure TForm1.GrafikObjekte;
begin
  :
  case Fall of
  1: begin
```

```
      OutText2D(DC,FONT_ARIAL_15,-4,-14,'Picking-Mechanismus');
      glRotatef(MoveValue,xMove,yMove,zMove);
      glLoadName(1);
        glMaterialfv(GL_FRONT,GL_DIFFUSE,@Rot);
        glTranslatef(-4,3,6);
        glutSolidSphere(1.5,50,50);
      glLoadName(2);
        glMaterialfv(GL_FRONT,GL_DIFFUSE,@Gruen);
        glTranslatef( 4,0,0);
        glutSolidCube(3);
      glLoadName(3);
        glMaterialfv(GL_FRONT,GL_DIFFUSE,@Blau);
        glTranslatef( 5,0,0);
        glutSolidTorus(0.8,2,50,50);
      end;
       :
  end { case }
end { TForm1.GrafikObjekte };

procedure TForm1.FormMouseDown(Sender: TObject;
      Button: TMouseButton; Shift: TShiftState; X, Y: Integer);
  var SelectBuf: array [0..BufSize-1] of GLuint;
      Hits,i,j,k,Names: GLint;
      n:                  extended;
      msg:                String;
begin
  n:= IntPower(2,32)-1;
  // Zuweisen des Selektionspuffers
  glSelectBuffer(BufSize, @SelectBuf);

  glRenderMode(GL_SELECT); // Schalten in den Selektionsmodus

  glInitNames; // Initialisieren des Name-Stack
  glPushName(0); // Einfügen des ersten bedeutungslosen Namens

  glMatrixMode(GL_PROJECTION); // Viewing-Volumen für das Picking
  glPushMatrix;
    glLoadIdentity;
    gluPickMatrix(X,Viewport[3]-Y,4,4,Viewport);
    GrafikObjekte;
  glPopMatrix;

  glPopName;

  // Bestimmung der Treffer beim Picking
  Hits:=glRenderMode(GL_RENDER);

  msg:='Hits= '+IntToStr(Hits)+#13#10;

  { Jeder Treffer-Datensatz enthält die folgenden integer-Werte:
    - Anzahl der Treffer (Namen) beim Picking
    - Minimaler und maximaler z-Wert der Primitive innerhalb des
     Viewing-Volumens. Die reellen z-Werte sind dabei mit
      (2^32 - 1) multipliziert und gerundet.
    - Inhalt des Name-Stack von unten nach oben }
```

```
    j:=0;
    for i:=0 to Hits-1 do
    begin
      Names:=SelectBuf[j];    // Anzahl der Treffer (Namen)
      msg:=msg+#13#10+'Anzahl der Treffer = '+IntToStr(Names);
      inc(j);                 // z-Werte xmin und xmax
      msg:=msg+#13#10+'zmin =
              '+FloatToStrF(SelectBuf[j]/n,ffFixed,10,3);
      inc(j);
      msg:=msg+#13#10+'zmax =
              '+FloatToStrF(SelectBuf[j]/n,ffFixed,10,3);
      inc(j);
      msg:=msg+#13#10+'Name(s): '; // Inhalt des Name-Stacks
      for k:=0 to Names-1 do
      begin
        msg:=msg+IntToStr(SelectBuf[j])+' ';
        inc(j);
      end;
      msg:=msg+#13#10;
    end;
    ShowMessage(msg);
  end { TForm1.FormMouseDown };
```

Im Bild 10.1 sind exemplarisch zwei Fälle angegeben. Die linke Mitteilung erscheint, wenn die Kugel allein angeklickt wurde, die rechte, wenn der Mausklick an der Position erfolgte, wo alle Objekte getroffen wurden. Dabei spielt es keine Rolle, ob diese verdeckt sind oder nicht.

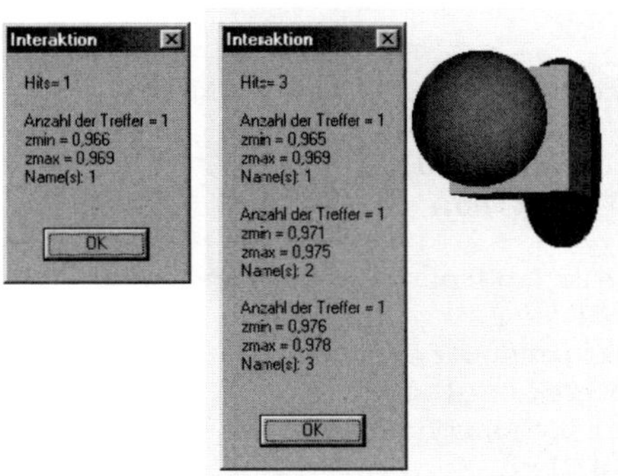

Bild 10.1 Selektionsergebnisse

Der vollständige Quelltext befindet sich im Projekt INTERAKTION.

■

Beispiel 10.2:

Kontrollpunkte einer NURBS-Kurve werden wahlweise selektiert und dann mit der Maus verschoben. Die dieser Verschiebung folgende NURBS-Kurve wird dargestellt. Das nachstehende Programmfragment enthält wesentliche Einzelheiten zur Lösung dieses Problems.

```
procedure TForm1.GrafikObjekte;
begin
    :
```

```
    glColor4fv(@Schwarz); glPointSize(5);
    for i:=0 to 15 do
    begin
      glLoadName(i);
      glBegin(GL_POINTS); glVertex3fv(@P16V[i]); glEnd;
    end;

    glLineWidth(2);
    Linienzug(P16,@Schwarz);
    gluNurbsProperty(NURBS_Kurve1,GLU_SAMPLING_TOLERANCE,5);
    gluNurbsProperty(NURBS_Kurve2,GLU_SAMPLING_TOLERANCE,5);
    glColor4fv(@Schwarz);
    gluBeginCurve(NURBS_Kurve1);
      gluNurbsCurve(NURBS_Kurve1,20,@Knoten16,4,@P16,4,
                    GL_MAP1_VERTEX_4);
    gluEndCurve(NURBS_Kurve1);
    glLineWidth(4);
    Linienzug(P16V,@Schwarz);
    P16V[TrefferNr].w:=w_Kreis.Value*0.01;
    gluBeginCurve(NURBS_Kurve2);
      gluNurbsCurve(NURBS_Kurve2,20,@Knoten16,4,@P16V,4,
                    GL_MAP1_VERTEX_4);
    gluEndCurve(NURBS_Kurve2);
      :
end { TForm1.GrafikObjekte };

procedure TForm1.FormMouseDown(Sender: TObject;
                               Button: TMouseButton;
                               Shift: TShiftState; X, Y:
                               Integer);
var  SelectBuffer: array [0..BufSize-1] of GLuint;
     Hits, i,j,k,Names: GLint;
     n:                extended;
     msg:              string;
begin
  Perspektive:=false; RadioGroup2.ItemIndex:=1;
  n:= IntPower(2,32)-1;
  // Zuweisen des Selektionspuffers
  glSelectBuffer(BufSize, @SelectBuffer);
  // Schalten in den Selektionsmodus
  glRenderMode(GL_SELECT);
  glInitNames; // Initialisieren des Name-Stack
  glPushName(0); // Einfügen des ersten bedeutungslosen Namens

  // Viewing-Volumen für das Picking
  glMatrixMode(GL_PROJECTION);
  glPushMatrix;
    glLoadIdentity;
    gluPickMatrix(X,Viewport[3]-Y,10,10,Viewport);
    GrafikObjekte;
  glPopMatrix;

  glPopName;

  // Bestimmung der Treffer beim Picking
```

```
    Hits:=glRenderMode(GL_RENDER);
    if Hits>0 then
    begin
      Treffer:=true; TrefferNr:=SelectBuffer[3];
      Edit1.Text:=' TrefferNr = '+IntToStr(TrefferNr);
    end;
  end { TForm1.FormMouseDown };

  procedure TForm1.FormMouseMove(Sender: TObject;
                                 Shift: TShiftState;
                                 X, Y: Integer);
  begin
    if Treffer then
    begin
        :
      // NURBS-Kurve
      begin
        P416V[SelectedObject].x:= bOrtho
                                 *(X-Viewport[2]/2)/Viewport[2];
        P416V[SelectedObject].y:= -hOrtho
                                 *(Y-Viewport[3]/2)/Viewport[3];
        Edit1.Text:='x='+FloatToStrF(P416V[SelectedObject].x,
                     ffFixed,6,2)
                     +'y='+FloatToStrF(P416V[SelectedObject].y,
                     ffFixed,6,2);
        :
      end;
  end { TForm1.FormMouseMove };
```

Im Bild 10.2 ist der Fall dargestellt, dass der Vertex mit der Nummer 8 angeklickt und dann mit der Maus verschoben wurde. Darunter sind die Koordinaten des verschobenen Vertex angegeben. Die verschobene Kurve ist dick, die Originalkurve dünn gezeichnet.

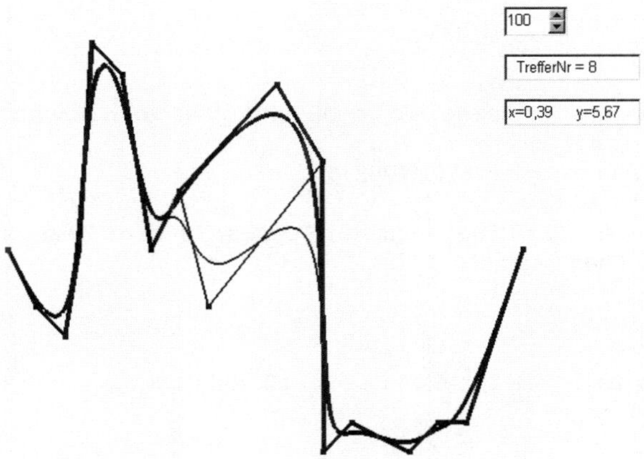

Bild 10.2 NURBS-Kurve

Der vollständige Quelltext befindet sich im Projekt INTERAKTION.

Beispiel 10.3:

Es wird eine kurze Einführung in die Wirkungsweise des Feedback-Modus am Beispiel eines Dreiecks und einer Linie gezeigt. Bild 10.3 enthält das Ergebnis der Abarbeitung des Programmfragments.

```
    :
  type TFeedBackBuffer = array [0..1023] of GLfloat;
    :
  var  i, Anz, j, k, vcount: GLint;
       Marke:                GLfloat;
       TextAccu:             PChar;
       FB:                   TFeedBackBuffer;
    :
glFeedbackBuffer(1024,GL_3D_COLOR,@FB);
for i:=0 to 1 do
begin
  if i=0 then Mode:=GL_RENDER else Mode:=GL_FEEDBACK;
  glRenderMode(Mode);
  { Ein rotes Dreieck und eine blaue Linie werden einmal im Modus
    GL_Render und danach im Modus GL_FEEDBACK gerendert.
    Zusätzlich wird die Routine passthrough zum Setzen von Marken
    genutzt. Das ist nur im Modus GL_FEEDBACK möglich. }
  glRotatef(10*Value1,1,0,0);
  if mode = GL_FEEDBACK then glPassThrough(1);
  glColor3f(1, 0, 0);
  glBegin(GL_TRIANGLES);
    glVertex3f(-2.5, -2.5, 0);
    glVertex3f(2.5, -2.5, 0);
    glVertex3f(2.5, 2.5, 0);
  glEnd;
  if mode = GL_FEEDBACK then glPassThrough(2);
  glColor3f(0, 0, 1);
  glLineWidth(3);
  glBegin(GL_LINES);
    glVertex3f( 0,0,0);
    glVertex3f(-5,5,0);
  glEnd;
end;
// Bestimmung der Anzahl im FeedBackBuffer vorhandener
// Informationen
Anz:=glRenderMode(GL_RENDER);

// Beenden der Routine, wenn der FeedBackBuffer leer ist
if Anz<=0 then Exit;

FBText.Clear;
i:=Anz;
// Analysieren des Inhalts des FeedBackBuffer
while i<>0 do
begin
  // Jeder Eintrag beginnt mit einem Kennzeichen, welches den Typ
  // und damit die Anzahl der folgenden Daten enthält.
  Marke:=FB[Anz-i];
  dec(i);
  // Test des Inhalts der Kennzeichen und Verabeitung der Daten
  if Marke=GL_PASS_THROUGH_TOKEN then
```

```
      begin
        FBText.Lines.Add('');
        FBText.Lines.Add(Format('Passthrough: %.2f', [FB[Anz-i]]));
        dec(i);
      end else
      if Marke=GL_POLYGON_TOKEN then
      begin
        // Polygone beginnen mit einem Vertex-Zähler, dem die
        // Vertexdaten folgen
        vcount:=Round(FB[Anz-i]);
        FBText.Lines.Add(Format(
        'Dreieck - %d Vertices, xyz- und RGBA-Werte):', [vcount]));
        dec(i);
        // Analyse jedes Vertex
         for k:=1 to vcount do
        begin
          TextAccu:=' ';
          // Der hier verwendete Typ GL_3D_COLOR liefert
          //  je  Vertex  7  Werte,  die  xyz-Koordinaten  und  die
          RGBA-Werte
          for j:=0 to 6 do
          begin
            TextAccu:=PChar(TextAccu + Format('%4.2f ', [FB[Anz-i]]));
            dec(i);
          end;
          FBText.Lines.Add(TextAccu);
         end;
      end else
      if Marke=GL_POINT_TOKEN then
      begin
        FBText.Lines.Add('Vertex - (XYZ RGBA):');
        TextAccu := ' ';
        for j:=0 to 6 do
        begin
          TextAccu:=PChar(TextAccu + Format('%4.2f ', [FB[Anz-i]]));
          dec(i);
        end;
        FBText.Lines.Add(TextAccu);
      end else
      if (Marke=GL_LINE_TOKEN) or (Marke=GL_LINE_RESET_TOKEN) then
      begin
        FBText.Lines.Add('Linie - 2 Vertices, xyz- und
        RGBA-Werte):');
        for k:=0 to 1 do
          begin
            TextAccu:=' ';
            for j:=0 to 6 do
            begin
              TextAccu:=PChar(TextAccu + Format('%4.2f ',
              [FB[Anz-i]]));
              dec(i);
            end;
            FBText.Lines.Add(TextAccu);
        end;
      end;
    end;
```

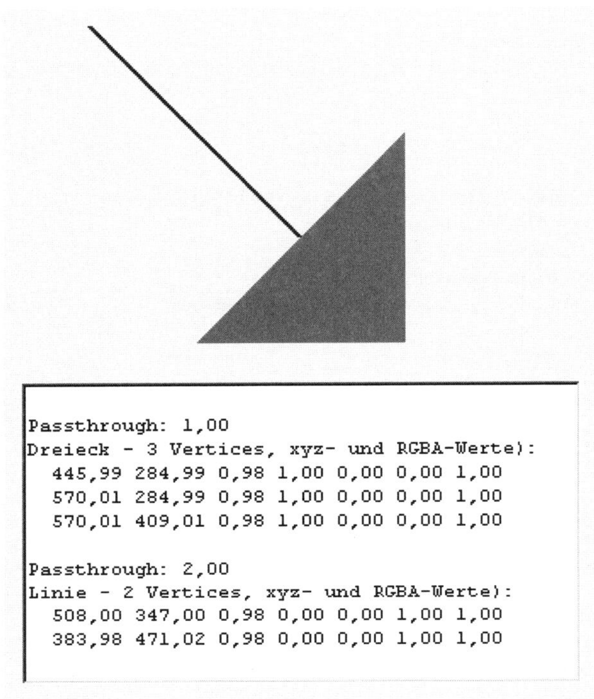

Bild 10.3 Feedback-Beispiel

Der vollständige Quelltext befindet sich im Projekt INTERAKTION.

■

10.3 OpenGL-Routinen

- Setzen des Rendermodus

  function glRenderMode(**mode**: ***GLenum***): ***GLint***;

Parameter

mode GL_RENDER | GL_SELECT | GL_FEEDBACK

Kurzbeschreibung

GL_RENDER ist der normale Modus für das Rastern und Schreiben der Fragmente in den Bildspeicher. Im Erfolgsfall wird der Wert 0 zurückgegeben. GL_SELECT verändert den Inhalt des Bildspeichers nicht. Vielmehr wird ein Satz von Namen der grafischen Objekte erzeugt, die mit diesem Modus gerendert wurden. Diese sind im Selektionsbuffer abgelegt, der vorher durch glSelectBuffer(. .) erzeugt werden muss. Zurückgeliefert wird die Zahl der beispielsweise durch die Maus selektierten Objekte. GL_FEEDBACK liefert die Anzahl der in den Feedback-Buffer geschriebenen Werte zurück. Auch dieser muss vorher durch glFeedbackBuffer(. .) definiert werden. Prinzipiell wird beim Umschalten in einen anderen Rendermodus die im vorhergehenden erzeugte Information zurückgeliefert.

Standard ist GL_RENDER.

- Festlegung des Buffer für die selektierten Daten

  procedure glSelectBuffer(**size**: ***GLsizei;*** **buffer**: ***PGLuint***);

Parameter

size Größe des Selektionsbuffer

buffer Zeiger auf den Buffer für die Selektionsdaten

Kurzbeschreibung

Der Selektionsbuffer enthält die Daten der selektierten Objekte. Mit ihm wird über die OpenGL-Routinen glInitNames, glLoadName(..) und glPushName gearbeitet. Jeder selektierte Datensatz enthält die folgenden ganzzahligen Werte:

- Anzahl der selektierten Namen beim Picking mit der Maus
- Minimaler und maximaler z-Wert der Objekte. Die reellen z-Werte sind dabei mit $(2^{32} - 1)$ multipliziert und gerundet.
- Inhalt des Name-Stack von unten nach oben

- Initialisieren des Name-Stack

  procedure glInitNames;

Kurzbeschreibung

Der Name-Stack wird als leer initialisiert.

- Laden eines Namens in den Name-Stack

  procedure glLoadName(**name**: ***GLuint***);

Parameter

name Name des auf den Name-Stack zu schreibenden Namens

Kurzbeschreibung

glLoadName(..) setzt den angegebenen Namen **name** an die Spitze des Name-Stack.

- Hinzufügen eines Namens zum Name-Stack

  procedure glPushName(**name**: ***GLuint***);

Parameter

name Name des dem Name-Stack hinzuzufügenden Namens

Kurzbeschreibung

glPushName(..) fügt den angegebenen Namen **name** an die erste Position des Name-Stack ein.

- Löschen eines Namens aus dem Name-Stack

  procedure glPopName;

Kurzbeschreibung
glPopName bewirkt, dass der oberste Eintrag des Stapels von diesem entfernt wird und somit verloren geht.

- Definition einer Transformationsmatrix für die Selektion

  procedure gluPickMatrix(**x**, **y**, **delX**, **delY**: ***GLdouble***; **viewport**: ***PGLint***);

Parameter

x, y	Definition des Zentrums des Picking-Bereichs in Bildschirmkoordinaten
delX, delY	Definition der Größe des Picking-Bereichs in Bildschirmkoordinaten
viewport	Zeiger auf den aktuellen Viewport

Kurzbeschreibung
gluPickMatrix(..) definiert einen für die Selektion gewünschten kleinen Bereich um das Zentrum des Mausklicks herum.

- Festlegung des Feedback Buffer

  procedure glFeedbackBuffer(**size**: ***GLsizei;*** **type: *GLenum*;**
  buffer: ***PGLuint***);

Parameter

size	Größe des Feedback Buffer
type	GL_2D | GL_3D | GL_3D_COLOR | GL_3D_COLOR_TEXTURE | GL_4D_COLOR_TEXTURE
buffer	Zeiger auf den Buffer für die Feedback-Daten

Kurzbeschreibung
Der Feedback Buffer enthält die Daten, die entsprechend dem Wert von type eingeschrieben wurden. Diese sind anschließend zusammengefasst.

– GL_2D	Die *x*- und *y*-Koordinaten werden gespeichert.
– GL_3D	Die *x*-, *y*- und *z*-Koordinaten werden gespeichert.
– GL_3D_COLOR	Die *x*-, *y*- und *z*-Koordinaten und die RGBA-Werte werden gespeichert.
– GL_3D_COLOR_TEXTURE	Die *x*-, *y*- und *z*-Koordinaten, die RGBA-Werte und die vier Texturkoordinaten werden gespeichert.
– GL_4D_COLOR_TEXTURE	Zusätzlich wird auch die *w*-Koordinate gespeichert.

- Hinzufügen einer Markierung in den Feedback Buffer

  procedure glPassTrough(**token**: ***GLfloat***);

Parameter

token	Wert der in den Feedback Buffer nach GL_PASS_TROUGH_TOKEN einzutragenden Markierung

Kurzbeschreibung
glPassTrough(..) fügt den angegebenen Wert **token** in den Feedback Buffer ein. Vorher müssen der Feedback Buffer mit glFeedbackBuffer(..) und der Rendermodus mit glRenderMode(GL_FEEDBACK) eingeschaltet worden sein.

10.4 Übungen

Projekt UEBUNG101:

Es ist eine Linie darzustellen, deren Endpunkte selektiert und anschließend mit der Maus verschoben werden können.

Projekt UEBUNG102:

Das Beispiel 10.1 ist so zu ändern, dass die Kugel eine zufällige Farbe annimmt, wenn sie selektiert wurde. Für die Farbfestlegung ist der Zufallsgenerator zu nutzen.

Literatur

[Bres65] Bresenham, J.E.
Algorithm for Computer Control of Digital Plotter
IBM Systems Journal 4, 1965

[Catm74] Catmull, E.
A Subdivision Algorithm for Computer Display of Curved Surfaces
University of Utah, Salt Lake City, 1974

[Pitt67] Pitteway, M.L.V.
Algorithm for Drawing Ellipses or Hyperbolae with a Digital Plotter
Computer Journal, 10(3), 1967

[Suth63] I.E. Sutherland
Sketchpad: A Man-Machine Graphical Communication System
SJCC, Spartan Books, Baltimore, MD, 1963

[Lian84] Liang, Y.-D., Barsky, B.
A New Concept and Method for Line Clipping
ACM TOG, 3(1), 1984

[Cyrus87] Cyrus, M., Beck, J.
Generalized Two- and Three-dimensional Clipping
Computers and Graphics 3, 1987

[SuHo74] I.E. Sutherland, G.W. Hodgman
Reentrant Polygon Clipping
Communications of the ACM 17, 1974

[Fellner92] W.D. Fellner
Computergrafik
BI Wissenschaftsverlag, Mannheim/Leipzig/Wien/Zürich, 1992

[FolDam94] James D. Foley, Andries van Dam, Steven K. Feiner, John f. Hughes, Richard L. Phillips
Grundlagen der Computergrafik
Addison-Wesley Publishing Company, 1994

[TönLem94] K.D. Tönnies/H.U. Lemke
3D-Computergrafische Darstellungen
R. Oldenbourg Verlag München Wien, 1994

[BuGrZe02] Hans-Joachim Bungartz, Michael Griebel, Christoph Zenger
Einführung in die Computergraphik
Friedr. Vieweg & Sohn Verlagsgesellschaft mbH, 2002

[EnStKl96] J. Encarnacao/W. Straßer/R. Klein
Graphische Datenverarbeitung 1
R. Oldenbourg Verlag München Wien, 1996

[EnStKl97] J. Encarnacao/W. Straßer/R. Klein
Graphische Datenverarbeitung 2
R. Oldenbourg Verlag München Wien, 1997

[CIE78] Bureau Central de la CIE
CIE Recommendations on Uniform Colour Spaces, Colour-difference Equations and Psychometric Colour Terms
Supplement No. 2 to Publication No. 15, Colorimetry 1971, Paris 1978

[GonzWi87] Gonzales, R.C., P. Wintz
Digital Image Processing
Reading, MA. Addison-Wesley, 1987

[SchCo82] Schweitzer, D., Cobb, E.
Scanline Rendering of Parametric Surfaces
SIGGRAPH 82

[Blinn77] Blinn, Jim
Models of Light Reflection for Computer Synthesizes Pictures
Computer Graphics, 11(2), 1977

[Phong75] Phong, Bui Tong
Illumination for Computer Generated Pictures
Communications of the ACM, 18(6), 1975

[Ost35] Osterberg, G.
Topography of the Layer of Rods and Cons in the Human Retina
Acta Ophthalmologica 6, 1935

[Kaji86] Kajiya, J.T.
The Rendering Equation
SIGGRAPH '86, Vol. 20, Nr. 4, August 1986

[CookPC84] Cook, R.L.; Porter, T.; Carpenter, L.
Distributed Ray Tracing
SIGGRAPH '84, Vol. 18, Nr. 3, Juli 1984

[KemFra00] Kempf, R., Frazier, Ch.
OpenGL Reference Manual
ADDISON-WESLEY DEVELOPERS PRESS, 2000

[WoNeDa00] Woo, M., Neider, J., Davis, T.
OpenGL Programming Guide
ADDISON-WESLEY DEVELOPERS PRESS, 2000

[OrLiHu02] Orlamünder, D., Liskowsky, R., Hußmann, H.
Software-Entwicklung mit Delphi
Fachbuchverlag Leipzig im Carl Hanser Verlag München Wien, 2002

[Hill01] Hill, F.S.
Computer Graphics using OpenGL
Prentice Hall International, Inc., 2001

[BenBri03] Bender, M., Brill, M.
Computergrafik
Carl Hanser Verlag München Wien, 2003

[Ang03] Angel, E.
Interactive Computer Graphics
Addison Wesley, 2003

[Burg03] Burggraf, L.
OpenGL
Markt+Technik Verlag, 2003

[Clau97] Claussen, U.
Programmieren mit OpenGL
Springer Verlag Berlin Heidelberg, 1997

[Reev83] Reeves, William
Particle Systems – A Technique for Modelling a Class of Fuzzy Objects
ACM Transaction on Graphics 2(2), 1983

[Reynolds97] McReynolds, Tom, David Blythe
Programming with OpenGL: Advanced Rendering
SIGGRAPH 97

[SchStr93] Andreas Schilling, Wolfgang Straßer
EXACT: Algorithm and Hardware Architecture for an Improved A-buffer
Computer Graphics (SIGGRAPH '93 Proceedings), 1993

[Barr84] Barr, Alan
Global and Local Deformations of Solid Primitives
SIGGRAPH 1984

[Watt02] Watt, Alan
3D-Computergrafik
ADDISON-WESLEY 2002

Sachwortverzeichnis

D

E

F

T

U

V

W

Z